FASHION

领动时尚
编织美好生活

打造国内领先、具有卓越竞争力的时尚产业集团

U0830355

雷蒙·1940

TEMPL

Haoxuesheng

LM 雷蒙

红莲 RED LOTUS

SNOW LOTUS SINCE 1965 雪莲

枫叶 Fengye

伊里兰

observation 曙光

S.L. META

KINGNOSS

时尚控股
BEIJING FASHION

Tiantan

PURE TOUCH

北京二美

超羽家纺

wujiu

铜牛

TOPNEW

ArtFusion ACE

溥利·1908

京工1961

BLESS

绿典彩棉 gretton

JINGGUAN

Befonder

莱锦摩得 L-MILD

隆重推出：

2022/2023《中国纺织工业发展报告》

——纺织行业白皮书

由中国纺织工业联合会编著的《中国纺织工业发展报告》，是集权威性、前瞻性、研究性、指导性于一身的中国纺织行业白皮书。该书是集中反映中国纺织工业及棉、毛、麻、丝绸、化纤、长丝、印染、针织、服装、家纺、产业用、纺织机械制造各子行业年度发展与趋势预判的研究报告。自2001年出版发行以来，以其观点鲜明、内容丰富、数据翔实、指导性强等特点，深受行业内外人士的欢迎，已成为行业的品牌图书。

2022/2023《中国纺织工业发展报告》涵盖行业运行、新时代·新征程、优供给·促升级、行业研究、原料供求、统计资料等栏目。该书围绕贯彻落实党的二十大精神，加强了新时代、新发展格局下我国纺织行业发展形势变化研判及加快建设现代化纺织产业体系，推动高质量发展重点方向的研究。栏目多样可读，内容丰富翔实，视角开阔新颖，研究深入实际，具有较高的使用和参考价值。

该书主要面向国内外纺织行业及相关企业，各级政府与行业社团组织，以及金融与投资、贸易与咨询、科研与教育机构，极具参考、使用、研究和收藏价值。

2022/2023《中国纺织工业发展报告》将于2023年6月由中国纺织出版社有限公司正式出版，每本定价380元（含邮资），发行数量有限，欢迎订阅。

品牌图书　行业发布　每年推新

欢迎订阅　每本定价380元　含快递费

订阅专线　010-85229411　85229284

本广告引用的相关数据和调查结果由中国纺织工业发展报告提供

CNTAC

2022/2023 中国纺织工业发展报告

2022/2023 CHINA TEXTILE INDUSTRY DEVELOPMENT REPORT

中国纺织工业联合会　　编著

中国纺织出版社有限公司

图书在版编目（CIP）数据

2022/2023中国纺织工业发展报告 / 中国纺织工业联合会编著. -- 北京：中国纺织出版社有限公司，2023.6

ISBN 978-7-5229-0626-3

Ⅰ. ①2… Ⅱ. ①中… Ⅲ. ①纺织工业－工业发展－研究报告－中国－2022－2023 Ⅳ. ①F426.81

中国国家版本馆CIP数据核字（2023）第092384号

责任编辑：沈　靖　孔会云　　责任校对：王蕙莹

责任印制：王艳丽

中国纺织出版社有限公司出版发行

地址：北京市朝阳区百子湾东里A407号楼　邮政编码：100124

销售电话：010—67004422　传真：010—87155801

http://www.c-textilep. com

中国纺织出版社天猫旗舰店

官方微博 http://weibo.com/2119887771

廊坊市佳艺印务有限公司印刷　各地新华书店经销

2023年6月第1版第1次印刷

开本：889×1194　1/16　印张：21.5

字数：533千字　定价：380.00元

京朝工商　广字第8172号

凡购本书，如有缺页、倒页、脱页，由本社图书营销中心调换

《2022/2023中国纺织工业发展报告》

编辑委员会

顾　　问：杜钰洲　王天凯　许坤元

主　　任：高　勇　孙瑞哲

副 主 任：夏令敏　陈伟康　王久新　徐迎新　陈大鹏　李陵申
　　　　　端小平　杨兆华

委　　员：（按姓氏笔画排列）
　　　　　王加毅　叶志民　冯德虎　邢冠蕾　朱　莎　朱　超
　　　　　朱北娜　朱晓红　乔艳津　伏广伟　华　珊　刘家强
　　　　　孙晓音　李振洁　李桂梅　杨金纯　张传雄　张庆辉
　　　　　陈志华　陈新伟　林云峰　郑伟良　段　红　袁红萍
　　　　　顾　平　钱有清　倪阳生　殷　强　唐　琳　梁鹏程
　　　　　董春兴　董奎勇　谢　青

特约撰稿人：何亚琼　孙瑞哲　陈新伟

撰 稿 人：（按文章先后顺序）
　　　　　牛爽欣　宁翠娟　吴文静　窦　娟　郭占军　张书勤
　　　　　牛春华　刘文全　柳恩见　贾慧莹　孔　清　李鹏飞
　　　　　魏　薇　瞿　静　刘　静　王　冉　白　晓　孙少波
　　　　　赵明霞　惠露露　赵翠琴　李超群　崔晓凌　胡　晶
　　　　　陆　健　张　倩　白　婧　胡高帆　王伟飞　沈银娇
　　　　　袁　媛　倪国苗　蒋雅丽

中国纺织经济研究中心策划编辑

主　编：华　珊

副主编：程　晧　刘　欣　赵明霞　夏　雪

编辑部：赵明霞　张　倩　牛爽欣　白　婧　李超群

发行部：夏　雪　姚　兰　侯晓春　刘　颖　张志斌

CNTAC

内 容 提 要

《2022/2023中国纺织工业发展报告》集中反映我国纺织工业及其子行业年度发展现状与趋势，即“中国纺织工业白皮书”。主要内容包括：行业运行（包括纺织工业及化学纤维、棉纺织、毛纺织、丝绸、麻纺织、长丝织造、印染、针织、服装、家用纺织品、产业用纺织品、纺织机械等各子行业的年度分析与展望）；新时代·新征程；优供给·促升级；行业研究；原料供求及国内外统计资料。该书主要为国内外纺织企业，金融与投资、贸易与咨询、科研与教育等机构，以及各级政府综合管理部门和行业社团组织提供权威性指南，为相关企业、部门机构科学决策和国家宏观经济管理提供可靠依据。

Abstract:

2022/2023 China Textile Industry Development Report, the white paper for China's textile & apparel industry, is the only report that reflects the annual development trend of China's textile & apparel industry and individual sectors within the industry chain. The main contents of the 2022/2023 edition include the followings:

- The performance analysis of China's textile & apparel industry in 2022 and the development trend prospection in 2023
- Annual review and prospection of the 12 sectors within China's textile & apparel industry chain, including chemical fiber, cotton textile, wool textile, silk, bast fiber textile, filament weaving, printing and dyeing, knitting, apparel, home textile, industrial textile and textile machinery
- New Era · New Journey
- Optimizing Supply · Promoting Upgrade
- Industrial Research
- Raw Material Demand and Supply
- Statistics

The target readers of the report are mainly domestic and overseas textile enterprises, agencies of finance, investment, textile trade, scientific research and education, as well as the government, textile industrial associations and organizations. The report provides an authoritative guide for all textile organizations related.

目　录 Contents

行业运行　Industries

新时代・新征程　New Era・New Journey

CNTAC

优供给·促升级 Optimizing Supply · Promoting Upgrade

行业研究 Industrial Research

CNTAC

原料供求 Raw Material Demand and Supply

统计资料 Statistics

CNTAC

2022/2023 中国纺织工业发展报告

2022/2023 CHINA TEXTILE INDUSTRY DEVELOPMENT REPORT

行业运行

纺织工业

中国纺织工业联合会产业经济研究院

2022年，全球经济受新冠肺炎疫情跌宕反复、地缘政治冲突升级、宏观政策持续收紧等因素冲击，"滞涨"风险不断加大，主要经济体经济增速明显下行，通胀水平攀升至高点。面对异常复杂严峻的发展形势，我国高效统筹新冠肺炎疫情防控和经济社会发展，持续加大稳经济政策力度，有力克服新冠肺炎疫情频发散发等超预期因素的冲击，顶住"需求收缩、供给冲击、预期转弱"三重压力，国民经济实现触底回升，2022年国内生产总值（GDP）同比增长3%。以2019年为基期，2020～2022年三年年均增长4.4%，在全球主要经济体中居于前列。

在市场需求疲软、原料成本高企、贸易环境趋严等各种风险因素交织的复杂发展环境下，我国纺织行业全面贯彻落实党中央、国务院决策部署，坚持稳中求进的工作总基调，积极统筹短期平稳运行目标与中长期高质量发展任务。2022年，我国纺织行业生产、效益规模等主要经济运行指标增速虽有所回落，但降幅较小，出口总额创历史新高，为支撑国民经济平稳运行和社会发展大局稳定、保障市场供给和助力改善民生发挥了应有作用。2022年纺织工业主要经济运行指标分季度累计同比增长情况见表1。

2023年是全面贯彻落实党的二十大精神的开局之年，纺织行业也将步入全面建设现代化产业体系的发展新阶段。2020～2022年，我国完整纺织产业链供应链的高效、稳定运转优势凸显，发展韧性不断积累强化，为新发展格局下顺畅融入国民经济循环、有效应对外部风险挑战奠定基础。但同时也要看到，纺织行业面临的发展环境仍将复杂严峻，行业短期运行面临终端需求放缓、国际局势存变、原料价格波动等风险挑战；中长期推进高质量发展也

表1 2022年纺织工业主要经济运行指标分季度累计同比增长情况（%）

主要指标	一季度	上半年	前三季度	全年
工业增加值（规模以上）	4.9	0.9	−0.4	−1.9
营业收入（规模以上）	10.6	5.7	3.1	−0.9
利润总额（规模以上）	−9.2	−17.0	−23.6	−24.8
纺织品服装出口总额（美元值）	11.0	11.7	9.1	2.5
我国服装、鞋帽、针纺织品限额以上零售额	−0.9	−6.5	−4.0	−6.5
我国穿类商品网上零售额	0.9	2.4	4.7	3.5

资料来源：国家统计局，中国海关

面临优化供给结构，提高全要素生产率，落实“双碳”任务等内在转型要求。纺织行业将全面贯彻落实党的二十大和中央经济工作会议精神，在稳字当头、稳中求进的工作总基调引领下，充分释放发展韧性，积极化解各种挑战风险，努力巩固平稳恢复基础，不断激活高质量发展潜力，继续发挥好在保障供给、激活内需、改善民生等方面的积极作用，为完成国民经济稳增长目标和高质量开启建设纺织现代化产业体系新局面做出贡献。

2022年纺织行业经济运行情况

一、行业综合景气指数波动回升

2022年，受到市场需求不足、国内新冠肺炎疫情散发频发、原料成本高位等因素影响，纺织行业综合景气情况有所波动。根据中国纺织工业联合会调查数据，2022年纺织行业综合景气指数持续位于50%荣枯线以下，前三个季度分别为42.6%、46.3%和44.3%。四季度，随着国家防疫政策因时因势调整、市场消费呈现季节性增长，企业经营信心有所改善，带动行业景气指数回升至47%。各分项指数中，新订单指数逐月提升，到四季度基本恢复至50%；原材料购进价格指数波动较大，前两个季度均保持在70%以上的高位，下半年随着国际大宗商品价格的小幅回落逐步下调至52.6%的相对正常水平。2022年纺织工业综合景气指数及各分项指数情况见图1。

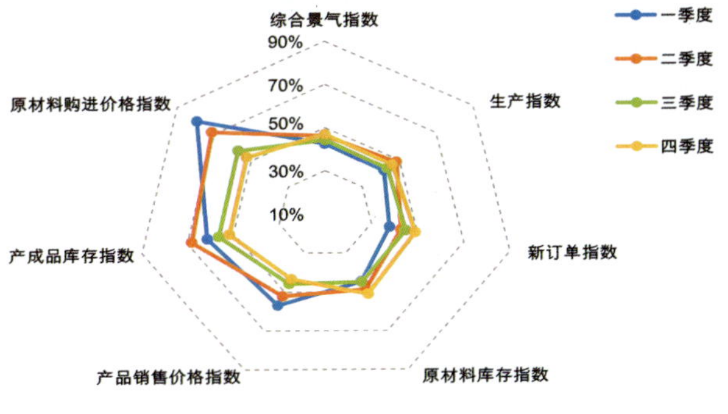

图1 2022年纺织工业综合景气指数及分项指数情况

资料来源：中国纺织工业联合会产业经济研究院

二、生产增速有所放缓

2022年，纺织行业产能利用率和生产增速均较2021年有所回落。根据国家统计局数据，2022年纺织业和化纤业产能利用率分别为77.2%和82.3%，较2021年分别回落2.3和2.2个百分点，但仍高于同期全国工业产能利用水平。2022年，纺织行业规模以上企业工业增加值同比减少1.9%，增速较2021年回落6.3个百分点。纺织产业链上化纤、毛纺织、麻纺织、长丝织造、产业用纺织品等分行业工业增加值同比实现正增长，服装等分行业工业增加值则有所回落。2022年纺织工业及主要分行业工业增加值同比增速情况见图2。

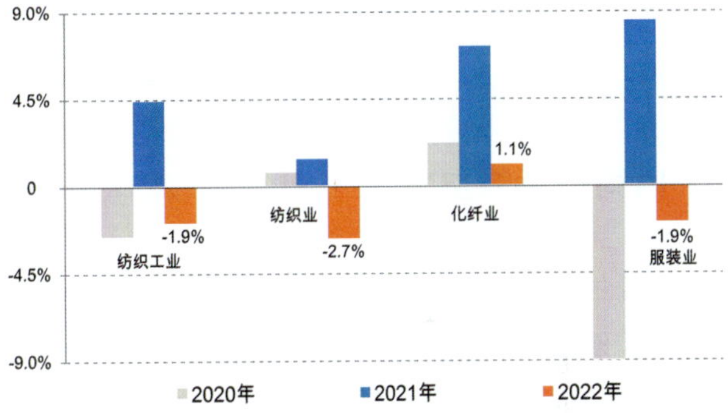

图2 2022年纺织工业及主要分行业工业增加值同比增速情况

资料来源：国家统计局

在生产增速回落的情况下，主要大类产品产量增速也呈现明显放缓态势，见图3。根据国家统计局数据，2022年全社会化学纤维、纱和布产量分别为6697.8万吨、2719.1万吨和467.5亿米，同比分别减少0.2%、5.4%和6.9%，增速较2021年分别放缓9.7、15.2和16.2个百分点。规模以上企业印染布、服装产量同比分别减少7.5%和3.4%，增速较2021年分别放缓19.3和11.8个百分点；非织造布产量同比增长0.6%，增速较2021年回升3.8个百分点。以2019年为基期，化学纤维、非织造布产量三年平均分别增长4%和0.6%，纱、布、服装等大类产品产量三年平均增速为负，表明行业生产规模尚未恢复至2020年前水平（化学纤维、纱和布产量增速依据国家统计局《2022年国民经济和社会发展统计公报》，其他产品产量增速为规模以上企业统计数据）。

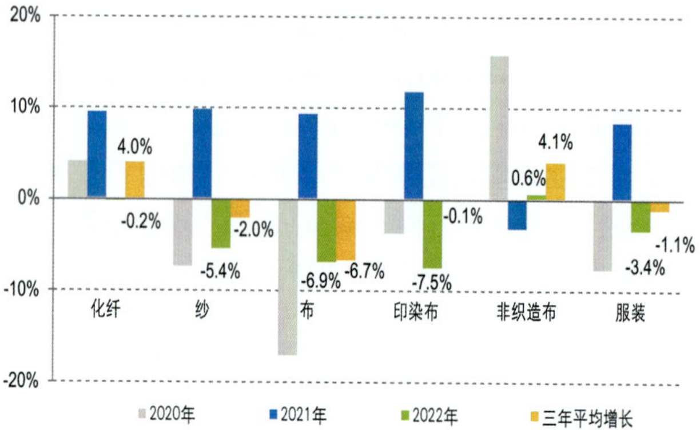

图3 2022年规模以上纺织企业主要大类产品产量增长情况

资料来源：国家统计局

三、内销市场恢复承压

2022年，受居民收入增长放缓、消费场景恢复受限等因素影响，我国居民衣着消费意愿减弱。根据国家统计局数据，2022年我国人均衣着消费支出为1365元，同比减少3.8%，占居民人均消费支出的比重为5.6%，较2021年下降0.3个百分点，为21世纪以来的较低水平。纺织行业内销压力加大，实体渠道零售额自3月以后持续负增长，未出现明显持续性改善迹象。根据国家统计局数据，2022年全国限额以上单位服装、鞋帽、针纺织品类商品零售额同比减少6.5%，增速较2021年回落19.2个百分点；网络零售渠道增长相对平稳，全国网上穿类商品零售额同比增长3.5%，增速较2021年回落4.8个百分点，自6月以来一直保持正增长态势。我国纺织品服装内销指标累计同比增速情况见图4。

2020～2022年，内需消费升级的发展趋势并未阻断，纺织企业也积极从技术、设计、场景、体验等多角度入手，捕捉消费需求动向和价值取向视角，在大健康、国潮、可持续等消费理念引领下，保健抗菌、运动户外、新中式、环保简约等具有特定功能性和时尚表达的纺织服装产品持续涌现，线上线下加速融合丰富了零售业态模式与衣着消费场景，自主品牌企业成为高品质、多元化的供给体系的核心力量，与消费者美好生活需要的适配度不断提升。相关数据显示，2022年抖音MCN（网红经纪人）合作平台下服饰内衣、运动户外和家居家纺品类带货销售额较2021年分别增长37.7%、74.9%和81.5%，服装服饰品类销售规模稳居抖音、快手等直播电商平台的第一梯队。

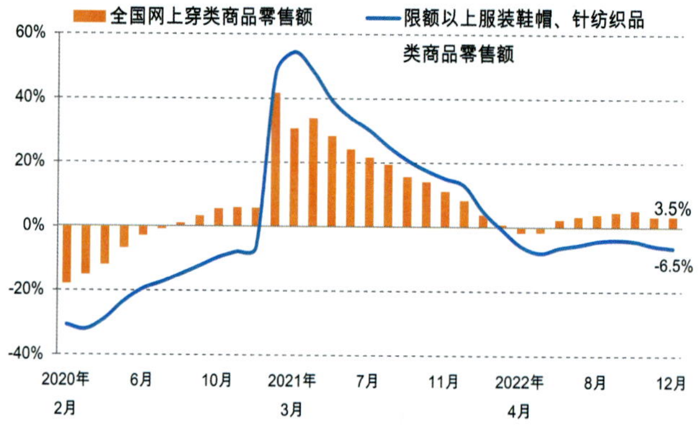

图4 纺织品服装内销指标累计同比增速变化情况

资料来源：国家统计局

四、出口总额创历史新高

中国海关数据显示，2022年，我国纺织品服装出口连续第三年超过3000亿美元，出口总额达3409.5亿美元，同比增长2.5%，再创历史新高。原料价格上涨带动的出口价格提升，是实现最高出口总额的重要因素，但实际出口数量在下半年出现逐步下降趋势。9月以后，纺织品服装单月出口额连续为负，累计增速降至个位数并持续放缓，需求疲弱态势逐渐显现。2022年我国纺织品服装出口额累计同比增速情况见图5。

从出口产品结构看，东南亚、南亚纺织供应链持续恢复，成为我国纱线、面料等产业链配套产品出口的主要增长动力，2022年我国共纺织品出口金额达1568.4亿美元，同比增长1.4%，增速较2021年回升5.5个百分点，占全行业出口总额的比重为46%。

服装出口金额为1841.1亿美元，同比增长3.4%，增速较2021年回落20.7个百分点，占全行业出口总额的比重为54%，提高0.7个百分点。

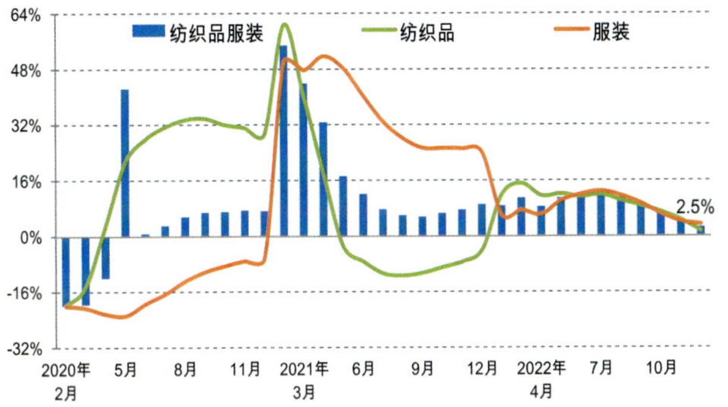

图5 纺织品服装出口金额累计同比增速情况

资料来源：中国海关

从出口市场结构看，“一带一路”沿线市场对我国纺织品服装出口带动作用增强，出口市场结构更趋多元。2022年，我国对发达经济体纺织品服装出口规模普遍缩减，对美国、欧盟和日本纺织品服装出口额分别为585.4亿美元、489.7亿美元和214亿美元，同比分别减少5.4%、1.1%和0.2%；在新兴经济体纺织供应链稳步恢复支撑下，我国对东盟、其他“一带一路”沿线市场纺织品服装出口金额同比分别增长14.8%和11.3%，其中东盟对行业出口增长的贡献率高达114.5%。2022年我国对全球主要国家和地区纺织品服装出口情况见表2。

五、质效改善压力较大

2022年，在“高成本、弱需求”的供需环境下，纺织企业销售及盈利持续承压，行业营业收入增速逐月放缓，利润降幅震荡加深。根据国家统计局数据，2022年全国3.6万户规模以上纺织企业营业收入同比减少0.9%，增速较2021年放缓13.2个百分点；利润总额同比减少24.8%，增速较2021年大幅回落50.2个百分点。产业链各主要环节中，化纤、麻纺织、长丝织造、印染、针织等子行业全年营业收入实现正增长，但仅麻纺织、家用纺织品行业利润总额保持正增长态势；产业链终端的服装行业营业收入、利润总额同比分别减少4.6%和6.3%，产业用纺织品行业效益亦未扭转负增长态势。

纺织企业运营质量有所下滑，2022年全国规模以上纺织企业产成品周转率为13次/年，总资产周转率为1.1次/年，同比分别放缓5.1%和4%；三费比例为6.4%，较2021年下降0.2个百分点。2022年规模以上纺织企业主要质效指标及增速情况见图6、表3。

表2 2022年我国对全球主要国家和地区纺织品服装出口情况

国家和地区	出口金额(亿美元)	出口金额同比(%)	出口金额占比(%)	出口增长贡献率(%)
全球	3409.5	2.5	100.0	—
美国	585.4	−5.4	17.2	−56.4
欧盟	489.7	−1.1	14.4	−13.4
日本	214.0	−0.2	6.3	−4.9
东盟	582.0	14.8	17.1	114.5
“一带一路”沿线	1303.8	11.3	38.2	202.8

资料来源：中国海关

图6 2022年规模以上纺织企业主要质效指标增速情况

数据来源：国家统计局

六、投资形势基本平稳

在发展压力显著加大的背景下，骨干纺织企业仍然坚持加快转型升级，积极扩大高端化、智能化、绿色化改造升级投入，有序推动区域布局优化调整，行业投资总体保持平稳增长，见图7。根据国家统计局数据，2022年纺织业、化纤业、服装业固定资产投资完成额同比分别增长4.7%、21.4%和25.3%。以2019年为基期，纺织业、化纤业投资额2020～2022年三年平均增速分别为2.9%和8.8%，新增投资规模超过2020年前水平；服装业投资额增速三年平均下降3.9%，仍未实现全面恢复。

纺织行业区域结构调整保持推进，投资分化特征延续。2022年，东部沿海五省产业投资形势大体平稳，福建省、山东省全产业链固定资产投资完成额实现正增长，江苏省、广东省化纤业投资增幅均达到30%以上。中部的河南省、湖北省作为全国纺织服装制造大省和中部重要的纺织服装转移承接地，服装业投资增速显著高于全行业平均水平。西部的重庆市、云南省全产业投资额保持正增长态势，贵州省、青海省化纤业投资额均实现倍速增长。

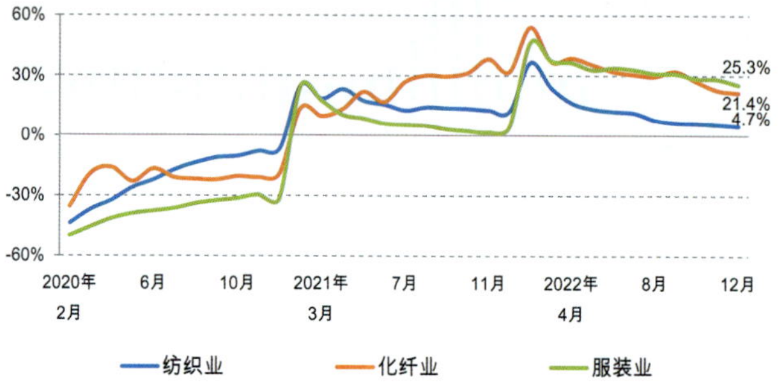

图7 纺织分行业固定资产投资增速情况

资料来源：国家统计局

2022年纺织行业运行中存在的主要问题

一、市场需求压力难以缓解

2022年，错综复杂的国内外发展形势持续冲击纺织行业需求端修复进程，内销市场面临居民收入增速放缓、消费意愿降低、预防性储蓄动机上升等压力，出口市场则受到通胀压力高企削弱了实际购

表3 2022年纺织工业及主要分行业主要运行质量指标

行业	营业收入利润率		产成品周转率		总资产周转率	
	2022年(%)	同比增减（百分点）	2022年（次/年）	同比（%）	2022年（次/年）	同比（%）
纺织行业	3.9	−1.3	13.0	−5.1	1.1	−4.0
其中：纺织业	3.8	−0.8	12.4	−7.0	1.2	−4.4
化纤业	2.2	−4.0	15.4	−2.6	1.0	−2.2
服装业	5.3	−0.1	12.5	−4.9	1.3	−3.6

资料来源：国家统计局

买力、品牌商库存上升等因素制约，终端需求收缩导致的订单不足问题更为突出。根据中国纺联《纺织企业景气指数分析报告》，2022年四个季度，纺织行业新订单指数分别仅为37.8%、42.8%、44.7%和48.9%，同期国外新订单指数分别仅为40.1%、41.8%、37.1%和45.5%，不仅持续位于50%荣枯线以下，且显著低于2021年水平。2022年纺织服装专业市场综合景气自8月以来下行态势显著，到12月纺织服装专业市场管理者景气指数和商户景气指数分别降至43.6和45.4，为年内最低值。企业对于订单短缺的感受较为普遍，中国纺联企业经营者调查分析显示，内、外销市场订单不足是2022年企业生产经营持续面临的最为突出的问题，二季度以来超过半数被调查企业反映内、外销市场订单下滑明显，到三季度反映国际市场订单不足的企业数占比已达到六成以上。

二、成本压力制约效益改善

2022年，国际大宗商品价格快速上涨，带动原油、棉花等纺织原料价格高企并持续在高位波动调整，成本压力显著提升。根据中国棉花协会和中纤网数据，2022年上半年国内棉花价格一度较2021年上浮40%，此后虽然随国际大宗商品价格同步震荡回落，但价格增幅仍达到5%以上；PTA（精对苯二甲酸）内盘月均价同比增长28.7%。由于终端需求不足，产业链中下游纺纱、织造等环节产品价格难以同步跟涨。2022年纯棉纱月均价总体略低于2021年，32支斜纹布、40支精梳府绸价格较2021年分别下降8.6%和1.6%，原料成本沿产业链向消费终端传导难度上升，上游原料加工环节利润空间收紧，效益承压尤为明显。2022年，我国棉纺织业和化纤业利润总额降幅均超过30%。

三、国际市场竞争加剧

2022年下半年以来，美国、欧盟、日本等主要市场纺织品服装消费疲软，在需求收缩、库存累升的背景下，东南亚、南亚纺织供应链恢复加快，国际品牌商采购策略调整等因素均使得我国纺织行业参与国际市场竞争压力加大，在传统主销市场份额呈现下滑态势。根据美国纺织品服装办公室、日本海关和欧盟统计局数据，2022年，美国、日本和欧盟27国自我国进口纺织品服装金额分别为326.9亿美元、26363.3亿日元和456.9亿欧元，我国在上述市场的进口份额分别为24.7%、55.4%和32.4%，较2021年分别下降3、1.3和1.4个百分点。同期，越南在日本、欧盟进口市场份额分别提高1.3和0.5个百分点，孟加拉国在美国、欧盟进口市场份额分别提高1.1个百分点和2.8个百分点。

2023年纺织行业运行走势预判

展望2023年，纺织行业经济平稳运行基础有望在内销市场持续恢复支撑下更趋巩固，但外部形势总体仍错综复杂，实现稳增长目标压力仍然较大。国内政策优化有助于产业链供应链保持稳定运转，线下接触性消费场景也有望加快恢复，但全球经济复苏缓慢、加息周期延长对全球纺织品服装有效需求的抑制作用仍将持续，“高成本、弱需求”的产销环境仍将持续，质效改善压力依然较大。若国际经济及金融形势大体平稳，在国际品牌商去库存进展相对顺利的前提下，纺织行业有望随着内销回暖、出口企稳加快渡过疫后修复阶段，全年主要经济运行指标或呈现前低后高走势。

一、出口压力或逐渐加大

2023年，全球经济形势不确定性增加，纺织行业面临的国际市场环境将较2022年更为复杂，出口压力加大。一季度以来，地缘冲突持续、通胀压力犹存、加息周期延长等风险因素抑制全球经济复苏，金融体系动荡新增不确定性使得需求侧复苏乏力，全球经济贸易增长前景更趋缓慢。截至2023年

3月，JP摩根制造业采购经理指数（PMI）、OECD（经济合作与发展组织）消费者信心指数以及世界货物贸易晴雨表指数均持续低于趋势水平，见图8。IMF（国际货币基金组织）、WTO（世界贸易组织）预测2023年全球经济和货物贸易额分别仅增长2.8%和1.7%，均低于近十年来潜在趋势水平。2022年下半年美联储、欧洲央行启动加息进程以来，全球通胀压力虽然有所回落但仍然处于高位，美国、欧盟等主销市场仍面临较高物价压力，美欧金融业风险高企将导致部分高收入群体失业或收入减少，均将制约居民实际购买力和消费信心改善，预计2023年纺织品服装国际市场改善空间有限。在需求疲软、国际品牌商去库存的情况下，地缘政治演变、贸易环境风险升级也将导致国际纺织供应链合作效率损失，我国纺织行业国际化发展面临更多风险因素，全年出口压力整体将较2022年明显上升。

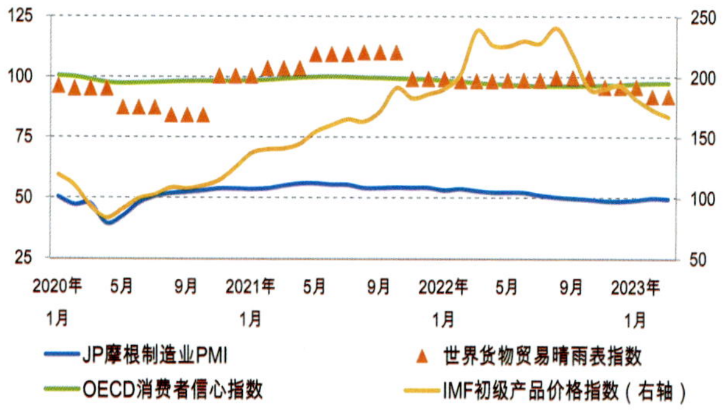

图8 全球供给端和需求端主要宏观指标变化趋势

资料来源：IHS Markit，WTO，OECD

二、内销市场有望持续恢复

在出口承压背景下，内销市场的“压舱石”作用将更为明显，是2023年支撑行业经济运行恢复向好的关键。多重利好因素将支撑纺织品服装内销回暖：一是政策优化叠加稳增长宏观政策显效发力，就业及收入形势稳定，有助于提升消费意愿。国家统计局、中国人民银行相关调查数据显示，2023年2月居民消费者信心指数上升至94.7，为近一年来最高水平；二季度倾向于增加消费的居民比重较2022年四季度调查结果提高0.5个百分点。二是聚会、演艺、旅游等接触性消费场景加快恢复，有助于激发居民消费热情，带动服装消费需求进一步释放。三是大健康、国潮等新消费热点需求潜力仍在不断释放，为纺织企业强化创新发展、挖掘市场潜力、引领消费潮流提供有利空间。但是，内销市场整体上仍处于疫后修复阶段，消费信心不足、预防性储蓄高位等“疤痕效应”短期内难以消除，预计2023年纺织行业内销市场将保持弱复苏态势。

2023年纺织行业重点发展方向

2023年是全面贯彻落实党的二十大精神的开局之年，在战略机遇与风险挑战并存、不确定因素增多的复杂形势下，纺织行业将深入贯彻落实党的二十大精神和中央经济工作会议部署，加快构建现代化产业体系，在促进国内消费、高水平对外开放、保障产业链供应链稳定运行等方面展现更大作为。

一、多维度推动构建现代化产业体系

深入实施产业基础再造工程，推动全产业链制造能力高端化、智能化、绿色化发展。持续推动纤维材料、绿色染整、智能制造、高端纺织制成品研发创新，稳步拓宽纤维材料及制品应用领域。加强质量品牌建设，加快先进技术装备推广应用，增强高端产品、优质产品供给能力，提升供给体系的适配性。发挥骨干企业和产业集群示范引领作用，系统推进全产业链“数字三品”建设，发展服务型制造新模式，加快行业工业互联网平台、大数据中心等新型基础设施建设，加快AI技术在纺织服装领域的创新应用。强化区域战略联动，培育好长江三角洲、粤港澳大湾区等地区世界级纺织产业集群，推动中西部结合自身资源条件有序承接产业转移，培养产业特色明显的现代产业集群，构建优势互补、高质量发展的区域经济布局和现代产业体系。支持骨干企业兼并重组发挥“链主”引领作用，完善企业梯度培育体系，深化产融合作，加快行业单项冠军、“专精特新”企业的选育，构建大中小融通、上下游协同的产业良性生态。

二、持续巩固和扩大国内消费

顺应消费升级大势，优化产品结构，加大功能性、智能化、环保型、大健康产品开发力度。推动高性能纤维及其复合材料、产业用纺织品替代进口、替代传统材料，拓宽纺织品在医疗卫生、土工建筑、安全防护、海洋工程等重点领域的应用。创新消费场景，推进线上线下多渠道融合、新模式新业态规范发展；深耕县域、农村等下沉市场，激活国内消费新空间。做好行业重要专业展会、专业市场展销活动重启升级工作，全力贯通供应链。鼓励企业加大数字经济、技术改造、产业转移相关领域的有效投资，发挥投资在打基础、利长远、补短板、调结构中的关键作用。

三、推动形成更高水平对外开放

对标高标准国际经贸规则，推动形成多元、高效的生产力布局和贸易格局。坚持巩固传统市场优势与开拓新兴市场并举，积极融入“一带一路”倡议、《区域全面经济伙伴关系协定》（RCEP）、中非合作论坛、澜湄合作等机制框架，引导纺织服装企业有序开展贸易投资合作。规范化发展跨境电子商务等外贸新业态新模式，培育新增长点。依托我国超大规模市场和完备产业体系优势，高质量引进关键原料、重点装备、核心技术及优质产品，吸引全球优质资源要素集聚。支持企业通过合资经营、绿地投资、股权并购、资产收购多种方式整合全球优质资源。增强海外企业的社会责任建设，强化行业组织、企业间国际合作，为产业发展营造良好氛围。

四、统筹推进“双碳”目标落实

全面贯彻落实国家“双碳”战略，编制和落实纺织行业实施“双碳”任务路线图。优化纺织行业能源结构，扩大清洁能源、可再生能源应用比例，开展企业、园区能源管理体系建设。加强全产业链节能降碳绿色共性关键技术和装备的开发推广，强化余热、余压回收等资源综合利用技术的推广应用，开展空调、电机、管路等公共设施节能改造。加强绿色低碳相关行业公共服务，开展碳排放核算体系及实测技术研究，建设中小企业碳核算、碳减排服务体系，推动纤维制品碳足迹认证体系及可信平台建设。

五、提升产业链供应链稳定性、安全性

做好产业链、供应链运行风险监测和预警工作，及时发现并向行业、企业提示苗头性、潜在性问题，及时应对贸易环境、原料价格等方面抗风险因素，努力保障产业链供应链健康稳定、安全可控。统筹国际形势变化和资源环境要求，增强原料保障能力，鼓励棉纺织企业深入参与国际产业分工布局，提升全球化资源配置能力。大力发展生物基化学纤维，合理发展煤化工路线化纤，拓宽纺织原料来源。树立底线思维，巩固国内先进制造基础，加强行业指导，避免产业链重点环节过快无序转移。强化产业链关键领域和薄弱环节，推动沿海地区印染企业园区搬迁和中西部地区科学规划建设，加快绿色化学品及少水无水节能印染技术研发创新和推广应用，更好发挥印染在提质增效、创造价值、保障产业安全中的重要作用。

（撰稿人：牛爽欣）

化纤业

中国化学纤维工业协会

2022年是极不平凡的一年，我国化纤行业面临的内外部发展环境复杂严峻。在新冠肺炎疫情反复、地缘冲突、通胀高企等多重复杂因素叠加影响下，全球经济下行态势明显，国内需求收缩、供给冲击、预期转弱的“三重压力”也有所加大，我国化纤行业运行遭遇前所未有的挑战。原油价格高位大幅波动，下游需求持续低迷，导致行业开工负荷下降，盈利压力较为突出。但在整体严峻的行业形势下，化纤行业运行仍不乏亮点。国内碳纤维行业依然保持高景气度，市场需求保持增加；在国家新发展理念和“双碳”目标的指引下，生物基纤维产业规模保持较快增长；差异化、功能化纤维的研发步伐在加速，产品开发做得好、品牌做得好、国际化程度高的企业，受市场波动的影响相对较小；出口依然保持良好增长态势，化纤出口量又创新高。

2022年化纤行业运行基本情况

一、化纤生产放缓，产量负增长

2022年，化纤行业产销压力加大，总体开工负荷较2021年明显下降。前三季度，行业在3～4月和7～8月出现两个比较明显的降负荷时期。前者是由于多地出现散发新冠肺炎疫情，特别是上海和长三角地区受到的影响较大，主要体现在物流交通及内循环消费需求上。后者是由于传统淡季，面对高库存和弱需求的压力，叠加部分地区高温限电。这期间，产品库存持续上升，基本在7月中下旬达到高位。进入“金九”传统旺季，限电措施放松、取消，产业链对旺季均抱有一定期待，因此下游需求有所改善，行业开工负荷出现回升，但9月下半月重回谨慎，总体来说，旺季表现不如往年。11月中旬以后，产业链上下游行业开工负荷均出现明显下降。

根据中国化纤协会统计，2022年化纤产量为6488万吨，同比微减0.55%（表1），这是近四十年来化纤产量首次出现负增长。其中，除黏胶长丝、腈纶产量分别同比增加7.45%、16.70%外，其他主要产品的产量均呈现负增长。国家统计局化纤产量数据为6697.84万吨，同比减少0.96%。二者数据存在一定差异，可能是由于统计口径不同导致。

二、终端需求不足，下游表现低迷

从终端需求来看，纺织品服装内销市场需求不足，出口额虽再创新高，但下半年出口增速出现逐月回落。

内需方面，2022年，受居民收入增长放缓、消费场景恢复缓慢等因素影响，国内消费市场承压。国家统计局数据显示，2022年全国限额以上服装、鞋帽、针纺织品类商品零售额同比减少6.5%，自3月以来增速持续为负；网上穿类商品零售额同比增长3.5%，增速较2021年放缓4.8个百分点，但6月以来持续正增长；运动户外、健康保健等服装服饰消费仍具有良好增长韧性。

外需方面，2022年我国纺织品服装出口总额再创新高，连续三年保持在3000亿美元以上，因出口价格提升发挥了重要支撑作用。中国海关数据显示，2022年我国纺织品服装出口总额达3409.5亿美元，同比增长2.5%。主要出口产品中，纺织品出口金额达1568.4亿美元，同比增长1.4%，纺织面料、化纤等产业链配套产品出口是重要增长点；服装出口金额达1841.1亿美元，同比增长3.4%。

表1 2022年中国化纤产量完成情况

产品名称	2022年产量同比(%)
化学纤维	-0.55
再生纤维素纤维	-3.67
其中：黏胶纤维	-4.42
短纤	-4.91
长丝	7.45
合成纤维	-0.33
其中：涤纶	-0.38
短纤	-0.93
长丝	-0.24
锦纶	-1.20
腈纶	16.70
维纶	-4.34
丙纶	-3.50
氨纶	-0.92

注 涤纶短纤中包含部分再生涤纶短纤，涤纶长丝中包含部分加弹产品。

资料来源：中国化学纤维工业协会

终端需求不足导致化纤下游主要行业的开工率普遍较2021年同期有所下降。华瑞信息数据显示，江浙织机3月平均开工率约70%，较2021年同期下降16个百分点；4～8月的月平均开工率均在60%以下，9月、10月的月平均开工率回升至70%左右；10月下旬以来，开工率呈现下降趋势；12月上半月有小幅回升，但下半月又开始下降，至12月底已降至约25%。

三、出口持续增长，竞争优势提升

中国海关数据显示，2022年化纤出口量为565.45万吨，同比增加8.76%（表2），比"十三五"（2015年）以来年均增速（7.54%）提升1.22个百分点。在2022年的艰难形势下，化纤出口增长反映出国际市场需求增加以及我国化纤产品竞争力的提高。其中，腈纶出口同比增加明显。分析其原因：一是年初开始欧洲德绒（Dralon）20万吨的工厂关停导致供应出现缺口；二是相对于印度等国家和地区，国内产品质量存在一定优势。

此外，近两年聚酯瓶片出口表现亮眼，2021年出口量同比增长36.03%，2022年继续大幅增长35.67%。分析其原因：一是自2021年四季度，部分海外装置意外停车，且短时间内未能恢复正常生产，2022年以来，俄乌局势使全球能源紧张，海外装置因成本高涨导致开工积极性不高，海外瓶片供应存在较大缺口；二是随着新冠肺炎疫情缓和，海外市场需求逐渐恢复；三是中国聚酯瓶片出口价格虽然也有上涨，但相较于高能源成本的海外产品，中国聚酯瓶片性价比较高；四是国内瓶片产能增长，而国内需求增长有限，因此工厂积极拓展出口市场。多重因素叠加，使我国聚酯瓶片出口刷新历史高点。

四、化纤市场疲软，成本传导不畅

2022年以来，原油价格高位大幅波动，严重影响了化纤市场，叠加需求不足，化纤市场整体表现疲软，见图1、图2。

2022年上半年，原油价格震荡上涨，最高涨幅超过60%，大幅增加了化纤行业的原料成本和能源成本，但在“弱需求”的现实情况下，企业无法将“高成本”顺利传导，挤压了企业利润并且占用大量流动资金。2022年下半年，原油价格快速下跌，一度跌回年初水平，企业原料成本虽然大幅减少，但化纤市场失去支撑，产品价格持续下跌，造成销售更为困难。

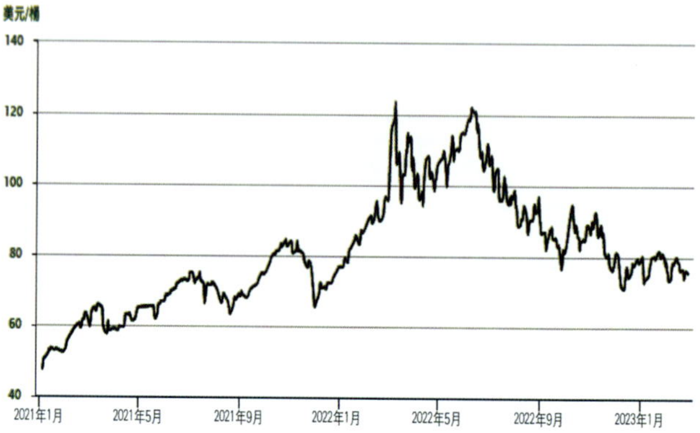

图1 2021～2023年2月WTI油价走势图

资料来源：中纤网

表2 2022年化纤主要产品及聚酯瓶片进出口情况

项目	进口量			出口量		
	2022年（吨）	2021年（吨）	同比（%）	2022年（吨）	2021年（吨）	同比（%）
化学纤维	615972.4	834545.7	−26.19	5654455.3	5199134.2	8.76
其中：涤纶长丝	88333.6	122881.6	−28.11	3353747.8	3050754.5	9.93
涤纶短纤	90620.6	163703.2	−44.64	1017213.4	947139.4	7.40
锦纶长丝	56995.8	68704.1	−17.04	381042.1	335840.4	13.46
腈　纶	45586.3	74851.5	−39.10	66800.3	22703.6	194.23
黏胶长丝	2385.2	4035.9	−40.90	122697.7	118111.2	3.88
黏胶短纤	185508.5	212962.7	−12.89	334927.9	328612.9	1.92
氨　纶	25896.5	36805.9	−29.64	87417.1	95975.4	−8.92
聚酯瓶片	51652.5	63081.5	−18.12	4313881.1	3179683.8	35.67

资料来源：根据中国海关数据整理

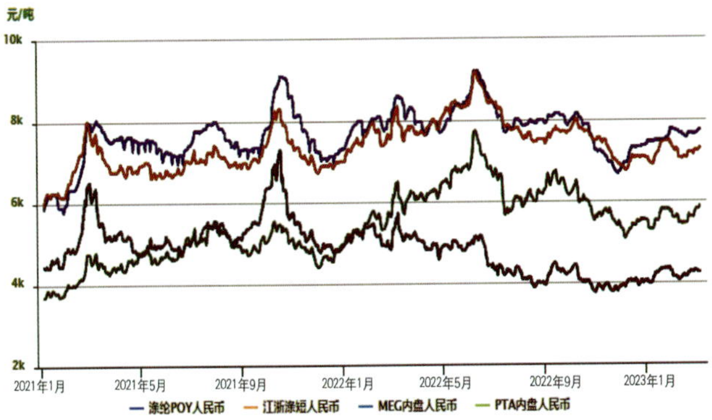

图2 2021～2023年2月涤纶及其原料价格走势图

资料来源：中纤网

五、营收保持增长，利润下降明显

2022年化纤行业经济效益指标同比下降明显。国家统计局数据显示，化纤行业营业收入仍保持万亿元级别，为10900.74亿元，同比增加5.32%；实现利润总额241.29亿元，同比减少62.22%，化纤行业仅为纺织全行业贡献约12%的利润，较2021年下降13个百分点；行业亏损面为31.93%，较2021年扩大14.63个百分点，亏损企业亏损额同比增加102.67%，见表3。

分行业来看，涤纶、锦纶、腈纶和氨纶行业分别约贡献了化纤利润总额的31%、29%、6%和6%，其中腈纶行业利润总额明显增加，氨纶行业由于2021年的高基数，下降明显，但仍高于新冠肺炎疫情前的水平。此外，碳纤维行业依然保持高景气度，市场需求保持增加，产能规模快速增长，2022年全行业继续实现盈利。值得注意的是，在需求低迷、行业形势严峻的情况下，规模越大的企业，产销压力越大，有些大企业主动限产，造成单位产品的运营成本升高，对盈利改善不大，但却给更为灵活的中小企业腾出部分空间。

六、固定资产投资增加，产能惯性增长

化纤行业固定资产投资较2021年有所下降，但仍保持了稳定增长。国家统计局数据显示，2022年

表3 2022年化纤及相关行业经济效益情况

项目	营业收入（亿元）	营业收入同比(%)	营业成本（亿元）	营业成本同比(%)
纺织行业	51597.25	−0.84	45697.88	0.80
其中：纺织业	26157.62	−1.10	23177.16	−0.39
纺织服装、服饰业	14538.89	−4.56	12404.17	−4.02
化学纤维制造业	10900.74	5.32	10116.55	10.66

项目	利润总额（亿元）	利润总额同比(%)	亏损企业亏损额（亿元）	亏损企业亏损额同比(%)
纺织行业	2005.9	−24.92	514.44	77.26
其中：纺织业	1000.79	−17.79	248.42	105.80
纺织服装、服饰业	763.82	−6.34	96.64	12.46
化学纤维制造业	241.29	−62.22	169.38	102.67

注 表中纺织行业数据为其下三项合计。

资料来源：国家统计局

化纤行业固定资产投资额同比增加21.4%，较2021年下降10.4个百分点。但这种增长很大程度上属于惯性增长，新增产能仍主要集中在头部企业。随着惯性减弱，叠加2022年的高基数，2023年化纤行业固定资产投资增速或将明显回落，见图3。

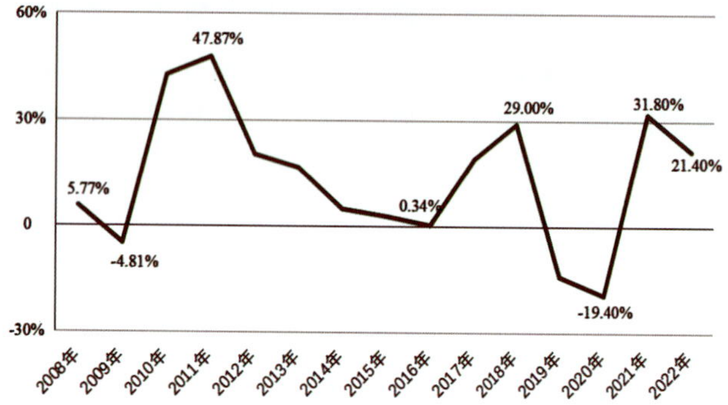

图3 2008～2022年化纤行业固定资产投资增速情况

资料来源：国家统计局

2023年化纤行业运行展望

当前，国际形势依然复杂严峻，经济恢复基础仍不牢固，2023年世界经济复苏将面临更大压力，中国将继续成为全球经济增长引擎。中央经济工作会议在部署做好2023年经济工作时，强调“要坚持稳字当头、稳中求进”，并进一步明确了做好经济工作要把握好的“六个更好统筹”，要求“加强各类政策协调配合，形成共促高质量发展合力”。党的二十届二中全会进一步强调，要努力扩大内需，切实提升产业链供应链韧性和安全水平。随着国内新冠肺炎疫情防控转入新阶段，各项政策不断落实落细，生产生活秩序有望加快恢复，经济增长内生动力将不断积聚增强，国内消费端复苏将具有积极支撑。

2023年元宵节过后，下游织造、加弹企业开机率持续回暖，化纤行业总体开工负荷低位回升，但产业链价格传导不畅，经济效益未有较大改善。展望全年，化纤行业运行依然面临来自供需两端的压力，供需关系能否改善成为行业运行能否企稳回升的关键。从终端需求来看，内销市场具备平稳恢复基础，居民收入及预期改善为衣着鞋帽类的消费增长提供重要支撑，但过渡期仍可能造成内销市场出现阶段性波动；纺织品服装出口市场压力增大，发达经济体衣着消费增长空间有限，同时新兴经济体产业链配套需求面临回落压力，我国纱线、面料等中间产品出口增速或有所放缓，化纤产品出口依然有望保持平稳。从供应端来看，化纤产能仍有可能保持惯性增长，在需求有效增长之前，行业企业应着力控制新增产能，避免供需矛盾进一步升级，以维护化纤行业持续稳定发展。此外，油价走势仍将是影响化纤市场运行的重要因素之一，2023年石油市场将在经济衰退与地缘政治间博弈，石油输出国组织（OPEC）表示，影响油价的经济因素向下行倾斜。在基准情形下，预计 2023年油价较2022年震荡幅度减弱，且运行中枢较 2022年会有所下降。

2023年是全面贯彻落实党的二十大精神的开局之年，也是“十四五”承上启下的关键之年。由工信部、国家发改委联合印发的《关于化纤工业高质量发展的指导意见》提出，到2025年，形成一批具备较强竞争力的龙头企业，构建高端化、智能化、绿色化现代产业体系，全面建设化纤强国。党的二十大擘画了全面建设社会主义现代化强国、以中国式现代化全面推进中华民族伟大复兴的宏伟蓝图，进一步为纺织化纤行业的高质量发展提供了根本遵循。面对新的战略机遇和任务、新的战略阶段和要求，化纤行业要面向科技前沿、面向消费升级、面向重大需求，完善创新体系；坚持节能降碳优先，扩大绿色纤维生产，构建清洁、低碳、循环的绿色制造体系；增加优质产品供给，培育纤维知名品牌，拓展纤维应用领域；加快数字化、智能化改造，提升经营管理能力，推进产业链现代化建设。

（撰稿人：宁翠娟　吴文静　窦　娟）

棉纺织业

中国棉纺织行业协会

2022年是极不寻常、极不平凡的一年。在新冠肺炎疫情持续蔓延、地缘政治冲突加剧、全球通胀居高不下等多重因素影响下，我国经济面临需求收缩、供给冲击、预期转弱的压力持续加大。棉纺织行业靠近产业链前端，市场竞争高度充分，受上游原料端和下游需求端双重挤压，面临着前所未有的复杂环境。整体看，终端消费市场需求明显放缓，原料价格在整个产业链传导受阻，企业开机率明显下降，利润降幅加深，亏损面扩大。面对困境，棉纺织行业承压发展，迎难而上，沉着应对超预期因素冲击，产业韧性和体系完整性优势充分显现，总体保持相对平稳的发展。

展望2023年，我国经济恢复的基础尚不牢固，需求收缩、供给冲击、预期转弱三重压力仍然较大，外部环境动荡不安，给我国经济带来的影响可能仍将持续。从国际整体格局来看，我国棉纺织产业体系的完备程度与产业韧性活力仍具优势，在国际供应链发挥不可替代的重要作用，棉纺织产业在我国的发展仍具有极强生命力，我国棉纺织行业韧性强、活力足的优势有望继续得以展现。在国家优化新冠肺炎疫情防控措施、存量政策和增量政策叠加发力支持下，我国棉纺织行业活力有望加速释放，运行形势有望总体回升。

2022年棉纺织行业运行概况

一、主要经济指标下降，企业经营持续承压

面对“弱需求、高库存”，企业经营压力显著，主要经济指标增速放缓，利润下降，亏损面扩大。由于供应端库存积压较多，市场竞争加剧，产品报价不断下降，企业利润薄弱且持续走低。据国家统计局数据，2022年，我国棉纺纱加工营业收入同比下降3.37%，利润总额同比下降40.49%；营收利润率为2.87%，较2021年下降1.8个百分点，亏损面为25.42%，较2021年扩大10.05个百分点；棉织造加工营业收入同比下降2.61%，利润总额同比下降8.95%，营收利润率为3.56%，较2021年下降0.2个百分点，亏损面为19.32%，较2021年扩大4.89个百分点。

2022年，中国棉纺织行业协会跟踪的260多家重点企业营业收入累计同比下降0.19%，利润总额同比下降35%，利润率为3.14%，较2021年下降1.69个百分点，亏损面为34.75%，较2021年扩大19.86个百分点。

二、行业景气度欠佳，市场信心不足

中国棉纺织景气指数采集于全国近500家次棉纺织企业，以50为枯荣线。当指数高于50时，表示棉纺织行业本月景气程度好于上月，低于50则表示本月景气程度不及上月。中国棉纺织景气指数2022年位于荣枯线下方，尤其7月，国内棉价连续下跌，下游下单谨慎，市场销售持续不畅，企业去库存压力较大，叠加行业传统淡季，市场信心明显不足，中国棉纺织景气指数跌至最低点45.23。12月份景气指数为49.94，为全年最高值，见图1。

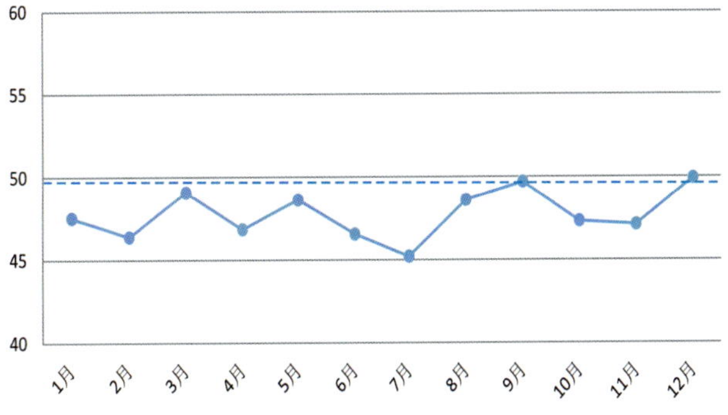

图1 2022年中国棉纺织景气指数

资料来源：中国棉纺织行业协会

棉纺织原料及产品价格走势分析

一、原材料价格走势局部分化，四季度趋于稳定

2022年主要棉纺织原料价格走势见图2。同为棉型化纤的黏胶短纤和涤纶短纤整体价格趋势相似，棉花与棉型化纤走势分化，上半年走势出现较为明显的背离。2022年上半年棉花价格多处于20000元/吨以上高位，同期终端市场需求弱势，价格自上而下传导困难。6月21日美国所谓“涉疆法案”正式生效，对国内棉花价格形成利空，叠加棉纺织淡季来临，6~7月棉花价格短期内快速下滑，随后沿15000元/吨上下波动。棉花价格年末较年初下降幅度达35.2%，全年最高价为23205元/吨，最低价为14090元/吨，年度最低价到最高价波动幅度达64.7%，全年均价为18434元/吨。

2022年上半年棉纺织企业为规避棉花价格风险，控制成本，主动加大棉型化纤对棉花的替代，对黏胶短纤和涤纶短纤形成了价格支撑。下半年进入淡季后，国际通胀压力高企，叠加国内需求低迷，终端市场需求低迷迅速传导至棉纺织产业链，三大主要棉纺织原料价格走势开始趋同。黏胶短纤价格年末较年初上升17.7%，全年最高价为15400元/吨，最低价为12300元/吨，年度最低价到最高价波动幅度为25.2%，全年均价为13834元/吨。涤纶短纤价格年末较年初上升4.1%，全年最高价为9295元/吨，最低价为6775元/吨，年度最低价到最高价波动幅度为37.2%，全年均价为7789元/吨。

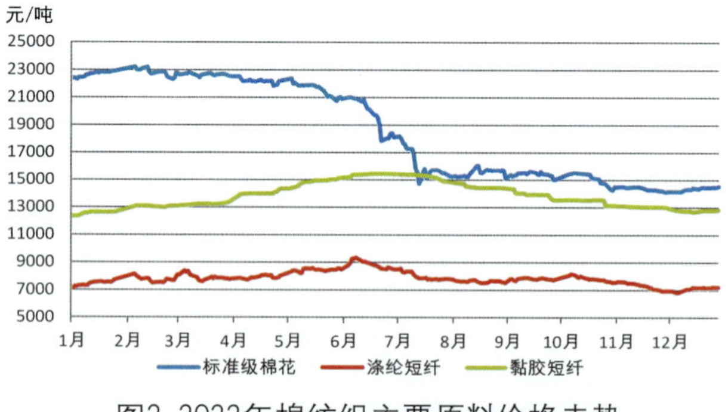

图2 2022年棉纺织主要原料价格走势

资料来源：中国棉纺织行业协会

二、内外棉价开启长期倒挂，国际竞争呈现新格局

2022年3月下旬开始，受所谓“涉疆法案”及汇率的重要影响，国际棉价开始反超国内棉价，内外棉价开始长时间持续倒挂，见图3。在过往的很长时间里，为了保障国内棉农的利益，棉花进口配额导致国内棉花价格在大多数时间里高于国际棉花，以内外棉价差倒挂为标志的国内外棉纺织行业竞争呈现新局面。

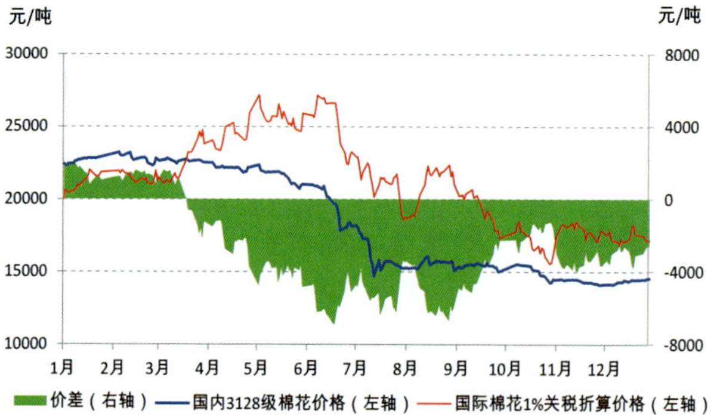

图3 2022年棉花价差走势图

资料来源：中国棉纺织行业协会

三、棉纺织产品价格整体下行

2022年棉纺织代表产品价格走势见图4。将32支纯棉纱和纯棉坯布（32×32 13×70 2/1 47英寸斜纹）为代表产品的价格走势与棉花原料对比可以看出，棉纺织代表性纱布产品跟随棉花价格整体呈现下行趋势，且贯穿全年。受棉花价格下行趋势带动和终端需求低迷传导，作为中间产品的棉纱和棉布产品受上下游挤压，极大影响了棉纺织行业效益。32支纯棉纱年末较年初下跌19.9%，纯棉坯布（32×32 13×70 2/1 47英寸斜纹）年末较年初下跌29.6%。

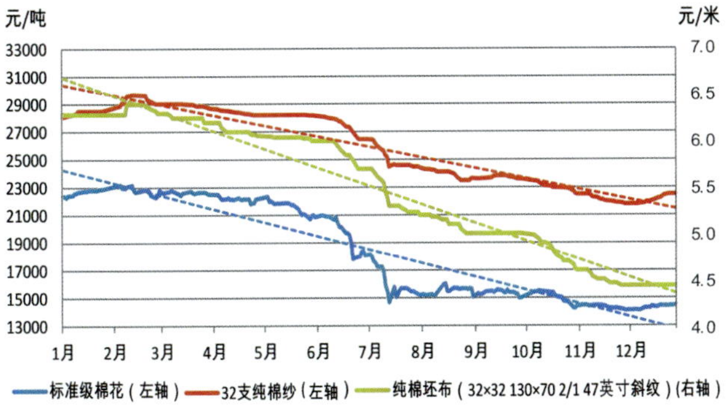

图4 2022年棉纺织代表产品价格走势

资料来源：中国棉纺织行业协会

进出口市场分析

一、棉花进口量降幅明显

2022年我国棉花进口情况见表1，受内外棉价差长期倒挂，进口棉价格优势削减，棉纺织产业链产销低迷等综合影响，2022年我国外棉进口数量回落，共计进口棉花194万吨，同比下降9.8%。在进口来源国中，美国占比为58.4%，较2021年上升近20个百分点，在所有进口来源国中排首位，巴西占比较2021年基本持平，印度占比大幅回落。

二、进口纱优势弱化，进口量大幅下滑

我国进口纱线以纯棉纱为主，进口情况见表2。2022年多数时间外棉价格高于国内，进口纱受成本制约，价格优势大幅受挫。我国共计进口纯棉纱109.6万吨，同比减少45.1%，接近腰斩。在进口来源国中，越南凭借区位和零关税优势，保持了第一大棉纱进口来源国地位，我国从越南进口的纯棉纱比重提升至55.8%，较2021年提升13.3个百分点。源自巴基斯坦的纯棉纱比重大幅下降47.8%，占比下降0.7个百分点，但排序反超印度升至第二。印度、乌兹别克斯坦、马来西亚和印度尼西亚等主要纱线进口来源国的进口数量均有大幅下降。

三、棉制纺织品服装出口先升后降

2022年我国棉制纺织品服装出口共计1027.2亿美元，同比下降3.6%，在2021年同比下降14.6%的基础上进一步下滑，占全行业出口比重为31.7%，与全行业纺织服装产品出口额增速相比，落后6.2个百分点。棉制纺织品服装上半年出口增速为8.5%，下半年棉制纺织品服装出口增速由正转负，累计同比下降13.6%，拖累全年出口增速下降3.6%。对美国出口方面，2022年我国棉制纺织品服装对美出口占对全球出口比重为16.2%，上半年同比增速为19.1%，下半年同比大幅下降26.8%，拖累对美国全年出口下降7.4%，见表3。

表1 2022年我国棉花进口情况

国别	数量（万吨）	同比（%）	2022年占比（%）	2021年占比（%）
总计	194.0	−9.8	100.0	100.0
美国	113.21	36.6	58.4	38.7
巴西	57.73	−10.3	29.8	30.0
印度	3.14	−92.4	1.6	19.2
澳大利亚	2.0	−42.6	1.0	1.6

资料来源：中国海关

表2 2022年我国纯棉纱进口情况

国别	数量（万吨）	同比（%）	2022年占比（%）	2021年占比（%）
总计	109.6	−45.1	100	100
越南	61.2	−27.8	55.8	42.5
巴基斯坦	14.5	−47.8	13.2	13.9
印度	5.6	−82.4	5.1	15.9
乌兹别克斯坦	8.7	−66.4	7.9	13.0
马来西亚	5.9	−3.3	5.4	3.1
印度尼西亚	3.0	−67.4	2.7	4.6

资料来源：中国海关

表3 我国棉制纺织品服装出口情况

年份	出口全球（亿美元）	出口全球同比（%）	棉制纺服出口额占行业出口额比重（%）	出口美国（亿美元）	出口美国同比（%）	棉制纺服对美出口占对全球出口比重（%）
2022年	1027.2	−3.6	31.7	166.4	−7.4	16.2
其中：上半年	524.2	8.5	33.5	90.2	19.1	17.2
下半年	503.0	−13.6	30.1	76.2	−26.8	15.1

资料来源：中国海关

2023年棉纺织行业发展展望

一、发展机遇

把握宏观经济政策机遇。2022年底的中央经济工作会议指出，2023年要坚持稳字当头、稳中求进，继续实施积极的财政政策和稳健的货币政策，加大宏观政策调控力度，加强各类政策协调配合，形成共促高质量发展合力。棉纺织行业认真研究国家出台的与行业密切相关的政策，如货币政策、产业政策、科技政策、人才政策等，用好、用活、用足、用实这些政策，有利于行业充分享受政策红利，促进高质量发展。

融入棉制品内需消费机遇。中央经济工作会议指出，要着力扩大国内需求，要把恢复和扩大消费摆在优先位置。为促进纺织品内需，工信部、商务部等国家相关部门将继续加速推进纺织服装优供给促升级、内外贸一体化等活动。棉纺织行业要充分抓住机遇，更好发挥基础性与支撑性作用，推动形成消费端拉动、原料端推动、制造端协同的良性供应链生态，打造高效率、高品质、高责任的棉制纺织品服装供给体系，维护供给体系韧性与稳定，并与利益相关方形成合力，激发消费者对优质棉制品的购买活力。

抓住全球产业结构和布局调整机遇。中央经济工作会议指出，要提升传统产业在全球产业分工中的地位和竞争力。棉纺织行业要充分利用RCEP等经贸协定创造的条件，加大开拓东盟、非洲、其他“一带一路”沿线及拉丁美洲等新兴市场。有实力的棉纺织企业在已经建立海外加工基地的基础上，可适度发展跨国产业链，进行高效的跨国资源配置，进行科学有序的全球产业布局。

二、面临的问题及应对

全球宏观经济形势依然复杂严峻。通胀压力、加息周期、地缘政治冲突等因素仍可能持续影响全球经济。国际货币基金组织预计全球至少三分之一的国家将陷入经济衰退。我国终端棉制品对外出口依存度较高，可能陷入衰退的国外主要经济体需求收缩将会加剧对棉制品出口的冲击。与此同时，我国经济韧性强、潜力大、活力足，各项政策效果持续显现，在强大内需市场支撑下，棉纺织行业运行有望总体回升，有效对冲外部冲击造成的影响。

美国所谓“涉疆法案”持续影响。2022年6月21日，美国所谓“涉疆法案”转入执法阶段，2022年下半年我国棉制品出口由正转负，该法案有效期长达8年，或将持续影响我国棉制品出口。我国棉纺织产业链应通过积极开拓化纤产品及新兴市场，化解单一原料依赖风险，保障中国乃至全球纺织产业链健康发展。对于已经实施限制新疆棉措施的美国市场，通过积极调整产品原料结构以稳定市场份额。

行业生产要素问题。棉纺织行业劳动力用工短缺、融资难、原料价格剧烈波动、能源价格高企等生产要素问题或将继续影响行业发展。行业应做好设备升级、资金链稳定、风险防控等方面工作，提升资源要素配置效率，着力提高行业的全要素生产率。

三、行业发展趋势与重点方向

提升产业发展协调性。提升产业结构的协调性与精准性。根据产业链发展水平，定位主要区域功能；发挥集聚区规模优势与配套优势，提升在全球价值链的分工定位；利用龙头企业优势，突出产业品牌标签；加大对企业专项优势的鼓励，带动行业整体协同发展。

构建产业安全发展体系。强化行业安全预警工作，防范资本异常流动、数据网络安全、地缘政治、国际贸易摩擦等风险。进一步推进棉花管理体制改革，保障用棉需求及产业安全。促进非棉纤维在棉纺织行业的广泛应用，提高产品附加值，形成长效、安全的原料保障机制。

提高科技创新能力。通过科技创新，继续夯实全行业的产业技术基础。提升行业智能制造整体水平和占比。通过工艺创新增加产品种类，提升生产效率和产品质量，降低生产成本。针对基础性技术进行深入研究。继续优化行业标准化体系、协同创新体系等支撑性体系与创新平台的建设。开展重点攻关与技术推广。

提高产品核心竞争力。通过智能制造、精益管理降低产品生产成本；通过结构优化、功能赋予等方式，拓展应用领域；应用绿色原料、节能工艺生产绿色产品；打造全行业纱、布产品品牌，全面提升产品盈利能力。

推进绿色可持续发展。坚持可持续发展战略，积极履行社会责任，以绿色生产为重点，加快构建行业绿色发展体系。为下游产业提供更多绿色、低碳、环保的纱、布产品，引导绿色消费。同时，加大企业社会责任建设，持续推进行业可持续发展。

加强专业人才体系建设。充分认识加强专业人才队伍建设的重要性和紧迫性，把建设专业人才队伍作为支撑发展的第一资源。弘扬企业家精神、创新精神、劳模精神、工匠精神，强化创新、管理、技术、技能等各类人才队伍建设和人才资源利用，引导企业完善人才引进、培养、奖励等管理制度，强化复合型、创新型、实用型人才队伍的培养，保障企业健康可持续发展。

（撰稿人：郭占军）

毛纺织业

中国毛纺织行业协会

2022年，世界经济低迷，新冠肺炎疫情反复，国际政治局势影响深刻。我国毛纺织行业的发展经历了突如其来的转折和猝不及防的挑战，全年形势逐步放缓，运行质效水平趋于下滑。在困难波动的形势下，行业坚持开拓创新，稳定释放发展韧性，在复杂形势下取得行业发展的新成效。

2022年我国毛纺织行业运行情况

一、生产情况

2022年，受到全球经济下行和新冠肺炎疫情反复等风险因素影响，毛纺产品的生产形势发生波动，其中二季度、四季度波动性较为明显。其中，毛纱线受波动影响较大，4月、10月和11月当月生产水平均有明显下滑，2022年，规模以上企业毛纱线产量同比略有下滑，跌幅为0.6%，见图1。

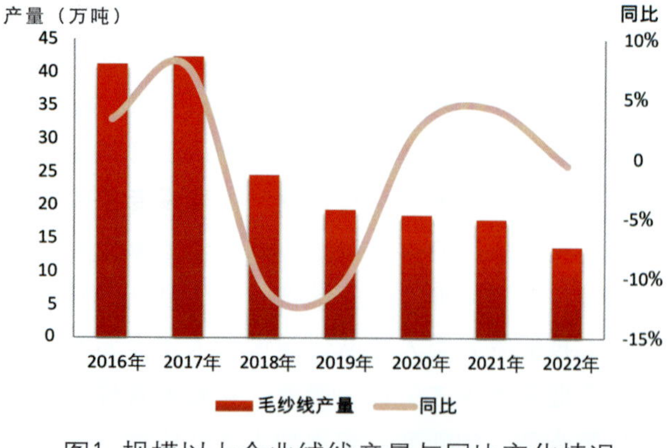

图1 规模以上企业绒线产量与同比变化情况

资料来源：国家统计局

2020～2021年，毛机织物的需求市场受到新冠肺炎疫情较大冲击，连续两年生产呈现快速下滑。结合欧洲毛纺行业数据估算，2020～2021年，毛机织物两年平均跌幅在10%左右。2022年毛机织物生产形势显著回暖，四季度产量同比增速虽有下滑，但全年产量同比维持增长，增速4.3%，产量恢复至2020年前水平，见图2。

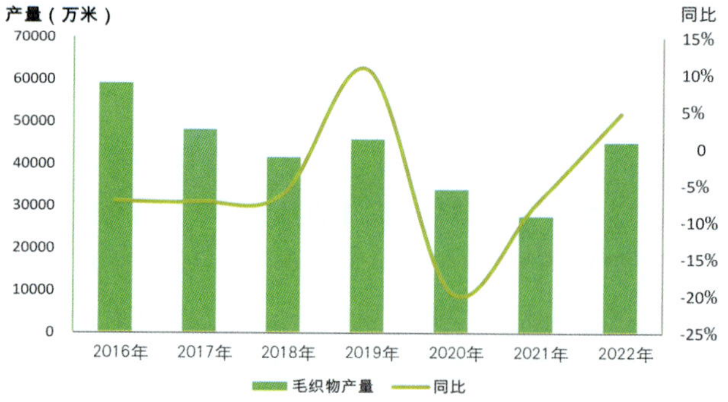

图2 规模以上企业毛织物产量与同比变化情况

资料来源：国家统计局

二、市场趋势

（一）国内消费市场受压，出口支撑毛纺市场的增长

2022年，受到新冠肺炎疫情等短期影响冲击的压力，国内纺织服装消费市场分别在5月和11月呈现两次明显波动，其中，纺织服装零售受到的影响大于社会其他产品零售，全年限额以上单位商品服装鞋帽零售下滑6.5%，较2021年回落19.2个百分点；穿类商品网上零售同比增长3.5%，较2021年回调4.8个百分点。国内消费市场增长压力加剧。

受此影响，2022年毛纺产品国内市场消费明显放缓。根据对各类毛纺原料加工使用量的观察，2022年，羊毛、羊绒等毛纺原料经加工生产，以羊毛条、纱线、面料、服装等主要形式出口，而流入国内消费市场的毛纺产品占比同比下滑，即2022年毛纺产品内销占比约为57%，较2021年下滑5个百分点，见图3。

图3 中国毛纺行业原料与制品流向

资料来源：中国毛纺织行业协会

出口市场则成为2022年毛纺产品消费市场的重要支撑。2022年毛纺原料及制品（不含化纤地毯）累计出口额为103亿美元，同比增长5.9%，恢复至2020年前水平，见图4。

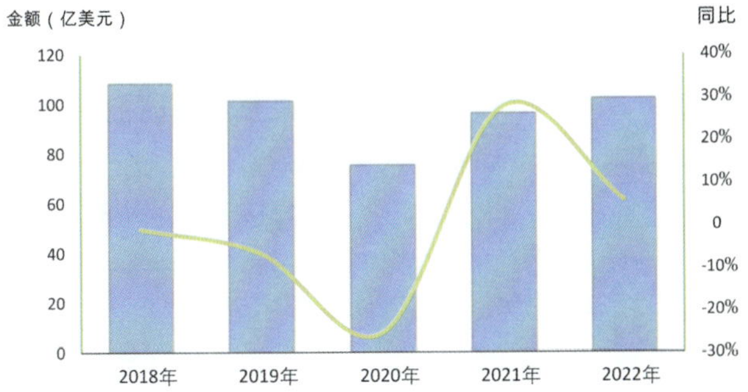

图4 2018～2022年毛纺原料与制品出口金额与同比变化情况

注 不含化纤地毯。

资料来源：中国海关

（二）不同原料与品类毛纺产品市场形势调整

以天然动物纤维为主要原料的毛纺产品市场整体形势良好。从出口观察，2022年，羊毛原料及羊毛产品出口额累计为41.4亿美元，同比增长8.2%，但较2019年水平低12.4%，仍处于羊毛原料使用量恢复回升区间；以山羊绒为原料毛纺产品出口额累计为18.6亿美元，同比增长12.3%，较2019年水平增长9.3%，山羊绒原料制品市场较为稳定，原料价格上调是驱动市场规模进一步扩大的因素，见图5。

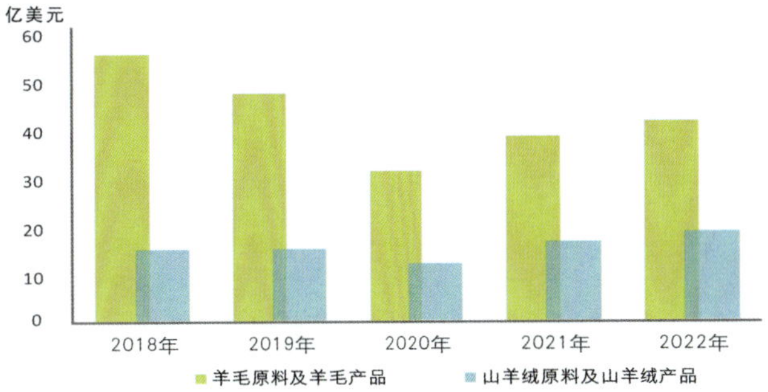

图5 2018～2022年不同原料毛纺产品出口变化情况

资料来源：中国海关

毛纺中间产品形势较前两年有所变化，受终端市场影响，针织纱线市场有所停滞，机织面料市场恢复较快。根据出口情况观察，羊毛条出口4.3万吨，同比增长5.1%；出口额为5.1亿美元，同比增长36.7%，接近2019年水平。毛织物出口7301万米，同比增长37.5%；出口额为5.2亿美元，同比增长45.8%，较2019年水平低22.2%，仍有复苏的空间。而毛纱线出口2.8万吨，同比下滑8.3%；出口额为8.8亿美元，同比下滑11.1%，见图6。

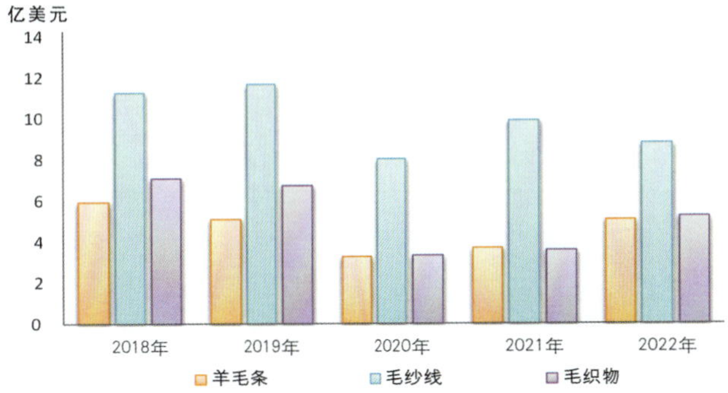

图6 2018～2022年毛纺各类中间产品出口变化情况

资料来源：中国海关

毛纺成品市场形势呈现渐进性变化。以出口来看，毛针织服装出口额为近五年最高水平，累计为23.4亿美元，同比增速为9.9%；毛毯与人造毛皮出口额同样也是近五年最高水平，累计达43亿美元，同比增长5.8%，毛针织服装、毛毯及人造毛皮市场呈现稳步增长，占国内毛纺终端市场的比重稳中有升。毛机织服装出口额为8.1亿美元，同比下跌17.9%，为五年内最低位，见图7。毛机织服装出口市场的持续萎缩，与机织面料出口市场的扩张，反映出毛纺产品产能发生国际化转移。

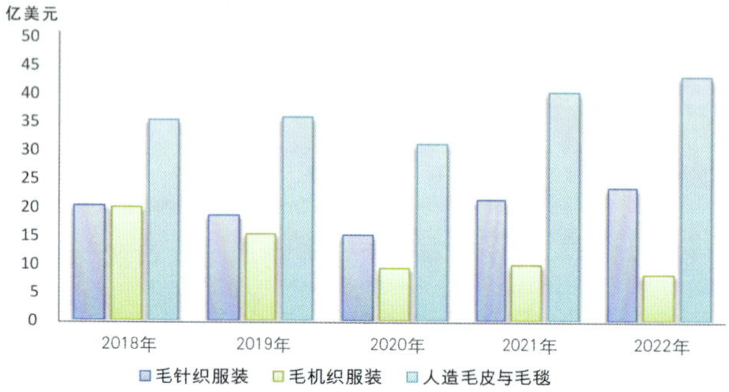

图7 2018～2022年毛纺成品出口变化情况

资料来源：中国海关

（三）出口市场稳定和多元化发展

美国、欧盟、东盟、日本依然是毛纺产品最主要的出口目的地，占比分别为22%、19%、14%和7%。中国香港作为转口市场的重要性不断下滑，已跌至2%的占比水平。以“一带一路”倡议为契机，我国毛纺多元化贸易发展得到进一步增强，2022年，我国对“一带一路”沿线地区毛纺产品的出口额同比增长1.3%，尤其是与东盟地区的毛纺出口贸易水平进一步提升，出口额同比增速为6.9%，见图8。

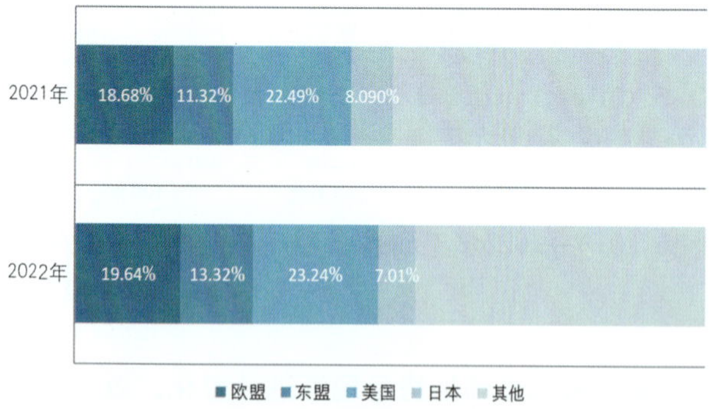

图8 2021～2022年毛纺原料与制品对主要出口市场出口金额占比情况

资料来源：中国海关

三、质效情况

（一）毛纺行业营收规模明显减少

市场波动，生产负压，使毛纺企业在2022年的营收情况承受较大压力。2022年，规模以上毛纺织企业营业收入同比下跌10.8%，跌幅与2020年基本持平，见图9。企业的平均营收水平下跌更快，据中国毛纺织行业协会测算，913家规模以上毛纺织企业平均营业收入为1.5亿元，同比跌幅为14%。

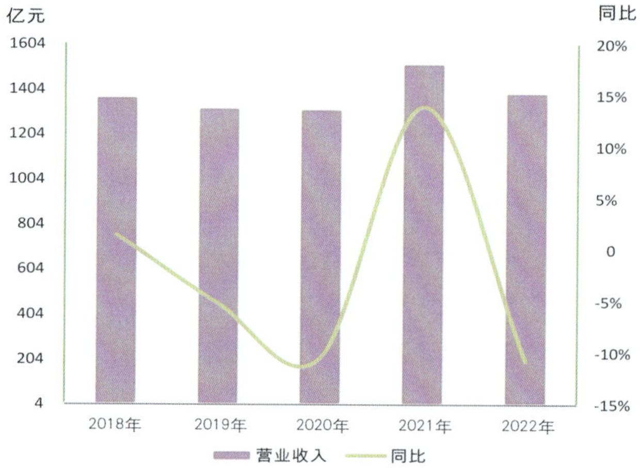

图9 2018～2022年毛纺织及染整规模以上企业营业收入变化情况

资料来源：国家统计局

2022年，规模以上毛纺织及染整精加工企业总资产周转率为0.95次/年，同比下跌15.6%，产成品周转率为6.1次/年，同比下跌16.8%，企业销售和流转效率水平都有不小的回落。

（二）毛纺行业整体盈利能力提升，两极分化加剧

2022年，毛纺行业成本控制合理，企业产品创新与产业提升，提高了经营附加值，行业企业平均利润水平进一步上升至4.1%，为五年内高位，但仍低于“十三五”前期水平，见图10。

规模以上毛纺织企业亏损额同比涨幅达80%，见图11；亏损面为22.7%，扩大2个百分点。亏损企

业的平均亏损额明显加大，同比增长67%。亏损企业与经营良好的企业之间的分化加剧，见图11。

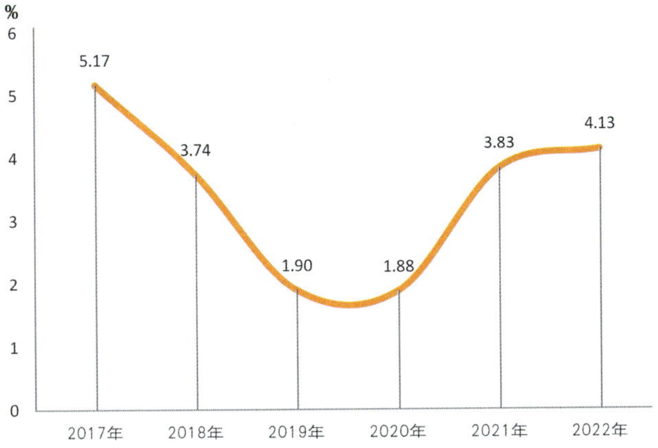

图10 2017～2022年规模以上毛纺织及染整企业利润率变化情况

资料来源：国家统计局

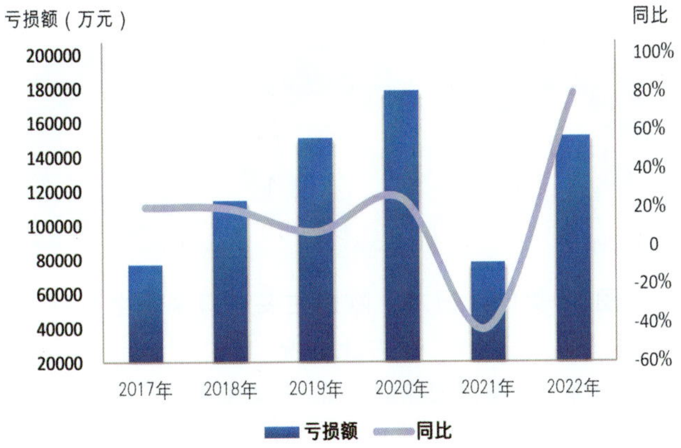

图11 2012～2022年规模以上毛纺织及染整企业亏损额变化情况

资料来源：国家统计局

（三）成本压力上升

2022年，规模以上毛纺企业三费比例为4.9%，较2021年提高0.5个百分点；两金占用比例为45.0%，同比增长0.1个百分点。2022年，进口羊毛为28.6万吨，同比下跌约1%。全年羊毛原料进口平均价格为7.8美元/千克，同比下跌6%，但年内羊毛原料价格波动较大，波动幅度超过四分之一。原料成本依然是毛纺企业主要的成本压力。

2023年我国毛纺织行业发展形势展望

2022年对于中国发展是不平凡的一年，也是中国毛纺行业发展中特别的一年。展望2023年，随着新冠肺炎疫情防控政策的变化，国际往来的恢复，国际产业布局转移变化，毛纺行业将迈入新发展格局。

一、全球毛纺产业链结构变化与产能转移

过去五年中，全球毛纺的产业链结构发生变化，中端产品的加工产能逐步开始向东南亚等地转移。产能的转移，在中国出口毛条的主要目的地的变化上得到体现。2022年，中国向东盟出口羊毛条3664吨，同比增长53%，占羊毛条出口量的8.5%，较2018年扩大6个百分点。印度在2021年进口16310吨中国生产的羊毛条，占当年我国羊毛出口的39%，成为中国最大的羊毛条出口目的地，见图12。

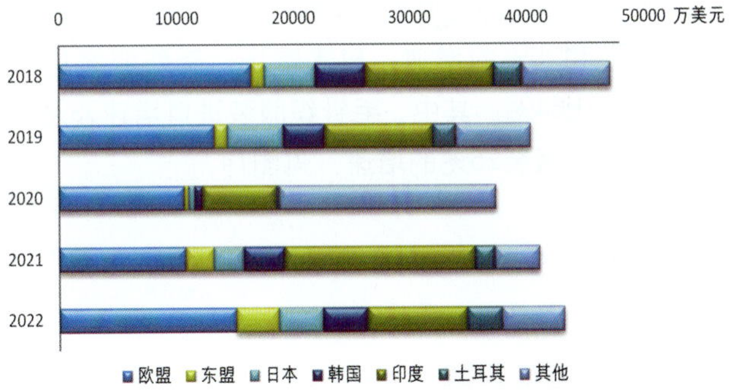

图12 2018～2022年中国毛条出口目的地变化情况

资料来源：中国海关

随着毛纺资本的国际化布局不断开展，未来毛纱线、甚至毛织物的产能将进一步发生转移。

二、毛纺终端消费市场仍处恢复区间，中国毛纺产品地位稳定

2022年，美国市场进口毛纺产品总额为44亿

美元，同比增长27%；日本市场进口毛纺产品总额约合14亿美元，同比增长16.5%；欧盟对区外毛纺产品进口总额为50亿欧元，同比增长36.7%。但是，几个主要毛纺市场消费规模仍低于2020年前水平，见图13。

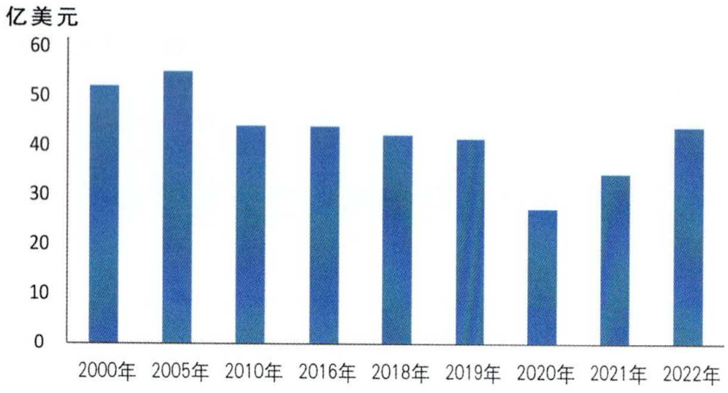

图13 美国毛纺产品进口金额变化情况

资料来源：美国国际贸易局

毛纺服装服饰类是美国、欧盟消费的最主要毛纺产品，占比分别为71%和56%。2022年，机织服装的进口形势明显好于针织服装，美国和欧盟市场进口毛机织服装分别增长45%和34%，高于毛针织服装16%和25%的增速。日本市场，毛纺服装服饰类产品占比64%，其中，毛针织服装进口增速33%，超过毛机织服装25%的增速，见图14。

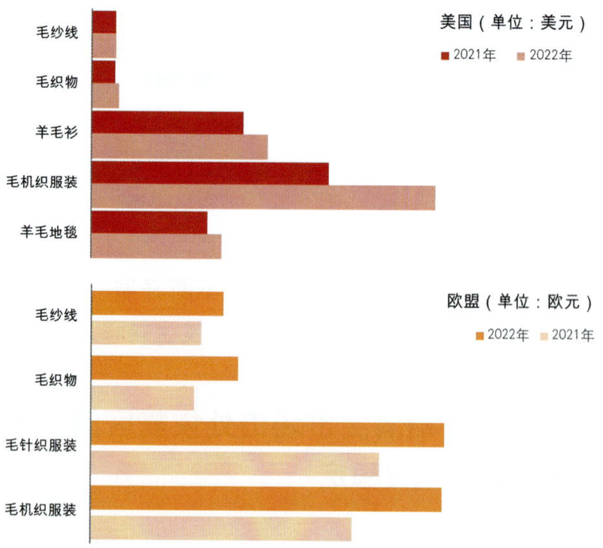

图14 美国、欧盟和日本毛纺大类产品进口金额情况

资料来源：美国国际贸易局、日本商务部、欧盟统计局

2022年，中国毛纺产品在美国、欧盟和日本等主要毛纺消费市场的占有率变化不大。2022年，中国毛纺产品分别占美国、日本、欧盟进口毛纺产品总额的37%、28%和40%，除四季度受新冠肺炎疫情影响有所变化，其他季度基本保持稳定，见图15。

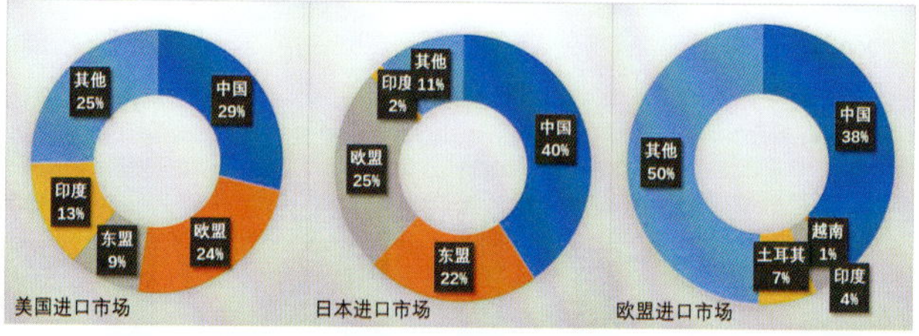

图15 美国、日本、欧盟主要进口来源地市场占比情况

资料来源：美国国际贸易局、日本商务部、欧盟统计局

三、毛纺规模与原料结构调整，面向新的发展格局和潜在市场

2019～2022年，中国年进口羊毛总量均未超过30万吨，除了新冠肺炎疫情对运输的影响外，也有毛纺行业规模调整、原料加工结构变化的因素。面对新的形势和新的格局，行业创新发展与产业升级是开发新的市场的重要驱动力，见图16。

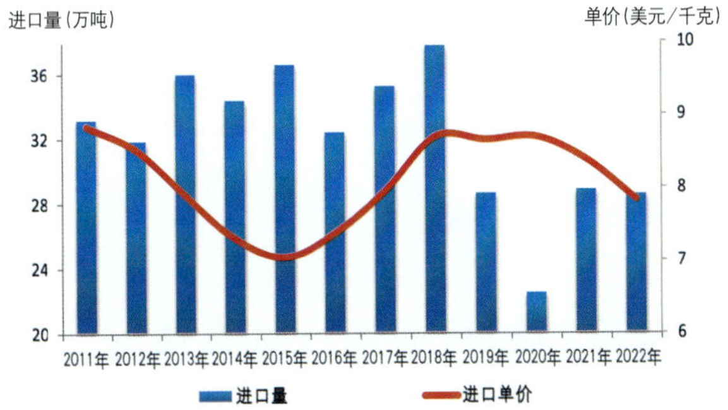

图16 2011～2022年中国羊毛进口量、进口单价变化情况

资料来源：中国海关

2023年，毛纺行业将面临发展新局面，各种不稳定因素仍然存在，发展压力仍然突出。赋能提升、创新创造，将仍是行业谋求新发展的主题。稳定的国内社会生产与销售是所有经济与行业发展的倚靠，但同时，毛纺行业的原料、市场两端高度全球化发展以及国际形势和全球贸易无可避免会影响行业，有效的内外双循环是行业发展的保障。

（撰稿人：张书勤）

麻纺织业

中国麻纺织行业协会

2022年是极不平凡的一年。国际大宗商品价格快速上行，全球经济复苏普遍面临通胀压力，美国、欧洲通胀水平一度上升至近四十年来新高。在错综复杂的发展环境下，中国宏观经济努力克服新冠肺炎疫情反复等超预期冲击，年末经济运行实现触底回升，恢复基础不断巩固。

国家统计局和中国海关数据显示，2022年，限额以上单位商品零售额为170903亿元，同比上升1.4%。全国限额以上服装、鞋帽、针纺织品类商品零售额为13003亿元，同比减少6.5%，降幅超过餐饮业，纺织品服装国内消费降幅较大。我国纺织品服装出口金额为3409.5亿美元，同比增长2.5%，出口金额再创历史新高。其中，纺织品出口1568.4亿美元，同比增长1.4%；服装出口1841.1亿美元，同比增长3.4%。2022年出口规模增长支撑了纺织行业平稳运行。

2022年，麻纺织行业主要经济指标快速增长，麻纺出口额再创新高，麻纺织行业呈现快速向上发展之势。

2023年随着新冠肺炎疫情好转、能源价格回落、供应链逐步改善，全球经济将会缓慢复苏。我国长期向好基本面没有改变，发展空间广阔，投资潜力巨大。随着稳投资政策持续落实见效，正常生产生活秩序逐步恢复，工业生产将逐步恢复，经济有望稳定发展。

展望2023年，受国际贸易环境变化、原料价格过高、国际需求走弱、中美贸易摩擦加剧、人民币汇率波动较大等影响，麻纺织产品海外市场需求在高峰过后可能会出现下滑态势。2023年麻纺织行业会有小幅波动，但仍会保持相对平稳运行，整个行业发展相对谨慎乐观。

2022年麻纺织行业运行基本情况

一、麻纺织营业收入增幅较大

2021年，由于国内新冠肺炎疫情得到有效控制，麻纺织行业营业收入和利润全面复苏，2022年更是延续快速增长走势。据国家统计局数据，2022年全国268家规模以上麻纺织企业营业收入同比上升14.09%，增幅较大。从营业收入月度累计同比数据分析，麻纺企业营业收入增幅高开低走，企业经济运营后劲略显不足，见图1。通过对主要生产企业和产品市场分析，主要是由于进口亚麻原料价格过高，造成国际市场麻纺产品需求的回落。

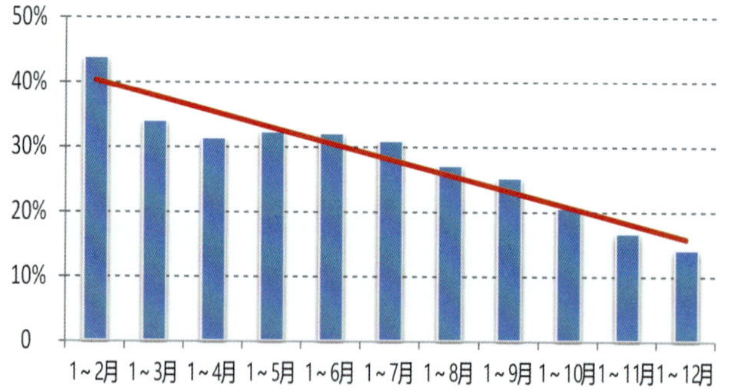

图1 2022年规上麻纺织企业营业收入月度累计增速变化情况

资料来源：国家统计局

二、麻纺织行业经济效益领跑

据国家统计局数据，2022年全国268家规模以上麻纺织企业营业收入和利润总额同比分别增长14.09%和47.71%，在纺织产业链主要环节中表现突出，见图2。

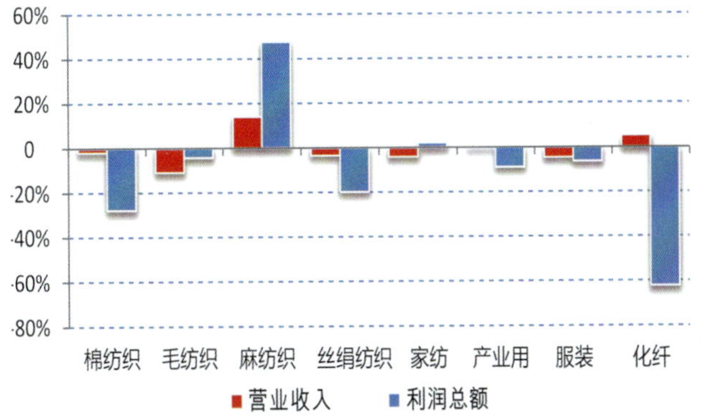

图2 纺织主要子行业营业收入和利润总额同比增长情况

资料来源：国家统计局

据调研了解，2022年以来大部分麻纺织企业运行状况良好、订单充足、产销顺畅，企业经济效益大幅增加。

三、规模以上麻纺织企业亏损面稍有抬头

根据国家统计局数据，2022年268家规模以上麻纺织企业亏损面较2021年增加3.7个百分点，见图3。亏损企业亏损额也有所升高，2022年同比增加41.80%，主要受麻纺纱企业亏损拖累。对全年数据分析，麻纺织企业亏损额的增加主要出现在2022年下半年，也表明麻纺纱企业把2021年库存原料用完后，高价进口原料导致企业生存压力加大。

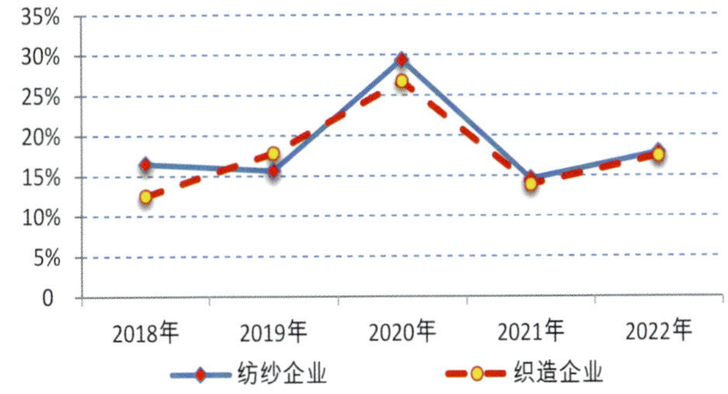

图3 2018～2022年规模以上麻纺织企业亏损面变化情况

资料来源：国家统计局

四、规模以上麻纺企业出口交货值攀升

2022年268家规模以上麻纺织企业出口交货值同比上升10.55%；其中，织造企业出口交货值同比增长12.26%，纺纱企业出口交货值同比增长5.97%。麻织造企业出口交货值同比增幅明显好于麻纺纱企业。

麻纺织企业出口交货值月度累计同比增幅持续放缓，出口增速呈现前高后低的特征。表明后期国际市场需求趋弱、海外订单不旺，麻纺织品市场后劲不足，见图4。

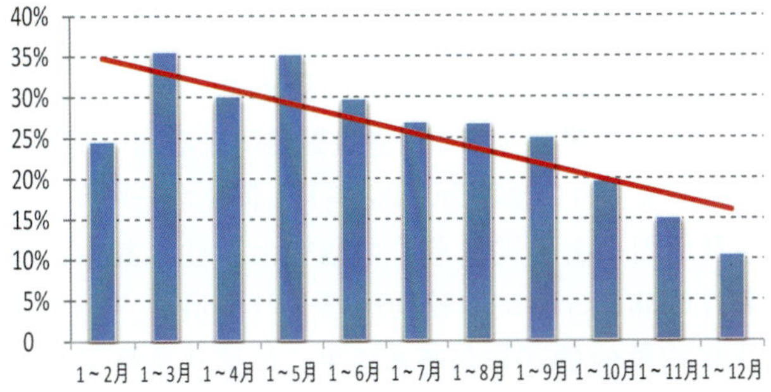

图4 2022年规模以上麻纺织企业出口交货值月度累计同比增幅

资料来源：国家统计局

五、麻纺主要原料严重依赖进口

据中国海关统计，2022年麻类原料进口金额为6.77亿美元，同比增长13.97%，也高于2020年的进口金额，但低于2019年6.93亿美元的进口金额。亚麻纤维为主要麻纺进口原料。

（一）亚麻原料进口数量与历史最高基本持平

据中国海关数据，2022年亚麻原料累计进口数量为20.69万吨，同比增长1.27%，与进口数量最高的2019年非常接近。其中，亚麻打成麻进口数量为13.43万吨，同比减少7.19%；亚麻短纤维进口数量为7.16万吨，同比增长21.56%，亚麻短纤维进口增幅较大，接近2018年历史高点。从十年来亚麻纤维每年进口总数量上分析，近年来增长势头趋缓，见图5。

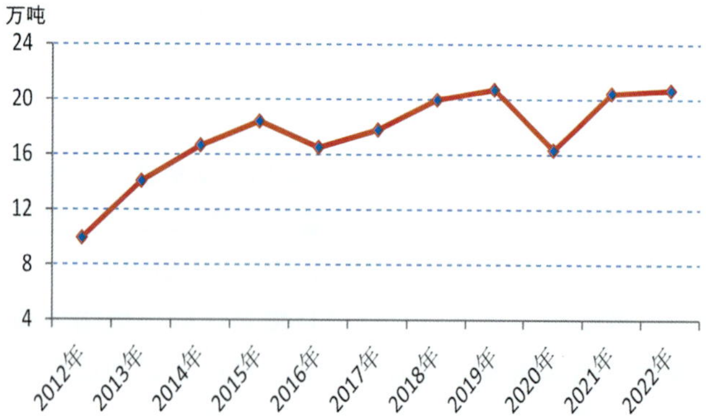

图5 2012～2022年亚麻原料进口数量

资料来源：中国海关

（二）亚麻原料进口单价历史最高

2022年我国亚麻原料进口数量同比增加1.27%，增幅不大，进口金额为6.59亿美元，同比增长14.61%，主要原因是由于进口单价增幅较大拉动。其中，亚麻打成麻累计平均单价同比增长21.08%，与最高累计平均单价的2019年基本持平，如果从单月平均单价计算，2022年12月的平均单价已是历史最高；亚麻短纤维累计平均单价同比增长3.77%，也是平均单价的历史最高。近年来进口亚麻纤维平均单价基本是一路高升，见图6、图7。

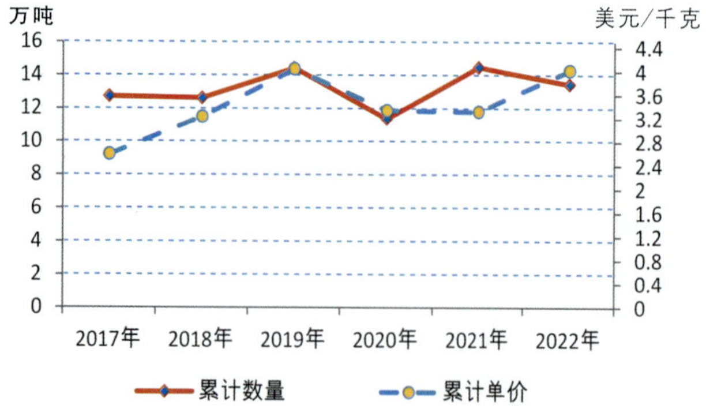

图6 2017～2022年亚麻打成麻进口数量及单价

资料来源：中国海关

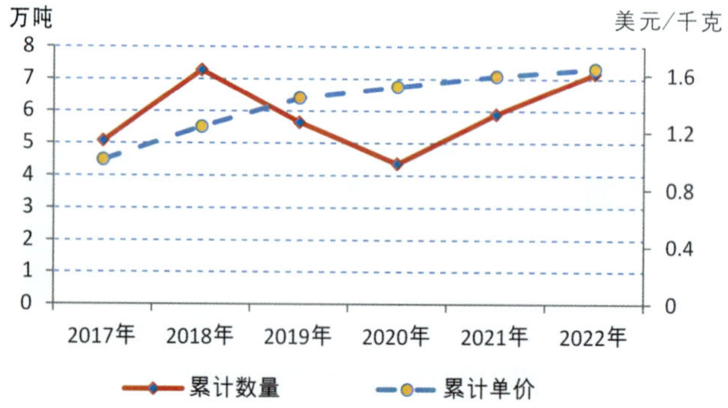

图7 2017～2022年亚麻短纤维进口数量及单价

资料来源：中国海关

（三）黄麻原料进口数量下滑减缓

2022年黄麻原料累计进口数量为1.78万吨，同比下降3.78%，累计进口金额为1559.81万美元，同比减少10.13%。黄麻进口数量已是连续几年下降，黄麻产业整体规模收缩，见图8。2022年黄麻进口数量下降较前几年有所减缓，进口单价也开始出现下行趋势。

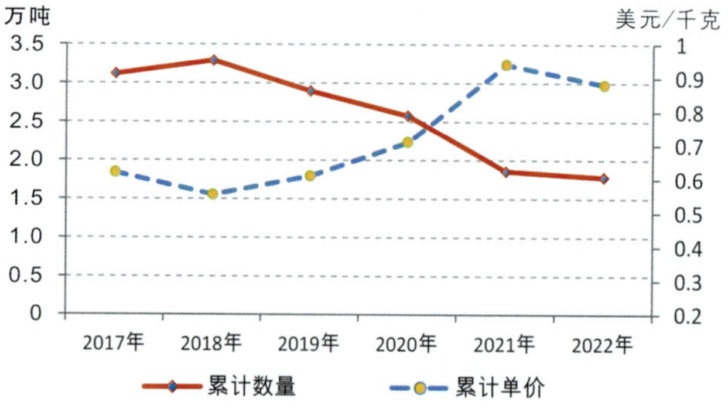

图8 2017～2022年黄麻纤维及短纤维进口数量及价格

资料来源：中国海关

（四）大麻原料进口数量连年升高

据中国海关数据，2022年大麻原料累计进口数量为2672.19吨，与2021年的1708.79吨相比增长56.38%，这两年大麻进口增幅较大，见图9。虽然大麻纤维进口增加较快，但体量不大，纤维品质和国内也有差距。大麻原料的供应还是以国内种植和加工为主，进口大麻原料为辅。

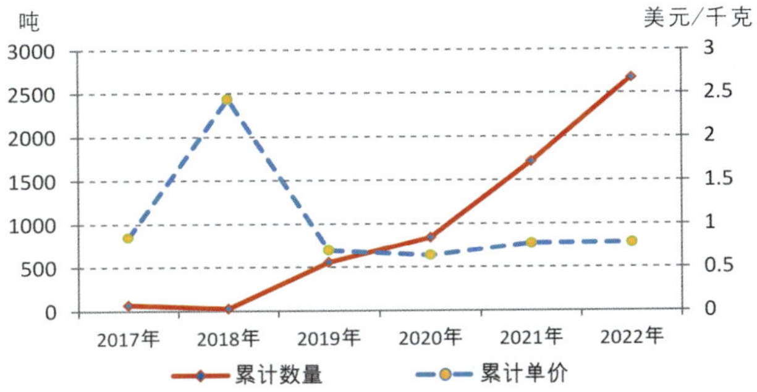

图9 2017～2022年大麻纤维及短纤维进口数量及价格

资料来源：中国海关

六、麻纺产品出口金额创历史新高

据中国海关数据分析，2022年麻纺织产品出口金额增幅较大，麻织物、麻纱线、麻制品三大类产品合计出口金额为19.41亿美元，同比增长12.59%，三大类产品出口金额创历史新高。

2022年麻织物出口金额为12.69亿美元，同比上升18.92%；麻纱线出口金额为3.41亿美元，同比上升10.03%；麻制品出口金额为3.31亿美元，同比下降4.68%，主要是麻类床上用品出口下滑所致。麻织物出口金额增幅最大，在三大类产品中出口金额占比达到65%。

（一）亚麻纱、织物合计出口金额创历史新高

我国亚麻产品出口数量和金额在麻类产品中占绝对优势。据中国海关数据，2022年我国亚麻纱线累计出口2.46万吨，金额为2.98亿美元；亚麻织物累计出口3.60亿米，金额为11.69亿美元。亚麻纱、织物合计出口金额为14.67亿元，同比增加24.53%，合计出口金额创下历史最高，见图10、图11。

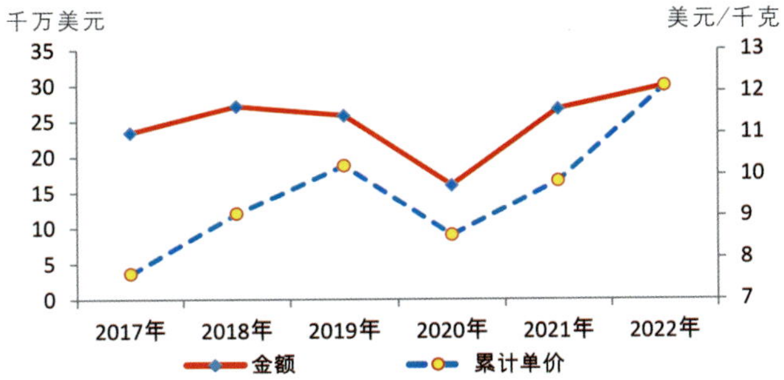

图10 2017～2022年亚麻纱线出口金额、单价比较

资料来源：中国海关

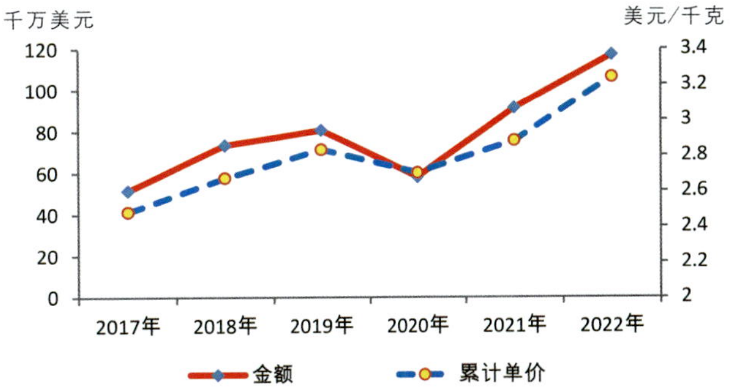

图11 2017～2022年亚麻织物出口金额、单价比较

资料来源：中国海关

（二）苎麻纱、织物合计出口金额历年最低

据中国海关数据，2022年苎麻纱线累计出口426.17吨，金额为525.07万美元；苎麻织物累计出口1859.94万米，金额为5800.85万美元，见图12、图13。2022年苎麻纱、织物合计出口金额为6325.92万美元，与历史最好年份相比已下滑90%以上，特别是苎麻织物出口下滑最为严重，苎麻产业快速萎缩。

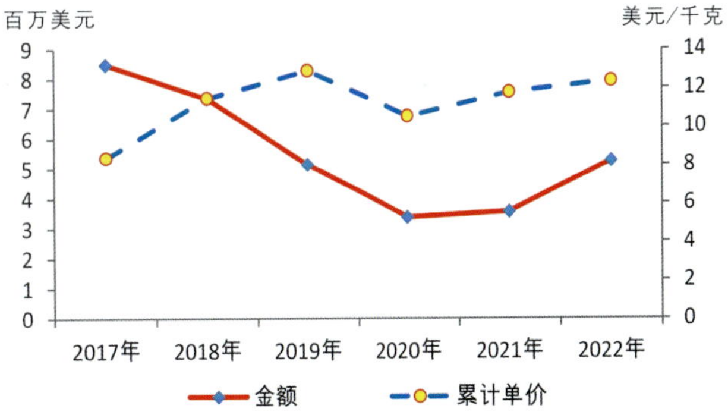

图12 2017～2022年苎麻纱线出口金额、单价比较

资料来源：中国海关

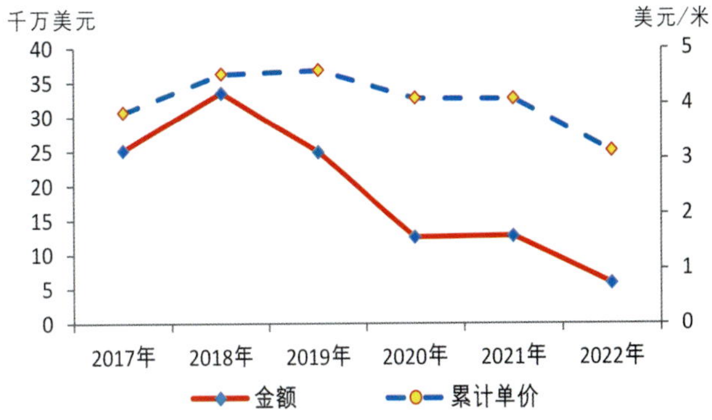

图13 2017～2022年苎麻织物出口金额、单价比较

资料来源：中国海关

（三）黄麻纱、织物合计出口金额缓慢提升

据中国海关数据，2022年黄麻纱线累计出口2671.98吨，金额为873.76万美元；黄麻织物累计出口1440.61万米，金额为561.06万美元，见图14、图15。2022年黄麻纱、织物合计出口金额为1434.82万美元，同比增加18.87%。黄麻产品出口金额已连续两年大幅回升，黄麻纱、织物出口回升给行业复苏带来机遇。

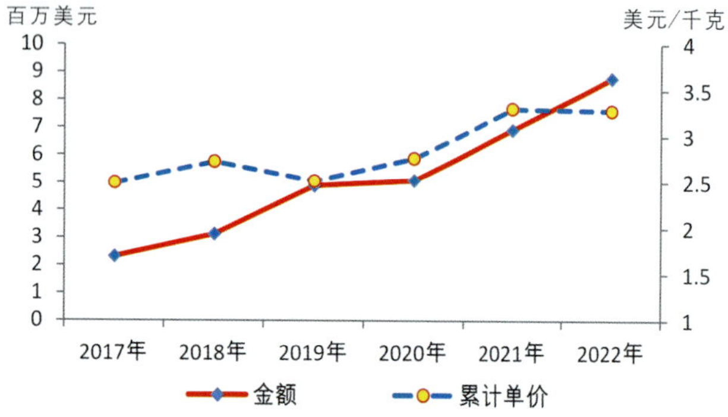

图14 2017～2022年黄麻纱线出口金额、单价比较

资料来源：中国海关

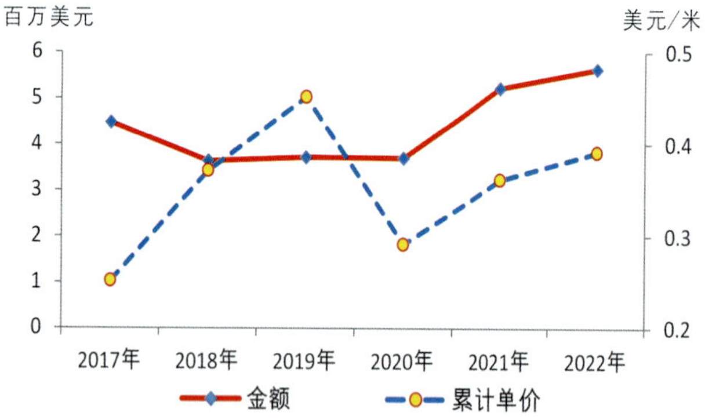

图15 2017～2022年黄麻织物出口金额、单价比较

资料来源：中国海关

（四）大麻纱、织物合计出口金额快速提升

据中国海关数据，2022年大麻纱累计出口1234.96吨，金额为1462.20万美元；大麻机织物累计出口386.41万米，金额为2143.55万美元，大麻纱、机织物合计出口金额为3605.75万美元，同比提高33.39%，见图16、图17。大麻产品出口也是连续两年快速提升，市场形势未来可期。

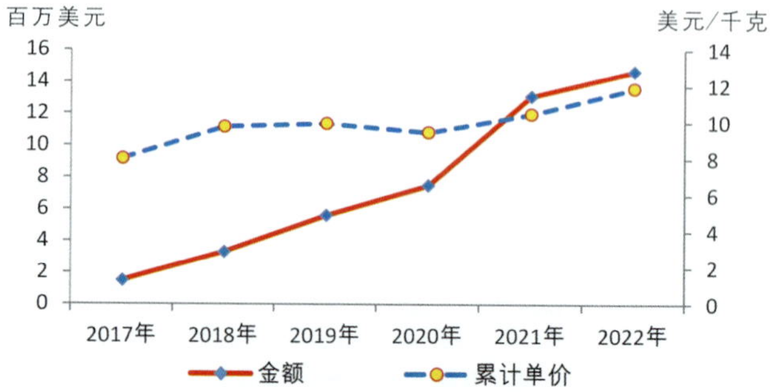

图16 2017～2022年大麻纱线出口金额、单价比较

资料来源：中国海关

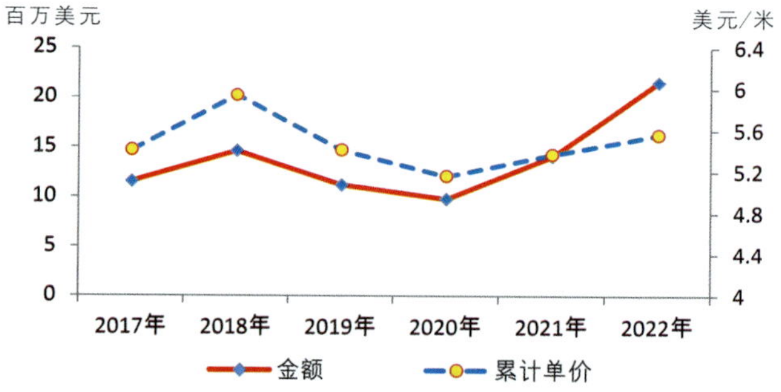

图17 2017～2022年大麻织物出口金额、单价比较

资料来源：中国海关

（五）亚麻行业出口表现优异，彰显龙头地位

麻纺织行业目前以亚麻、苎麻、大麻、黄麻四个行业为主。2022年麻类四大行业纱、织物出口金额合计15.81亿美元，同比增长17.37%；除苎麻行业下滑外，亚麻、黄麻、大麻行业都实现出口同比的增长，且增势强劲。2022年亚麻纱、织物合计出口在四类麻中占比达到93%，比2021年提升6个百分点，在近5年来占比最高，见图18。亚麻纺织品出口额的快速提高，也是2022年麻类产品出口金额创出新高的主要贡献点。

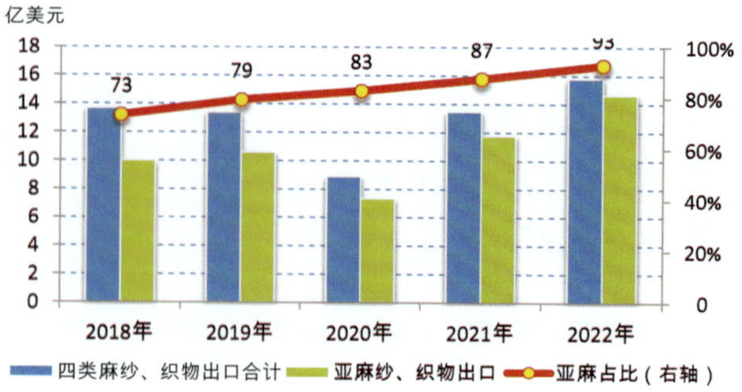

图18 2018～2022年亚麻纱、织物出口金额占比变化

资料来源：中国海关

麻纺织行业前景面临的主要问题

全球经济面临的共同的不利因素包括通胀高企、利率上升、贸易壁垒等。而相对有利的环境则是新冠肺炎疫情对全球经济的冲击趋于尾声，全球经济逐步回归到既有轨道上来。

我国经济活动将走出了新冠肺炎疫情的阴霾，带来了社会总需求的改善与生产能力的恢复。从总体形势来看，麻纺织行业具备平稳运行的基础。

一、进口亚麻原料价格过高

我国亚麻纤维原料长期依赖进口，法国亚麻一直稳定在总进口数量的70%左右；比利时、埃及、白俄罗斯合计占26%~27%。2022年进口埃及亚麻表现优异，数量有较快增长，占比从前几年的5%提升至9%，见图19。

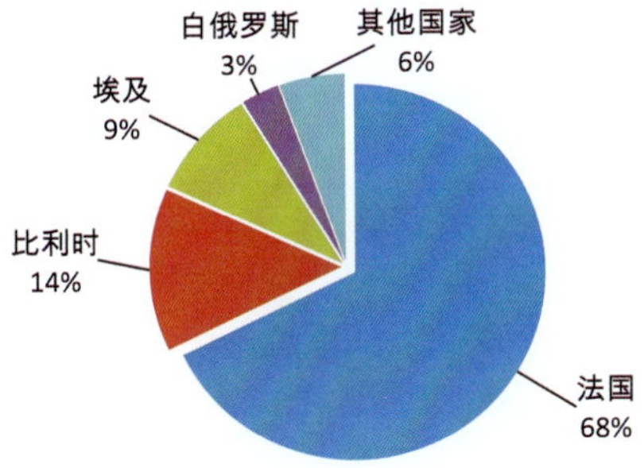

图19 2022年中国进口亚麻主要国家数量占比

资料来源：中国海关

法国亚麻原料占有垄断地位，主导了亚麻原料的价格定位。近几年亚麻原料进口数量和价格屡创历史新高，进口亚麻原料品质、数量、价格长期受制，给国内亚麻企业生产、销售带来许多困难。

进口亚麻原料的价格过高，使纺纱企业生产和销售压力加大，2022年第四季度外贸订单已经严重减少，给部分企业也带来亏损，特别是亚麻纺纱亏损企业亏损额同比增加较大。预计2023年亚麻企业经营压力依然较大。

二、全球经贸形势不稳定

俄乌冲突影响了全球金融、能源、粮食、外贸多个领域。2023年全球经济有望出现反弹，但在俄乌冲突复杂局势影响下，大宗商品价格有可能重拾上升通道。俄乌冲突、能源危机、产业链和供应链的重建和恢复，可能将延续通货膨胀的上升，全球经济增长将持续疲软，特别是欧元区经济可能会陷入衰退。由于亚麻原料主要来源于欧洲，冲突给欧洲经济活动造成的巨大压力，给全球亚麻产业供应链也带来不利影响。国际贸易环境波动也将给麻纺织行业进出口带来影响。

三、贸易环境风险上升

近年来，随着全球经贸格局的调整平衡，国际市场竞争激烈，贸易环境风险也出现上升态势，在此复杂环境下，2022年我国对美国、欧盟纺织品服装出口额同比分别减少5.4%、1.1%，纺织品贸易受到较大影响。随着全球贸易保护主义上行，相关贸易投资保护措施也将为麻纺织行业带来新的不确定性。

四、汇率波动影响加大

由于新冠肺炎疫情的影响，全球纺织服装产业链、供应链也出现深度调整，竞争更加剧烈，纺织服装企业采购多元化趋势更加明显。美联储加息持续，会加速资金外流和货币贬值，也加剧人民币汇率波动，人民币对美元贬值和生产要素成本持续上涨的背景下，“两头在外”的麻纺企业面临很多困难。人民币对美元汇率波动也会扰乱正常的贸易投资秩序，削弱海外客户需求。现在越南、孟加拉国、印度等国家的麻纺织企业发展迅速，这将进一步加剧我国麻纺行业出口压力。

2023年行业运行趋势预测

2023年1月国际货币基金组织在《世界经济展望》发布了最新报告，预测2023年全球经济仅增长2.9%，发达经济体增长放缓将更加明显；中国随着经济恢复，2023年的经济增速将反弹至5.2%。

2022年消费低迷，消费支出实际增速略有回落。根据国家统计局数据，2022年，全国居民人均消费支出为24538元，名义增长1.8%；扣除价格因素，实际下降0.2%，消费恢复力度犹显不足。当前，我国正在加快构建以国内大循环为主体、国内国际双循环相互促进的新发展格局。国内循环重点是扩大内需，完善产业体系，形成以消费拉动为主的增长模式，推动供需平衡。

构建以国内大循环为主的“双循环”发展格局，强大的内需市场将赋予纺织行业更大发展空间和创新动力。2023年纺织行业所面临外部环境可能更加严峻，麻纺企业更需要扩大麻制品内需市场，融入双循环战略，抵御出口变化带来的风险。

2022年全年麻纺织行业总体运行态势好于预期，虽然原料价格大涨，但主要运行指标保持较高增长水平，预计2023年仍将保持平稳增长趋势。

分原料来看，亚麻原料的短缺和涨价给企业造成的困扰可能加深和延续。但随着麻纺产品的丰富和宣传力度的加大，近年来消费者对麻纺织产品的购买欲望上升，国内消费市场扩大，预计2023年原料需求与2022年大体相当，不具备剧烈波动的因素。苎麻行业同样面临原料短缺和价格高企，苎麻产品单一，国际国内两个市场销售不畅，这将制约苎麻行业的发展。大麻种植面积波动较大，品质控制有待加强。目前，应确保国内大麻种植稳定，提升大麻纤维加工品质，加大宣传与推广，促进产业跃升发展。受原料影响黄麻行业仍将波动，但出口市场有望回暖。

麻纺织行业将全面贯彻落实党的二十大精神和中央经济工作会议决策部署，坚持“稳中求进”工作总基调，加快转型升级和绿色化改造升级，推动原料多元化和基地布局优化，努力实现平稳增长。

（撰稿人：牛春华）

丝绸业

中国丝绸协会

2022年丝绸业经济运行情况

2022年，受国际局势动荡、全球新冠肺炎疫情反复、经济增长下行等诸多因素影响，丝绸行业经济运行承压较大。面对重重困难，行业坚持稳中求进总基调，持续深化供给侧结构性改革，发挥产业链完整配套优势，主动融入“双循环”新发展格局，在繁荣市场、扩大出口和促进区域经济发展等方面发挥了重要作用。

一、工业生产情况

据国家统计局统计，2022年，规模以上企业主要产品产量有增有减，总量基本稳定，见表1。其中，丝产量同比增长2.23%；绸缎产量同比下降16.65%；蚕丝被产量同比下降6.9%。

从2022年主要产品产量情况看，生丝产量前五位的省（自治区、直辖市），广西壮族自治区的生丝产量同比增长7.51%，占全国总产量的35.65%；四川和云南分别下降5.58%、4.38%，江苏和浙江分别增长9.32%、32.03%。从各省市真丝绸缎产量情况看，仅重庆和广西壮族自治区小幅增长5.46%和1%。蚕丝被年产量在100万条以上的有江西、河南、浙江、江苏、湖南五省，其中，江西同比下降17.54%，河南增长16.16%，浙江同比基本持平仅增长0.96%，江苏下降幅度较大，同比下降19.16%，湖南则实现大幅增长，同比增长33.99%。各省（自治区、直辖市）丝绸主要产品产量情况见表2～表4。

二、经济效益情况

（一）工业经济运行承压

据国家统计局统计，2022年全国规模以上丝绸企业营业收入同比下降3.4%；利润总额同比下降19.72%。其中，缫丝加工营业收入同比下降2.38%；利润总额同比下降31.54%。丝织加工营业收入同比下降4.33%；利润总额同比下降7.97%。丝印染加工营业收入同比下降2.81%；利润总额同比下降23.32%。

2022年第二季度以来，丝绸行业企业营业收入和利润增速均呈持续下滑态势，行业经济增长承受压力较为突出。与2021年相比，2022年的丝绸行业规模以上企业营业收入增速下降13.85个百分点，利润增速下降94.02个百分点，见图1、图2。

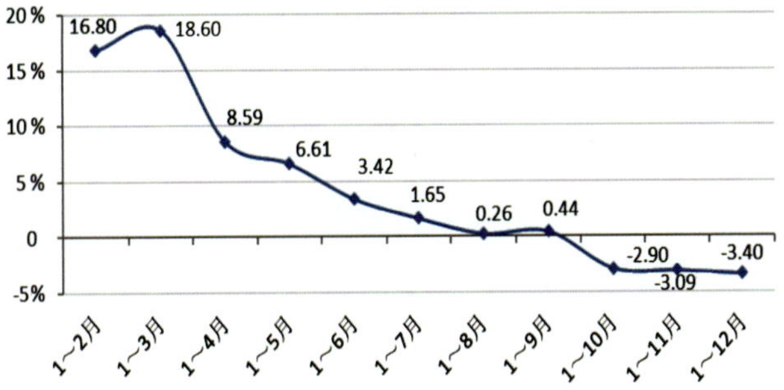

图1 2022年丝绸业营业收入增速情况

资料来源：国家统计局

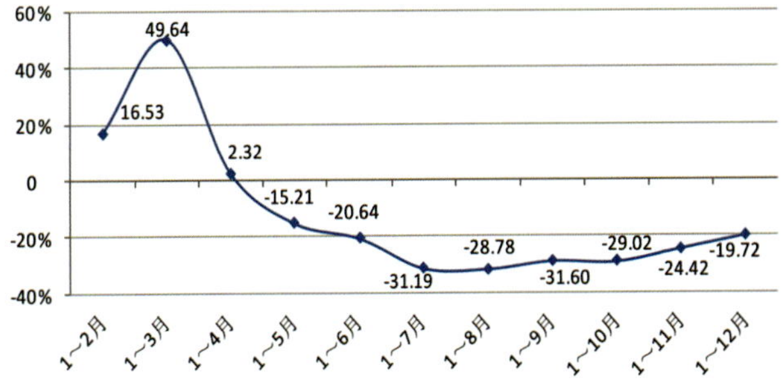

图2 2022年丝绸业利润增速情况

资料来源：国家统计局

表1 2022年全国规模以上丝绸企业产量增速情况

主要产品	同比(%)
丝类	2.23
绢丝	17.74
绸缎	–16.65
蚕丝被	–6.90

资料来源：国家统计局

表2 2022年各省（自治区、直辖市）丝（含绢丝）产量增速情况

序号	地区	产量同比(%)	序号	地区	产量同比(%)
1	广西壮族自治区	7.51	9	江西省	–43.27
2	四川省	–5.58	10	山东省	6.97
3	江苏省	9.32	11	辽宁省	22.30
4	浙江省	32.03	12	湖北省	14.05
5	云南省	–4.38	13	贵州省	–61.42
6	安徽省	8.93	14	重庆市	–43.57
7	河南省	17.49	15	广东省	–22.76
8	陕西省	–7.80	16	山西省	–15.76

资料来源：国家统计局

表3 2022年各省（自治区、直辖市）真丝绸缎产量增速情况

序号	地区	产量同比(%)	序号	地区	产量同比(%)
1	浙江省	–2.65	6	安徽省	–5.46
2	四川省	–16.45	7	山东省	–8.59
3	重庆市	5.46	8	陕西省	0.09
4	广西壮族自治区	1.00	9	云南省	–66.68
5	江苏省	–8.73	10	江西省	–98.50

资料来源：国家统计局

表4 2022年各省（自治区、直辖市）蚕丝被产量增速情况

序号	地区	产量同比(%)	序号	地区	产量同比(%)
1	江西省	−17.54	9	广西壮族自治区	3.22
2	河南省	16.16	10	湖北省	−16.76
3	浙江省	0.96	11	贵州省	−65.49
4	江苏省	−19.16	12	安徽省	−2.16
5	湖南省	33.99	13	四川省	6.58
6	广东省	−8.24	14	福建省	30.33
7	陕西省	−17.95	15	重庆市	26.91
8	山东省	−43.88	16	上海市	11.91

资料来源：国家统计局

（二）行业运行质效有所下滑

2022年，丝绸行业559家规模以上企业亏损总额同比增长30.35%；亏损面较2021年增长7.44个百分点，行业亏损面有所扩大，高于纺织行业平均水平9.55个百分点。企业存货140.23亿元，同比增长1.12%；企业销售费用8.79亿元，同比下降6.42%；管理费用20.73亿元，同比下降1.58%；财务费用7.73亿元，同比增长1.14%。

从全年情况看，受多重超预期因素影响，丝绸行业运行质效明显下降。虽然进入三季度，各项指标逐渐企稳，但整体来看，企业当前的盈利压力仍然较为突出。丝绸业主要经济指标对比情况见表5。

三、丝绸贸易情况

（一）丝绸内销市场小幅增长

据商务部监测，2022年全国50家丝绸样本企业销售额为32.94亿元，同比增长5.04%。从分类丝绸产品销售情况来看，真丝绸缎销售额为11.85亿元，同比下降3.5%；家纺产品销售额为13.54亿元，同比增长14.7%，其中，蚕丝被销售额为5.08亿元，同比下降15.85%；真丝服装销售额为3.88亿元，同比增长2.46%；真丝服饰销售额为2.07亿元，同比下降6.89%；其他丝绸产品销售额为1.59亿元，同比增长26.78%。从单月销售数据看，2022年真丝绸产品月均销售额为2.74亿元，较2021年月均销售额增长1317.61万元，同比增长5.04%，见图3。

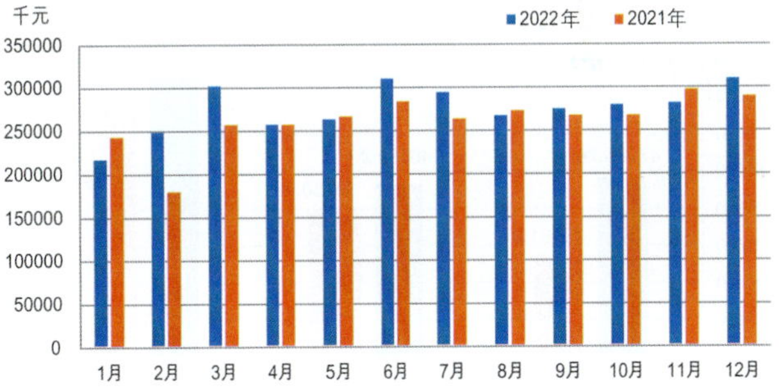

图3 2022年丝绸内销金额月度情况

资料来源：商务部

（二）真丝绸商品出口增长明显

据中国海关统计，2022年全国真丝绸商品出口金额为16.99亿美元，同比增长25.93%。蚕丝类、真丝绸缎和丝绸制成品三大类商品出口金额在2021年回暖的基础上继续增长。其中，蚕丝类产品出口金额为47986.76万美元，同比增长79.78%，占比28.25%，出口单价为53.99美元/千克，同比增长

表5 2022年丝绸业主要经济指标变化情况

序号	主要经济指标	2022年同比(%)	2021年同比(%)	同比变化(百分点)
1	利润总额	−19.72	74.30	−94.02
2	营业收入	−3.40	10.45	−13.85
3	营业成本	−2.64	8.72	−11.36
4	三费支出	−2.23	−1.18	−1.05
5	亏损面	30.95	23.51	7.44
6	负债合计	8.21	8.59	−0.38
7	亏损企业亏损额	30.35	−62.81	93.16

资料来源：国家统计局

16.33%；真丝绸缎出口金额为46360.29万美元，同比增长17.73%，占比27.29%，出口单价6.37美元/米，同比增长3.07%；丝绸制成品出口金额为75593.03万美元，同比增长9.74%，占比44.46%，见图4。

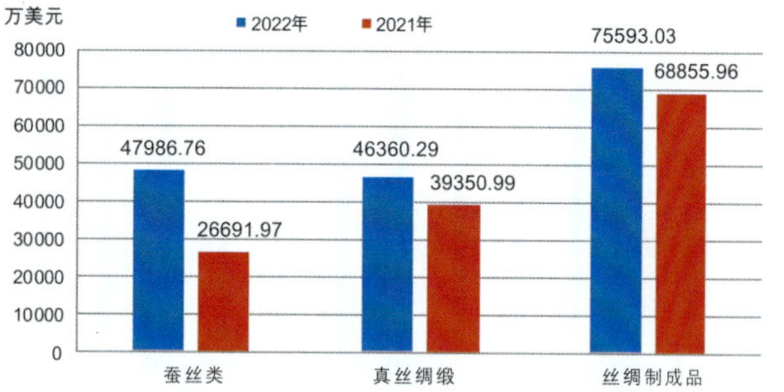

图4 2022年真丝绸主要商品出口金额情况

资料来源：中国海关

1.主销市场出口持续回暖

2022年，国内真丝绸商品的出口持续回暖，对主销市场出口继续延续复苏态势。出口金额排名前十位的主销市场中，欧盟、美国稳居前两位，其出口金额为47607.55万美元和28792.53万美元，同比分别增长27.76%、16.32%；与2021年相比，美国的份额占比下降1.5个百分点，欧盟的份额占比下降0.35个百分点。排名前十位的其他主销市场，除中国香港和英国以外，均实现两位数增长，尤其对印度和越南的出口金额增长较为明显，同比分别增长149.85%和135%，见表6。

从出口产品类别来看，丝类产品方面，欧盟、印度、日本、越南、美国等市场位列前五，出口金额分别为16464.26万美元、14631.47万美元、4674.11万美元、4103.12万美元、1166.18万美元，同比分别增长49.92%、229.92%、27.03%、290.75%和26.96%，对印度和越南的丝类商品出口出现激增。绸缎类产品方面，排名前五位的国家和地区为欧盟、巴基斯坦、印度、斯里兰卡和中国香港，出口金额分别为12762.99万美元、5465.88万美元、4005.53万美元、3528.02万美元和3041.23万美元，同比分别增长26.06%、17.17%、33.21%、54.49%和下降41.17%。丝绸服装及制品方面，美国、欧盟、中国香港、日本和澳大利亚排名前五位。其中，对美国出口金额为26465.12万美元，同比增长14.29%；对欧盟出口金额为18338.87万美元，同比增长13.38%；对中国香港出口金额为6999.91万美元，同比增长9.21%；对日本出口金额为4996.7万美元，同比增长5.35%；对澳大利亚出口金额为4331.48万美元，同比增长40.76%。

表6 2022年中国真丝绸商品主销市场出口情况

排名	国家和地区	出口金额(万美元)	同比(%)	占总额比重(%)
1	欧盟27国	47607.55	27.76	27.97
2	美国	28792.53	16.32	16.92
3	印度	18667.11	149.85	10.97
4	日本	11125.24	14.10	6.54
5	中国香港	10105.38	−13.88	5.94
6	巴基斯坦	6680.75	18.61	3.93
7	越南	5917.47	135.00	3.48
8	英国	5096.34	−11.63	2.99
9	澳大利亚	4791.63	39.06	2.82
10	韩国	4786.62	8.08	2.81

资料来源：中国海关

表7 2022年真丝绸商品各省市出口情况

排名	省（自治区、直辖市）	出口金额(万美元)	同比(%)	占总额比重(%)
1	浙江	63623.61	34.70	37.38
2	江苏	30924.13	34.48	18.17
3	广东	19613.42	31.25	11.52
4	上海	13536.55	21.57	7.95
5	山东	12037.84	9.08	7.07
6	四川	9339.65	20.57	5.49
7	广西壮族自治区	4212.40	180.27	2.48
8	辽宁	2709.64	60.85	1.59
9	湖南	2675.64	146.42	1.57
10	青海	1655.62	−6.37	0.97
11	重庆	1594.16	22.06	0.94
12	云南	1428.40	34.82	0.84
13	安徽	1261.88	45.36	0.74
14	河南	1196.01	−51.92	0.70
15	福建	934.65	−76.88	0.55

资料来源：中国海关

2. 主要省市出口稳步增长

2022年，全国各省（区）市真丝绸商品的出口金额实现较大幅度增长，排名情况见表7。在出口金额前十五位的省（区）市中，排名前五位的省市出口金额超过1亿美元，占总额比重的82.09%。浙江、江苏、广东出口金额同比增长超过30%以上，占总额比重的67.07%。其中，浙江出口金额为63623.61万美元，同比增长34.7%；总额占比37.38%，较2021年提高2.39个百分点。江苏出口金额为30924.13万美元，同比增长34.48%；总额占比18.17%，较2021年提高1.11个百分点。广东出口金额19613.42万美元，同比增长31.25%；总额占比11.52%，较2021年提高0.44个百分点。此外，排名第7、第8和第9位的广西、辽宁和湖南三省，真丝绸商品出口金额实现大幅增长，同比分别增长180.27%、60.85%和146.42%。

四、茧丝交易市场情况

2022年第一季度，由于国内新冠肺炎疫情多点散发，各地企业生产经营受阻，叠加俄乌冲突和美联储加息等多重因素影响，国内外丝绸终端产品消费受到抑制，导致干茧和生丝的价格出现快速下跌。二季度以来，行业的生产经营秩序逐步恢复，消费市场需求回暖并保持平稳增长，茧丝价格止跌回升走势趋稳。截至12月底，国内干茧和生丝的价格分别为14.33万元/吨、43.41万元/吨，基本恢复至往年同期正常价格水平，见图5、图6。

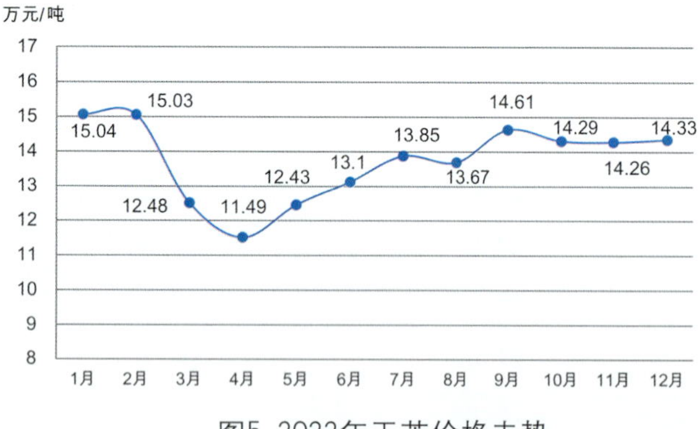

图5 2022年干茧价格走势

资料来源：中国茧丝绸交易市场

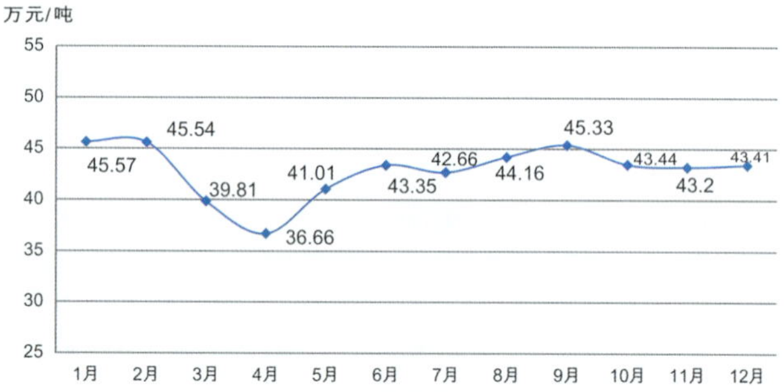

图6 2022年4A级生丝价格走势

资料来源：中国茧丝绸交易市场

2023年丝绸行业发展趋势展望

一、2023年丝绸行业面临的发展环境

（一）全球经济下行压力加大

当前，世界百年未有之大变局加速演进，地缘政治格局变化导致全球经济发展再平衡再调整，世界经济下行压力和风险挑战不断加大。世界银行发布的最新一期《全球经济展望》，将2023年全球经济增长预期下调至1.7%，较2022年6月预测下调1.3个百分点，为近30年来第三低水平；预测发达经济体经济增长将从2022年的2.5%降至0.5%，中国以外的新兴市场和发展中经济体经济增长将从2022年的3.8%降至2.7%。国际货币基金组织最新的《世界经济展望》报告预计，2023年全球经济增长率为2.9%，2024年全球经济增长率将升至3.1%，但仍将继续低于2000～2019年3.8%的历史平均增长率。今明两年全球经济增长将缓慢复苏，经济增长疲软乏力，中长期增长动力显著不足。

（二）国际市场需求明显降温

在世界经济进入“浅衰退”区间背景下，国际贸易投资增长面临更大制约，中国对外贸易承受多重压力。全球贸易复苏缓慢，供应链恢复仍需较长时间。国际货币基金组织预测2023年全球贸易增速将由2022年的5.4%放缓至2.4%，世界贸易组织预计2023年全球商品贸易额增长将放缓至1%，远低于此前预计的3.4%。国际劳工组织发布最新《世界就业和社会展望：2023年趋势》报告，预计2023年全球就业增长仅为1%，不到2022年水平的一半，2023年全球失业人数将上升至2.08亿，失业率达到5.8%，比2019年前将多出1600万人。同时，欧美等发达经济体和部分新兴市场国家通胀压力居高不下，逆全球化思潮抬头，单边主义、保护主义明显上升等多重因素，也使得国际市场需求持续减弱，全球消费能力与消费信心受到抑制，进一步加大了2023年国内丝绸商品的出口压力。

（三）国内政策利好推动消费市场恢复

2022年底召开的中央经济工作会议，将“着力扩大国内需求”作为2023年重点工作任务，提出要把恢复和扩大消费摆在优先位置。国家发展改革委印发的《“十四五”扩大内需战略实施方案》，把扩大内需和深化供给侧结构性改革相结合作了一系列安排，系列促消费政策的实施，将不断提高居民的消费能力，消费市场和消费规模都将稳步恢复和提升。工信部、商务部等五部门联合发布的《数字化助力消费品工业“三品”行动方案（2022—2025年）》指出，以数字化助力增品种、提品质、创品牌三个方面10项任务，持续推动新业态、新场景、新产品、新品牌蓬勃发展，从供需两端助力内销市场回归正增长轨道。2023年，随着国内新冠肺炎疫情防控进入新阶段，产业链、供应链运转效率将显著提升，正常生产生活秩序基本恢复，线下消费场景加快拓展，国内丝绸产品消费市场将迎来更多发展空间。

（四）数字经济助推产业发展升级

2022年7月，中国纺织工业联合会发布的《纺织行业数字化转型三年行动计划（2022—2024年）》明确指出，加快纺织工业数字化转型发展进程，是顺应数字经济发展时代潮流，促进我国纺织产业迈向全球价值链中高端，实现高质量发展的必然选择。随着新一轮科技革命的不断推进，工业元宇宙实现虚实协同联动，加快全沉浸式、全要素、全体验的数字工业生态构建。特别是跨境电商、直播电商、兴趣电商等新业态，已经展现出强大的消费引领力。通过对人工智能、云计算、大数据等数字技术在产业链各环节上的综合应用，贯穿桑蚕茧丝绸全产业链的个性化定制、数字化管理、智能化生产、网络化协同、服务化延伸等新模式，将大大提升行业公共服务能力，成为推动丝绸产业数字化转型的新引擎。

二、2023年丝绸行业发展趋势与重点方向

（一）丝绸行业发展趋势预测

工业生产方面。据中国丝绸协会对全国130余家会员企业问卷调查分析显示，尽管被调查企业对国内外市场需求不足、劳动力成本上涨、原材料价格波动较大、流动资金短缺、融资困难等问题表现出不同程度的关注和担忧。但有71.46%的样本企业预计2023年开工率达80%以上，经营效益比2022年实现较大改善，蚕茧、生丝、绸缎和丝绸服装等终端产品产量将平稳增长。随着国内经济环境的持续改善，预计2023年丝绸工业经济有望逐步走出低谷，实现小幅增长。

内销市场方面。自2020年以来，针对国潮消费时尚持续升温的新形势，一大批丝绸企业通过文化传承、设计赋能、科技支撑，创造性开发了很多新产品、新款式，凭借质量过硬的产品、朴实亲民的价格和优质品牌形象赢得了消费者的青睐。2023年，随着国家稳经济、扩内需、促消费等一揽子政策措施效应逐步释放，国内消费需求总体延续恢复态势，有望直接拉动丝绸产品内销实现稳定增长。

出口市场方面。鉴于美国、欧盟等主要经济体受高通胀等因素影响，消费能力和消费信心持续下降，将直接影响全球丝绸市场供求关系。考虑到国内丝绸商品出口在高基数、订单外流等因素影响，预计2023年丝绸商品出口增速将逐渐回落趋稳，但

对东南亚和其他“一带一路”沿线国家的出口占比将稳步上升。

（二）丝绸行业发展重点方向

2023年是全面落实党的二十大精神的开局之年。党的二十大提出的以中国式现代化全面推进中华民族伟大复兴的新时代使命，开启了全面建设社会主义现代化国家的新征程，为丝绸行业进一步推进高质量发展指明了目标和方向。丝绸行业将立足新发展阶段，坚持新发展理念，继续深化供给侧结构性改革，进一步提升科技创新能力，加快构建一二三产业协同发展的现代化产业体系，着力开创新时代丝绸产业高质量发展新局面。

1.推动区域经济协调发展。要结合国家乡村振兴战略，继续推动中西部地区规模化集约化基地建设，巩固提升蚕茧产量和质量。继续支持广西壮族自治区、四川、云南等中西部主产区配套发展织绸、炼染、家纺等产业链，完善产业链条及配套基础条件，不断提升精深加工集聚能力。要充分发挥东部地区产业配套优势、技术优势和市场优势，加快形成具有国际竞争力的先进制造业集群，积极融入全球纺织高端供应链，力争率先实现高质量发展。

2.推动丝绸产品质量提升。继续深化行业标准化工作改革，加强重点领域和基础公益类标准的制定，聚焦新技术、新产业、新业态和新模式，扩大先进适用标准供给。坚持市场需求导向，切实推动茧丝绸产品“增品种、提品质、创品牌”，加快复合型、差别化、功能性等高档真丝绸产品，以及丝棉、丝毛、丝麻等混纺交织产品的开发，促进丝绸产品结构优化升级。

3.推动丝绸内销市场建设。抢抓国家扩内需、促消费相关政策机遇，促进传统生产模式和产业组织方式创新，打通产业链供应链“堵点”，加快形成国内强大丝绸市场。继续扩大优质消费品、中高端产品供给，引导适销对路丝绸产品出口转内销。顺应数字经济发展趋势，大力培育直播电商、社交电商、短视频等新业态。鼓励有条件的地区举办丝绸展销会、丝绸购物节，创建场景式、品质化丝绸特色商圈，进一步扩大国内丝绸消费。

4.推动产业绿色低碳转型。根据国家提出的碳达峰、碳中和的目标，加快推广高效率、低能耗、循环回用、清洁生产等技术装备的推广应用，提升行业整体节能减排水平。大力推动桑、柞蚕茧丝资源在食品饮料、医药卫生、生物化工、家装建材等领域的市场化开发，进一步提升行业资源综合利用水平。要鼓励科研机构开展茧丝绸全产业链生命周期评价、产品碳足迹标准体系研究，加快提升绿色全要素生产率，实现经济效益与生态效益、社会效益的统一。

5.推动外贸稳规模优结构。要充分认识当前丝绸外贸形势的复杂严峻，加强稳外贸政策研究，用好用足出口退税政策。引导金融机构优化相关金融服务，提供更多外汇避险产品，提升外贸企业应对汇率波动的能力。持续优化对海外仓、跨境电商的支持政策，鼓励支持企业参加境外各类专业展，精准开拓国际市场，激发行业外贸发展新动能。

（撰稿人：刘文全　柳恩见）

长丝织造业

中国长丝织造协会

2022年，超出预期的新冠肺炎疫情和俄乌局势复杂演变以及原料价格剧烈波动等风险因素，给我国纺织行业的发展带来了巨大挑战。尽管如此，长丝织造行业依然坚持顶住压力，运行质效逐步恢复，出口量再创新高，实现平稳发展。2023年是全面贯彻落实党的二十大精神的开局之年，也是“十四五”规划承上启下的关键之年。开年国际市场形势尚不乐观，但国内生产生活秩序已全面恢复，“稳增长”系列政策持续显效发力，对国内消费端复苏具有积极支撑，我国长丝织造行业内销市场大概率扭转疲软态势，运行形势有望总体回升。

2022年中国长丝织造行业经济运行情况

一、行业运行质效承压

2022年，在新冠肺炎疫情直接导致的市场需求不足、停工停产、物流受阻等多重困难影响下，纺织行业销售和盈利压力持续加大。据国家统计局统计，2022年我国规模以上纺织全行业营业收入同比下降0.9%，利润总额同比下降24.8%。2022年，我国长丝织造行业（规模以上企业）营业收入同比保持增长，利润总额有所回落，存在增收不增利现象。具体来看，化纤织造及印染精加工行业（规模以上）企业营业收入同比增长8.6%，利润总额同比下降11.2%，利润率为2.9%，较2021年减少0.7个百分点。其中，化纤织造加工行业（规模以上企业）营业收入同比增长9.3%，利润总额同比下降1%，利润率为3%，较2021年微减0.3个百分点；化纤织物染整加工行业（规模以上企业）营业收入同比增长5.7%，营业成本同比增长8%，利润总额同比大幅下降40%，利润率为2.6%，较2021年减少2个百分点，见表1。

在“高成本、弱需求”的供需环境下，长丝织造企业成本涨幅大于收入增幅，利润空间被挤压。行业企业增收不增利的原因是全年经历了两次大规模停工停产，叠加物流受阻、成本上涨等因素，导致部分订单无法按期交货，企业被迫承担订单延期或被取消的损失。同时一旦客户取消订单，在织产品会变成大量库存积压，为盘活现金流应对市场变

表1 2022年我国化纤织造及印染精加工业主要经济指标同比增减情况

指标名称	营业收入(%)	营业成本(%)	三费合计(%)	利润总额(%)
化纤织造及印染精加工	8.56	9.58	2.62	−11.23
化纤织造加工	9.28	9.96	2.84	−1.04
化纤织物染整加工	5.66	7.99	2.00	−40.07

资料来源：国家统计局

化，企业只能降价销售，最终营业收入增加，但毛利率下降。仅从化纤织造加工行业（规模以上）来看，利润总额只有微幅下降，但化纤织物染整加工行业（规模以上）利润总额大幅下滑，据企业反映，2022年低压蒸汽、高压蒸汽、天然气和电费、染化料等价格较往年大幅上涨造成生产成本明显增加。

二、产量稳定增长

据中国长丝织造协会（以下简称“协会”）统计，截至2022年末，我国长丝织造行业织机规模达到83.6万台，其中喷水织机77万台，同比增长5.5%；在生产阶段性波动的前提下，2022年全年我国化纤长丝织物总产量为595亿米，同比增长6.8%，见表2。其中传统产业集群以40.4%的产能完成全国48.1%的产量，一方面是因为传统集群近几年一直通过技术改造淘汰落后设备，生产效率提升明显；另一方面是由于新兴集群有部分织机正在安装调试，尚未完全投入使用，产能仍需进一步释放。

三、原料价格持续波动

图1为我国化纤长丝、棉花、PTA期货及布伦特原油等原料价格走势变化情况。受俄乌冲突升级、通胀高企、新冠肺炎疫情等影响，2022年上半年国际原油价格持续攀升，布伦特原油现货价格一度突破120美元/桶，为2014年以来首次破百，价格上涨态势一直持续到6月中旬；2022年下半年，原油价格呈现波动回落。在原油价格高位大幅波动的影响下，2022年前三季度我国化纤长丝价格波动较大；后续由于新冠肺炎疫情的集中暴发，织造市场停机降负荷，原材料价格有所下调。12月，在聚酯工厂前期持续减产，叠加成本端支撑效果明显的情况下，常用涤纶DTY以及涤沦FDY原料价格上涨。

2022年全年，受原材料价格大幅波动影响，织造企业资金和管理压力持续增加。一方面，企业在接单时，无法核定面料价格，利润空间难以把握，可能遇到库存大幅贬值的问题，原料备货谨慎，部分订单只能延迟交货或取消；另一方面，原材料价格上涨短期内很难传导到坯布及终端成品上，同时原料采购不能欠款，而成品交货及回款周期加长，企业承受了更多的成本负担，还面临一定的资金流转压力。据协会调研情况，有近七成的企业反映原材料价格波动是导致企业营业成本增加的最主要原因。

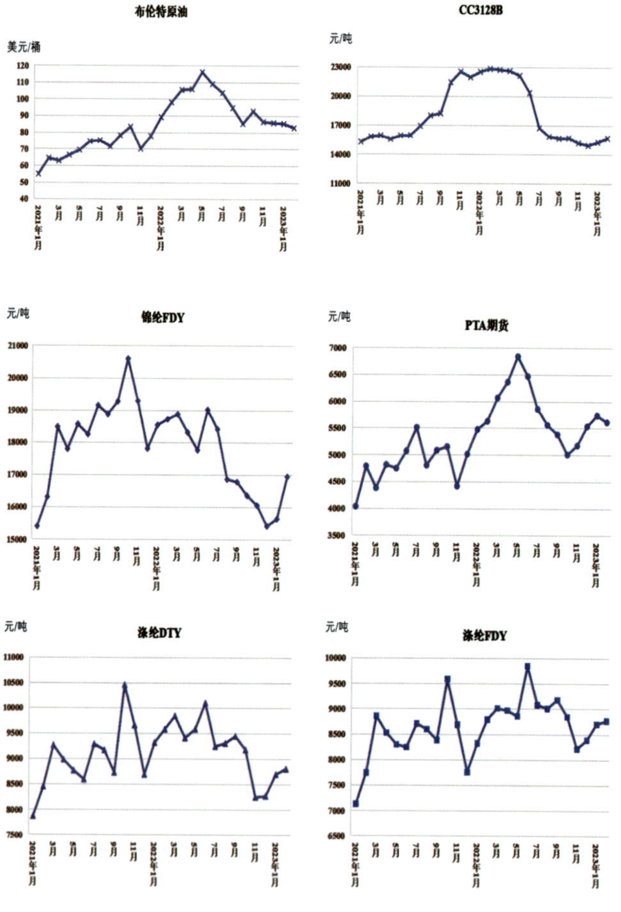

图1 2021年1月～2023年2月我国化纤长丝、棉花、PTA期货及布伦特原油价格走势

资料来源：中国绸都网

四、内销需求承压恢复

2022年以来，受居民收入增长放缓、消费场景恢复缓慢和物流不畅等因素影响，纺织行业内销压

表2 2022年我国长丝织造产业集群产量及产能情况

类别	产量(亿米)	产量比重(%)	产能比重(%)
传统集群	286	48.1	40.4
新兴集群	309	51.9	59.6

资料来源：中国长丝织造协会

力持续加大。根据国家统计局数据，网上穿类商品零售额同比增长3.5%，但增速较2021年放缓4.8个百分点，2022年全国限额以上服装、鞋帽、针纺织品类商品零售额同比减少6.5%。

长丝织造行业内销市场整体需求下滑。据协会调研情况，受访企业中2022年内销订单同比减少的企业比重达67%，半数企业内销订单量同比减少10%以上，仅10%的企业订单量较2021年有所增长。

从中国轻纺城的景气程度来看，2022年1～3月，市场行情恢复势头良好。进入4月，受新冠肺炎疫情影响，大众产品及跑量产品需求明显下降，物流受阻，内需外贸订单明显不足，并延续至5月。6月之后，随着我国疫情防控形势逐渐平稳和一系列"稳增长"政策措施落地生效，市场信心逐步回暖，服装类、家纺类面料成交价量均呈现一定幅度的上涨走势，秋季面料成交量增加。三季度，秋冬面料成交量增加，日用家纺类面料价量上涨，化纤坯布成交量明显增多。进入四季度，秋冬服装面料订单环比回缩，化学纤维坯布成交回落，春季大众产品交易也略显不足，整体产销呈现震荡下跌走势。

五、外贸市场韧性十足

（一）出口稳定增长

2022年，在宏观经济低迷、海外需求放缓、新冠肺炎疫情和地缘冲突超预期扰动、贸易摩擦等复杂环境下，我国持续扩大高水平对外开放，一系列稳外贸政策举措密集出台，纺织行业展现出强劲韧性，纺织品服装出口总额再创新高，其中纺织品出口额同比有所回升，服装出口额持续增长，为稳经济做出了重要贡献。据中国海关数据，2022年我国纺织品服装出口额达3409.5亿美元，同比增长2.5%，其中纺织品出口额达1568.4亿美元，同比增长1.4%；服装出口额达1841.1亿美元，同比增长3.4%。

在此背景下，我国长丝织造行业出口量价增势不减。据中国海关数据，2022年，我国长丝织物累计出口金额为204.4亿美元，同比增长17.7%；累计出口数量为216.4亿米，同比增长11.3%；平均价格为0.9美元/米，同比增长5.8%。涤纶长丝织物2022年累计出口额达186.5亿米，同比增长11.8%；出口单价达0.9美元/米，同比增长4.8%。2022年锦纶长丝织物累计出口额达6.1亿米，同比增长15.4%；出口单价达1.7美元/米，同比增长3.4%。出口产品量价齐增，反映出我国化纤长丝织物产品已向中高端转变，国际竞争力显著提高，见表3。

从全年出口数量增速来看，在全球经济下行的影响下，我国化纤长丝织物出口增速波动较大，整体较2021年有所降低。2022年1～9月出口增速达到最大值62.7%，进入四季度，出口增速明显减弱放缓。2022年全年，我国化纤长丝织物出口增速为11.3%，尽管出口增速保持正增长，但增速较2021年放缓19.1个百分点。贸易增速放缓下滑一是由于2021年高基数导致，二是受地缘局势等综合因素作用，外贸形势复杂，需求偏弱。作为对外贸依存度高的产业，行业企业要时刻关注外贸形势，把"促稳提质"作为发展的主要目标，见图2。

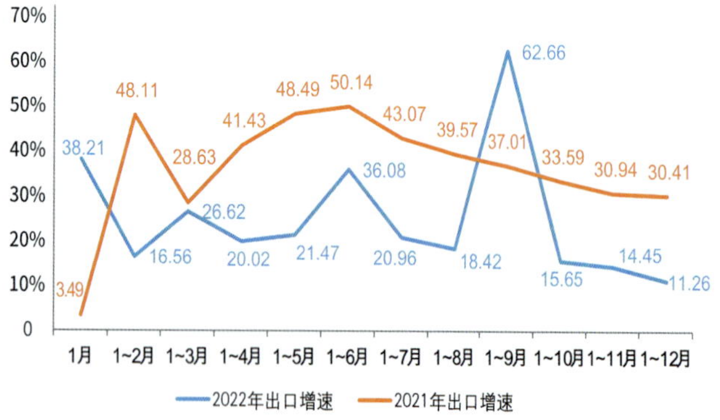

图2 2021年、2022年我国化纤长丝织物累计出口数量增速对比

资料来源：中国海关、中国长丝织造协会

（二）进口量跌价增

从中国海关数据来看，2022年，我国化纤长丝织物累计进口额为9.8亿美元，同比下降12.8%；累计进口数量为4.2亿米，同比下降15.9%；进口平均价格为2.3美元/米，同比增长3.8%，长丝织物进口量跌价增，见表4。近几年，我国化纤长丝织物出口数量持续增长，而进口数量连续大幅下降。这反映出我国长丝织物生产能力不仅能够满足国内市场需求，产品质量稳定、多样性丰富，并通过持续创新逐步引领了全球市场。

六、加紧修炼“内功”

综合来看，2022年，在需求触底、供给冲击、预期转弱的背景下，企业经营发展压力显著加大，长丝织造行业主要经济指标同比有所回落。但与2019年相比，化纤织造加工业（规模以上企业）营业收入增长25.2%，利润总额增长4.4%，行业表现出较强的发展韧性。从外贸情况看，与2019年相比，2022年

表3 2022年我国长丝织物出口情况

指标名称	出口金额		出口数量		平均价格	
	数值(亿美元)	同比(%)	数值(亿米)	同比(%)	数值(美元/米)	同比(%)
长丝织物	204.38	17.73	216.41	11.26	0.94	5.82
锦纶长丝织物	10.06	19.29	6.09	15.36	1.65	3.40
涤纶长丝织物	169.05	17.15	186.51	11.81	0.91	4.77

资料来源：中国海关

表4 2022年我国主要长丝织物进口情况

指标名称	进口金额		进口数量		平均价格	
	数值(亿美元)	同比(%)	数值(亿米)	同比(%)	数值(美元/米)	同比(%)
长丝织物	9.80	−12.75	4.19	−15.91	2.34	3.77
锦纶长丝织物	2.83	−13.14	1.35	−27.35	2.10	19.55
涤纶长丝织物	4.35	−11.27	1.73	−12.50	2.51	1.41

资料来源：中国海关

我国化纤长丝织物出口金额上升32.8%，出口数量上升26%。其中，涤纶长丝织物出口稳定增长，出口数量连续两年高于新冠肺炎疫情前水平，2022年出口量较2019年增长28.2%，出口单价增长3.4%；2022年锦纶长丝织物出口数量也已赶超新冠肺炎疫情前水平，较2019年增长7.6%，出口单价增长26.9%，行业在国际市场仍保持较大优势，见图3。

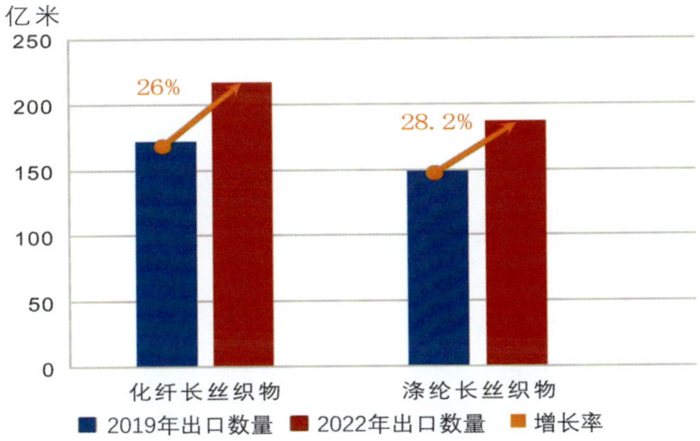

图3 2019年、2022年我国化纤长丝织物累计出口数量及增长情况

资料来源：中国海关、中国长丝织造协会

成绩单背后是不懈的努力，长丝织造企业在新冠肺炎疫情期间主动适应形势变化和政策要求，围绕“科技、时尚、绿色”，苦练内功、提升韧性，做好充分准备，迎接向好行情。具体表现在，行业坚持加快转型升级，积极扩大智能化、绿色化改造，加大产品研发力度，重视员工培训等。据协会调研，近七成受访企业在2022年进行了设备技术改造；六成左右的企业扩大研发投入，其中61%的企业表示全年研发投入占企业营业收入的比重（即研发强度）达3%~5%，16%的企业研发强度超过5%。据了解，产品开发强、新产品储备丰富的企业，普遍反映2022年发展形势乐观，订单逆势增长，产品供不应求。此外，有三成左右的企业在2022年投资了光伏发电、中水回用设备或进行厂房数字化改造，69%的受访企业表示目前已经开始使用光伏发电或即将投入使用，聚焦“双碳”目标，践行绿色生产。

2023年中国长丝织造行业运行展望

2023年是充满希望与挑战的一年，纺织行业将迎来全面释放发展韧性的新契机，长丝织造行业也实现平稳开局，但与此同时，行业短期运行仍面临国际局势存变、终端需求恢复放缓等困难，可能造成市场需求不足、成本压力依然存在等问题，一段时间内或将继续承压。

2023年第一季度，据中国长丝织造协会调研，行业企业年后开工普遍较往年晚，但3月的产能利用率基本在80%以上，行业复工复产势头良好，企业信心处于恢复状态。从内需市场来看，全面恢复的消费场景、稳步向好的宏观基本面与政策红利对提振纺织服装消费市场信心起到积极作用，内销率先回暖。长丝织造行业作为服装、家纺和产业用纺织品的基础性产业，将立足强大多元的内需市场，围绕冰雪、骑行、徒步、露营等新需求持续发力，不断满足消费者日益增长的美好生活需要。从外贸市场来看，2023年世界经济进入“浅衰退”区间。在全球经济衰退风险的背景下，全球消费能力与消费信心都受到抑制，外需增长持续放缓，可能给长丝织造行业出口的稳幅增长造成干扰与阻碍。展望全年，发展形势仍严峻复杂，企业面临原料价格波动、国际需求不振、人民币汇率波动、资源与环境约束趋紧等重重挑战，预计成本压力仍会存在。

站在历史使命转换与宏观经济形势转折的重要节点，长丝织造企业在坚定信心的同时，仍要直面现实问题，稳中求进，不断加强科技创新和技术改造，推动数字化进程和绿色生产，扩大研发投入力度，积极挖掘新需求、开发新产品、拓展新应用，加大企业管理人员培训和基础员工培训，聚焦高端化、智能化、绿色化，实现产业从中低端向中高端全面迈进，实现更高水平、更可持续的高质量发展。

2023年中国长丝织造行业发展趋势与重点方向

2023年是全面贯彻落实党的二十大精神的开局之年，国家也密集出台了一系列稳定经济大盘、支持制造业发展、鼓励培育“专精特新”中小企业、产业绿色发展、技能人才职业培训等相关政策措施，大力支持高端制造业发展。在此背景下，长丝织造行业坚决落实党中央和国务院指示精神，将充分利用好利好政策，完整、准确、全面贯彻新发展理念，抓住产业新赛道发展时机，以产品创新为导向，以技术创新为手段，以绿色低碳为准则，以人才培养为依托，做强做优，继续保持长丝织造产业在纺织工业和国际市场中的竞争优势，为现代化产业体系建设和高质量发展做出新贡献。

一、重视科技创新与技术改造

行业企业要加强数字技术与长丝织造产业融合创新，持续推进设备升级和技术改造，打造具有国际竞争力的产业集群。一方面，要选用高速、节能、低耗的新设备或新技术；另一方面，要注重技术改造与产品创新的有机结合，通过改造现有设备、改进工艺及技术，满足创新产品的需要。此外，要充分把握新一代信息技术与长丝织造行业融合发展的趋势，进一步完善各工序之间数据资源的快速整合配置，核心要素是实现工艺数字化、装备智能化和管理信息化，稳步推进行业智能化改造、数字化转型。在增强科技创新引领作用方面，政府工作报告提出，发挥好高校、科研院所作用。长丝织造行业企业要主动与“智库”建立联系，寻求深度合作。

二、坚持走绿色可持续发展之路

党的二十大及政府工作报告明确提出，要加快发展方式绿色转型，围绕绿色生产进行全面布局，加快节能降碳先进技术研发和推广应用，积极稳妥推进碳达峰、碳中和。对长丝织造行业来说主要就是加大绿色纺织原材料使用比重，加快绿色新产品开发步伐；积极推广使用清洁生产工艺，做好喷水织机污水处理和中水回用，进一步提高污水处理水质、效率及中水回用率；拓展废旧纺织品循环利用新模式，实现生产过程集约化、清洁化和智能化，打造绿色供应链，构建从原料、生产、营销、消费到回收再利用的全产业链绿色循环生产体系。

三、实现产品研发新突破

党的二十大报告指出，加快建设世界一流企业。中共中央、国务院发布的《质量强国建设纲要》指出，到2025年，要形成一大批质量过硬、优势明显的中国品牌。品牌的建设离不开产品创新。企业要持续提高原创设计产品比例，深耕于市场细分，聚焦“从0到1”创新，以差别化、绿色化、功能化、时尚化和个性化特色产品构建核心竞争力，拓展纤维素类纤维与合成纤维的交织物、非氨纶弹性纤维织物及绿色再生纤维织物的开发与生产，积极探索产业用面料的应用领域和应用场景，如航空航天、国防军工等高精尖领域。在新发展阶段，企业更要精准把握市场需求，制定明确的产品定位和品牌定位，深耕细织，做精做强，力争培育出具有国际影响力的长丝面料品牌和企业品牌，构建全球化品牌战略。

四、注重专业人才培养

在新时代人才强国战略引领下，全方位培养、引进、用好人才，加快建设世界重要人才中心和创新高地。创新驱动实质是人才驱动，数字经济时代的到来使企业对人才的要求达到了新高度。企业要进一步提升人才培养意识，建立健全人才引进机制和培训制度的工作，进一步提升高技能人才培训、急需紧缺人才培训。企业可以结合市场需求变化，大力开展定向培训，着力培养创新型、应用型、技能型人才。自身培养困难的企业，可以通过校企合作，合理利用高校教育资源，进行员工培训。与此同时，建立科学公正的人才评价机制，持续改善高层次创新型科技人才的科研工作环境和生活质量，充分利用政策优势吸引人才、留住人才。

五、加强产业供应链韧性

党的二十大报告指出，着力提升产业链供应链韧性和安全水平。化纤长丝织物的研发与创新高度依赖化纤、织造、印染及后整理各环节的协同合作，只有加强产业供应链的同频共振，才能切实增强供应链韧性。长丝织造企业可以根据自身条件，适当横向延长产业链。向前端延伸，可配备加弹、倍捻、复合等丝线深加设备或前端纺丝，从源头赋予化纤原料功能性、差异化，实现创新产品开发；向后道延伸，即配备印染后整理深加工能力，缩短产品研发周期，提高品种多样性及产品附加值。此外，织造企业还可以与供应链上下游企业建立联盟关系，达到提高市场反应速度、协同产品创新、共享经营成果等效果，实现强强联合、优势互补、合作共赢。

六、保持合理发展速度

长丝织造产业产能增长不宜过快，要与市场需求保持同步，未来长丝织造行业的发展重点需要从产能的扩张转向技术进步与升级，产品开发与创新上，做好提质增效工作，保持合理的发展速度，不简单做量的增长。

党的二十大擘画了以中国式现代化全面推进中华民族伟大复兴的宏伟蓝图，指出高质量发展是全面建设社会主义现代化国家的首要任务，为长丝织造行业工作指明了方向、提供了遵循。长丝织造产业作为纺织工业重要的组成部分，具有明显的竞争力和比较优势，也是具有国际竞争优势的产业。在新时代新征程的起点上，长丝织造行业要更加重视技术研发和产品创新，提升持续创新能力，加快绿色发展脚步，加强产业供应链协同，着力培养高素质人才。同时要加强产业发展国际化，保持领先的产业地位。重点做到产品创新国际化、品牌建设国际化、人才培养国际化、企业管理国际化，主动加入全球分工体系，最终融入国内国际双循环发展新格局，以行业“科技、时尚、绿色”的高质量发展，谱写中国式现代化的锦绣华章。

（撰稿人：贾慧莹　孔　清）

印染业

中国印染行业协会

2022年是我国踏上全面建设社会主义现代化国家新征程、向第二个百年奋斗目标进军的开局之年。这一年里，世界百年变局加速演进，国际地缘政治局势动荡不安，全球产业链、供应链遭受冲击；高通胀压力下，美欧等发达经济体加快收紧货币政策，世界经济下行压力加大；新冠肺炎疫情反复，国内经济发展面临“需求收缩、供给冲击、预期转弱”三重压力。这一年，印染行业发展环境的复杂性、严峻性、不确定性显著上升，全年行业经济运行承受较大压力，主要经济指标增速回落，行业平稳运行经历严峻考验。展望2023年，一方面，世界经济发展仍存在诸多不确定因素，国际贸易格局变化将更加深刻复杂，经济弱、需求减、供应链重构、政治局势多变等发展环境对印染行业外贸形成压力；另一方面，行业发展的国内环境在持续改善，随着新冠肺炎疫情影响趋弱、稳经济促消费政策持续发力，内销市场有望逐步恢复向好，更高水平的内循环对行业高质量发展的支撑作用将进一步加强。

2022年印染行业经济运行情况

一、市场需求整体不足，产量规模下降

2022年，受多重超预期因素影响，在市场需求整体不足的背景下，印染行业产能利用率总体处于较低水平，全年印染布产量呈现负增长态势。根据国家统计局数据，2022年，印染行业规模以上企业印染布产量同比下降7.52%，增速较2021年回落19.28个百分点。全年来看，印染布产量增速整体呈现波动下滑态势，1～8月增速逐步回落，9月降幅有所收窄，10～12月连续三个月降幅扩大，见图1。从月度产量来看，2022年仅1～2月产量高于2021年同期，其余月份产量同比均有所下降，其中8月产量同比下降14.33%，为年内最低水平，见图2。

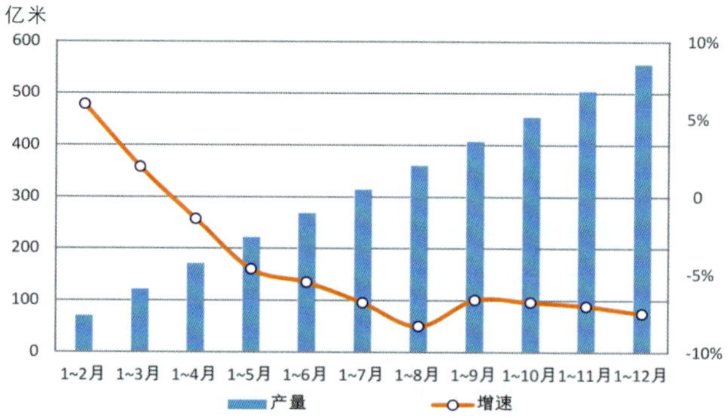

图1 2022年规模以上企业印染布产量及增速情况

资料来源：国家统计局

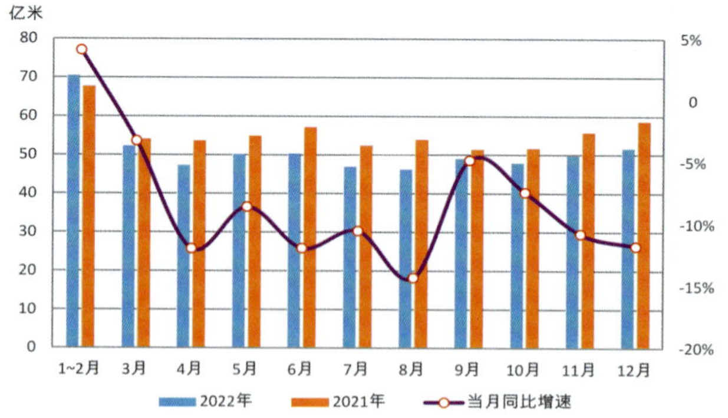

图2 2022年规模以上企业印染布月度产量及增速情况

资料来源：国家统计局

分地区来看，2022年我国印染产能仍主要集中在东部沿海地区，浙江、江苏、福建、广东、山东东部沿海五省规模以上企业印染布产量占全国总产量的93.74%，占比较2021年提高2.08个百分点。从

各地产量来看，2022年，东部沿海五省产量均有不同程度下降，其中江苏省下降幅度最大，同比减少17.89%，广东省产量降幅超过全国平均水平1.05个百分点；河北、湖北、河南、江西、广西、湖南等中西部地区印染布产量实现逆势增长，其中湖南省产量增速最快，达到39.00%，见表1。

二、出口保持增长，增速逐步回落

2022年，面对复杂严峻的外部环境，我国印染行业承压前行，展现出较强的发展韧性。立足产业规模优势和配套优势，我国主要印染产品出口呈现“量价齐升”态势，全年出口规模创2011年以来新高。根据中国海关数据，2022年，我国印染八大类产品出口数量为292.28亿米，同比增长5.31%；出口金额为313.46亿美元，同比增长9.06%；出口平均单价为1.05美元/米，同比提高3.56%。

印染八大类产品出口增速呈现“前高后低”的走势，1～7月，出口规模整体维持较高增速，7月以后，出口增速持续下行，12月增速达到年内低点（图3），反映出随着发达经济体货币政策逐步收紧，全球经济增长放缓，叠加高通胀压力，居民衣着消费意愿走弱，纺织品服装的需求和贸易受到影响。

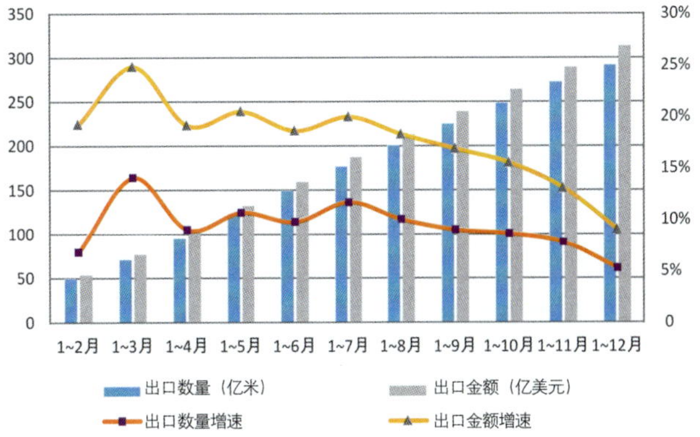

图3 2022年我国印染八大类产品出口总体情况

资料来源：中国海关

（一）主要产品出口情况

2022年，受美国所谓“涉疆法案”影响，我国棉制印染产品出口大幅下滑，纯棉染色布、纯棉印花布、棉混纺染色布、棉混纺印花布、T/C印染布出口数量分别下降16.70%、20.76%、3.47%、3.88%和3.54%，见表2。棉制产品出口受阻，国内印染企业逐步调整优化外贸产品类别，增加合成纤维织物的出口。中国海关数据显示，2022年，我国印染八大类产品中合成长丝织物和涤纶短纤织物的出口数量实现增长。合成长丝织物出口数量为214.57亿米，同比增长11.17%，占印染八大类产品出口总量的73.41%，占比较2021年提高5.04个百分点，是拉动

表1 2022年我国印染布主要生产地产量增速情况

序号	地区	同比(%)	序号	地区	同比(%)
1	浙江	-6.56	8	湖北	5.07
2	江苏	-17.89	9	河南	10.86
3	福建	-4.43	10	江西	4.18
4	广东	-8.57	11	广西壮族自治区	2.88
5	山东	-6.01	12	安徽	-7.19
6	河北	17.86	13	湖南	39.00
7	四川	-8.68	14	山西	-1.68

资料来源：国家统计局

表2 2022年我国印染八大类产品出口情况

品种	出口数量（亿米）	数量同比（%）	出口金额（亿美元）	金额同比（%）	出口单价（美元/米）	单价同比（%）
纯棉染色布	12.67	−16.70	28.40	−6.27	2.24	12.52
纯棉印花布	12.50	−20.76	15.56	−18.84	1.24	2.41
棉混纺染色布	3.78	−3.47	8.89	6.56	2.35	10.39
棉混纺印花布	0.61	−3.88	1.40	8.52	2.31	12.90
合成长丝织物	214.57	11.17	200.98	17.33	0.94	5.54
涤纶短纤织物	12.35	4.12	11.83	2.62	0.96	−1.44
T/C印染布	13.00	−3.54	17.23	−1.42	1.32	2.20
人纤短纤织物	27.79	−2.19	29.17	4.10	1.05	6.42
合计	292.28	5.31	313.46	9.06	1.05	3.56

资料来源：中国海关

印染行业出口增长的主要产品。出口平均单价方面，除涤纶短纤织物在2021年提高16.99%的基础上小幅回落外，其余大类产品均有不同程度提高，其中，纯棉染色布、棉混纺染色布、棉混纺印花布三类产品出口单价实现两位数增长，明显高于印染八大类产品出口单价平均水平。

（二）主要出口市场情况

2022年，尼日利亚、越南、印度尼西亚、孟加拉国、巴西仍是我国印染八大类产品出口数量排名前五的国家，但排名顺序较2021年有所变化，具体情况见表3。其中，对尼日利亚出口数量同比下降11.63%，但其依然是我国印染八大类产品出口数量最多的国家。近两年，我国印染八大类产品对印度尼西亚的出口保持快速增长态势，2021年、2022年出口数量分别大幅增长49.40%和36.55%，我国印染八大类产品对印度尼西亚出口数量已超过孟加拉国，跃升至第三位。此外，对巴基斯坦、缅甸的出口数量也增长较快，增速分别达到18.14%和38.52%。

从出口金额来看，越南和孟加拉国作为全球纺织服装出口大国，对我国印染面料需求较大，我国印染八大类产品对这两国的出口规模分别达36.13亿美元和24.37亿美元。

东盟是我国印染八大类产品重要出口市场，2022年对东盟出口量达69.07亿米，同比增长14.06%，占出口总量的23.63%，占比较2021年提高2.18个百分点。2022年，《区域全面伙伴关系协定》（RCEP）正式生效实施，我国印染行业对RCEP成员国出口规模进一步扩大，全年对RCEP贸易伙伴国出口数量74.71亿米，同比增长13.41%，增速高于印染八大类产品出口总量增速8.10个百分点。

三、运行效率放缓，经济效益下滑

2022年，外部环境风高浪急，国内新冠肺炎疫情跌宕反复，印染行业产业链供应链经受了严峻考验，主要运行质效指标多数下滑，行业发展承受巨大压力。

（一）运行质量有所下降

根据国家统计局数据，2022年，全国规模以上印染企业三费比例为6.39%，同比降低0.32个百分点，其中，棉印染精加工企业为6.26%，化纤染整精加工企业为7.23%；产成品周转率为17.10次/年，同比降低3.30%；应收账款周转率为8.54次/年，同比降低0.61%；总资产周转率为1.04次/年，同比降低0.72%。印染行业主要运行质量指标全年处于较低水平，反映出行业受多重因素影响，运行效率整体不高，运行质量有所下降。

（二）发展效益明显下滑

2022年，印染行业多数经济效益指标较2021年有不同程度的下滑，经济运行压力超过预期。国家统计局数据显示，2022年，全国规模以上印染企业营业收入同比增长4.42%，利润总额同比下降16.49%；销售利润率为4.25%，同比降低1.06个百分点；成本费用利润率为4.55%，同比降低1.20个百分点。1716家规模以上印染企业亏损户数为532户，亏损面31.00%，较2021年扩大12.08个百分点，行业亏损面进一步扩大；亏损企业亏损总额为35.08亿元，同比增长89.90%，亏损总额大幅增加，见表4。

2022年，印染行业营业收入增速逐月下滑，利润总额增速呈现波动下滑态势，销售利润率一季度维持增长，二季度开始较2021年同期均有所下降，见图4和图5。全年来看，印染行业营业收入实现小

表3 2022年我国印染八大类产品出口前五国家情况

国家	出口数量（亿米）	数量同比（%）	出口金额（亿美元）	金额同比（%）	出口单价（美元/米）	单价同比（%）
尼日利亚	23.26	−11.63	17.61	−6.63	0.76	5.56
越南	22.70	8.25	36.13	3.82	1.59	−4.22
印度尼西亚	16.40	36.55	16.83	43.11	1.03	5.10
孟加拉国	15.45	0.32	24.37	8.94	1.58	8.97
巴西	11.26	5.53	9.07	18.10	0.81	12.50

资料来源：中国海关

表4 2022年规模以上印染企业主要经济效益指标增速情况

主要指标	2022年增速（%）	2021年增速（%）
营业收入	4.42	15.06
利润总额	−16.49	25.60
销售利润率	−1.06（百分点）	0.45（百分点）
成本费用利润率	−1.20（百分点）	0.54（百分点）
亏损面	12.08	−6.36
亏损总额	89.90	−5.37

资料来源：国家统计局

幅增长，但利润总额下滑明显，主要原因在于一方面原材料、能源、人工等生产要素成本上涨，企业利润空间受到挤压，国家统计局数据显示，2022年，印染行业规模以上企业营业成本同比增长5.96%，高于营业收入增速1.54个百分点；另一方面，受经济下行、市场订单不足等影响，行业市场竞争加剧，部分企业通过降低产品价格抢占市场份额，导致利润水平下滑。

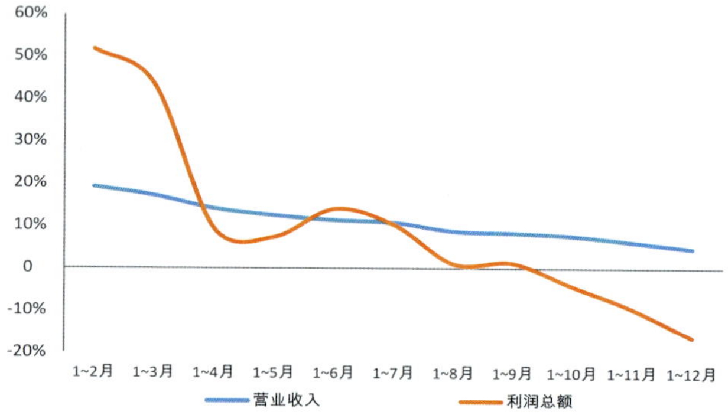

图4 2022年规模以上印染企业营业收入和利润总额增速情况

资料来源：国家统计局

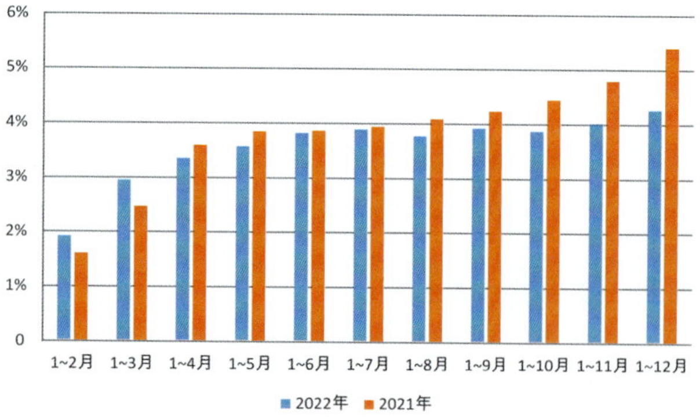

图5 2022年规模以上印染企业销售利润率情况

资料来源：国家统计局

2022年印染行业面临的主要问题

一、内销市场承压，企业订单不足

2022年，订单不足、产能利用率不高是印染企业普遍面临的、贯穿全年的现实问题，内销市场需求疲软是导致这一现状的主要原因。这一年，国内新冠肺炎疫情多发散发频发，消费场景受到很大限制，居民消费信心不足，消费意愿持续低迷。国家统计局数据显示，2022年，全国居民人均消费支出占人均可支配收入的比例为66.5%，较2021年下滑2.1个百分点，较2019年下滑3.6个百分点，新冠肺炎疫情的反复对居民消费形成明显抑制作用。由于纺织品服装的耐用品属性，消费市场动力不足对纺织行业造成的冲击更为明显。2022年，社会消费品零售总额下降0.2%，其中限额以上单位服装鞋帽、针纺织品类商品零售额下降6.5%，降幅明显高于全社会平均水平，见图6。在实物商品网上零售额中，2022年穿类商品同比增长3.5%，增速不及吃类（16.1%）和用类（5.7%）商品。

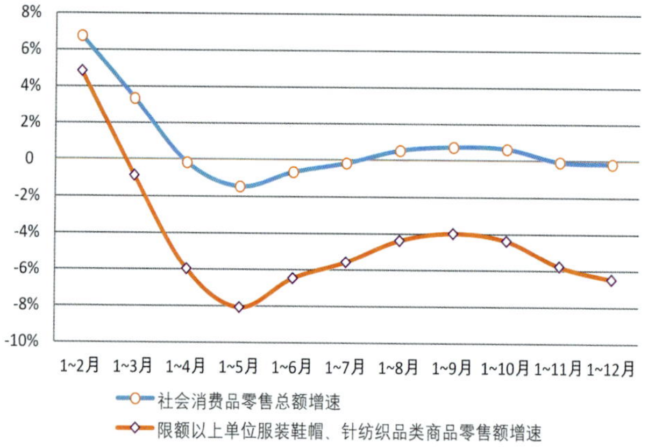

图6 2022年社会消费品零售总额和限额以上单位服装鞋帽、针纺织品类商品零售额增速

资料来源：国家统计局

二、成本上涨明显，盈利压力较大

2022年，受国际动荡局势影响，全球大宗商品价格持续高位波动，印染行业在成本端承受较大压力。一是能源价格涨幅较高，国家统计局数据显示，2022年我国能源价格上涨11.2%，涨幅比2021年扩大2.9个百分点。能源是印染行业的基础生产要素，天然气、蒸汽、电力等能源价格上涨对印染企

业的综合成本影响较大。二是原材料成本明显增加，2022年，受俄乌冲突及所谓“涉疆法案”等因素影响，棉纱、染料及部分基础化工原料价格涨幅较大，持续增加企业成本和管理压力。三是物流和人工成本增加，国内新冠肺炎疫情反复致使交通物流受阻，物流不畅、物流成本增加给企业正常经营造成困扰，同时企业招工难的情况也更加突出，企业用工成本有所上升。综合生产成本大幅上涨迫使印染企业上调加工费，但在需求不足的背景下，加工费上调幅度不及成本涨幅，企业利润空间受到挤压，部分企业出现亏损情况。

三、地缘政治风险加剧，贸易环境更趋复杂

2022年，国际贸易环境面临的不确定性显著增加。俄乌冲突持续演进，地缘政治变化通过原料、贸易、金融等渠道对全球产业产生深刻影响。美国实施所谓“涉疆法案”，破坏了全球产业链供应链的秩序与稳定，对我国纺织产业的健康发展形成现实威胁，同时也间接推升纺织服装的价格水平，不利于抑制全球通货膨胀。高通胀压力下，欧美等发达经济体加速收紧货币政策，全球市场流动性趋紧，对市场投资和贸易带来较大压力，世界经济衰退风险大幅上升，行业外贸发展面临环境的不确定性增多，挑战和压力显著增大。

2023年印染行业发展形势

2023年是全面贯彻落实党的二十大精神的开局之年，也是实施“十四五”规划承上启下的关键之年。展望2023年行业发展形势，一方面，外部环境仍然复杂严峻，世界经济增长疲弱，国际市场需求收缩趋势将更加明显，行业外贸出口将面临较大压力；另一方面，随着我国各项政策不断落实落细，生产生活秩序有望加快恢复，经济增长内生动力将不断积聚增强，行业经济将会整体好转。

一、国际市场需求趋弱，出口面临回落压力

2023年，全球经济发展前景仍面临较大不确定性因素。俄乌冲突前景仍不明朗，大宗商品供应仍受制于地缘政治风险。全球通胀高位缓降，欧美等发达经济体仍将采取紧缩性货币政策，全球投资、消费和贸易将会走弱，世界经济下行压力有所加大。联合国发布的《2023年世界经济形势与展望》报告预测，2023年世界经济增长将从2022年的约3%降至1.9%，部分国家将面临衰退风险，预计美国、欧盟的经济增速将分别放缓至0.4%、0.2%，日本为1.5%，英国、俄罗斯的经济则将分别萎缩0.8%、2.9%。世界经济预期黯淡，将制约国际市场需求增长空间，印染行业在2022年出口规模较高基数的基础上，2023年出口或将呈现收缩态势。

二、内销市场逐步恢复，发展质效有望提升

随着国内经济发展环境逐步改善，我国印染行业经济运行回稳向好态势将进一步巩固。从国内宏观环境看，2023年国民经济运转效率将稳步提升，我国经济增速将会向潜在增速回归。随着国家层面稳经济促消费政策措施蓄势发力，居民消费信心将得到改善，消费市场有望恢复向好，在外需趋弱的预期下，内需消费潜力逐步释放将推动印染企业盈利能力持续修复，企业将进一步加大装备升级改造、技术产品研发等的投资力度，行业高质量发展态势将进一步显现。从产业基础看，我国印染行业完善的产业链优势及规模优势依然明显，在生产能力、生产效率等方面具有显著竞争优势，强大的产业基础为行业有效应对外部风险挑战、更好实现平稳运行提供有力支撑。

2023年印染行业重点发展方向

一、强化科技赋能，加快实现高水平科技自立自强

新一轮科技革命与产业变革深刻影响着经济社会运行方式、国际竞争范式和世界格局发展走势，坚定不移地走自立自强的科技创新之路，是印染行业产业升级和获取竞争新优势的重要举措。为实现高水平的自立自强，印染行业将进一步强化印染基础工艺和关键技术的研究与应用，提高行业整体技术水平。加强功能性纺织品后整理、新型纺织纤维染整、智能纺织品印染等高品质印染产品设计开发与制造技术，不断丰富品种、提升品质、增加价值。加快绿色高性能化学品开发及应用，推进少水/无水印染技术、低成本污染物治理技术的创新研发，着力提升行业绿色发展水平。积极拓展智能制造技术的应用场景，深入推进行业智能化转型。加大数码印花打印喷头、测色配色仪、印染MES系统、高性能传感器等“卡脖子”技术攻关力度，保障产业供应链安全。

二、顺应消费升级趋势，引领产业向品质化高端化跃升

消费结构变化是消费升级的重要标志。新冠肺炎疫情后，居民对健康防护类功能性面料的需求持续增加，绿色环保理念得到更多消费者的价值认同，年轻一代对个性化、时尚化消费更加青睐，消费升级的背后反映出消费者对美好生活的向往和追求。面对消费新需求、新变化，印染行业将坚持继续以市场需求为导向，深化供给侧结构性改革，以开发高品质印染产品作为技术创新的重要方向，注重技术和设计在产品中的创新应用。顺应功能、时尚、绿色等消费需求的新变化，积极拓宽新材料、新工艺在行业的应用范围，融合传统文化和现代时尚，推动色彩、图案、工艺的创新及多元化结合。提升高技术含量、高附加价值、高文化内涵印染产品的供给能力，引领消费市场需求，加快促进产业向价值链高端延伸。

三、坚持可持续发展理念，加快绿色低碳转型

党的二十大报告作出了“推动绿色发展，促进人与自然和谐共生”“积极稳妥推进碳达峰、碳中和”“深入推进环境污染防治”等重大部署，作为纺织工业节能减排、绿色发展的核心领域，印染行业将进一步构建市场导向的绿色技术创新体系，推进行业重大节能技术装备创新突破和改造应用，稳步推进节能低碳转型。推进能源结构优化升级，提高清洁能源利用率。加强污染防治与资源综合利用，研发印染废水低成本深度处理及回用技术，推广废水废气中热能、水资源、染化料等的回收利用技术，提高资源利用效率。强化企业社会责任意识，加快绿色产品、绿色工厂、绿色园区、绿色供应链为主要内容的绿色制造体系建设。

（撰稿人：李鹏飞）

针织业

中国针织工业协会

2022年，世界变局加速演进，国际经贸环境动荡不安。面对国内外多重超预期因素的反复冲击，我国针织行业整体承压运行，产销增速略有放缓，盈利水平同比有所下降，出口规模再创历史新高。总的来说，2022年我国针织行业顶住压力积极应对，维持了稳定与发展。展望2023年，虽然国际环境仍然复杂，但随着国内市场的活跃和产业链的提升，行业未来发展既有挑战，更有机遇。

2022年针织行业经济运行情况

一、产销增速有所放缓，针织服装占比略增

根据国家统计局统计，2022年针织行业规模以上企业主营业务收入同比下降2.58%，较上半年超5%的增长幅度明显放缓，见图1。其中，针织物规模以上企业完成主营业务收入同比增长1.16%，增速较前三季度下滑2.24个百分点；针织服装规模以上企业完成主营业务收入同比下降4.76%，增速较前三季度下滑7.15个百分点。

虽然2022年行业营收增速同比有所放缓，但从近五年的数据来看，仍保持在一个相对稳定的发展水平，近五年行业营收累计实现6.9%的增长，年均增长为1.34%。同时，针织行业规模以上企业营业成本增速变化基本与营业收入同步，且波动较营业收入的变化小，显示出行业消化成本波动的能力不断增强，在发展过程中致力维护产业的稳定运营，见图2。

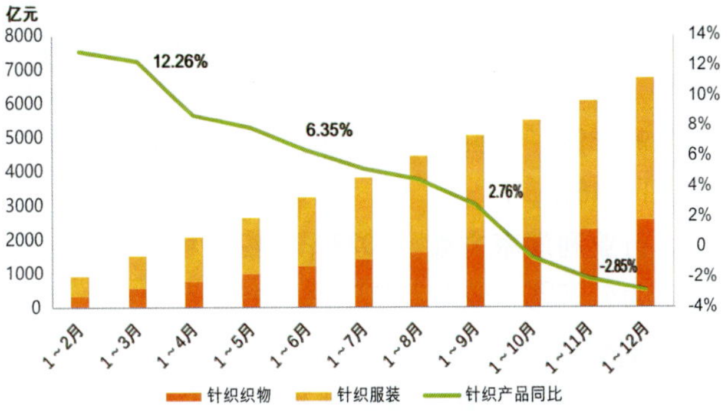

图1 2022年针织行业规模以上企业营业收入及增速

资料来源：国家统计局

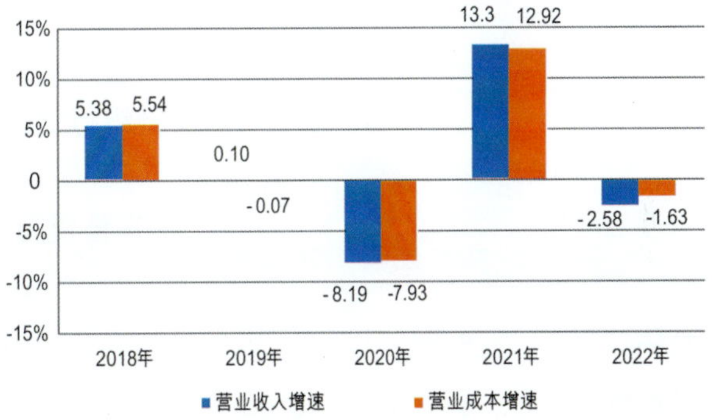

图2 2018～2022年针织规模以上企业营收与成本增速变化情况

资料来源：国家统计局

另据国家统计局统计，2022年规模以上企业针织服装累计产量同比下降2.24%；占服装总产量的比重达62.13%，较2021年同期增长2.08个百分点。随着针织面料功能性的不断提升发展，近年来，针织服装越来越受到消费者的青睐，不断拓宽服用领域。即使是在新冠肺炎疫情之下也不乏针织服装的消费亮点，如运动健身，以及自带社交属性的城市露营、飞盘、冰雪等小众户外运动生活方式兴起，有力地刺激了户外针织运动服装的需求。

二、利润同比有所下降，行业发展韧性显现

受多重超预期因素影响，叠加2021年同期基数较高，2022年行业规模以上企业利润同比有所下降。2022年针织全行业规模以上企业利润总额同比下降10.82%；占全国规模以上纺织企业利润总额的15.59%，金额占比较2021年提高3.06个百分点。其中，2022年针织织物规模以上企业利润总额同比下降9.76%；针织服装规模以上企业利润总额同比下降11.45%。

行业利润率方面，2022年针织规模以上企业利润率为4.78%，较2021年下降0.44个百分点。针织织物规模以上企业利润率为4.76%，比2021年降低0.58个百分点；针织服装规模以上企业利润率为4.78%，比2021年降低0.36个百分点。整体来看，在经历了成本上涨以及需求疲弱的双重挤压后，2022年行业利润率在2021年较高水平上虽有所下降，但总体仍保持在2019年的水平，反映出针织行业较强的产业发展韧性，见图3。

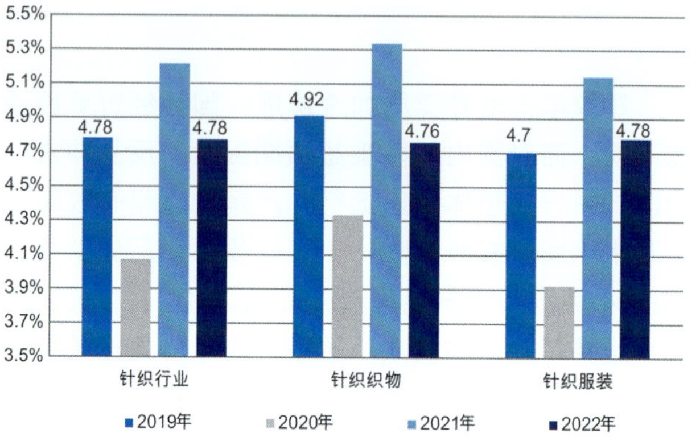

图3 2019～2022年针织行业利润率变化

资料来源：国家统计局

表1 2022年针织行业规模以上企业三项费用指标情况

项目	三费占比(%)		销售费用同比(%)	管理费用同比(%)	财务费用同比(%)
	2022年	2021年			
针织行业	6.84	7.51	−8.61	−3.91	−60.86
针织物	5.47	5.60	5.68	1.89	−23.27
针织服装	7.68	8.62	−12.47	−6.19	−89.91

资料来源：国家统计局

表2 2022年针织行业规模以上企主要财务指标情况

项目	利润总额增速(%)		资产负债率(%)		总资产周转率(次/年)	
	2022年	2021年	2022年	2021年	2022年	2021年
针织行业	−10.81	39.43	56.12	56.59	1.48	1.57
针织物	−9.76	50.27	60.23	59.62	1.52	1.61
针织服装	−11.45	33.01	53.73	54.92	1.46	1.55

资料来源：国家统计局

从其他主要经营指标来看，2022年针织规模以上企业资产负债率为56.12%，较2021年下降0.46个百分点。三费占比为6.84%，同比下降0.67个百分点。其中，财务费用下降较为明显，较2021年下降60.86%，进一步促进降本增效，见表1。总资产周转率为1.48次/年，较2021年略有下降。规模以上企业每百元营业收入中的营业成本同比略有增长，见表2。

三、出口规模再创新高，未来增长压力较大

据中国海关数据统计，2022年我国针织行业出口1148.41亿美元，占全国纺织品服装出口总额的33.68%，出口额同比增长4.8%。其中，针织织物出口额为238.98亿美元，同比增长3.5%；针织服装及附件出口额为909.42亿美元，同比增长5.3%。自2013年以来针织行业出口额第四次突破千亿美元大关，出口规模再创历史新高。2022年行业出口额较新冠肺炎疫情前的2019年增长27.58%，见图4。

行业出口增速维持高位的背后，出口数量有所回落，但价格因素起到较强支撑作用。2022年针织织物出口价格同比增长5.05%，出口数量较同比下降1.53%；针织服装及附件出口价格同比增长6.06%，出口数量同比下降0.70%，见图5。

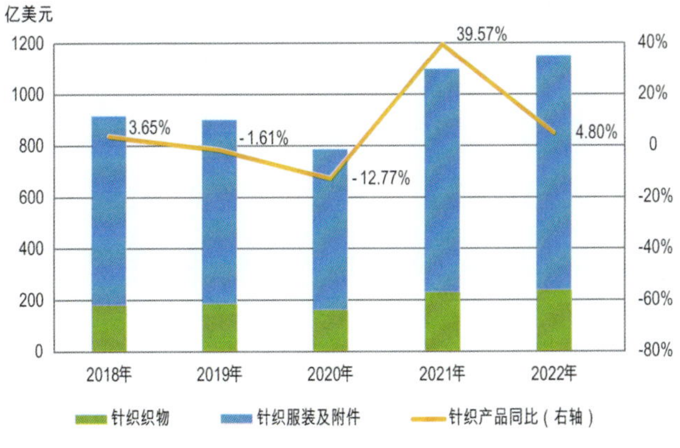

图4 2018～2022年针织产品出口情况

资料来源：中国海关

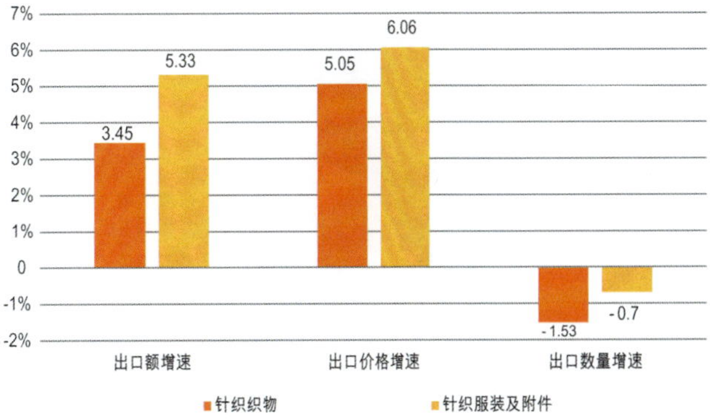

图5 2022年针织产品出口同比增速情况

资料来源：中国海关

从年度走势来看，受俄乌冲突、欧洲能源危机以及美联储收紧货币政策等多重因素影响，全球消费需求减弱，欧美与日本等发达国家市场纺织品服装消费需求开始出现疲软。2022年8月以来我国纺织品服装出口增速明显减缓，针织行业保持出口增长也面临着较大压力。12月我国针织产品出口金额为89.07亿美元，同比下降15.44%，环比增长5.12%。其中，针织织物出口金额为16.31亿美元，同比下降28.09%；针织服装及附件出口金额为72.76亿美元，同比下降11.97%。行业出口面临较大压力。

从主要出口市场来看，2022年我国针织产品对美国出口金额为220.70亿美元，同比下降0.45%，占我国该类产品同期出口总额的19.22%，增长贡献率为−1.89%；对东盟十国出口额总计为204.17亿美元，同比增长15.08%，占比为17.78%，增长贡献率为50.88%；对欧盟地区出口175.40亿美元，同比增长7.48%，占比为15.27%，增长贡献率为23.21%；对日本出口78.38亿美元，同比增长0.76%，占比为6.82%，增长贡献率为1.12%。对美国、东盟、欧盟和日本合计出口针织产品678.64亿美元，金额占比为59.09%，合计增长贡献率达73.32%，见图6。

RCEP协议生效后红利初显，据中国海关统计，2022年我国针织产品对RCEP地区出口合计349.45亿美元，同比增长10.16%。其中，对澳大利亚出口金额增长明显，增幅达12.39%。

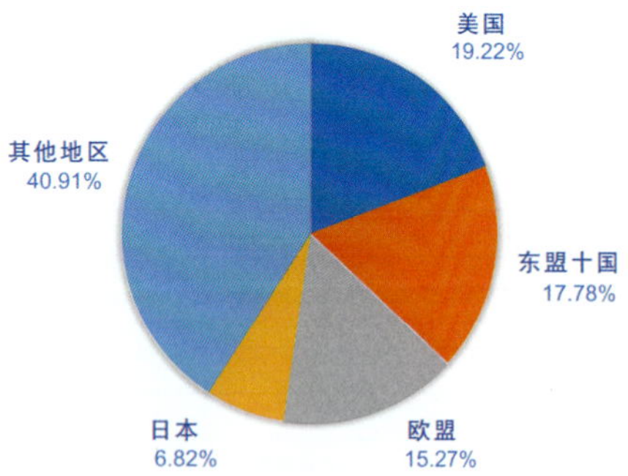

图6 2022年我国针织产品出口主要国家和地区金额比重

资料来源：中国海关

从细分品类来看，2022年除内衣家居服和童装出口同比略有下降外，各主要品类在2021年高基数的基础上仍保持较高的增速。其中，针织衫是针织行业第一大出口品类，2022年出口金额为224.97亿美元，占针织服装及附件出口额的19.57%，同比增长7.32%；针织衬衫出口呈高速增长趋势，出口额已达衬衫出口的29%，出口占比持续提升，针织行业在机织面料针织化技术进步明显，见表3。

从我国主要省级海关统计数据来看，针织产品出口额排在前三位的仍然是浙江、广东和江苏，2022年的出口额分别为317.67亿美元、172.41亿美元和159.87亿美元，同比增速分别为7.85%、-7.83%和-1.59%。2022年针织产品出口额排名前十的出口地区中新疆、湖南省两地的增幅较大，其同比增速均超过50%。其中新疆维吾尔自治区出口额为35.22亿美元，同比增长89.28%；湖南省出口额为26.5亿美元，同比增长54.88%，见表4。

四、内销需求动力不足，消费热度有待提高

受新冠肺炎疫情散发多发、物流不畅、消费者

表3 2022年针织产品细分品类出口情况

细分行业	出口金额(亿美元)	出口金额占比(%)	出口金额同比(%)
起绒织物	57.35	4.99	1.88
经编织物	13.55	1.18	4.39
针织衫	224.97	19.57	7.32
T恤汗衫	93.29	8.12	8.87
内衣家居服（不含文胸）	106.69	9.28	-2.11
袜子	71.45	6.22	11.68
运动装	24.82	2.16	15.72
手套	33.21	2.89	11.04
童装	21.49	1.87	-3.37
衬衫	18.07	1.57	32.55

资料来源：国家统计局

表4 2022年部分地区海关针织产品出口统计

注册地名称	出口金额(亿美元)	出口金额占比(%)	出口金额同比(%)
浙江省	317.67	27.64	7.85
广东省	172.41	15.00	−7.83
江苏省	159.87	13.91	−1.59
福建省	122.19	10.63	−9.74
山东省	116.96	10.18	14.87
上海市	65.87	5.73	−3.05
新疆维吾尔自治区	35.22	3.06	89.28
江西省	33.73	2.93	26.62
湖南省	26.50	2.31	54.88
广西壮族自治区	23.46	2.04	25.72

资料来源：国家统计局

信心不足等多重因素影响，2022年以来国内消费市场整体呈现出弱需求态势。据国家统计局数据显示，2022年，社会消费品零售总额439733亿元，同比下降0.2%。其中，限额以上服装、鞋帽、针纺织品类商品零售总额为13003亿元，同比下降6.5%。与此同时，2022年全国网上零售额为137853亿元，比2021年增长4.0%，其中穿类商品增长3.5%，见图7。在服装市场整体收缩下行的情况下，运动户外服装呈现出逆势上扬的态势。据报道，唯品会2022年"11·11特卖狂欢节"开售1小时后，运动卫衣销量同比上升87%；天猫平台上的跑步服装销量比2021年同期增长45.2%。同时，随着女性自我意识觉醒程度的提高，文胸品类呈多样化发展，舒适度和质量已成为现阶段女性消费者在选购文胸时优先考量的因素。以无钢圈、无尺码、无痕内衣为代表的新生品牌蕉内、Ubras、NEIWAI等位列2022年天猫"双11"内衣店铺销量前列。

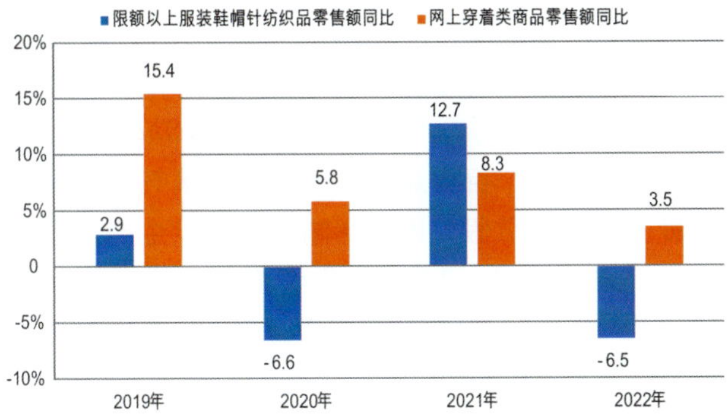

图7 纺织品服装产品内销累计增速同比变化情况

资料来源：国家统计局

据国家统计局数据测算，2022年针织行业规模以上企业内销产值同比下降3.22%，内销占比为75.53%，较2021年占比略有下滑。从中国海关进口数据来看，2022年我国进口针织织物和针织服装及附件共计50.89亿美元，同比下降12.40%。其中，针织织物进口额为9.08亿美元，同比下降20.8%；针织服装及附件进口额为41.81亿美元，同比下降10.3%。

综上所述，2022年在复杂的内外部环境下我国针织产业保持了稳定与发展。展望2023年，随着防疫政策不断优化调整，以及国家各项稳增长政策的实施，尤其是《扩大内需战略规划纲要（2022—2035年）》的出台，国内经济有望回暖。海外市场方面，国际货币基金组织将2023年全球经济增速预测值从2.9%下调至2.7%，预计占全球经济1/3左右的国家将在今年发生经济萎缩，全球消费能力和意愿正在受到冲击。综合以上因素，2023年针织行业国内市场有望迎来较快增长，出口则受外部需求收缩和高基数效应，面临下行压力。企业需要聚焦主业，重视科技与创新，与时俱进，积极应对新局面、新变化。

2023年行业发展趋势与重点方向

2023年以来，随着各地区稳增长举措密集出台，全方位促进消费扩容升级，在多重利好因素的推动下供需两端有望得到同步改善。2023年1月中国制造业采购经理指数（PMI）升至扩张区间，达到50.1%，制造业总体景气水平明显回升。生产指数和新订单指数分别为49.8%和50.9%，比2022年12月分别回升5.2和7个百分点，制造业产需景气水平明显回暖，但受春节假日因素影响，现阶段生产改善力度小于市场需求。1月，生产经营活动预期指数为55.6%，比2022年12月高3.7个百分点，企业对近期市场恢复发展预期向好。

一、稳生产、稳订单、拓市场，把握双循环新格局

在双循环新发展格局下，我国内需消费已进入提质升级阶段。《2023麦肯锡中国消费者报告》认为，2023年中国市场将继续保持韧性，消费者将倾向于选择更理想、更高端的品牌。针织企业要深入贯彻实施“三品”战略，通过“增品种、提品质、创品牌”提升产业链协同创新能力，提升产品核心竞争力和品牌影响力，满足个性化、多元化、特色化的消费升级需求，加速产业迈向全球中高端水平。同时，要积极适应全球化的新特征、新变化，把握好“一带一路”建设和RCEP协定生效带来的新机遇，加快建设多元化国际市场，寻求新的增长突破口，深度融入全球化发展。另外，随着各国新冠肺炎疫情政策放开，纺织服装外贸企业赴境外参展的热度逐渐回温，企业需紧跟市场脉络，把握潮流趋势，抢抓商机。

随着新材料、新技术、新装备、新产品、新模式的加速涌现，我国针织产业生态正经历着深刻的改变。圆机、横机、经编机三大装备的技术进步和生产工艺的突破，不断推动针织面料机织化，针织产品时装化，以及针织用品智能化、科技化的发展。针织应用边界不断延展，从传统的服用为主，向服用、家用、产业用领域拓展，特别是在国家重大工程应用领域，如在航天、深海、医疗、矿山等领域的应用逐渐发挥重要作用，是当代先进制造体系的组成部分，体现出“万物可织”时代的到来。

二、把握数字经济新机遇，跨界合作谋发展

需积极推进“纺织行业数字化转型三年行动计划”，大力推广智能化改造、数字化融合。把握数字经济发展机遇，积极创造和拥抱新模式、新业态，开启线上线下深度融合的发展新路径，为传统产业开拓市场、企业创新发展注入新动能。

新时期，行业企业面临数字化转型发展的艰巨任务。积极通过采用大数据、5G、边缘计算、云平台等技术手段打造大规模柔性化生产在线云工厂。同时加大自动化设备的更新换代升级应用，如模板应用、视觉AI应用、自动化设备改造、AGV智能物流、自动分拣、自动整烫、自动包装等。通过车间的数字化改造升级，促进企业实现设计数字化、生产智能化、管理协同化的现代化运营模式。

另外，当下元宇宙等时尚产业尚处萌芽期，虚

拟经济未来发展前景可期，针织行业应积极探索虚拟经济与实体经济的融合发展，加快求新谋变的步伐，引领创造新需求，推进产品创新和数字化升级改造，扩大产品的数字时尚影响力。

三、增强产业质量竞争力，促行业高质量发展

中共中央、国务院印发的《质量强国建设纲要》，强调面对社会发展新形势新要求，必须把推动发展的立足点转到提高质量和效益上来，培育以技术、标准、品牌、质量、服务等为核心的经济发展新优势，通过增加高质量产品和服务供给，推动供需在更高水平上实现良性循环。

针织行业要以国家政策为发展契机，推动新技术、新工艺、新材料应用，加快产品品种开发和产品质量提档升级，推动产品向高端化、智能化、绿色化发展。对标国际先进标准，推进内外贸产品同线同标同质。加强创新创意设计，加快新技术研发应用，推动纺织品升级迭代和品牌化发展。

（撰稿人：魏　薇　瞿　静）

服装业

中国服装协会

2022年，面对错综复杂的发展环境以及多重超预期因素影响，中国服装行业克服了国内新冠肺炎疫情反复、市场需求减弱、综合成本上涨等交织叠加的困难和压力，坚持创新驱动协同发展，展现出较强的产业韧性和市场活力，行业经济运行基本稳定，总体呈现持续放缓、稳中偏弱的运行态势。

2022年中国服装行业经济运行情况

一、服装生产明显下滑

2022年，在全球经济增长放缓、国内新冠肺炎疫情反复、市场需求减弱以及企业生产经营困难增多等多重因素的叠加作用下，我国服装行业生产增速持续回落，规模以上企业工业增加值和服装产量均呈现小幅负增长。根据国家统计局数据，2022年，服装行业规模以上企业工业增加值同比下降1.9%，增速比2021年下滑10.4个百分点，7月以来各月行业工业增加值降幅持续加深。同期，规模以上企业服装产量232.42亿件，同比下降3.36%，增速比2021年下滑11.74个百分点，见图1。其中，机织服装产量为88.02亿件，同比下降5.15%；针织服装产量为144.4亿件，同比下降2.24%，分别比2021年下滑10.0和13.1个百分点。

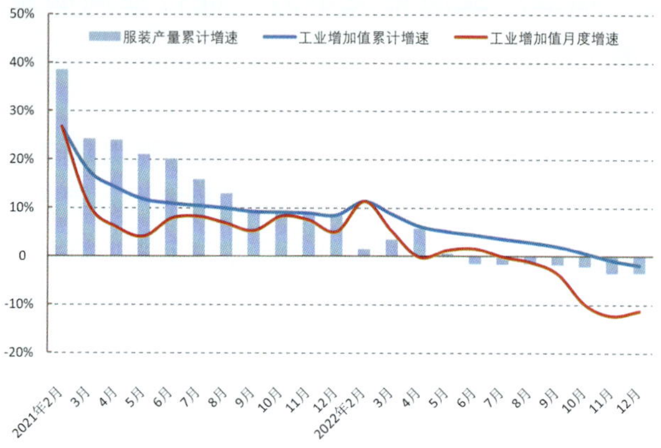

图1 2022年服装行业生产增速情况

资料来源：国家统计局

二、内销市场持续疲软

2022年，新冠肺炎疫情反复使居民消费意愿下降、消费活动和穿着场景受限，尤其是与日常生活相关的必需品消费上涨，导致服装类商品的消费行为减少，服装内销市场明显下滑，实体零售渠道持续承压。根据国家统计局数据，2022年，我国限额以上单位服装类商品零售额（简称“限上零售额”）为9222.6亿元，同比下降7.7%，增速比2021年下滑21.9个百分点，见图2。线上服装零售增速放缓。根据国家统计局数据，2022年，穿类商品网上零售额同比增长3.5%，增速比2021年放缓4.8个百分点。越来越多的品牌布局抖音、快手、B站、小红书等内容与直播电商平台，凭借“短视频+直播”互为助力的组合形式，高效、精准地与消费者发生关联，零售额正在追赶传统电商平台。

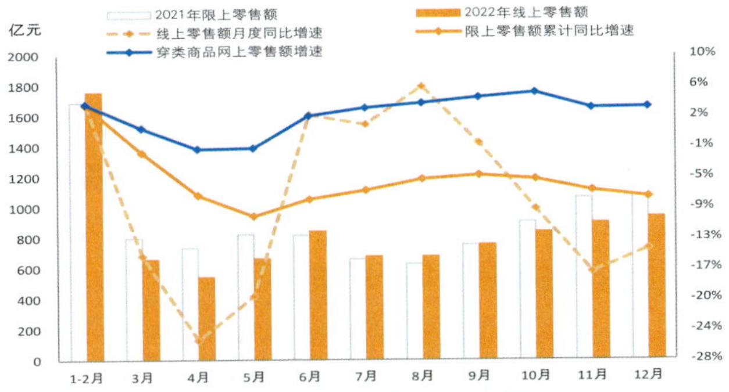

图2 2022年国内市场服装销售情况

资料来源：国家统计局

三、出口保持小幅增长

2022年，在国际市场需求恢复、成本上涨推高出口价格等因素的驱动下，我国服装出口在高基数的基础上继续保持增长，创2016年以来服装出口规模的最高纪录。根据中国海关数据，2022年，我国服装及衣着附件出口1753.97亿美元，同比增长3.2%，增速比2021年放缓20.8个百分点，见图3。从量价关系来看，服装出口量跌价升，出口数量为312.16亿件，同比下降2.6%，出口平均单价为4.65美元/件，同比增长10.0%。

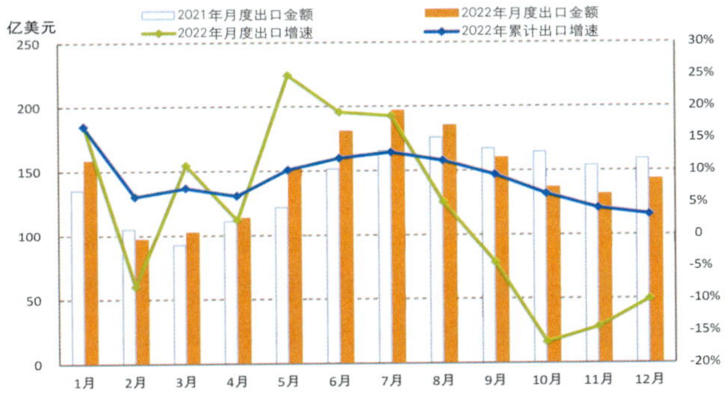

图3 2022年我国服装及衣着附件出口情况

资料来源：中国海关

我国对传统市场服装出口占比下降，东盟、其他“一带一路”沿线国家和地区等新兴市场成为拉动服装出口增长的主引擎。根据中国海关数据，2022年，我国对美国、欧盟和日本三大传统市场服装出口金额合计865.3亿美元，占我国服装出口总额的49.3%，较2021年减少1.5个百分点。其中，我国对美国服装出口同比下降2.2%，对美棉制服装出口同比下降5.7%；我国对欧盟服装出口同比增长3.0%，对欧盟棉制服装出口同比下降0.5%；我国对日本服装出口同比下降0.3%。同期，我国对东盟、其他“一带一路”沿线国家和地区等新兴市场服装出口合计拉动我国服装出口增长6.5个百分点。其中，在RCEP生效实施的利好作用下，东盟超过日本成为我国服装出口的第三大贸易伙伴，服装出口金额为169.28亿美元，同比增长23.9%；我国对“一带一路”沿线国家和地区、拉丁美洲服装出口继续保持快速增长，增幅分别为12.9%和17.8%。

四、运行质效严重承压

2022年前三季度，受新冠肺炎疫情影响、需求减弱、原材料价格高位波动等因素影响，我国服装行业主要效益指标保持小幅增长，但增速逐渐放缓。进入四季度，受国内新冠肺炎疫情冲击，行业产销循环受限，企业经营压力加大，营业收入和利润总额持续负增长，行业经济运行严重承压。根据国家统计局数据，2022年，我国服装行业规模以上企业13219家，营业收入为14538.89亿元，同比下降4.56%，增速比2021年下滑11.07个百分点；利润总额为763.82亿元，同比下降6.34%，增速比2021年下滑20.74个百分点，见图4；营业收入利润率为5.25%，比2021年低0.1个百分点。

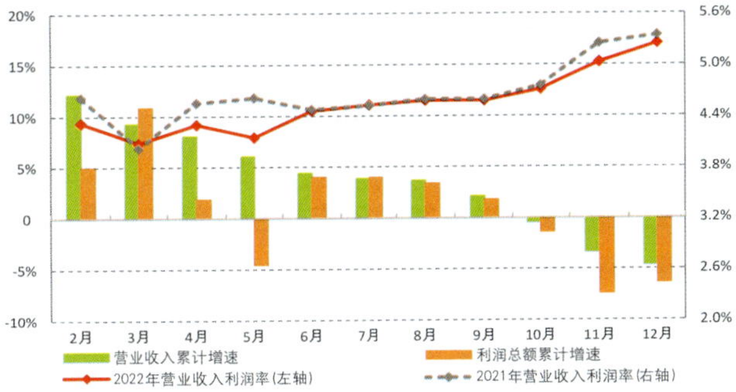

图4 2022年服装行业主要效益指标情况

资料来源：国家统计局

五、投资实现较快增长

2022年，我国服装行业固定资产投资保持快速增长态势，显示出在国家稳投资、稳增长等各项政策的有力带动下，各级政府加大产业补链强链投资的支持力度，企业对行业高质量发展的信心逐渐增强，积极扩大自动化设备应用、数字化智能化技术改造升级、商业模式创新以及区域布局调整等领域有效投资，产业转型升级深度推进。根据国家统计局数据，2022年，我国服装行业固定资产投资完成额同比增长25.3%，增速比2021年提升21.2个百分点，高于纺织业和制造业整体水平20.6和16.2个百分点，见图5。

图5 2022年服装行业固定资产投资增速情况

资料来源：国家统计局

2022年中国服装行业运行主要影响因素

一、国际市场需求减弱趋势明显

在世界政治局势复杂演变、全球经济衰退风险加大等制约因素增多的形势下，国际市场复苏乏力，欧美等国消费预期下降，服装零售商面临高库存压力，市场需求减弱趋势明显增强。2022年，美国服装服饰商店库存/销售比率持续高企，服装零售增速明显放缓，1～12月美国服装和配件零售额同比增长6.7%，增速比上半年放缓4.1个百分点。欧盟高通胀拖累消费者购买力急剧下降，生活成本上升挤压服装消费空间，12月欧盟零售额同比下降2.5%，非食品零售额同比下降0.9%。日本消费增长乏力，全年纺织服装及附件零售额同比增长1.1%，较新冠肺炎疫情前同期仍下降约20.8%。

二、全球供应链布局加速调整

在全球主要货币对美元贬值和生产要素成本持续上涨的背景下，很多国际服装集团和品牌加快在东南亚国家投资建厂，提高在东南亚生产代工比例，以应对通胀高企和供应链安全风险。2022年，越南、孟加拉国服装类产品出口均呈现两位数高速增长，2022年越南纺织品成衣出口同比增长14.7%；孟加拉国服装出口同比增长38.0%。同时，中国在美国、欧盟和日本的市场份额呈下降趋势，分别比2021年减少2.29、0.74和1.40个百分点，而越南、孟加拉国、印度、柬埔寨和缅甸等国家的市场份额均有所提升，且进口增速均高于中国，见表1。值得注意的是，欧盟、日本自缅甸服装进口金额同比分别增长85.25%和93.17%，市场份额分别增加0.90和1.49个百分点。

三、内销市场提振乏力

2022年，受国内新冠肺炎疫情反复、极端天气等因素冲击，国内消费市场严重承压，线上零售增速明显放缓。根据国家统计局数据，2022年，社会消费品零售额同比下降0.2%，比2021年放缓12.7个百分点；全国实物商品网上零售额同比增长6.2%，增速明显低于2021年5.8个百分点。新冠肺炎疫情反复导致失业率上升，居民收入增速放缓，消费信心不足，消费能力和消费水平有明显下滑，见图6。根据国家统计局数据，2022年全年我国人均居民收入同比增长2.9%，人均消费支出同比下降0.2%，增速分别比2021年放缓5.2和12.8个百分点；人均衣着消费

表1 2022年美国、欧盟和日本服装主要进口国市场份额变化情况

美国			欧盟			日本		
国别	比重(%)	比重增减(百分点)	国别	比重(%)	比重增减(百分点)	国别	比重(%)	比重增减(百分点)
中国	21.75	−2.29	中国	30.51	−0.74	中国	54.41	−1.40
越南	18.26	0.65	孟加拉国	20.75	3.19	越南	15.57	1.48
孟加拉国	9.75	0.99	土耳其	10.94	−0.54	孟加拉国	5.14	0.55
印度	5.69	0.55	印度	4.76	0.18	柬埔寨	4.57	0.27
印度尼西亚	5.61	0.53	越南	4.40	0.48	缅甸	4.12	1.49
柬埔寨	4.36	0.20	巴基斯坦	3.86	0.35	意大利	3.16	0.06
洪都拉斯	3.19	−0.07	柬埔寨	3.49	0.53	印度尼西亚	3.08	−0.18
墨西哥	3.16	−0.31	缅甸	2.99	0.90	马来西亚	1.75	−1.88
尼加拉瓜	2.85	0.41	摩洛哥	2.84	−0.23	泰国	1.73	−0.25
巴基斯坦	2.75	0.03	突尼斯	2.20	−0.07	印度	0.94	0.01

资料来源：美国商务部、欧盟统计局、日本海关

支出1365元，同比下降3.8%，增速比2021年下滑18.4个百分点。

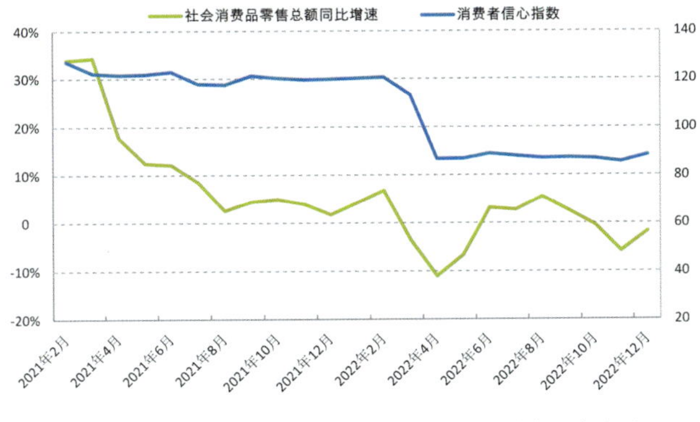

图6 2022年我国社会消费品零售总额增速和消费者信心指数情况

资料来源：国家统计局

四、多重困难叠加导致企业经营压力增大

2022年，在国际形势复杂严峻、国内新冠肺炎疫情反弹、大宗商品价格上涨等多重因素影响的背景下，我国服装企业面临着新冠肺炎疫情管控影响、市场需求不足、产业链供应链接续不畅、生产要素成本上涨、融资难度大等多重困境，生产经营压力持续加大，尤其是小微企业受冲击程度更加严重。根据国家统计局数据，2022年制造业小型企业PMI指数全年均在枯荣线以下，持续处于收缩区间。原材料价格上涨的压力叠加用工成本以及汇率波动等因素影响，行业成本压力普遍增大。根据国家统计局数据，2022年纺织业工业生产者出厂价格同比增长3.6%，而服装行业工业生产者出厂价格同比仅增长1.3%（图7），低于纺织业整体水平2.3个百分点，显示出服装企业盈利空间严重收窄。

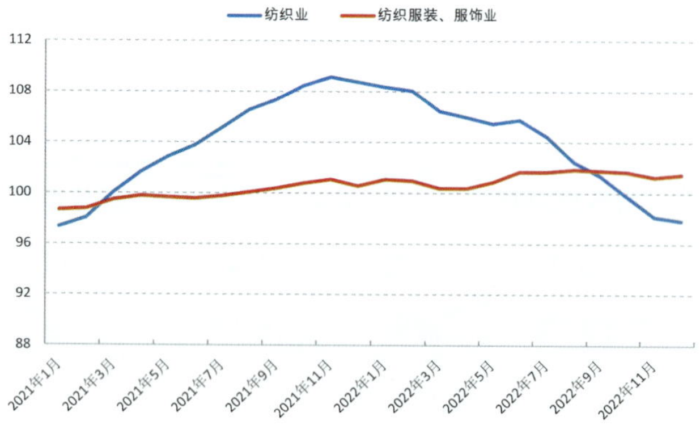

图7 纺织业和服装业工业生产者出厂价格指数变化情况

资料来源：国家统计局

2023年服装行业面临的发展环境

一、全球竞争加剧给服装产业造成新压力

2023年，全球经济将由“滞胀”向衰退演变，主要经济体均将在较长时间内处于低增长和高通胀叠加的困境。国际环境的复杂性、严峻性和不确定性明显上升，国际市场消费需求增长面临较大压力，将对包括中国在内的出口导向型经济体带来较大外溢影响。多家国际机构下调了2023年全球经济增长预期，世界银行预测2023年全球经济增长1.7%，比前期预测下调了1.3个百分点；国际货币基金组织预计2023年全球经济增速将从2022年的3.4%下降至2.9%，通胀率将从2022年的8.8%降至2023年的6.6%，高于2020年前水平，九成发达经济体可能将出现经济萎缩。

二、扩大内需市场为服装产业释放新红利

中央经济工作会议把扩大内需列为2023年重点经济工作任务之一，并强调要从增强消费能力、改善消费条件、创新消费场景等多方面恢复和扩大消费。2022年12月14日，中共中央、国务院印发《扩大内需战略规划纲要（2022—2035年）》，随后国家发展改革委印发《“十四五”扩大内需战略实施方案》，围绕全面促进消费、加快消费提质升级等提出了具体举措，消费品零售行业将迎来优化消费供给推动消费下沉、数字技术推动消费业态和模式创新、丰富消费场景推动绿色消费方式等发展机遇，推动经济发展加速回到正常轨道并实现整体性好转。

三、数字经济为服装产业现代化孕育新动能

党的二十大报告指出要“坚持把发展经济的着力点放在实体经济上”“促进数字经济和实体经济深度融合”，国家发改委、工信部等出台了多项落实文件和政策举措，发起“数字化转型伙伴行动”，推行普惠性“上云用数赋智”服务。数字经济正在以信息化引领、开放化融合、泛在化普惠深度渗透到各个行业，搭建数字化、网络化、智能化服务平台，实现大量数据资源的开放、共享与汇聚，促进组织内部不同部门之间、价值链条上不同企业之间、跨产业链跨行业的不同企业之间开展大规模协作和融合，推动产业数字化升级的同时实现价值链的优化与重组。

四、高水平对外开放为服装产业国际化创造新机遇

截至目前，我国已经成为140多个国家和地区的主要贸易伙伴，货物贸易总额稳居世界第一，吸引外资和对外投资居世界前列，形成了更大范围、更宽领域、更深层次对外开放格局，不同区域内的经济贸易合作正在增强，各自的产业链供应链网络也变得更加紧密。面向未来，中国将积极推进更高水平的对外开放，扩大面向全球的高标准自由贸易区网络，并进一步提高货物贸易、服务贸易和投资市场开放水平，更好服务构建以国内大循环为主体、

国内国际双循环相互促进的新发展格局，推动我国经济高质量发展。

2023年中国服装行业发展趋势展望

一、2023年服装行业发展趋势预测

2023年，我国服装行业在经历了阶段性下降后将进入恢复性、常态化发展周期，基于2022年行业运行的低基数效应和国内大循环的有力支撑，预计2023年行业经济运行整体好转，“韧性增长，稳步恢复”的发展趋势明显。

从国际市场来看，在国际市场需求不足、海外订单转移、中美贸易摩擦、人民币升值等因素的影响下，2023年我国服装出口面临较大的下行压力，整体将呈现增速前降后平、规模明显收缩的趋势。我国服装出口面临多重挑战，一是国际市场消费需求增长放缓，叠加品牌零售商库存压力持续高企，均将对我国服装出口产生巨大的抑制作用；二是替代效应消退以及国际采购策略调整将加速海外订单转移，供应链竞争加剧使我国服装出口下行压力进一步增大；三是地缘政治冲突导致服装外贸环境较为严峻，人民币汇率高波动增加企业汇兑风险，均将对我国服装出口产生不利影响。但是也要看到，随着去库存结束以及通胀得到遏制，市场消费需求和补库需求逐渐修复，海外订单或将在下半年有所回升，服装出口形势将随之转好。

从国内市场来看，我国经济整体好转为服装内销市场复苏创造了良好的条件和基础，叠加低基数因素，预计2023年我国服装消费市场将持续恢复，消费规模将稳步提升。服装内销市场复苏的重要支撑因素：一是社会生产生活秩序加快恢复，经济复苏带动就业扩大和居民收入提升，消费需求加速释放，内销市场修复有望在二季度出现拐点；二是坚定实施扩大内需战略，存量政策和增量政策叠加发力促进内需市场提质扩容；三是服装行业在研发设计、柔性制造、供应链协同、销售渠道优化等关键环节的创新能力大幅增强，将持续推动新业态、新场景、新产品、新品牌蓬勃发展，从供需两端助力服装内销市场回归正增长轨道。

二、2023年服装行业重点发展方向

（一）数字驱动深度融合，产业整体素质持续增强

新科技革命正在推动数字技术与产业全要素、全产业链、全价值链融合发展，服装行业将进一步提高智能化、数字化深度融合和综合应用水平，大规模推广智能制造技术和装备，加强各环节智能模块化单元的集成应用，加快建立智能生产线、智能车间、智能工厂，提升智能化水平；并以龙头企业、大型企业为主导，强化智能制造、工业互联网、精益生产管理等数字化系统开发和应用，通过软件定义实现人、机、物等企业资源的互联互通和智能管控，持续推进智能化制造、个性化定制、共享制造、供应链管理等服务型制造新模式、新业态发展。

（二）协同创新稳步推进，产业核心竞争力持续提升

跨产业链、跨领域的协同融合创新是推进产业基础高级化、产业链现代化的源动力。服装行业将进一步完善产业科技创新体系，不断强化骨干企业、科研院所、高等院校科研力量等创新主体对集聚创新要素、激活创新资源、培养创新人才、转化创新成果的引领作用，加强行业技术创新中心、创意设计平台、产业技术创新联盟、产学研用联合体等跨领域创新平台的建设和使用效率，推进新材料、新技术、新模式、新业态在行业的转化应用和资源共享，构建从纤维面料、产品制造到终端服务的全产业链协同创新生态。

（三）时尚创新双向赋能，品牌发展势能持续集聚

随着中国品牌的时尚内涵与产品的东方美学价值不断显现，国内服装消费市场将迎来两个新维度赛场的全面竞放。一是国潮品牌，行业将更深入地挖掘中华优秀文化价值，将先进技术、流行趋势、多元文化融入产品设计、传播流通、商业模式等关键环节，通过文化创意赋予品牌和产品新的精神与情感共鸣，促进时尚文化与产业深度融合。二是元宇宙时尚消费，行业将加速运用AI智能设计、虚拟主播、跨界游戏等新技术，在品牌与消费者之间建立深层次链接通道，以数实融合的场景呈现产品新的商业价值，在数字资产、数字体验、游戏、平台、虚拟世界等方面赋能品牌发展。

（四）绿色低碳不断深化，可持续发展迈上新台阶

绿色低碳成为全球共识，正深刻影响着产业的成本结构、竞争优势与价值逻辑，决定了未来全球科技进步、产业布局的基本走向。作为推进碳达峰、碳中和的重要领域，走绿色发展之路是服装产业转型升级的内在要求和必然选择，绿色低碳正成为引领服装行业高质量发展的新风尚。绿色制造是未来服装产业的发展模式，须将绿色低碳理念贯穿生产管理的各环节、全领域，加快健全绿色标志体系，完善产品从设计、制造、消费、回收到再利用的全生命周期绿色标准，带动绿色产品设计、绿色供应链、绿色产业园协同发展。

（五）产业布局优化调整，全球竞争新优势持续夯实

我国服装产业在全球供应链中的低成本竞争优势已经弱化，正在以强大的市场空间、完善的产业链配套能力、日益增强的科技创新能力和蓬勃发展的数字经济构筑产业链供应链竞争新优势，产能在全球范围内重新布局已经成为我国服装企业战略发展的重要内容。在国内循环上，要对接京津冀一体化、长三角洲一体化、粤港澳大湾区、长江经济带等国家战略，充分利用东中西部的比较优势，持续推进服装产业的梯度转移和区域协调发展。在国际循环上，要充分利用国际、国内两个市场，整合全球优势资源，全面推进服装产业国际化战略，深度嵌入全球服装产业链价值链。

（撰稿人：刘　静）

家用纺织品业

中国家用纺织品行业协会

2022年，受新冠肺炎疫情频发反复、地缘政治冲突长期化、通胀高企等不利因素影响，全球经济趋于下行态势，市场需求疲弱，贸易环境更趋复杂。我国家纺行业总体承受较大压力，行业产销规模有所收缩，出口下行趋势明显，内销维持稳定。盈利总体能力维稳，展现行业发展韧性。

2022年家纺行业经济运行承压缓进

2022年，在国内外新冠肺炎疫情散发频发等不利因素影响下，市场需求动力整体不足，供应链严重受阻，家纺行业产销规模较2021年同比有所收缩。据国家统计局数据测算，规模以上家纺企业营业收入同比下降4.11%。与此同时，行业技术改造转型升级和成本控制初见成效，规模以上家纺企业营业成本和期间费用大幅减少，利润保持2.11%的小幅增长，行业总体呈现承压缓进的发展态势，行业质效逐步改善，见图1。

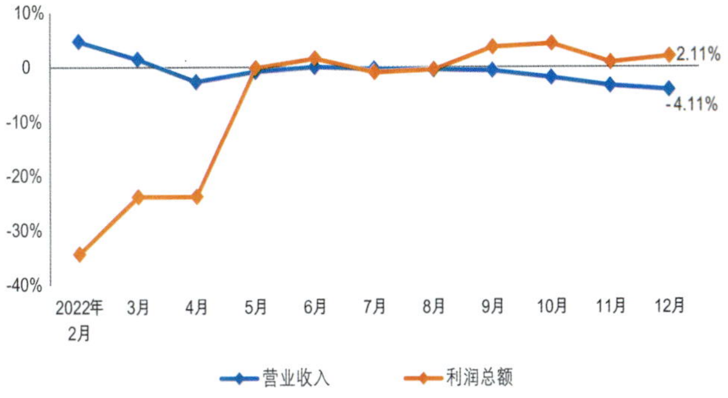

图1 2022年规模以上家纺企业营业收入与利润总额月度累计增速变化趋势

资料来源：国家统计局

一、内外市场压力与机遇并存

（一）出口下行趋势明显

由于全球经济低迷、消费疲软，加之订单回流红利消失等诸多因素给家纺外贸企业带来较大压力，2022年家纺行业出口下行趋势明显。据中国海关数据统计，全国全年出口家纺产品共计460.48亿美元，同比下降3.85%。其中，出口数量同比下降8.42%，产品单价同比增长4.99%，且维持在高位水平，出口额单月同比增速逐月收窄，自8月以后环比增速连续收窄，量减价增局面致使外贸企业压力逐渐攀升，见图2、图3。

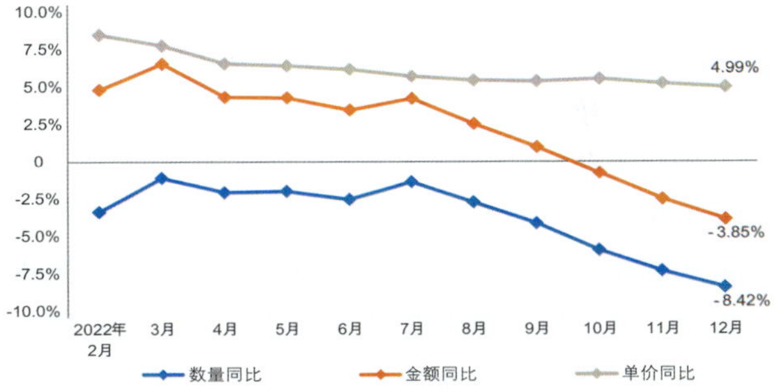

图2 2022年我国家纺出口数量、金额、单价月度累计同比变化趋势

资料来源：中国海关

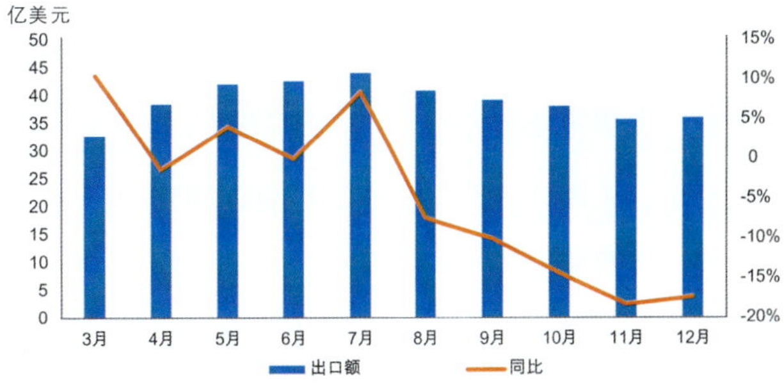

图3 2022年当月我国家纺产品出口额及同比增速情况

资料来源：中国海关

从主要出口市场看，美国、欧盟及日本等发达经济体需求疲弱态势进一步显现。中国海关数据显示，2022年我国对美国、欧盟、日本主要市场家纺产品出口额同比分别下降16.85%、14.19%和5.44%。新兴东盟市场总体则保持稳定增长，2022年我国对东盟市场出口家纺产品共计82亿美元，同比增长13%，其中数量同比增长8.28%，单价同比增长4.35%，见表1、图4。

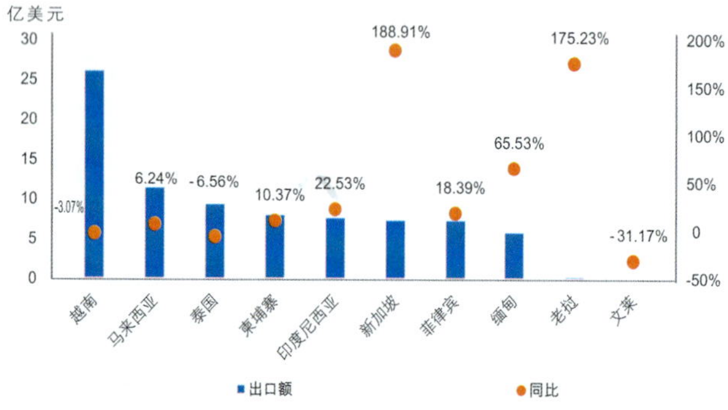

图4 2022年我国家纺产品对东盟十国出口额及同比

资料来源：中国海关

（二）内销总体趋于平稳

2022年新冠肺炎疫情反复，物流压力陡增，供应链严重受阻，前期原料成本高企等不利因素给家纺企业的生产运营带来较大压力。加之消费场景恢复缓慢、居民收入增长放缓等因素，国内市场需求总体偏弱，给家纺企业内销带来较大挑战。与此同时，行业骨干企业加快转型升级步伐，积极推进智能化、品牌化改造，注重研发与成本控制，行业质效水平得到进一步改善。国家统计局统计的规模以上家纺企业全年内销产值基本与2021年持平，见图5；中国家用纺织品行业协会跟踪的250余家家纺企业和13个重点产业集群内销产值均实现小幅增长，见图6。

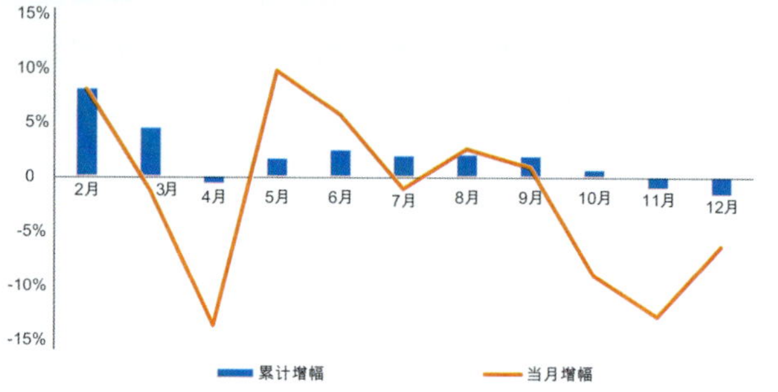

图5 2022年规模以上家纺企业内销产值增长趋势

资料来源：国家统计局

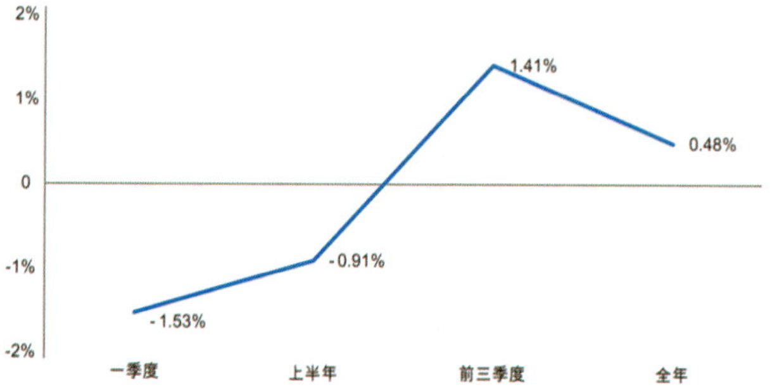

图6 2022年协会跟踪统计的253家样本企业内销产值走势

资料来源：中国家用纺织品行业协会

表1 2022年我国家纺产品对主要市场出口情况

主要市场	出口额（亿美元）	数量同比（%）	金额同比（%）	单价同比（%）
美国	102.61	−22.70	−16.85	7.57
欧盟	58.93	−14.28	−14.19	0.11
日本	29.88	−8.56	−5.44	3.41
东盟	82.22	8.28	13.00	4.35

资料来源：中国海关

二、各子行业承压运行

（一）床上用品运行维稳

2022年床上用品行业内外销均受到不同程度的下行压力，企业收入有所减少。随着上游棉花价格逐步回落，涤纶长丝价格趋于稳定，一定程度上缓和了成本压力。

从出口情况看，据中国海关数据显示，2022年我国床上用品出口额达135.47亿美元，同比下降15.46%。其中对美国、欧盟、日本传统市场出口下降明显，东盟市场仍保持较高水平的增长。从内销情况看，受国内新冠肺炎疫情影响，床上用品市场消费动力总体偏弱，传统销售旺季营业额较2022年下滑较为明显。国家统计局统计的1095家床上用品企业2022年内销产值同比下降6.02%，见图7。

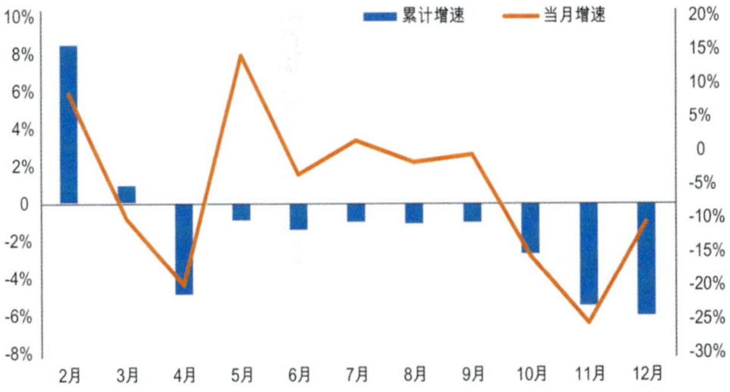

图7 2022年规模以上床上用品企业内销产值同比增长走势

资料来源：国家统计局

行业效益趋于稳定。据国家统计局数据测算，2022年床上用品规模以上企业利润总额同比保持小幅增长1.26%，见图8。床上用品骨干企业在大健康、睡眠科技等热点领域的积极探索也为行业转型升级起到积极的引领作用。

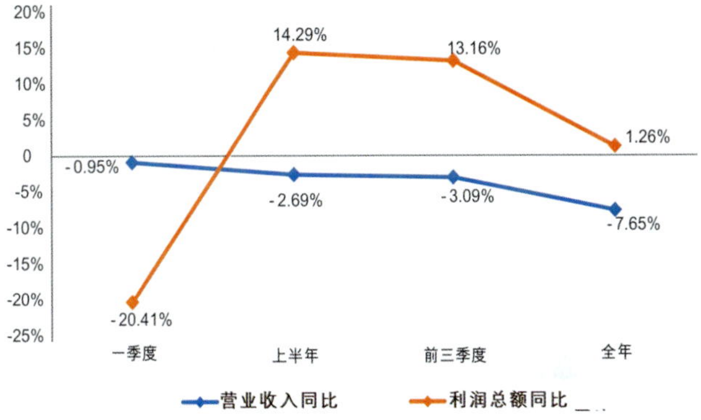

图8 2022年规模以上床上用品企业营业收入和利润总额同比增长走势

资料来源：国家统计局

（二）毛巾行业持续收缩

毛巾行业总体呈收缩态势。2022年我国毛巾出口额为26.02亿美元，同比下降4.93%。在主要的毛巾产品出口市场中，除日本市场保持增长外，其余都有不同程度下降，见表2。

据国家统计局数据测算，2022年规模以上毛巾企业营业收入与2021年基本持平，利润总额同比下降8.68%。洗脸巾、棉柔巾等新兴产品的出现对传统毛巾的消费需求及习惯或造成影响。在外贸环境错综复杂、替代产品频出的压力背景下，毛巾行业还需积极探索，在寻求新的消费需求的同时注重产

表2 2022年我国对主要毛巾出口市场情况

项目	东盟	美国	日本	欧盟
出口额（亿美元）	7.78	4.10	3.47	1.66
同比（%）	−8.73	−18.84	13.59	−8.57

资料来源：中国海关

品工艺技术研发升级、与文创品牌化道路发展，为行业转型升级注入新活力。

（三）布艺行业增幅回落

2022年布艺行业增长出现拐点，在近几年始终保持高速增长的基础上出现回落。出口的布艺成品如窗帘、装饰织物等降幅明显：一方面与2022年外贸订单回流的红利造成的高基数有关；另一方面，主要发达经济体疲软、地缘政治冲突造成的需求大幅下滑等因素都对布艺产品市场需求造成较大影响。

布艺出口以面辅料拉动为主，东盟市场起到支撑作用。据中国海关数据显示，2022年我国布艺产品出口额为171.86亿美元，同比小幅增长1.02%。东盟市场起到有利支撑，由于新冠肺炎疫情导致的大量纺织服装订单流向东盟地区，或推动其加大对我国布艺面辅料的进口。成品窗帘出口额除东盟实现小幅增长以外，其他市场较2021年有所下滑。

2023年家纺行业重点发展方向

2023年，在经济增长放缓、地缘局势复杂多变、通胀压力高位等宏观背景下，全球宏观经济运行环境仍趋复杂严峻。需求疲软、市场流动性受阻、原料成本高位波动还将继续给我国家纺行业带来较大挑战。但与此同时，我国家纺行业仍然具备平稳恢复的基础条件，在国家一系列稳增长政策的持续发力作用下，国内经济稳定的基本面为家纺行业企业发展提供基础与保障。2023年，家纺行业还需继续践行行业“十四五”发展的主要目标，深度推进行业高质量发展。

一、深化数字技术融合，引领产业转型升级

加快产业数字化、智能化转型工程。充分发挥数据要素的价值创造作用，促进家纺产业在设计研发、生产制造、仓储物流、销售服务等方面进行全流程、全链条、全要素改造。通过数字技术在家纺产业的应用，实现从多方面改善生产环节的供给能力。实现大数据、云计算、人工智能、工业互联网等多种数字技术与家纺制造产业的深度融合发展。在研发设计领域，通过数字孪生、人工智能等新技术提高研发效率，加速科学研究进程与科技成果的工程化、产业化，加快新产品上市速度，在生产流程中实现对设备、生产线、车间及工厂的全方位无缝衔接、智能管控，最大限度优化工艺参数，提高生产线效率，从而降低生产运营成本。

二、优化资源配置，促进产业协同发展

顺应新一代信息技术与制造业融合发展趋势，在家纺产业集群中探索发展共享制造新模式，优化资源配置，提升产出效率。打造柔性供应链平台，构建从产品设计研发到产品回收再制造的生命周期体系。通过发展共享经济，促进集群企业优化运营和转型升级发展。同时大力加强中小微企业经营理念的转变，建设规范、现代的企业经营模式。加快改善中小微企业的作业环境，加快装备升级换代，积极探索中小微企业“专精特新”的发展路径，培育发展一批主营业务突出、竞争力强、成长性好、专注于细分市场的专业化小巨人企业。

三、强化文化赋能，提升时尚创新力与品牌向心力

大力发展时尚特色的现代家纺产业，以时尚创特色，促品牌，搭平台，促进我国家纺产业向价值链中高端延伸。继续加大对研发创新与企业品牌文化研究的投入，强化时尚创新能力建设，大力支持研发中心、设计师工作室的建立与运营。培育一批时尚重点企业和时尚重点品牌，提升时尚创意设计，增强品牌营销能力，建设时尚创新平台。

加强家纺时尚研究、交流与传播，通过设计大赛、流行趋势研究与发布，壮大行业设计师队伍，提升时尚国际话语权。通过时尚资源的集成创新，

发挥创造美好生活的职能，打造引领消费潮流的新型产业业态。

全方位、多维度打造行业品牌核心竞争力。发挥企业主体作用，建立多层次建设立体格局，促进加工制造品牌、终端消费品牌、区域品牌及国际化品牌的共同发展。强化企业基础能力提升，培养壮大一批生产制造品牌；强化企业软实力建设与市场化运营，做强终端消费品牌；强化产业集群内部协同与特色构建，提升区域品牌美誉度和影响力；强化品牌国际化推进，实现世界品牌建设的突破发展。

四、践行绿色发展理念，推动产业可持续发展

坚持贯彻绿色发展理念，推进家纺产业绿色发展新模式，全面提升环保意识，践行绿色发展责任，致力于建设绿色工厂、绿色园区，构建从原料、生产、营销、消费到回收再利用的高端家纺产业循环体系。加快采用新技术、新装备，加快淘汰落后产能，优化流程，提高资源综合利用水平。加大再生纤维等环境友好原料的使用比重，推行生态设计、开发绿色家纺产品，提高产品能效环保低碳水平。加快回收利用进程，加强边角余料、废水热能以及废旧家纺产品的回收再生利用，大力推进床上用品、窗帘、毛巾等家纺产品以旧换新等业务服务，切实提高回收利用水平。在前处理、染色、印花及后整理各环节推动节能减排染整技术的应用及推广工程。

综上所述，当前全球宏观下行经济压力仍将制约国际市场需求增长。全球纺织供应链本土化、区域化、多元化趋势增强，国际市场竞争压力还将扩大。随着我国“稳增长”系列政策、稳健的货币政策和积极的财政政策的持续发力，有望全面提振内贸市场信心，激发民营企业市场主体活力，从而有力支撑国民经济运行平稳回升。内销市场具备平稳恢复基础，居民收入的预期改善将为消费增长提供首要支撑。消费升级背景下家纺行业仍可积极作为，在国家大力弘扬文化自信的背景下，家纺行业在国潮、大健康、品牌化、可持续发展等大趋势下仍将有广阔的开拓空间。在双循环背景下，随着RCEP逐步生效和“一带一路”建设总体布局也为行业外贸拓展领域提供保障。家纺行业企业需要继续践行稳中求进总基调，积极探索消费需求增长点。整合资源优势，积极拥抱数字化、智能化产业发展新模式，促进行业转型升级。坚持深入推进结构调整，稳定释放发展韧性，提升抗风险能力，在复杂形势下努力推动行业高质量发展。

（撰稿人：王　冉）

产业用纺织品业

中国产业用纺织品行业协会

2022年产业用纺织品行业经济运行情况

2022年，“黑天鹅”和“灰犀牛”事件频发，世界经济增速明显下滑；国内经济受到多重超预期因素的叠加影响，需求收缩、供给冲击、预期转弱三重压力持续演化，发展环境的复杂性、严峻性、不确定性上升。我国产业用纺织品行业仍处于2020年超常规增长后的恢复、调整期，行业努力克服内外部不利因素影响，工业增加值稳步增长，生产和销售保持相对稳定，但部分经济指标仍处于低位，行业持续恢复的基础有待进一步巩固。

根据中国产业用纺织品行业协会（以下简称“协会”）对近300家样本企业的调研，行业2022年的景气指数为57.3，与2021年同期的73.8相比下降明显，但较2022年上半年已回升至荣枯线以上，见图1。

图1 近年来我国产业用纺织品行业景气指数

资料来源：中国产业用纺织品行业协会

一、产能利用率前降后升，生产保持平稳运行

2022年，我国产业用纺织品行业继续坚持高质量发展理念，主要产品的生产基本保持稳定。产业用纺织品行业的产能利用率呈现前降后升的走势，根据协会对样本企业的调研，2022年一季度行业产能利用率受新冠肺炎疫情反复、物流不畅影响仅为50%左右，此后产能利用率持续回升，截至2022年年末已恢复至70%以上，超过20%的样本企业产能利用率超过90%。

根据协会统计，2022年我国产业用纺织品行业纤维加工总量达到1960.1万吨，同比增长1.1%，见表1。作为产业用纺织品的主要原材料，我国非织造布的产量为813.5万吨，同比下降0.8%。

二、成本高企，经济承压运行

根据国家统计局数据，2022年产业用纺织品行业规模以上企业（非全口径）的营业收入与2021年同期基本持平，利润总额同比下降8.9%，营业利润率为4.7%，同比下降0.5个百分点，营业利润率水平正处于近年来的低点，见图2。

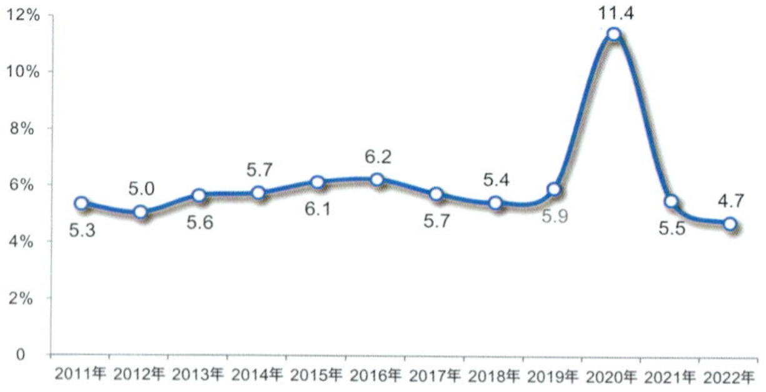

图2 我国产业用纺织品行业规模以上企业营业利润率情况

资料来源：据国家统计局数据整理

因新冠肺炎疫情反复、原材料成本波动等因素而引发的企业经营成本高企是导致行业盈利水平下

表1 2022年中国产业用纺织品行业纤维加工量（按应用领域计算）

类别	纤维加工量(万吨)	同比(%)
医疗与卫生用纺织品	353.0	-7.4
过滤与分离用纺织品	161.4	-5.2
土工用纺织品	131.1	5.1
建筑用纺织品	88.7	-7.1
交通工具用纺织品	76.1	3.1
安全与防护用纺织品	54.4	8.3
结构增强用纺织品	135.3	-3.0
农业用纺织品	89.1	1.5
包装用纺织品	122.2	-0.4
文体与休闲用纺织品	48.2	2.7
篷帆类纺织品	329.6	17.3
合成革用纺织品	107.8	0.3
隔离与绝缘用纺织品	55.6	6.5
线绳（缆）带类纺织品	90.4	-2.7
工业用毡毯（呢）类纺织品	60.0	6.5
其他	57.2	2.2
合计	1960.1	1.1

资料来源：中国产业用纺织品行业协会

降的主要原因。根据协会调研，2022年样本企业的原材料价格指数为71.3，尽管相比2021年同期的87.4已有所下降，但仍处于高位；此外，新冠肺炎疫情防控下物流运输成本也推高了行业的营业成本，样本企业中超过60%的企业表示物流运输成本在2022年发生了不同程度的上涨。

过度竞争也是引起行业盈利水平下滑的原因之一。根据国家统计局数据，2022年产业用纺织品行业规模以上企业数量相比2019年已大幅增长50.6%。企业数量的快速增长加剧了市场竞争的激烈程度，企业议价空间进一步缩小，根据协会调研，2022年企业主要产品价格指数仅为38.7，相比2021年同期的55.0下滑明显。过度竞争也导致企业经营分化现象进一步加速，根据国家统计局数据，2022年产业用纺织品行业规模以上企业的亏损面达到19.6%，亏损企业的亏损额同比增长27.8%。

分领域看，根据国家统计局数据，2022年我国非织造布行业承压运行，规模以上企业的营业收入和利润总额同比分别下降0.7%和24.9%，毛利润率和营业利润率分别为14.3%和3.8%，同比分别下滑1.6个和1.2个百分点，见表2。

绳、索、缆行业规模以上企业的营业收入和利

表2 2022年我国产业用纺织品行业主要经济指标增速（规模以上企业）

项目	单位	产业用纺织品	非织造布	绳、索、缆	纺织带和帘子布	篷、帆布	其他产业用
营业收入同比	%	−0.21	−0.74	−1.53	−6.33	0.19	4.43
营业成本同比	%	0.71	1.08	−0.68	−6.19	−1.29	4.92
毛利率	%	15.06	14.26	13.60	15.18	17.17	16.10
	百分点	−0.78	−1.55	−0.74	−0.13	1.24	−0.39
利润总额同比	%	−8.89	−24.87	−17.79	−2.68	16.62	10.17
利润率	%	4.74	3.77	4.08	5.34	6.49	5.93
	百分点	−0.45	−1.21	−0.81	0.20	0.91	0.31
产成品周转率	%	16.28	17.64	12.78	12.74	12.49	19.38
总资产周转率	%	1.10	1.04	1.20	1.14	1.29	1.12

资料来源：据国家统计局数据整理

润总额同比分别下降1.5%和17.8%，毛利润率和利润率分别为13.6%和4.1%，分别同比下降0.7和0.8个百分点。

纺织带、帘子布行业规模以上企业的营业收入和利润总额同比分别下降6.3%和2.7%，毛利润率为15.2%，同比下降0.1个百分点，利润率为5.3%，同比增长0.2个百分点。

受益于“露营经济”的快速发展，篷、帆布行业保持着良好的发展势头，规模以上企业的营业收入和利润总额同比分别增长0.2%和16.6%，毛利润率和营业利润率分别达到17.2%和6.5%，均为行业最高水平。

在新基建、大气污染治理的带动下，土工、过滤用纺织品所在的其他产业用纺织品行业企稳向好，规模以上企业的营业收入和利润总额同比分别增长4.4%和10.2%，毛利润率为16.1%，同比下降0.4个百分点，利润率为5.9%，同比增长0.3个百分点。

三、投资意愿趋弱，高质量投资力度加强

新冠肺炎疫情的暴发使非织造布行业的产能大幅扩张，目前仍然处于产能释放周期。2022年以来，非织造布行业企业投资扩产的热度持续降温，部分企业取消或推迟了2022年确定的产能投资计划。据协会估算，2022年我国非织造布行业企业的固定资产投资额同比下降约10%。另据不完全统计，2022年，我国新增纺粘及熔喷非织造布生产线约50条、水刺非织造布生产线约20条、针刺非织造布生产线约150条，合计新增产能超过90万吨。

近年来，高端化、智能化、绿色化成为行业新项目投资的主要方向。2022年，行业骨干企业在构建差异化竞争优势方面持续发力，针对高速纺熔复合生产线、双组分纺粘非织造布生产线、木浆复合水刺非织造布生产线等成套装备项目的投资保持活跃；高品质个人护理产品、高端土工合成材料、高性

能过滤材料和安全防护产业链也是行业投资的重点。

关于2023年的投资计划，协会调研显示，样本企业的投资意愿普遍有所减弱，约六成企业在2023年没有新项目投资计划；但在有投资意向的样本企业中，对于既有设备升级改造、厂房建设、智能化绿色化改造方面的投资比重达到66.2%，相比2021年进一步提升，行业企业高质量投资力度持续增强。

四、进出口增速下降，主要出口产品价格上扬

（一）出口情况

根据中国海关数据，2022年我国产业用纺织品行业的出口额（中国海关8位HS编码统计数据）为441.5亿美元，受基数效应影响同比下降15.9%，但较新冠肺炎疫情前整体出口规模仍保持稳步增长，自2019年以来行业出口额的年均增长率为17.3%。

1.主要产品出口情况

从出口金额来看，在新冠肺炎疫情下逆势增长的“露营经济”刺激了行业相关产品的出口，产业用涂层织物和毡布、帐篷是目前行业前两大出口产品，2022年的出口额分别达49.9亿美元和44.3亿美元，同比分别增长16.7%和0.9%；口罩的出口持续走弱，出口额为34.5亿美元，同比下降73.4%；线绳（缆）带纺织品、帆布以及合成革、革基布等传统产品的市场需求状况良好，出口额分别达32.9亿美元、30.2亿美元、25.1亿美元，同比分别增长7.9%、21.6%、7.1%。

非织造布及相关制品的出口受应用领域需求变化的影响呈现不同走势。2022年，我国非织造布卷材出口120.8万吨，价值为39.9亿美元，分别同比下降11.9%和12.1%，对越南、韩国、美国等主要出口国的出口额降幅均超过10%；海外市场对一次性卫生用品的需求旺盛，出口额达30亿美元，同比增长19%，其中对俄罗斯的出口额同比翻番；出口药棉、纱布、绷带价值达11亿美元，同比增长11.7%；非织造布制防护服（含医用防护服）出口额为10.8亿美元，同比下降50.3%；湿巾出口额为6.7亿美元，同比增长6.7%。

从出口价格来看，行业主要产品的出口价格均有不同程度的提高。其中，产业用涂层织物、非织造布卷材的出口均价与2021年基本持平，毡布、帐篷的出口均价涨幅较大，同比增长11.5%，口罩、线绳（缆）带纺织品、帆布、一次性卫生用品的出口均价同比分别增长6%、3%、3.2%、5.9%；非织造布制防护服（含医用防护服）、医用敷料的出口均价明显回落，分别同比下降16.8%和11.2%，见表3。

2.主要市场出口情况

以产业用纺织品占比较大的56章（非织造布；特种纱线；线、绳、索、缆及其制品）和59章（工业用纺织品）为例，亚洲是最大的出口地区，占出口总额的58.5%，其次是欧盟和拉美市场，份额分别为10.8%和8.9%，北美市场和非洲的份额分别为8.4%和7.7%。《区域全面经济伙伴关系协定》（RCEP）的实施拉动了我国产业用纺织品向东盟国家的出口，2022年我国56章、59章产品向东盟的出口额为51.2亿美元，同比增长4.4%，见图3。

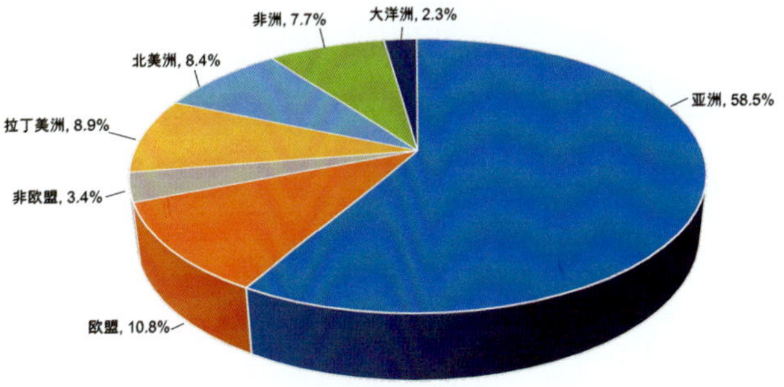

图3 2022年我国重点产业用纺织品（56章、59章）的主要出口地区

资料来源：据中国海关数据整理

越南、美国、印度、印度尼西亚和日本是我国56章、59章产品的主要出口国，占出口总额的32.8%。近年来，印度和印度尼西亚在我国出口市场中的份额

不断提升，2022年我国56章、59章产品对印度和印度尼西亚的出口额同比分别增长14.2%和6.8%。

（二）进口情况

根据中国海关数据，2022年，我国产业用纺织品行业的进口额（中国海关8位HS编码统计数据）为61.3亿美元，同比下降15.9%。

2022年我国对于主要产品的进口需求普遍走弱。其中，非织造布的进口需求自2020年后连续下降，进口额为9.2亿美元，同比下降13.1%，进口量同比下降24.0%；产业用玻璃纤维制品、产业用涂层织物等传统产品的进口额分别为7.3亿美元和6.7亿美元，同比分别下降13.1%和3.6%；近年来，随着国内卫生用纺织品企业的竞争力不断提高，消费者对于国产品牌的认可度进一步提升，我国对一次性卫生用品的进口需求持续下降，2022年的进口额降幅达到32.6%；结构增强用纺织品的进出口贸易一直呈现逆差形势，进口需求仍然迫切，2022年的进口额为6.4亿美元，同比增长8.1%，见表4。

表3 2022年我国产业用纺织品行业及主要产品出口情况

产品名称	出口额(亿美元)	出口额增速(%)	出口量增速(%)	出口价格增速(%)
产业用纺织品行业	441.5	−15.9	−10.0	−6.6
产业用涂层织物	49.9	16.7	16.9	−0.1
毡布、帐篷	44.3	0.9	−9.5	11.5
非织造布	39.9	−12.1	−11.9	−0.2
口罩	34.5	−73.4	−74.9	6.0
线绳（缆）带纺织品	32.9	7.9	4.8	3.0
帆布	30.2	21.6	17.9	3.2
尿裤卫生巾	30.0	19.0	12.4	5.9
合成革、革基布	25.1	7.1	4.6	2.4
产业用玻纤制品	21.7	2.4	−0.5	2.8
包装用纺织品	18.9	2.9	0.5	2.4
擦拭布	14.2	3.0	−0.7	3.7
医用敷料	12.3	−5.4	6.6	−11.2

资料来源：据中国海关数据整理

表4 2022年我国产业用纺织品行业及主要产品进口情况

产品名称	进口额(亿美元)	进口额增速(%)	进口量增速(%)	进口价格增速(%)
产业用纺织品行业	61.3	−15.9	−23.5	10.0
非织造布	9.2	−13.1	−24.0	14.3
产业用玻纤制品	7.3	−13.1	−31.3	26.5
产业用涂层织物	6.7	−3.6	−10.8	8.1
结构增强用纺织品	6.4	8.1	−28.0	50.1
安全气囊	4.7	−19.8	−12.3	−8.5
尿裤卫生巾	4.3	−32.6	−33.4	1.1
医用敷料	2.7	−1.7	238.8	−71.0
线绳（缆）带纺织品	2.4	−16.1	−17.7	1.9
工业用毡毯（呢）纺织品	2.0	−3.4	−3.1	−0.4
合成革、革基布	1.9	−24.3	−22.6	−2.2
线绳（缆）带纺织品/线	1.8	−19.1	−26.9	10.7
安全带	1.8	−22.6	−16.5	−7.3

资料来源：据中国海关数据整理

2022年产业用纺织品行业重点领域发展情况

一、医疗与卫生用纺织品

医疗与卫生用纺织品是产业用纺织品中科技含量高、创新性强、市场前景广阔的细分品种，是纺织与生物、医学等学科交叉融合的应用领域。从医用敷料、医用口罩、医用防护服到人工血管，医疗与卫生用纺织品已超越传统纺织的功能属性，重新定义了产业用纺织品的场景边界，成为未来纺织产业发展新的增长点。

我国是医疗用纺织品的生产大国，特别是在棉制敷料、医用口罩和防护服等传统医疗用纺织品方面优势明显。近年来，随着健康中国战略的实施以及新技术、新产品的创新和应用，医疗用纺织品市场规模迅速增长。随着全球新冠肺炎疫情防控政策的调整，防疫物资的消费量大幅降低，但相比新冠肺炎疫情前我国口罩的产量和消费量依然处于高位，平均每日消费量超过1亿只。我国的医疗用纺织品在满足国内市场需求的同时，也大量出口至海外市场。2022年我国出口各类医疗用纺织品共计57.7亿美元，同比下降64.9%。

卫生用纺织品方面，我国女性卫生用品的市场渗透率较高，并且具有庞大的消费者群体，国家统计局发布的最新数据显示，2022年年末我国女性人口数量为6.9亿人，女性消费者对产品功能性、材料安全性、产品体验感等方面要求的不断提升将持续推动中高端产品的发展；我国婴儿尿裤市场渗透率已超过80%，新生儿数量逐年下降，市场需求增速大幅放缓，但随着鼓励生育政策的影响、育儿理念的转变，婴儿尿裤的市场渗透率和单个婴儿的尿裤使用量仍有提升空间，市场增长的驱动因素将由人口红利转变为产品创新、消费升级；目前，我国成人失禁用品市场仍处于市场导入期，行业呈现“双低”（市场渗透率低、人均消费额低）特征，随着我国60岁以上人口比重的提高、消费观念的转变以及政策红利的催化，都将推动成人失禁用品市场持续发展。我国卫生用纺织品的出口一直保持着较高的增速，2022年，我国尿裤、卫生巾、成人失禁用品出口额达30亿美元，同比增长19%，美国、菲律宾、俄罗斯、越南和澳大利亚是我国健康卫生用纺织品的主要出口市场。

擦拭材料作为非织造布重要的应用领域，近10年市场的年均增长率在15%左右，2022年我国擦拭材料消耗的非织造布约80万吨。在消费升级的引领下，非织造擦拭材料行业在质量提升、产品创新与应用拓展等方面保持活跃，细分赛道不断涌现，产品趋向多元化发展。

二、土工与建筑用纺织品

土工与建筑用纺织品的主要应用市场与国家的基础设施建设密切相关，在交通基础设施、水利水电、环保等领域的应用占比接近80%。2022年，我国铁路固定资产投资完成额为7109亿元，新线投产4100千米；交通运输固定资产投资完成约3.8万亿元，比2021年增长6%，再创历史新高；完成水利建设投资10893亿元，比2021年增长44%，首次突破1万亿元关口。

我国是对外工程承包大国，土工与建筑用纺织品通过中国公司承接的国外工程出口到世界各地。当前，随着“一带一路”建设的不断推进，“一带一路”市场已成为我国土工与建筑用纺织品发展的新引擎。2022年，我国企业在“一带一路”沿线国家新签对外承包工程项目合同5514份，新签合同额达8718.4亿元人民币，同比增长0.8%，占同期总额的54.8%。

目前，我国土工与建筑用纺织品生产企业数量超过1200家，主要以中小企业为主，企业在产品技术水平和质量上存在较大差异，但总体上国内制造企业基本上杜绝了非标产品的生产。山东省是土工用纺织品企业的集聚地区，在德州、潍坊、莱芜、泰安等多个地区形成了较为完整的产业链条，一批重点企业得到快速成长。根据协会统计，2022年，行业骨干企业的营业收入同比增长3.4%，利润总额同比下降3.6%。

三、过滤与分离用纺织品

过滤与分离用纺织品作为产业用纺织品的重要领域之一，应用市场主要包括工业除尘、空气净化和液体过滤三个子领域。

工业除尘材料主要面向钢铁、水泥、火力发电、垃圾焚烧等领域提供高性能的袋式除尘产品。据初步统计，2022年，袋式除尘行业总产值预计约200亿元，利润约19亿元，利润率约9.5%，受新冠肺炎疫情影响，行业产值和利润均略有下降。袋式除尘受政策驱动明显，目前我国工业烟气超低排放已呈常态化要求，袋式除尘在颗粒物超低排放中始终发挥着主力军的作用，也是烟气多污染物协同控制不可或缺的主流技术和装备，特别是在以钢铁行业为首的非电行业超低排放改造中作用显著。

空气净化滤料有着非常广泛的用途，主要面向对入风的净化，包括粗效、中效及亚高效滤料，涉及建筑物暖通空调系统、空气净化器、洁净厂房、食品加工以及高铁、船舶、各种燃油发动机进风净化等空气净化。近年来，新风系统、中央空调净化市场呈现快速增长趋势，空气净气滤料在楼宇新风、洁净厂房、汽车滤清器、机器进气净化系统中的使用周期缩短、更换频次增加。

液体过滤材料主要用于工业生产、环境治理中的液固分离，工艺用水及饮用水净化等，以机织、针织和编织滤料为主；非织造过滤材料具有三维结构的特征，具备洁净高效、寿命持久的优势，近年来在液体过滤材料中的应用比例不断提升。膜材料作为液体过滤的主力军，产业已进入快速增长期，微滤、超滤、纳滤、反渗透等膜技术在海水淡化、给水处理、污水处理与回用等领域得到广泛应用，在生物医药、医疗器械、微电子行业膜过滤材料是多个环节不可或缺的材料。

根据协会统计，2022年过滤与分离用纺织品行业骨干企业的营业收入和利润总额分别增长8.8%和10.9%，利润率在9%左右。

四、安全与防护用纺织品

安全与防护用纺织品面向军警、公安、消防、石油石化、电力、冶金等行业，对产品的原料、加工工艺、标准和认证都有非常严格的要求。我国安全与防护用纺织品经过多年的发展已经形成较为完整的产业链。据不完全统计，我国安全与防护用纺织品重点生产企业约800家，主要集中在江苏、山东和浙江三省。从企业规模看，行业以小型企业居多，占80%以上。根据协会统计，2022年安全与防护用纺织品行业骨干企业的营业收入和利润总额同比分别增长10.4%和17.2%。

发达国家和地区实施了严格的劳动保护和职业安全规范，是全球安全防护用品的主要市场，也是我国安全与防护用纺织品出口的主要贸易伙伴。根据中国海关数据，2022年我国安全与防护用纺织品的出口额同比增长17.2%，对美国、日本和欧盟的出口额占总额的64.3%。

个体防护装备是安全与防护用纺织品的重要应用领域。我国是全球个体防护装备产业规模增长最快的国家，国内个体防护装备产业规模每年以约15%的速度增长。我国安全应急产业市场规模已超万亿元，正成为各地产业结构调整和工业转型升级的热门方向之一。但与发达国家相比，我国个体防护装备在标准、检测和配备等方面还存在一定不足。为进一步完善我国个体防护装备标准体系，《个体防护装备配备规范 第1部分：总则》（GB 39800.1—2020）于2022年1月1日起正式实施，填补了我国在个体防护装备配备管理方面国家标准的空白，将规范我国安全防护市场并推动产业高速增长。

五、交通工具用纺织品

交通工具用纺织品是产业用纺织品的一个重要门类。传统汽车工业的材料一般为金属材料、塑料等，纺织材料无法完全替代这些材料，但在轻量化、隔音隔热性能、舒适性能和环保性能等方面相比传统材料更具优势，已成为汽车材料不可替代的组成部分，主要应用于汽车的各类内外饰件和声学零部件。除汽车外，纺织材料在高铁和飞机中的应用范围也在扩大，不仅包括传统的座椅面料，还有一些新型的蜂窝材料、门板材料、过滤材料等。

汽车用纺织品的市场需求与汽车工业的发展关联度极高。2022年，我国汽车产销量同比分别增长3.4%和2.1%，其中新能源汽车产销量同比分别增长96.9%和93.4%，我国汽车保有量的持续增长以及新能源汽车的快速发展都为汽车用纺织品提供了巨大的发展空间，特别是当前汽车内饰智能化、绿色化、高端化的发展趋势明显，进一步加大了新型纺织材料在汽车中的应用量，如纤维复合材料、超纤材料等，提高了驾乘的舒适性和安全性。我国是全球车用纺织品生产大国，不仅满足国内产业配套，还大量出口海外，2022年我国安全带和安全气囊的出口额分别为1.3亿美元和8.2亿美元，同比分别增长28.4%和7.2%。

根据协会统计，2022年交通工具用纺织品行业骨干企业的营业收入和利润分别同比增长7.5%和9.5%。

六、结构增强用纺织品

结构增强用纺织品在建筑、交通运输、航空航天等领域广泛应用。随着碳纤维技术水平的持续提升和产业政策的积极引导，国内碳纤维产业已进入快速发展阶段，持续推动我国结构增强用纺织品的高质量发展。

结构增强用纺织品的常用纤维材料主要为玻璃纤维和碳纤维。玻璃纤维因其性能与经济性兼具成为大型风力发电机叶片材料的首选，2022年我国玻璃纤维增强复合材料制品总产量约641万吨，同比增长9.8%；碳纤维拥有非常优秀的性能，近年来成为复合材料中重要的增强材料之一，目前我国聚丙烯腈基碳纤维的实际产量在3万吨左右，国内总消费量超过6万吨，2022年我国进口碳纤维及复合材料价值11.3亿美元，同比增长36.2%。

应用市场方面，风电叶片是结构增强用纺织品的重要应用领域，同时也是碳纤维最主要的应用市场。2022年，全国新增风电吊装容量4983万千瓦，其中海上风电新增吊装容量516万千瓦，带动热固类玻璃纤维增强复合制品的产量达到300万吨，风电领域的碳纤维消费量约2万吨。

汽车和轨道交通是未来能够大规模使用纤维增强复合材料的领域，轻量化能够显著降低能源消耗，提高汽车的行驶里程以及轨道交通车辆的有效荷载。纤维增强复合材料在我国轨道交通领域的应用研究起步较晚，但发展迅速，目前已应用于高速列车、城轨车辆、低地板车、城际动车组的承载结构和次承载零部件，但降低原材料成本、加强材料与结构协同研究、优化复合材料成型加工工艺等仍然是纤维增强复合材料在应用研究中亟待解决的问题。在“交通强国”战略背景下，随着我国对于机车、动车组、地铁等车辆需求的持续扩大，将进一步推动纤维增强复合材料在轨道交通领域的应用。

2023年产业用纺织品行业发展展望

2023年是全面贯彻落实党的二十大精神的开局之年，是实施“十四五”规划承上启下的关键一年。当前，单边主义和保护主义蔓延、通胀高企、地缘政治博弈使世界经济复苏面临更大的制约；国内经济恢复的基础尚不牢固，仍然面临需求收缩、供给冲击、预期转弱三重压力。

展望2023年，外部环境依然严峻复杂，但我国经济长期向好的基本面没有变，全年经济运行有望总体回升，存量政策和增量政策叠加发力，将给产业用纺织品行业的平稳运行带来重大积极影响。微观层面，行业企业对于未来发展的信心指数也随之提高，协会对重点领域的调研结果显示，土工与建筑用纺织品、交通工具用纺织品、安全与防护用纺织品领域的企业对未来发展的预期更为乐观；线带、衬布、医疗与卫生用纺织品领域的企业对发展形势的预测表现得更为谨慎。

需要关注的是，2020年以来，我国产业用纺织品行业经历了高速增长、回落调整、逐步趋稳等阶段，在此期间，行业加速洗牌，“整合”与“离场”并行。随着近年来企业经营分化格局持续加深，进入2023年，行业或将迎来新一轮整合期。

预计，2023年我国产业用纺织品行业的生产和销售将会恢复至5%左右的中速增长，盈利能力有所改善；行业固定资产投资的重心将向设备升级、智能化改造以及绿色制造等方面转移；行业出口有望迎来复苏。

（撰稿人：白　晓）

纺织机械制造业

中国纺织机械协会

2022年，在国内新冠肺炎疫情频发、需求偏弱、竞争加剧、国外地缘政治局势紧张、全球消费需求减缓、大国关键领域博弈加剧等多重冲击下，纺机行业经济运行逐步承压，主要经济指标增速持续走弱，但在外需扩张、外贸政策发力等因素推动下，行业出口继续保持增长态势，出口金额再创新高。同时行业不断推进智能制造和转型升级，企业应对外部环境变化的能力不断提升，行业发展韧性不断增强。

2022年行业经济运行情况

一、行业运行总体趋缓

（一）行业经营效益逐步承压

据国家统计局统计，2022年，全国规模以上纺机企业资产总额同比增长1.11%，行业营业收入同比减少2.24%。2022年行业利润总额同比减少21.14%，行业利润全年持续处于负增长区间。2022年，亏损企业亏损额同比增长341.53%；亏损面较2021年同期减少3.36个百分点。我国纺机行业近几年营业收入增速情况见图1。

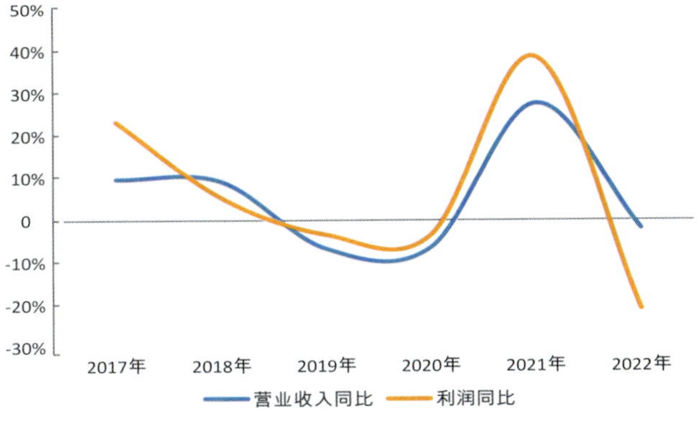

图1 我国纺机行业近几年营业收入增速情况

资料来源：国家统计局

2022年以来，一季度纺机行业开局良好，随着二季度新冠肺炎疫情多点散发，各地供应链中断，同时，国际形势复杂，需求下降，受此影响，二季度以来纺机行业经营逐步承压，营业收入增速呈现波动下降，7月以来呈现持续负增长态势。我国纺机行业2022年月度累计营业收入增速情况见图2。

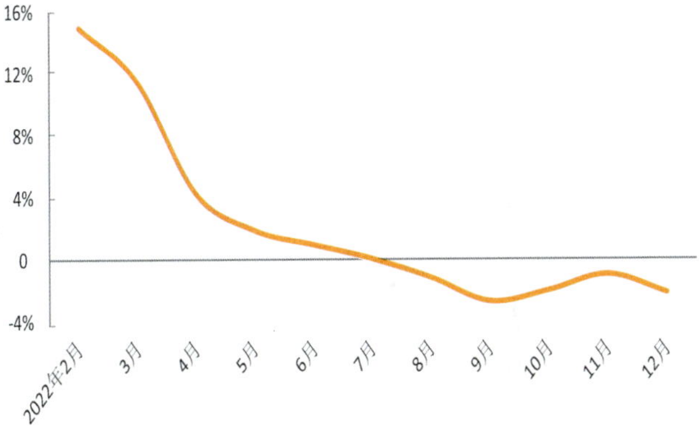

图2 我国纺机行业2022年月度累计营业收入增速情况

资料来源：国家统计局

（二）行业成本费用降幅小于营业收入降幅

据国家统计局统计，2022年规模以上纺机企业成本费用总额同比减少1.97%，降幅低于营业收入降幅0.27个百分点。营业成本同比减少2.21%，全行业三费比例为9.92%，较2021年提高0.17个百分点。其中，销售费用同比减少3.79%，管理费用同比增长5.66%，财务费用同比减少27.68%。2022年纺机行业各项费用占总费用的比重见图3。

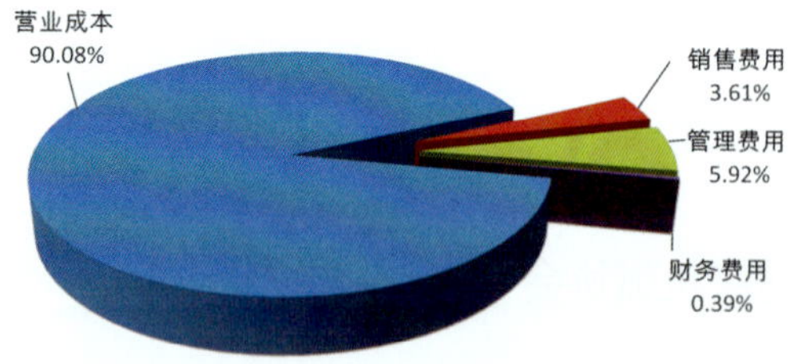

图3 2022年纺机行业各项费用占比情况

资料来源：国家统计局

（三）行业资产负债率小幅下降

据国家统计局统计，2022年规模以上纺机企业资产总额同比增长1.11%，资产负债率58.95%，与2021年相比减少0.46个百分点，高于规模以上工业企业56.6%的资产负债率。

（四）行业应收账款增加，产成品存货减少

据国家统计局统计，2022年规模以上纺机企业应收账款同比增加10.40%，较2021年增加2.16个百分点。纺机企业产成品存货同比减少4.20%，较2021年降低29.4个百分点。

二、行业对外贸易延续顺差态势

据中国海关统计，2022年我国纺织机械进出口额为累计总额为87.46亿美元，同比增长3.60%。其中，纺织机械进口额为32.09亿美元，同比减少11.75%；出口额为55.37亿美元，同比增长15.22%。对外贸易延续顺差态势，出口额再创新高。

（一）出口额创历年新高

2022年随着海外新冠肺炎疫情常态化带来的纺织需求释放及国内产品竞争优势的显现，纺机行业出口市场表现亮眼，出口额突破50亿美元大关，再创历史最高水平。图4反映了近几年我国纺机行业出口情况。

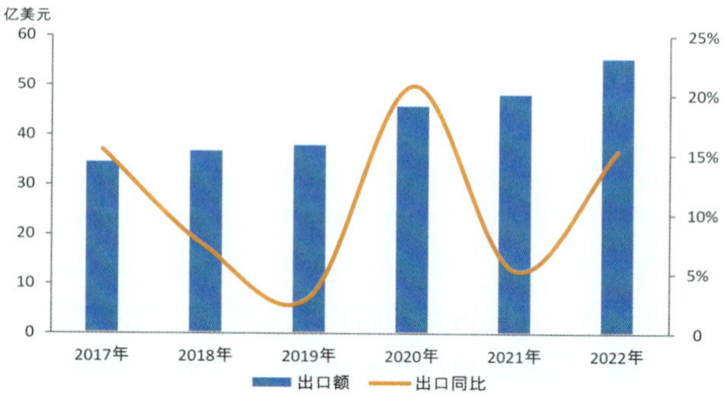

图4 2017～2022年我国纺机行业出口情况

资料来源：中国海关

出口产品中，针织机械出口额为13.27亿美元，同比增长11.54%，占比23.96%，位居第一，七大类产品除非织造机械外均为正增长，纺纱机械出口增幅最大。2022年纺织机械产品出口情况见表1。

2022年我国共向全球201个国家及地区出口纺织机械。出口到印度、越南、孟加拉国、土耳其及巴基斯坦的合计金额占全部出口额的56.82%，同比增长24.89%，是我国纺织机械出口的主要国家和地区。随着纺织产业链向东南亚、南亚的进一步延伸，我国出口到孟加拉国、印度和越南的纺机金额都有明显增长。2022年我国出口到“一带一路”沿线国家和地区的纺织机械金额同比增长21.35%，占全部出口的75.38%。2022年我国对全球主要国家和地区出口纺织机械情况见表2。

（二）进口额持续负增长

2022年，我国自全球69个国家和地区进口各类纺织机械，进口金额共计32.09亿美元，同比减少

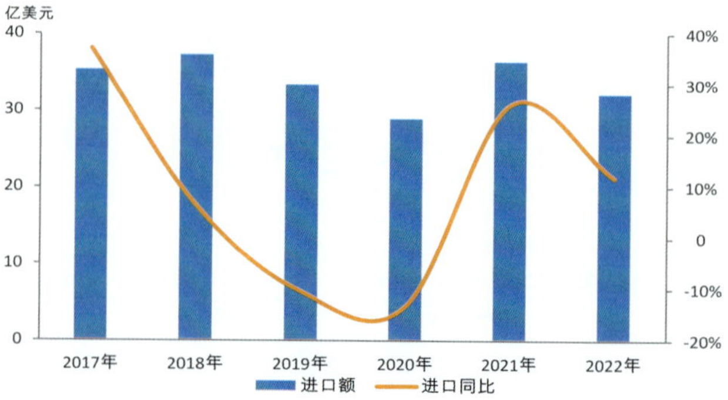

图5 2017～2022年我国纺机行业进口情况

资料来源：中国海关

表1 2022年我国纺织机械产品出口情况

产品类别	累计金额(亿美元)	所占比重(%)	金额同比(%)
总额	55.37	100.00	15.22
针织机械	13.27	23.96	11.54
辅助装置及零配件	10.72	19.35	23.19
纺纱机械	9.44	17.04	77.48
印染后整理机械	9.24	16.68	5.66
织造机械	6.67	12.04	27.76
化纤机械	3.18	5.74	58.12
非织造布机械	2.87	5.19	−53.51

注 印染后整理机械不含8443品目，非织造布机械不含8445119001品目（下同）。

资料来源：中国海关

表2 2022年纺织机械出口国家和地区情况

国家和地区	累计金额(亿美元)	所占比重(%)	金额同比(%)
总额	55.37	100.00	15.22
印度	13.25	23.94	45.13
越南	5.64	10.19	14.66
孟加拉国	4.77	8.62	73.65
土耳其	4.20	7.59	0.68
巴基斯坦	3.59	6.49	−14.78
其他国家和地区	23.91	43.18	4.56

资料来源：中国海关

11.75%。图5反映了近几年我国纺机行业进口情况。

纺织机械进口的产品中，化纤机械进口总额排在第一位，进口总额为8.69亿美元，同比减少8.47%，占进口总额的27.09%；七大类产品均有不同幅度的下降，针织机械贸易额降幅最大。2022年纺织机械按产品类别进口情况见表3。

日本、德国、意大利、法国和中国台湾是我国纺织机械进口的主要国家和地区，2022年，我国自上述5个市场进口贸易额为20.67亿美元，同比减少12.40%，占进口总额的82.24%。从法国进口贸易额同比降幅最大。自2020年，我国自日本进口贸易额超过德国跃居进口首位以来，两年来继续保持首位，也是前五个市场中进口额同比唯一实现正增长的市场。2022年纺织机械按国别和地区进口的情况见表4。

表3 2022年纺织机械按产品类别进口情况

产品类别	累计金额(亿美元)	所占比重(%)	金额同比(%)
总额	32.09	100.00	–11.75
化纤机械	8.69	27.09	–8.47
辅助装置及零配件	7.92	24.69	–15.19
纺纱机械	6.02	18.75	–1.29
织造机械	3.63	11.32	–7.54
印染后整理机械	3.06	9.54	–14.48
非织造布机械	1.64	5.10	–16.40
针织机械	1.13	3.51	–42.59

资料来源：中国海关

表4 2022年纺织机械分国别和地区进口情况

国家和地区	累计金额(亿美元)	所占比重(%)	金额同比(%)
总额	32.09	100.00	–11.75
日本	11.93	37.17	2.99
德国	9.23	28.78	–19.55
意大利	2.84	8.86	–7.88
法国	1.09	3.38	–48.42
中国台湾	1.25	3.89	–31.23
其他国家和地区	5.75	17.92	–8.67

资料来源：中国海关

三、2022年纺机各细分行业市场情况

2022年在市场需求疲弱、原材料成本高、贸易环境复杂等风险因素的冲击下，纺机各领域均面临不同程度的发展压力，但出口市场整体表现良好。

2022年纺纱机械整体运行稳中有升，出口呈大幅增长态势。环锭细纱机保持平稳，出口占比增加较多，国内销售趋缓。转杯纺纱机国内外销售都达到新高，涡流纺纱机以其高速、高效、短流程和适纺化学纤维等优势得到国内广大纺纱企业的青睐，喷气涡流纺纱机进口量逐年增加。短期来看，市场对短流程设备的需求依然保持热度，在中低支纱领域部分替代环锭纺的趋势不变，进而带动前纺设备的需求增加。国产自动络筒机销售增长较大，表明国产多种形式的自动络筒机已能满足客户多样化要求，逐步被市场认可。

2022年织造机械行业受原材料成本高、同质化竞争的影响，企业利润空间遭到挤压，行业整体运行受到较大挑战。全年剑杆织机产销量保持平稳，其中出口增长明显；家纺产品产销规模有所收缩，加之下游用户投资信心不足，喷气织机产销量承压；受长丝织造行业投资意愿降低影响，喷水织机销量降幅加深。

2022年针织机械中，圆纬机、横机、经编机行业运行均面临一定程度的下行压力。圆纬机行业2022年产销量呈现较大波动，上半年圆机订单保持一定热度，但下半年订单量有所回落。值得关注的是，人造毛皮等特殊机型及差异化产品仍有一定市场。经编机行业整体回落明显，高速经编机、双针床经编机下游用户面料订单减少，同时经编机机台量趋于饱和状态，2022年产销量下滑明显。花边机受市场容量及应用领域所限，产销量持续下滑。轴向经编机受益于特殊面料需求增长，产销量有所增加。横机行业2022年产销量呈现明显下滑的态势，主要由于下游消费市场需求持续走低及受新冠肺炎疫情影响横机企业生产、物流运输等受到一定限制。

印染机械行业销量呈现下降态势，下游印染行业开工不足、产量下降，导致印染机械市场需求减弱、订单减少，前处理设备、印花设备、定形机市场均呈现不同程度的下降。国际需求持续复苏，弥补了部分内需市场的不足，出口方面保持小幅增长。

2022年化纤机械行业企业生产经营面临较大压力，加弹机生产企业受新冠肺炎疫情管控、能耗“双控”等因素的影响，制约了加弹机生产厂家原有订单的正常交货，整体行业开工率走低。涤纶短纤新增产能高于2021年，新增产能主要以国内长丝龙头企业产业链延伸为主。化纤机械由过去单一的追求高产能、大容量向多元化转变，特别是向适应于终端产品差异化、复合化方面转变。高性能纤维装备的需求也在逐步加大，装备也日趋成熟。

不管从国内还是国际市场来看，2022年非织造布机械行业的运行处于近年来的低谷。2020年投入市场的大批熔喷装置多已退出生产，多处于闲置状态或报废，少量转为纺熔复合线熔喷部分。水刺成套装备经过近三年高速增长，市场也需要一段时间消化新增产能，客户对新产线投资普遍趋于谨慎理性。

2022年行业发展存在的问题

一、市场需求总体疲弱

国家统计局数据显示，2022年与纺织机械市场需求密切相关的全国纺织业固定投资同比增幅为4.7%，低于全国固定资产投资增速0.4个百分点。专项调查显示，2022年超半数被调查纺机企业订单比2021年减少，超半数企业产能利用率不足80%。行业企业市场订单增长乏力，纺机行业以中小企业为主，市场需求不足是困扰行业企业发展的主要挑战。

二、资金回收难度上升

由于市场竞争激烈，企业通过扩大销售、减少库存，造成应收账款增长相对过快。国家统计局数据显示，2022年纺织机械行业应收账款同比增长10.40%，远远高于营业收入增速，行业企业资金周转压力较大。

三、产品质量水平有待提升

在绿色化、短流程、高速化、适应性等方面国产装备仍有短板，部分国产纺织装备的设计、材料处理、加工和装配、智能化生产和管理等方面与国际先进水平还有一定差距，部分零配件质量欠佳，导致一些纺织机械产品运行稳定性不高，降低了部分中高端产品的市场竞争力。

2023年纺织机械行业发展展望

2023年，是全面贯彻落实党的二十大精神的开局之年，国际形势依旧错综复杂，国内经济有待恢复，对纺机行业而言机遇与挑战并存。

2023年，世界百年未有之大变局加速演进，全球经济将面临增长放缓与高通胀黏性的双重压力，据国际货币基金组织预测，2023年全球约有三分之一的经济体可能出现经济萎缩，全球经济增速将从2022年的3.4%降至2023年的2.9%；全球通胀将在更长时间内维持高位。伴随着通胀，欧美货币政策收紧的幅度和持续性或超预期，从而继续对国际金融市场和国际资本流动带来冲击。同时，地缘政治冲突对能源、供应链的扰动或将继续。在这样的国际背景下，国际需求将进一步减少，将对我国出口形成压力，而我国经济恢复基础尚不牢固，我国纺机行业面临的宏观形势依然严峻。

但也要看到，2023年我国经济实现整体性好转具备诸多积极因素。一方面，经济活力加速释放，市场主体信心得到极大提振；另一方面，"促发展、稳经济"已经成为全国共识，货币金融政策对实体经济的支持力度不断加大。2023年的GDP增速目标预期在5%左右，国家"加大宏观政策调控力度，加强各类政策协调配合，形成共促高质量发展合力"，行业各项政策加速落地后，居民消费有望稳步恢复，国内需求将逐步扩大，经济增长稳步修复。这些都给纺织机械行业的发展提供了稳定支撑。

展望2023年，中国纺织机械行业有望保持稳健发展态势，回归正常发展轨道，产业转型升级的步伐将进一步加快。在"双循环"战略背景下，随着国内消费的逐步回暖，消费升级的不断推进，纺织业将持续释放自身优势，市场需求将更加多样化，纺织机械的市场前景仍然广阔。国际市场的变动对纺机行业出口带来一定挑战，但在国家积极推动的"一带一路"倡议和RCEP政策下，加之纺织产业链向东南亚、南亚等地区进一步转移，出口到东盟和南亚的中国纺织机械出口市场有望持续扩大。

2023年，纺机行业探索多维创新路径，推动行业高质量发展。首先，纺机行业在"双循环"发展格局下，将不断提升国际循环的质量和水平，巩固强化产品出口竞争力，同时增强国内大循环内生动力，围绕各区域比较优势的产业做长期布局。其次，以绿色低碳循环为特征的新经济形态已为产业发展明确了路径，纺织机械装备是纺织行业发展的基础支撑，实现纺织行业绿色化转型，纺织机械是必不可少的重要环节，在绿色可循环领域纺机行业将积极作为。最后，数字化转型已成为企业创新发展的基础，通过技术创新、智能制造，纺机行业力争加快新技术在行业企业落地，让数字经济产生真正的价值和效益，加速产业链及企业业态的变更和提升。

（撰稿人：孙少波）

中纺圆桌论坛年会

中纺圆桌论坛是由中国纺织工业联合会主办的纺织行业性智库论坛，汇集相关政府部门、业界专家、企业精英及科研机构，共同探讨剖析宏观形势、研判行业走势、明晰发展方向。中纺圆桌论坛首届年会于2005年举办，至今已成功举办十七届。在我国全面建设社会主义现代化国家的时代新征程中，论坛将继续秉承“开放、融合、赋能”理念，为纺织行业推动高质量发展、构建现代化产业体系提供智慧支持。

2022/2023 中国纺织工业发展报告

2022/2023 CHINA TEXTILE INDUSTRY DEVELOPMENT REPORT

新时代·新征程

稳中求进，高质量发展，在中国式现代化进程中开新局

中国纺织工业联合会会长　孙瑞哲

党的二十大报告提出以中国式现代化全面推进中华民族伟大复兴的新时代使命，开启了全面建设社会主义现代化国家的新时代征程，为纺织行业进一步推动高质量发展指明目标方向，为贯彻落实党的二十大精神，中国纺织工业联合会已启动《建设纺织现代化产业体系行动纲要（2022—2035年）》研究编制工作。2023年，我国新冠肺炎疫情防控进入新阶段，纺织行业迎来全面释放发展韧性的新契机。站在历史使命转换与宏观经济形势转折的重要历史节点，纺织行业要坚定信心，稳中求进，在中国式现代化的新征程中建功立业。

纺织行业经历新冠肺炎疫情考验，逐步回复至正常运行轨道

新冠肺炎疫情持续三年，市场需求不足、供应链运转不畅、大宗原料价格上涨、贸易环境风险上升等一系列不确定不稳定因素对我国纺织行业形成严峻考验。面对复杂的外部形势，行业发展韧性得到充分释放，完整产业体系的稳定运行优势持续显现。2020～2022年，我国纺织品服装出口总额均超过3000亿美元，2022年达到3409.5亿美元，再创历史新高。与新冠肺炎疫情前相比较，2022年规模以上纺织企业不变价工业增加值与2019年基本持平，营业收入三年年均增长0.5%，表明行业产、销规模在新冠肺炎疫情期间稳中有进。纺织业、化纤业固定资产投资完成额三年年均分别增长2.9%和8.8%，企业在新冠肺炎疫情期间仍然坚持扩大转型升级投入。在新冠肺炎疫情考验下，纺织行业持续发挥了稳定经济运行、平衡国际收支、促进民生改善等重要作用，是我国国民经济和社会发展的稳定器、压舱石。

2022年，纺织行业供需两端同时承压。需求端整体表现疲弱，特别是内需市场受新冠肺炎疫情影响，消费潜力难以充分释放，限额以上服装、鞋帽、针纺织品类商品零售额同比减少6.5%，网上穿类商品零售额仅增长3.5%，较2021年放缓4.8个百分点。生产端原料价格持续高位，成本压力向消费端传导困难，造成企业资金周转压力加大，产销放缓，盈利下滑，规模以上企业工业增加值、营业收入、利润总额同比分别减少1.9%、0.9%和24.8%。

2023年，我国新冠肺炎疫情防控转入新阶段，在复杂国际形势下，为纺织行业经济运行平稳、有序恢复创造了重要基础条件。从外部看，国际市场复苏形势尚不乐观。春节复工后，企业普遍反映出口订单尚未恢复，加上所谓“涉疆法案”的实施等非经济风险因素影响，全年纺织品服装出口总额在历史高点之上继续实现增长的难度很大。国内市场则充满希望，生产生活秩序有序恢复将带动消费场景逐步实现全面复苏，供应链运转效率也将显著提升，加上稳步向好的宏观基本面、不断释放的政策红利起到提振市场信心的积极作用，纺织行业在内需市场必将迎来更多作为空间。特别是在当前内需消费升级、文化自信增强的背景下，内销品牌格局处于调整窗口期，纺织服装企业迎来充分挖掘国潮、绿色、渠道等消费热点潜力，推动形成产需良性互动的有利时机。在内需支撑下，纺织行业将逐步回复到深度调整结构、着力

推进高质量发展的稳定运行轨道上来，开启建设纺织现代化产业体系新局面，按照“稳中求进”工作总基调，为完成国民经济稳增长目标做出应有贡献。

纺织行业必将在中国式现代化进程中发挥不可替代的作用

党的二十大报告指出，从现在起，党的中心任务是实现第二个百年奋斗目标，以中国式现代化全面推进中华民族伟大复兴。纺织行业具有民生改善基石、国际合作先导、区域经济有生推动力等产业属性，纺织产业发展始终与国家富强、民族振兴、人民幸福同频共振。

一、以现代化产业体系服务我国规模巨大人口

纺织行业的现代化之路是紧系民生、增进福祉的发展过程。在以完整产业体系稳定、安全运行，充分保障人民衣着家居需求的基础上，肩负着不断满足人民群众美好生活需要的重要使命。在有效满足更加多元化、个性化、功能化的消费升级需求之外，纤维制品在医疗卫生、安全防护、交通建筑等领域扩大应用，为人民生活品质的持续改善提供了更多创新空间。现代化的纺织产业体系将立足科技创新，适应新发展阶段国情需要，努力将我国人口优势进一步转变为现实市场优势。

二、以现代化产业体系推动全体人民共同富裕

纺织行业的现代化之路是持续发挥增收致富、繁荣区域经济功能的发展过程。纺织行业始终是创业就业的先驱产业，提供逾千万个合理收入、有职业提升空间的高质量就业岗位；产业在县域、镇域集聚，有力推动了城镇化进程和乡村振兴；跨地区分工融合的产业体系，传承、推广非物质文化技艺，发挥了脱贫富民、稳边兴边的重要作用；以都市时尚产业实现现代制造业与城市群经济的有机融合。未来，纺织行业致力经济繁荣、助推共同富裕，具有广阔作为空间。

三、以现代化产业体系承载物质文明和精神文明

纺织行业的现代化之路是不断融合物质创新成果与精神文化财富的发展过程。作为率先进入制造强国梯队的现代化产业，通过强化先进、智能、绿色制造基础，将持续提升产出品质、丰富品种供给、提高创新附加值，推动物质文明迈上新高度。与此同时，纺织服装创意设计水平的提升和自主品牌的培育发展，将有效推动中华文化的创造性转化、创新性发展，发挥承载民族情感、表达文化自信的作用，为推进文化自信自强、铸就社会主义文化新辉煌贡献应有之力。

四、以现代化产业体系履行人与自然和谐共生责任

纺织行业的现代化之路是构建生产、生活与生态之美相融共生形态的发展过程。作为中国最早提出实施碳中和路径的工业部门之一，纺织行业在绿色制造、再生循环、可持续管理创新等方面走在前列，是全球产业链可持续治理的重要推进者。站在人与自然和谐共生的高度，现代化的纺织产业将着力构建绿色供应链体系，更好实现绿色纤维材料、绿色制造、再生循环与需求端绿色消费的有机衔接，全面形成绿色低碳的生产方式和生活方式。

五、以现代化产业体系践行和平发展道路

中国纺织纤维加工总量占全世界比重超过50%，出口总额占比超过三分之一，对外直接投资累计过百亿美元。行业以规模庞大、稳定顺畅、高度开放的产业循环，带动全球资源要素高效流动；作为国际化布局的先行产业，在东南亚、非洲等“一带一路”沿线国家打造诸多标志性项目。在产品、技术、品牌、资本的往来交流中，纺织行业实现全球化配置资源，在开放合作中创造共同价值、服务人权事业。

以高质量发展为主题，推动质的有效提升和量的合理增长

新冠肺炎疫情暴发前，我国纺织行业已经处于经济低速增长、结构深度调整的转型发展阶段。新冠肺炎疫情三年，伴随着宏观形势发展变化，纺织行业处于高质量发展攻关期的特征更加显著，推动产业链升级、价值链高端延伸，建设现代化产业体系，是实现高质量发展的必然要求。

一、提高全要素生产率

提高全要素生产率是通过要素升级、结构优化和规则调整，形成高效能、高品质、高责任、低成本的投入产出关系，在质的大幅提升中实现量的有效增长。

（一）强化科技创新驱动力

科技创新是形成新投入产出关系、打造新发展范式的根基。以智能制造、增材制造为代表的制造创新，以高性能纤维、生物基材料为代表的材料创新，以功能性、智能化纺织品为代表的产品创新，都是技术变革驱动的系统性发展。纺织行业实现科技高水平自立自强，要把握产业技术前沿趋势，强化基础创新，聚焦关键技术攻关，促进基础创新到应用创新的有效转化。

（二）延展融合创新空间

技术创新、场景延展加速了产业边界消融和资源要素重组。从以合成生物学、现代育种为代表的生物经济，到以医用纺织品、健康功能性纺织品、智能纺织品为代表的大健康领域，再到以海洋生物基纤维材料开发为代表的海洋经济，融合创新成为推动产业结构调整走向深化的重要驱动力量。

（三）提升设计创新价值

纺织服装具有文化属性，设计创新能力决定了其文化表达水平。创意设计将情感价值、美学价值和体验价值转化为产品价值与品牌价值，是引领产业向价值链高端攀升的关键。近年来，在全球文化与本土文化的交汇中，文化的系统性发掘、创造性转化正成为时尚产业新的价值来源。纺织行业要把握住文化自信提升的历史时机，深化文化挖掘与转化，激活中华民族文化的独特基因，以具有中国深度、全球广度、时代特征的设计，打造风格、形成价值。

（四）推动数字创新融合

数字经济推动要素、资源更新和流程、场景再造、个性化定制、数字化管理、智能化生产、网络化协同、服务化延伸等生产模式革新成为产业升级新引擎。数字化条件下，市场主体与商业场景实现精准链接，跨境电商、直播电商、兴趣电商等新业态持续涌现，制造端与消费端的链接模式革新，提高发展效率。数据密集型科研范式加速知识创造进程，深刻改变创新创意方式。纺织行业要以全流程、全场景、全触点、全生命周期的数字化转型，重塑发展新动能、新优势。

（五）构筑绿色创新未来

当前，要素资源加速向绿色经济集聚，绿色发

展成为提升全要素生产率的必然选择。绿色能源、绿色材料从源头改变要素结构，生物基、可降解纤维材料的开发应用丰富了原料供给；碳纤维等高性能纤维及复合材料在新能源、交通工具轻量化等领域的低碳正向作用逐步发挥，从制造到管理的系统性绿色转型正在重塑产业竞争优势。纺织行业要综合理念与实践、平衡现实与未来，加快提升绿色全要素生产率，实现经济效益与生态效益、社会效益的统一。

二、提升产业链、供应链韧性和安全水平

在要素变化与体系变革相互交织的背景下，供应链成为产业发展核心。产业链、供应链的安全稳定运行，是保障经济平稳、供需平衡的重要支撑，是高质量发展的基础。要把握产业链、供应链关键因素，积极适应变化，赢得主动。

（一）适应要素格局新变化

俄乌冲突发生以来，原料、能源对全球供应链稳定性的影响作用持续凸显，围绕资源要素强化产业链、供应链布局成为重要趋势。作为制造大国、人口大国，我国对原油、棉花、羊毛、亚麻等初级产品的进口依存度较高，其中原油对外依存度超过70%，因此炼化纺一体成为近年来纺织产业链延伸的重要方向。未来，纺织行业要依托好推进共建“一带一路”进程，加强要素资源领域的国际合作，不断优化产业布局，增强资源整合能力。

（二）顺应实力要求新变化

在科技革新背景下，劳动力成本对于产业链供应链布局的影响弱化，完整的产业体系、完备的基础设施、完善的创新生态成为影响产业布局的重要因素和发展韧性的重要来源。经过多年发展，我国纺织工业产能结构持续优化，高端化、智能化、绿色化制造能力稳步提升，基础创新与应用创新协同并进，劳动力生产率明显高于东南亚、南亚等新兴产业国家。面向未来，保障供应链稳定，需要进一步稳定规模优势，强化体系优势，增强自主创新和高端制造能力，提升产业链、供应链现代化水平。

（三）应对国际合作规则新变化

世界格局与力量对比正在发生深刻改变，在大国博弈、地缘政治冲突增多背景下，各国产业、贸易政策密集调整。 以所谓“涉疆法案”为代表的贸易单边主义、保护主义抬头，严重影响了全球供应链的稳定合作。与此同时，数字经济、绿色经济等新经济发展带来全球规则重塑，数字贸易成为双边、多边国际合作的重要内容，可持续发展信息披露被发达国家纳入企业供应链管理要求，碳关税正在进入实施。纺织行业在复杂形势下要坚持积极融入国际合作，应对规则调整。

三、推进产业和区域协调发展

生产力布局调整是产业优化结构、整合资源、延展市场的重要途径。新时期纺织行业要加快融入国家重大区域经济战略，适应经济发展空间格局变化，在产业升级发展与转移、承接中构筑发展新优势。

（一）在区域协同中推进布局转移

以长三角一体化、长江经济带以及黄河流域生态保护和高质量发展等区域重大战略为载体，国家正在加快推动长江、黄河流域经济协同发展。资源禀赋互补、文化传统关联、生态保护协同，使得流域经济成为产业跨区域布局的重要场景。纺织行业要在流域经济战略框架下，推动以大型企业、重大项目为牵引的跨区域转移，以产业布局优化带动区域协调发展。另外，城市群成为现代产业体系的重要空间载体，随着城市功能和定位更新，一批以中小企业为核心的优质产业资源逐步向周边区域加速迁移。要结合城市更新、产业更替的进程，打造世界级产业集群、高端制造中心，形成全球影响力和引领力。

（二）在城乡融合中发展现代集群

纺织产业集群是连接城乡的关键节点，在构建工农互促、协调发展的新型产业关系中具有特殊作用，对于巩固拓展脱贫攻坚成果具有战略价值。2021年，中国纺织工业联合会211个试点产业集群的纺织工业产值达3.8万亿元，就业人员超700万，企业总数超过25万户，为地方稳增长、保民生、稳就业做出突出贡献。全面推进乡村振兴是着眼全面建设社会主义现代化国家的重要战略。纺织行业现阶段约70%的产业集群仍集中在东部经济发达省份，未来要利用好城乡要素流动制度基本打通、乡村资源活动逐步激发的关键时机，促进产业向中西部、边疆省份县、镇域地区加强转移布局，以民生产业服务民生改善，推动共同富裕。

臂系千钧，时不我待；奋楫笃行，履践致远。在全面建设社会主义现代化国家开局之年，让我们坚定信心、稳中求进，砥砺奋进、破浪前行，在高质量发展目标任务引领下，加快建设纺织现代化产业体系，在中国式现代化进程中充分彰显行业力量和担当！

（本文根据孙瑞哲会长在中纺圆桌论坛第十七届年会上的讲话整理）

奋进新时代，迈向新征程
——党的十八大以来纺织行业发展回顾

中国纺织工业联合会产业经济研究院

党的二十大胜利召开，开启了我国全面建设社会主义现代化国家、以中国式现代化推进中华民族伟大复兴的时代新征程。纺织行业作为国民经济重要组成部分和兼具民生、时尚属性的现代产业，加快建设纺织现代化产业体系，在中国式现代化进程中积极作为、以产业报国是必然的使命责任。

党的十八大以来，纺织行业全面贯彻落实新发展理念，持续深化供给侧结构性改革，加快推进转型升级，积极应对日趋复杂的外部形势，努力化解国际贸易环境风险，经受住了新冠肺炎疫情冲击，实现了持续平稳运行，发展韧性不断提升，呈现出产业体系优势强化、产业结构优化、创新生态改善、发展动能转换等阶段性特征，有力服务了国家经济社会发展大局和人民日常生产生活需要。2020年如期实现建成纺织强国目标，为乘势而上开启全面建设社会主义现代化新征程、向第二个百年奋斗目标迈进打下坚实基础。

发展优势持续强化

党的十八大以来，纺织行业面临的外部形势更趋复杂严峻，世界经济复苏乏力、逆全球化掣肘、新冠肺炎疫情冲击等一系列超预期因素使发展压力加大。纺织行业经受住历次考验，始终保持大体平稳的运行态势，发展韧性充分显现，转型升级不断走向深化，是国民经济的稳定器、压舱石。新冠肺炎疫情持续三年，规模以上纺织企业不变价工业增加值与2019年基本持平，营业收入三年年均增长0.5%，行业产销规模在新冠肺炎疫情期间稳中有进；纺织业、化纤业固定资产投资完成额三年年均分别增长2.9%和8.8%，表明企业在新冠肺炎疫情期间仍然坚持扩大转型升级投入。

随着行业经济稳定运行，我国完整纺织产业体系优势不断强化，在全球纺织产业链、供应链和价值链中的分工位置不断提升，生产制造能力长期稳居世界首位。2012年，我国纺织纤维加工总量为4540万吨，2014年突破5000万吨，到2021年达6000万吨以上，占全球纺织纤维加工总量的比重保持在50%以上；我国化学纤维产量从2012年3837万吨增加到2022年6698万吨，占全球的比重超过70%。我国全纺织产业体系优势不断强化，实现了由满足国内人民的美好生活需要到为全世界数十亿消费者提供充足、优质纺织纤维原料及全品类制成品的跃变。纺织行业积极补短板、锻长板，先进制造及自我配套能力稳步提升，化纤、面料自给率超过95%，纱线自给率超过90%，装备自给率超过75%，化纤、纺织机械对外贸易实现了由净进口到净出口的实质性转变，纺织面料、产业用纺织品出口额实现倍增，现代化纺织产业体系加快形成，高端化、智能化、绿色化发展特征更趋显著。

产业结构稳步优化

党的十八大以来，纺织行业结构调整深入推进，产业链结构与原料结构持续升级，区域结构与产业组织结构的协调性和可持续性增强。2012年，我国服用、家用及产业用三大终端产品纤维消耗量比重为49:29:22；随着产业用纺织品研发创新、技术升级、应用拓展，其在纺织纤维应用端的占比持续提升，到2020年服用、家用及产业用三大终端行业纤维消费比重已优化调整至40:27:33，产业用纺织品纤维加工量达1960万吨，较2012年增长94%。化学纤维占纤维加工总量的比重提高到87.5%，各种功能化、差别化纤维材料不仅有效弥补了天然纤维供给缺口，更全面满足多领域、多元化应用需求；高性能纤维突破国外技术垄断，2022年总产能占世界的比重超过三分之一，其中超高分子量聚乙烯等品种实现规模化出口。

围绕长三角一体化、长江经济带等国家重要区域布局战略，纺织产业跨区域协同发展格局逐步形成；江西、安徽等中部省份积极承接产业转移，与东部沿海地区协同互动；新疆棉纺织产业链稳步发展，在繁荣区域经济、就业创业增收等方面发挥重要作用。纺织产业集聚化发展特征进一步强化，沿海地区产业集群加快高端化、绿色化、智能化升级，中西部地区承接产业转移普遍借鉴了园区化布局经验，现代纺织产业集群成为实现富民创业、推进乡村振兴和新型城镇化建设的重要途径。2021年，与中国纺联试点合作共建的纺织服装产业集群共有211个，集群纺织企业工业总产值、主营业务收入、利润总额和全部从业人员分别为3.8万亿元、3.9万亿元、2183.1亿元和701万人，担当起行业的“半壁江山”，浙江绍兴、江苏南通、江苏常熟等7个产业集群试点地区跻身千亿集群之列。2022年底公布的全国经济百强县中超过60个县市以纺织服装为支柱产业或特色产业；前10位中有9个县市以纺织服装为产业特色。

创新生态不断改善

纺织行业始终把自主创新摆在高质量发展的核心位置，党的十八大以来，行业研发投入力度和创新产出能力均显著提升，创新基础设施和产业链协同创新机制不断完善。创新平台建设取得进展，截至2022年，纺织行业共有国家制造业创新中心2个、国家重点实验室（包括企业国家重点实验室和省部共建国家重点实验室）6个、国家工程研究中心2个、国家企业技术中心102家（含7家分中心）、国家认定企业工业设计中心12家；中国纺织工业联合会认定的行业重点实验室、技术创新中心等创新平台98家。行业标准体系建设日趋完善，截至2022年，纺织行业累计发布标准2652项，由我国牵头制定的纺织领域国际标准共35项。研发投入强度稳步提升，2021年规模以上纺织企业研发投入强度已由2012年的0.5%提高至1%，其中化纤业达到1.6%，较2012年提高0.7个百分点。

纺织行业关键领域自主创新成果不断涌现，在纤维材料、绿色制造、纺织机械等领域一批“卡脖子”技术难题被突破。2012年以来，共有29项成果获国家科学技术奖，其中“干喷湿纺千吨级高强/百吨级中模碳纤维产业化关键技术及应用”获国家科技进步一等奖。纺织行业数字化转型、智能化升级取得积极进展，棉纺、化纤长丝全流程智能化生产线进入产业化应用阶段，其中，棉纺智能工厂可将万锭用工从60人减少到15人以下；印染、针织、服装、家纺智能化关键单机台进入应用，全流程智能化生产线、工厂研发正在推进当中。网络协同、大规模个性化定制、服务型制造等新模式、新业态快速发展。行业两化融合水平明显提升，2021年纺织行业两化融合率达56.6%，生产设备数字化率和数字化设备联网率分别为53.6%和 46.1%，关键工序数控化率达到41.7%。

创意力量持续增强

党的十八大以来，纺织全产业链对创意设计、文化表达的重视程度不断提升。行业以“大师、大牌、大事”为抓手，形成了从纤维、纱线到面料、针织、服装、家用纺织品等产业链主要环节的流行趋势研究与发布体系，强化对产业链协同创新和消费端开拓引领的支撑作用。专业展会、时装周等行业平台为原创设计、自主品牌提供全方位展示交流平台。全国有100多所本科院校和300多所高职院校设有服装设计和工程专业，保障时尚设计人才队伍储备。

自主品牌认知度与美誉度持续提升，国内主要大型商业实体的服装家纺品牌约4500个，服装家纺品牌中85%左右为自主品牌。中华民族精神和传统技艺在纺织服装文化内涵传递和表达中发挥着更为重要的作用，纺织非遗产业化与市场化发展取得积极进展，在构筑传播平台、培养传承队伍、融合设计及品牌、助力扶贫与乡村振兴、推动产业化与市场化发展等方面服务于消费升级背景下人民日益增长的文化自信美好生活新要求。中国品牌的国际影响力有所提升，时尚消费的跨界融合、商业载体和传播形式更加多元丰富。互联网与纺织品服装消费各类业态深度融合，直播电商、社交电商等新业态、新模式快速涌现，服装服饰品类销售规模稳居抖音、快手等直播电商平台的第一梯队。截至2022年，“抖音”平台上已有600余家服装服饰类商户销售额达到亿元以上。

绿色发展稳步推进

党的十八大以来，我国纺织行业积极适应生态环保要求，落实碳达峰、碳中和任务要求，加快构建绿色制造、绿色供应链体系，不断提升可持续发展能力。纺织行业低碳、绿色加工技术研发突破及推广应用稳步推进，通用纤维大容量柔性化加工、短流程印染、少水少化学品印染、废旧纤维制品高值化回收利用以及印染废水分质分流及回用、余热余压回用等绿色制造关键技术实现产业化应用并广泛推广，带动行业用能、取水指标优化。2020年，纺织行业二次能源占比达到72.5%；“十二五”“十三五”时期，万元产值综合能耗累计下降40%以上，印染废水重复利用率从15%提高到40%以上。

截至2022年，全行业共有490种绿色设计产品、159家绿色工厂、25家绿色供应链企业被工信部列入绿色制造体系建设名单，29家企业获评绿色设计示范企业，绿色产业体系逐步形成。全生命周期绿色化管理正在加速融入纺织产业链体系，中国纺织服装企业社会责任管理体系（CSC9000T）的维度和内涵不断拓展，已经开始覆盖国内企业在海外投资的工厂。

对外开放成效显著

党的十八大以来，纺织行业的国际市场竞争优势更趋巩固，贸易规模稳中提质，对外投资取得长足进展，在国际纺织供应链和价值链中均占据举足轻重的位置。

我国纺织品服装国际贸易规模跃上新台阶，出口总额由2012年的2551亿美元增长至2022年的3410亿美元，占全球纺织品服装出口的比重稳定在三分之一以上，稳居全球首位。新冠肺炎疫情发生三年以来，我国共向全球出口超过800亿美元口罩、医用防护服等各类防疫物资，为助力全球应对新冠肺炎疫情发挥了不可替代的作用。党的十八大以来的十年间，纺织外贸企业不断提升创新能力、品牌建设、营销能力，具有自主品牌、自主知识产权、自主营销渠道以及高技术、高附加值的出口商品比重日益提高。

纺织行业积极融入全球产业链、供应链重构进程。依托“一带一路”倡议提出以来对外投资环境优化的有利时机，纺织行业对外投资合作量质齐升，形成了产能跨国布局、优质资源全球合作双线并行的局面。2013～2022年，我国纺织行业累计对外直接投资存量超过110亿美元，占21世纪以来行业对外投资总额的80%以上，在东南亚、西亚、中亚、非洲等重点地区建设了一批高水平的现代纺织项目，不仅推动形成了与国内产业体系协同互动的发展格局，也为当地经济发展和就业富民做出积极贡献。骨干企业全球配置资源能力不断增强，通过并购、控股等方式加速整合棉花、羊毛、石油的原料资源以及优质国际品牌及渠道资源，推动我国纺织供应链体系加快升级。

产业生态良性发展

党的十八大以来，我国社会主义市场经济体制不断完善，营商环境持续改善，纺织行业作为中小微企业、民营企业占比较高的市场化改革的先行产业，将构建“大中小融通、上下游协同”的良性产业生态纳入中长期持续推动高质量发展的重要考量。纺织服装企业集约化、国际化程度不断提升，深入参与全球纺织产业分工。到2022年，我国纺织行业中已形成了一批以恒力、恒逸、荣盛、魏桥、申洲、波司登等为代表的一批具有国际竞争力的大型企业集团，在生产规模、产业链一体化、创新能力、绿色制造、品牌建设等方面具备全球竞争力。在产业链龙头骨干企业的引领下，产业链配套、细分领域专业化生产能力持续提升，“专精特新”小巨人企业、单项冠军企业快速成长。据统计，2021年沪深两市及港股中217家纺织服装、化纤制造与纺机类上市公司合计实现营业收入1.2万亿元，较2020年增长17.3%。2022年分别有6家、2家涉纺企业跻身《财富》世界500强和福布斯中国创新力企业50强榜单，67家企业被工信部认定为“专精特新”小巨人企业。

（撰稿人：牛爽欣　赵明霞）

中国化纤，非凡十年

中国化学纤维工业协会会长　陈新伟

自中华人民共和国成立以来，纺织工业在国民经济与社会发展中始终发挥着支撑经济发展的基础产业和重要民生产品的供给产业作用。中国化纤工业在世界范围内实现“后来居上”的过程堪称奇迹，从被“忽略不计”到成为全球举足轻重的化纤生产国和出口国，从最初弥补棉花不足、解决人民穿衣盖被基础需求到年产量逾6000万吨、产品种类齐全、广阔应用领域“上天入海”，从跟跑、并跑到领跑，中国化纤强国建设取得了辉煌成就。如今中国化纤工业拥有“纺织产业链稳定发展和持续创新的核心支撑、国际竞争优势产业、新材料产业重要组成部分”的新定位，以及“创新驱动的科技产业、文化引领的时尚产业、责任导向的绿色产业”的新标签。中国化纤工业在全球纺织供应链上的地位不断提升、巩固，自身产业结构持续优化调整，科技创新能力显著提高，为中国纺织强国建设提供了坚实保障，也为世界化纤工业的结构调整及技术进步做出突出贡献。

近十年来，中国化纤产业体系不断强化，规模优势更为凸显。2012年以来，受全球宏观经济增长放缓、外部环境日益复杂等因素影响，中国化纤行业发展速度有所放缓，逐渐步入中低速增长的“新常态”阶段，推动企业切实加快转型升级的步伐，行业从规模数量型增长向质量效益型发展转变，但持续保持产业规模及体系优势。2012年，中国化纤产量3837万吨，约占全球化纤产量的65%，占中国纤维加工总量中的比重约为77%。2021年中国化纤产量首次突破6500万吨，2022年达6488万吨，占全球化纤产量的比重超过70%，占中国纤维加工总量中的比重达到85%，2013～2022年十年年均增长5.5%，见图1。化纤产品直接出口规模不断扩大，出口量从2012年246.8万吨增加到2022年超过500万吨，2020年以来占全球化纤出口总量的比重均超过50%，2013～2022年年均增长8.6%，见图2。

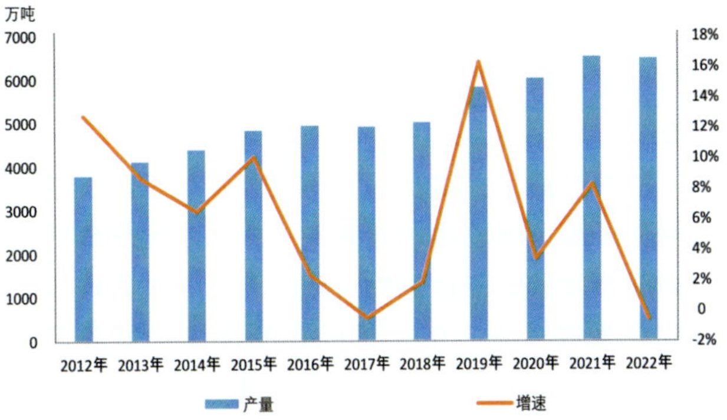

图1　2012～2022年我国化纤产量及增速变化情况

资料来源：中国化学纤维工业协会

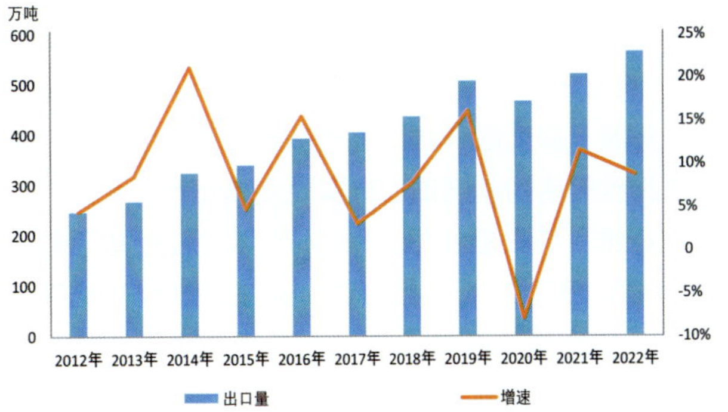

图2　2012～2022年我国化纤出口量及增速变化情况

资料来源：中国化学纤维工业协会

十年来，化纤工业的产业结构随规模发展也更趋优化。特别是“十三五”时期以来，化纤行业持续推进供给侧结构性改革，骨干企业通过兼并重组实现快速发展，新增产能加快向优势企业集聚，行业集中度显著提高。其中，以涤纶民用长丝领域产能集中特征最为突出，2021年，规模排名行业前六的骨干企业产能集中度达到61.5%，比2012年提高27.5个百分点。

当前，中国化纤行业已形成品种齐全、产业链条完整的横向产业体系，是全球化学纤维品种覆盖面最广的生产国。在常规纤维领域，中国化纤行业的产能规模、产品品质均长期保持国际领先水平，在表征纤维功能先进性的五个方面——超高性能、智能化、多功能、绿色低碳、高附加值均处于全球领先或先进地位。高科技含量的通用纤维实现重大突破，进入先进行列。再生纤维素纤维、涤纶、锦纶、腈纶、氨纶等传统纤维品种生产规模均居全球之首。

随着产业化关键技术不断突破，高性能纤维和生物基纤维发展取得明显突破，成为中国化纤行业向高质量发展阶段迈进的新增长点。高性能纤维产能和产量在“十三五”期间都实现了接近或超过100%的增长。碳纤维、芳纶、超高分子量聚乙烯纤维和连续玄武岩纤维等高性能纤维年产量均突破万吨，市场占有率跻身全球前三，聚苯硫醚纤维、聚四氟乙烯纤维等品种也得到稳步发展。生物基纤维也显示出较强发展势头，莱赛尔纤维、竹浆纤维、PTT（聚对苯二甲酸丙二醇酯）纤维、PDT（生物基聚酯）纤维、聚乳酸纤维、生物基聚酰胺纤维、生物蛋白质纤维等生物基纤维已经实现规模化产业化生产，海藻纤维、壳聚糖纤维、PHBV/PLA（聚羟基丁酸戊酸共聚酯/聚乳酸）共混纤维、麻浆纤维也实现稳定生产。多纤维品种技术突破与产业发展同步推进，成为中国化纤工业重要的发展特征和优势。

化纤产业链纵向一体化发展也取得重要成绩。骨干企业炼化一体布局发展，带动化纤产业链配套持续完善。“十三五”期间，化纤龙头企业通过炼化一体化项目向产业链上游进军，打造了从原油到纺织的全产业链布局，有力保障了纺织原料的稳定供应，化纤行业整体竞争力、抗风险能力显著增强，产业链利润分配更趋均衡。预计到“十四五”末，中国民营化纤企业主导的炼油产能约可达到1亿吨，民营经济进入化纤行业改变了中国乃至世界化纤产业的发展格局，为中国以及全世界纺织产业链的持续发展提供更优质、稳定的原料保障。

值得一提的是，得益于改革开放带来的市场机遇和良好营商环境，广大化纤企业作为市场主体的活力被不断激发，企业家的创新积极性得到充分释放，成为化纤行业实现快速发展的核心动力。截至2022年，中国化纤行业已形成了一批具有国际竞争力的大型企业集团，如以恒力集团、荣盛集团、恒逸集团、盛虹集团、桐昆集团、新凤鸣集团等为代表的涤纶头部企业，以恒申集团、锦江科技等为代表的锦纶头部企业，在生产规模、产业链一体化、创新能力、绿色制造、品牌建设等方面已具备全球竞争优势。以中复神鹰、光威复材、江苏恒神、吉林碳谷等为代表的碳纤维头部企业，在技术创新能力、产品应用领域等方面不断实现新突破。恒力石化、荣盛石化、恒逸石化、盛虹集团4家企业入围2022年《财富》世界500强排行榜；恒力、荣盛、恒逸、盛虹、桐昆、新凤鸣、中泰、三房巷等17家化纤相关企业跻身2022中国企业500强榜单。

龙头企业新建项目采用世界最新技术、新工艺和新装备，充分发挥示范引领作用，推动中国化纤工业始终走在世界前列。同时，随着产能集中度的提高，国内化纤市场格局也随之调整、优化，企业间的无序竞争明显减少，形成了更多强强联合的协同发展局面，全行业主动抵御发展周期起伏的能力大幅提升。

历经数十年的发展，中国化纤工业已形成良好的产业基础和日益巩固的体系优势，一如既往地服务于我国经济社会发展大局和人民日常生产生活需要，服装服饰、家居用品、交通运输、医疗卫生、土工建筑、环境保护、新能源、航空航天、国防军工等领域，凡目之所及、手之所触，化学纤维承载着“万物可织”的理想，从普通服装到消防战斗服，从汽车安全气囊到防弹装甲车，从水中的潜水器到空中的航天器……中国化纤工业实现了从满足相对单一的衣着类产品需求向全方位提供纺织原料的跃变，实现了从满足国内人民需求到为全世界人民提供美好生活的国际化跃变。

非凡十年，中国化纤工业已开启新时代的华彩篇章。把握新形势，立足新起点，开创新未来，中国化纤工业将深入贯彻落实党的二十大精神有关部署，坚持以新发展理念引领高质量发展，凝聚共识，增进协同，共享成果。在行业、企业和协会的共同努力下，坚定牢记“满足人民美好生活需求”初心，坚持“科技、时尚、绿色”的发展定位，切实着力推动建设高端化、智能化、绿色化现代产业体系，以勇于创新的胆魄、匠心实干的精神，挺立时代潮头，继续推进化纤强国建设，为实现中华民族伟大复兴的中国梦做出贡献。

CNTAC

2022/2023 中国纺织工业发展报告

2022/2023 CHINA TEXTILE INDUSTRY DEVELOPMENT REPORT

优供给·促升级

准确把握纺织行业定位，加快建设现代化纺织产业体系

工业和信息化部消费品工业司司长　何亚琼

2022年全国人民砥砺前行，统筹国内国际两个大局，统筹新冠肺炎疫情防控和经济社会发展，发展质量稳步提升，保持了经济社会大局稳定。2022年，我国国内生产总值（GDP）突破120万亿元大关，较2021年增长3%；工业生产保持稳定恢复态势，规模以上企业工业增加值同比增长3.6%。2022年，我国纺织品服装出口额达到3410亿美元，出口规模再创历史新高；全年纺织业、服装业和化纤业固定资产投资完成额同比分别增长4.7%、25.3%和21.4%，纺织企业对未来发展充满信心。

当前，我国宏观经济恢复的基础仍不牢固，需求收缩、供给冲击、预期转弱的三重压力仍然较大，国际环境动荡不安，对我国经济发展带来的影响日渐加深。但我国宏观经济长期向好的基本面没有变，韧性强、潜力大、活力足的特点长期存在，各项政策效果持续显现，新冠肺炎疫情快速过峰后经济社会恢复好于预期，纺织行业充分发挥产业规模、体系优势，把握国内外市场调整窗口期，推动经济运行整体好转具有较多有利条件，为实现高质量发展打下良好基础。结合党的二十大精神和中央经济工作会议的有关部署，2023年，纺织行业推进高质量发展应重点把握以下四个方面。

准确把握纺织行业定位，在中华民族伟大复兴中主动担当、勇毅前行

准确把握行业定位，是明确发展目标、找准发展方向、确定发展任务、做好各项工作的重要基础，应准确把握纺织行业的产业定位、社会定位和历史定位，在中华民族伟大复兴中主动担当、勇毅前行。在历史传承和现代科技双重作用下，我国纺织行业已成为经济支柱、民生基石、文化载体，是国际竞争优势产业。

一、纺织行业是支柱产业

2022年，我国纺织工业增加值在全国工业增加值中占比达3.5%，高于食品、造纸、酒及饮料、烟草、专用设备制造、铁路船舶设备制造、航空航天设备制造等行业，与有色、医药、通用设备制造、汽车制造等行业相当。此外，纺织行业有众多未纳入统计范围的中小企业，创造了大量产值，大部分GDP过千亿的县（县级市）将纺织行业作为经济发展的支柱产业，纺织行业成为支撑我国县域经济的基础产业。

纺织行业之所以是民生基石，一是提供了重要民生产品，我国纺织行业不断加强创新、提高质量、降本增效，做到了价格合理、品质优良、款式新颖，满足了社会各群体对纺织品服装的需求，装扮了人们的美好生活；二是解决了大量就业，纺织行业涉及面较广，在科技创新、生产制造、创意设计等不同领域提供层次多样的就业机会，服装、家纺等作为典型劳动密集型产业，给大量普通劳动者提供了就业岗位，目前，全社会约有2000多万人在纺织行业就业；三是促进共同富裕，在产业集群中，大量一家一户创办的小微企业通过为龙头企业提供配套，获得了较好收益，在创意设计园区中，不少大学毕业生开设的创意设计机构，创出了影响，打出了品牌。

二、纺织行业是文化载体

文明和文化离不开传承和传播，而服装服饰是大众生活中文化传承和传播的重要载体。现今国内外许多年轻人喜欢汉服、唐装，表现出对中华传统文化的认同，这些都说明服装服饰不仅是普通工业产品，更体现着国家、民族的精气神和影响力。近年来，随着中华民族伟大复兴不断推进，中华服装服饰文化得到振兴，成为推进文化自信自强的重要力量。未来，我国纺织行业必将随着全面建设社会主义现代化国家的深入，成为社会主义文化强国建设的参与者和受益者，成就新的辉煌。

三、纺织行业是国际竞争优势产业

我国纺织纤维加工量占全球总加工量一半以上，纺织品服装出口额占国际同类商品贸易总额的三成以上。2022年，在较为困难的形势下，纺织品服装出口再创新高，我国有全球最完整的产业链、供应链，有数量众多、规模庞大、分工细致的产业集群，这都体现出我国是不折不扣的纺织大国和强国。

四、纺织行业是促进边疆地区繁荣稳定和长治久安的重要力量

例如，我国新疆盛产棉花，内蒙有丰富羊毛、羊绒资源，广西是我国最大茧丝产地等，发展好纺织行业，带动边疆地区纺织原料生产和销售，极大促进了当地的经济发展、社会稳定、农民增收和乡村振兴。新疆的棉花产量占全国总产量的90%以上，带动了百万计的棉农增收致富，新疆通过发展纺织服装产业，带动数十万群众到工厂就业，极大促进了民生改善。

全面提升纺织产业体系现代化水平，巩固优势产业领先地位

党的二十大报告指出，要巩固优势产业领先地位。我国纺织行业是不折不扣的优势产业，但随着劳动力成本不断上升，资源环境约束不断加剧，美国所谓“涉疆法案”的出台，纺织产能和订单较快向东南亚等地区转移，我国纺织行业受到较大挑战，纺织优势产业地位亟须巩固和加强，而全面提升纺织产业体系现代化水平，是巩固提升优势地位的关键所在。

从历史和国际看，一些曾经的纺织强国走向衰落，一些发展中国家纺织产业长期得不到较好发展，重要原因之一是没有实现纺织产业体系的不断升级和现代化。当前，我国纺织产业体系现代化水平有待提高，产业链供应链抗冲击能力需进一步增强，对全球资源的整合和控制能力不足，现代服务业同制造业融合发展不够，科技、产业、金融之间的良性循环尚未形成。

纺织行业必须瞄准世界科技革命和产业变革方向，立足我国国情，充分发挥社会主义集中力量办大事的制度优势和我国超大规模市场优势，打好产业基础高级化、产业链现代化的攻坚战。

一、推动高端化发展

纺织行业的高端化要在高端产业、高端产品、高端岗位等方面全面发力。高端产业是要推动纺织行业具备高技术、高效率、高附加值、低污染、低排放等特点，具有较强竞争优势。高端产品，并不仅限高价产品，纺织行业要下苦功夫，多提供品牌响、质量优、款式美、能够改善群众生活的产品，多出一些有世界影响力的自主品牌。高端岗位，是指纺织行业通过转型发展，提供符合当代青年工作生活需求的岗位，在促进高质量就业的同时，也使纺织行业后继有人。

二、推动智能化发展

智能制造是纺织行业转型升级的主攻方向，是降本增效巩固提升国际竞争力的关键所在。纺织行业智能制造在注重生产设备更新改造的同时，也要注重企业管理的智能化改造，推动业态创新和模式创新，打造软硬结合的智能化发展模式。

三、推动绿色化发展

纺织产品具有时尚属性，纺织行业在履行节能减排义务的同时，肩负着引领绿色生产生活方式的社会责任。纺织行业的绿色发展，是开展绿色制造、生产绿色产品、培育绿色时尚相融合的绿色发展。纺织行业要成为倡导简约适度、绿色低碳生活方式的排头兵，成为人类社会可持续发展的宣传者和实践者。

把实施扩大内需战略同深化供给侧结构性改革有机结合，着力扩大纺织品服装国内需求

着力扩大国内需求是当前我国经济工作的首要任务。2022年，尽管纺织出口形势较好，但由于国内需求增长放缓，导致纺织行业发展下行压力有所加大，说明内需对纺织行业平稳向好发展起着压舱石、稳定器的重要作用。党的二十大报告提出，把实施扩大内需战略同深化供给侧结构性改革有机结合，这为纺织行业恢复和扩大内需提供了根本遵循和指引。

一、以推动高质量发展为主题

按照高质量发展的要求，扩大的内需必须是有效需求，是满足人民群众个性化、多样化、不断升级的需求。深化供给侧结构性改革重点在于提高供给体系质量和效率，提升供给结构对有效需求的适配性，不能形成不符合发展方向和市场需求的落后产能和产品。推动二者有机结合，要把二者统一到高质量发展的要求上来，推动有效需求和有效供给、消费和投资、内需和外需等方面的良性互动和高水平动态平衡。

二、以深化供给侧结构性改革为主线

经济发展最终靠供给推动，从长期看是供给创造需求。当前和今后一段时期，供给和需求两侧都将成为制约我国纺织行业发展的因素，但矛盾的主要方面在供给侧，供给还存在卡点、堵点、脆弱点，供给结构不能适应需求结构变化。纺织行业要在有需求但未得到有效满足的领域，如优质品牌商品、绿色生态产品等方面发力，要适应新一轮科技革命和产业变革大趋势，推动新产业、新技术、新产品、新业态发展，以新供给创造新需求。

三、着力推动国内国际双循环相互促进

我国超大规模市场优势，既可稳固和扩大国内循环基本盘，也能撬动和带动国际循环。纺织行业要坚持高水平对外开放，发挥我国纺织产业链完整优势，深度参与全球产业分工合作，积极推动全球和区域产业链、供应链优化布局，提升产业链、供应链韧性和安全水平，巩固纺织品服装国际市场份额。

提炼展示中华文明精神标识和文化精髓，增强纺织服装品牌传播力、影响力

中华优秀传统文化是中华文明的智慧结晶和精华所在，是中华民族的根和魂，是中国在世界文化激荡中站稳脚跟的根基。服装服饰作为中华文明载体之一，在历史和民族的长河中积累了巨量财富，如何将中华传统服装服饰文化中具有当代价值、世界意义的精髓提炼出来、展示出来，使之能够创造

性转化、创新性发展，使之能够服务现代时尚生活，使之具有强大影响力和感召力，使之能够服务纺织服装自主品牌建设，是当下需要全行业共同认真思考的问题。

一、促进传统服装服饰文化创造性转化、创新性发展

在传承发展传统服装服饰文化过程中要认真研究传统服装服饰的款式、图案、色彩等要素，做到古为今用、推陈出新、面向未来，使传统服装服饰文化基因与当代时尚相适应，绽放出新的时代光彩。

二、推动传统服装服饰文化与地方经济社会的融合

传统服装服饰有着鲜明的民族特点和区域特征，要深入研究各地传统服装服饰资源和经济社会发展需求，让传统服装服饰能够充分发挥其文化价值和经济价值，更好服务当地精神文明建设和经济社会发展。

三、实现传统服装服饰文化与非遗传承人的结合

非遗传承人是传统服装服饰传承创新的根本性力量，要依靠传承人、帮助传承人、培养传承人，展示传承人风采、助力传承人创业、壮大传承人队伍，让更多人特别是年轻人喜爱传统服装服饰，让传统服装服饰永续流传，不断滋养纺织行业发展。

四、强化传统服装服饰文化与时尚品牌的联合

时尚品牌是让传统服装服饰“活起来”“潮起来”的关键力量，博大、厚重、充满魅力的传统服装服饰文化是赋予时尚品牌内涵的重要支撑。要更好发挥企业主体作用，将传统经典表达与现代时尚深度融合，创造出能够展现传统气韵、具有时代精神、满足现代生活的潮流精品，为中国时尚注入国潮力量。

2023年，工业和信息化部消费品工业司将深入学习贯彻党的二十大和中央经济工作会议精神，围绕加快建设现代化纺织产业体系，实现高质量发展的目标任务，开展以下四个方面工作。

一是加强政策引导。研究编制《纺织工业高质量发展行动方案（2023—2025年）》。落实好已发布的化纤和产业用纺织品两个指导意见。发布2023纺织服装“优供给·促升级”活动通知，提振发展信心，提升产业韧性，提高供给水平，促进产业升级、产品升级、消费升级。

二是巩固发展优势。支持智能制造进园区等活动，持续推动纺织行业智能化改造。支持先进功能纤维、先进印染技术创新中心发展。引导中西部地区承接产业转移。研究纺织产业链现状，有针对性开展强链补链工作，提升产业链韧性和竞争力。

三是推动绿色发展。引导印染、黏胶纤维、再生涤纶等行业规范发展。推动废旧纺织品循环利用，编制纺织品循环利用标识标准，探索建立我国再生纤维标准认证体系。

四是开展品牌建设。继续开展纺织服装创意设计园区试点示范工作，加强“重点培育纺织服装百家品牌”的培育工作。联合中央媒体联合制作大型纪录片《中国绣娘》。继续开展“十大类纺织创新产品培育和推广”“中国纤维流行趋势研究发布”等工作。

2023年是全面贯彻落实党的二十大精神的开局之年，做好各项工作意义重大。纺织行业要坚持把高质量发展作为工作首要任务，真抓实干，主动作为，加快实现纺织产业体系升级发展。

（本文根据何亚琼司长在中纺圆桌论坛第十七届年会上的讲话整理）

2022纺织服装“优供给促升级”活动总结

中国纺织工业联合会

为落实《国务院关于印发扎实稳住经济一揽子政策措施的通知》部署，推动纺织服装行业“三品”战略深入实施，加快数字化、绿色化改造提升，助力工业经济平稳增长，工业和信息化部于2022年10月10日发布《关于开展2022纺织服装“优供给促升级”活动的通知》。2022纺织服装“优供给促升级”系列活动（以下简称“优促”活动）内容覆盖产业链合作、行业内交流、智能化升级、创意设计提升、消费推广等主题，由中国纺织工业联合会负责策划实施，活动时间为2022年四季度（表1）。

“优促”活动举办情况

一、整体完成情况

2022纺织服装“优供给促升级”活动设计有34项活动，但受新冠肺炎疫情影响，最终共有17项活动按计划举办，其中2项为系列活动，实际举办活动20场。尚未举办的17项活动均计划延期至2023年上半年举办。

已举办的20场活动包括专业展会2场、市场促销活动4场（第二十九届清河国际羊绒及绒毛制品交易会暨第三届清河电商节活动同时兼具专业展会和市场促销活动内容）、设计大赛2场、各类行业会议13场。全行业共有约3950户纺织服装企业、相关机构、院校以及1.8万户专业市场商户参与本次活动，包括海外纺织企业及相关机构65户。工信部对于本次“优促”活动高度重视，消费品工业司主要领导在8场活动中到场或通过线上方式致辞，向广大纺织企业深入剖析发展形势，指出产业转型升级方向，提振行业发展信心。

二、分类完成情况

在20场已举办活动中，2场专业展会展出面积合计为4万平方米，共有参展商451户，吸引现场专业观众超过6000人次、采购商1600人次，共计促成交易61.3亿元。2场展会均同期举办采购对接会、设计大赛、品牌秀、电商节等配套活动。

4场市场促销活动均在纺织行业重点产业集群及专业市场开展，主要采用专业市场发放消费券、商户打折让利、电商直播促销等方式，截至12月底共有1.8万商户参与，到场消费者人数达到26.5万人次，销售额累计达3.7亿元。

2场设计大赛均是以骨干产业集群为依托连续举办多届的行业重大设计赛事。2022年度大赛共征集到来自559个机构及企业的作品3804份（组），评选出获奖作品263份（组）。

13场行业会议活动共吸引2896户纺织企业及相关机构、院校参与，其中有3场活动邀请了来自65个机构的115位海外嘉宾及纺织企业、相关机构代表参加。除了主会场的主题活动外，有7场活动设置了34项分论坛、专题研讨会、展示会、对接会、圆桌座谈等平行活动。13场活动共计邀请演讲嘉宾220位，围绕纺织行业数字化转型、融合创新、低碳发展等主题进行深入探讨。

三、“优促”活动的直接影响

在已举办的20场活动中，有5场为全线上举办，4场为全线下活动（主要为市场促销活动），其余均采用线上线下相结合的方式。2场展会现场参与的采购商、观众人数合计为7600人次，线上观展人数超过100万人次；13场行业会议活动现场参与人数为2534人，线上参与规模达618.2万人次。

“优促”活动对纺织行业的意义和影响

一、提振行业信心，缓解企业压力

2022年前三季度，受国内外宏观形势复杂严峻影响，纺织行业经济运行呈现持续放缓态势。工信部在四季度初及时启动“优促”活动，由中国纺联负责组织落实，充分体现了国家对于纺织行业持续发展、突破困境的激励和支持。已举办的20场活动中有12场是与地方政府部门共同主办或承办的，部分活动及配套行业服务工作得到地方政府的支持。会展类、促销类活动的举办为企业拓宽销售渠道、扩大销售规模提供契机，缓解了企业、商户的库存压力。例如，株洲芦淞服饰消费节活动期间，芦淞服装市场群的顾客到店率提升20%，货品销售量新增25%。

二、促进沟通交流，助力转型升级

以先进技术装备推广、新产品开发、产业链上下游协同、跨产业跨界合作等为主题的行业活动广受企业欢迎，普遍反馈从活动中颇有收益，在自身发展策略方面得到启发。本次“优促”活动中，有3场活动专题着眼新技术、新装备、新产品推广，3场活动内容涉及技术及产品推广，共计推广新技术、新装备19项，集中发布、推广新产品318项。例如，中国长丝织造行业技术创新研讨会专题推广了喷水织机污水处理及回用、数字智染等新技术，专题总结推广了国家“专精特新”小巨人企业的新型供应链管理模式。2022年度十大类纺织创新产品培育和推广活动集中发布了178件获选产品，并甄选出34件代表性产品在绍兴柯桥国际纺织品博览会时尚设计展区进行展示推介。第28届中国国际化纤会现场推介了29种2022/2023纤维流行趋势新产品。

三、凝聚行业智慧，指引发展方向

由于外部形势持续复杂变化，纺织行业发展趋势、方向的研判指引成为企业的普遍关注。2022中国服装大会、第28届中国国际化纤会、中国棉纺织原料产业链大会、2022全国纺织产业集群工作会议等大型综合性活动平台集聚一批高水平专家、优秀企业家，共同研讨世界产业发展趋向、原料供需动向、产业升级方向等行业焦点，深化了发展共识，对于引导纺织全行业加快转型升级具有重要意义。例如，中国服装大会深入探讨了智能制造与消费场景融合、新国潮元素与产品设计融合等发展新趋向。中国国际化纤会提出以智能化、超性能、绿色化为特征的新一代纤维将是未来产业发展的新赛道。中国棉纺织原料产业链大会提出了提高全要素生产率、提升供应链韧性和安全水平现代化发展路径。

四、强化产业链合作，维护供应链韧性

在复杂发展形势下，保障产业链、供应链稳定性，提升全链条合作效率具有重要意义。本次“优促”活动中，共有6场活动将促进产业链、供应链对接作为活动重点内容之一，为企业积极搭建对接合作平台，在地方政府部门、产业园区支持下促成合作意向，落实投资项目，对于强化产业链合作、维护供应链韧性产生直接效应，在全行业中发挥示范作用。例如，中国赣州纺织服装产业博览会期间，31个重大项目集中签约，投入金额超过200亿元。第十五届全球纺织服装供应链大会期间，26个重大项目在会议期间签约，总投资额达166亿元。中国家用纺织品行业协会举办的布艺地毯年会、床品年会活动以大家居场景跨产业链合作为重要主题，组织了家纺、家具企业供应链对接会。

“优促”活动经验总结

一、精心做好组织策划

为落实好“优促”活动任务，中国纺联在启动会后下发《关于组织落实2022纺织服装“优供给促升级”活动的通知》；专门成立“优促”活动工作协调小组；制作电子台账体系，收集、留存活动图文资料；会刊开辟“优促”专栏进行重点跟踪报道。中国纺联共有12个部门、专业协会、单位参与主办活动，均深入企业开展前期调研，确保活动主题立意契合党的二十大精神和纺织行业焦点，活动内容质量高、富有启发性，切实产生引领行业、提振信心的效果。与主题活动相配套的系列平行活动内容设计层次清晰，具有明确针对性，主、配活动相辅相成。例如，2022中国生态环保面料设计大赛特别强调了环保纤维材料和数字化设计工具的应用；中国赣州纺织服装产业博览会主题集中聚焦于江西纺织服装产业“大集聚”“大协作”“大市场”的突出特点和发展诉求。

二、多方整合优质资源

中国纺联充分依托地方优质资源做好活动组织工作，体现地方产业特色，为行业活动提供了与产业发展现实衔接的着力点。例如，第五届世界布商大会依托绍兴柯桥集群和专业市场资源，与韩国、菲律宾、尼日利亚、哈萨克斯坦等国家纺织业界签约组建全球轻纺市场联盟，为柯桥产业集群建立国际产业链、供应链影响力提供契机。第六届中国纺织非物质文化遗产大会为贯彻落实党的二十大全面推进乡村振兴战略，走进河北高阳产业集群，专题举办了河北保定非遗特展，签署了中国纺织非遗京津冀协同发展战略合作协议，为纺织非遗与现代产业体系、乡村振兴提供了融合创新示范。

三、丰富组织及宣传形式

本次“优促”活动充分发挥线上平台、融媒体优势，丰富活动组织形式，提升内容多元性、可参与性和吸引力，拓宽活动宣传推广渠道，扩大影响力。例如，第八届“濮院杯”PH Value中国针织设计师大赛策划了19条宣传短视频，通过微信视频号、抖音号、小红书等平台发布，有企业通过小红书账号详细了解大赛内容，最终成为本届大赛纱线赞助商。第二十九届中国清河国际羊绒及绒毛制品交易会期间，清河集群正式上线以品牌展示、直播营销等为内容的公共平台——清河羊绒官方商城，畅通消费者与产业间的交流渠道。中国赣州纺织服装产业博览会、世界布商大会、中国纺织非物质文化遗产大会等活动期间，配套了服装秀、服装主题音乐舞台剧、北方昆剧表演等内容，有效提升了活动氛围。

四、及时进行总结跟踪

各项活动的主办单位针对活动的组织策划、宣传推广等梳理出了经验，部分单位总结了不足，较为突出的问题是全线上形式互动交流不足，一些计划中的生产线现场参观也未能实现。今后行业活动要更好着眼实现线下与线上优势互补和整合利用，不断优化活动效果。此外，有的主办单位梳理了下一届活动的内容方向；有的制订了后续跟踪和服务计划，对于未来完善、优化活动均具有积极价值。

“优促”活动对纺织行业高质量发展的启示

一、加快构建现代化纺织产业体系

从本次“优促”活动中感受到，从全行业角度看，我国具有全世界最为完备的现代纺织产业体系，但整体产业链、供应链体系的韧性仍有提升空间；从产业链局部来看，各地区纺织行业发展都不同程度存在补链、强链、延链需求。进一步统筹产业链、供应链资源，推动全产业体系高效、协同布局发展，构建具有高效性、稳定性和发展韧性的现代化产业体系是纺织行业推动高质量发展的重要方面。从行业角度，要加强对于产业链布局、供应链协同等主题的行业调查和前瞻性研究，加强行业发展指导，有效补齐产业链、供应链体系不足，提升抗风险能力，同时避免资源重复投入和低效布局。各类行业活动要关注合作地方的产业发展需求，听取企业诉求，加强沟通交流，回应行业关注。

二、建立产业与终端消费间的有效沟通

本次“优促”活动多次立足新时期数字经济背景，探讨终端消费市场的演进趋势以及纺织行业精准适应消费市场变化的途径。多场活动研讨结论指向了畅通制造产业与消费者之间的直接沟通渠道，是新时期纺织行业的发展新趋向。在消费市场个性化、多元化需求更加具象的背景下，确保纺织行业智能制造升级、材料科技创新、产品设计开发等措施具有实效，产业循环体系畅通，是纺织行业推动高质量发展的重要途径。各类行业公共服务平台要加强研究建立各种直通消费端的服务功能，鼓励企业建立与消费者的联系，行业活动也要更多考虑相关主题和功能设置，引导发展方向。

三、引导多元创新资源集聚

“优促”活动大部分包含以自主创新促进行业高质量发展的内容，承办活动的纺织产业集群地也表达了引入、集聚高水平创新资源的愿望。产业创新资源丰富多元，除了互联网营销，本次活动展示了新国潮设计、非遗文化元素、纤维新材料、数字化设计工具、链接消费场景的跨产业链合作等创新资源，具有示范和引导作用。下一步，全行业要注重引导产业集群及企业寻求适合的创新资源引入，建立有效的合作模式，避免盲目效仿。各类行业活动也要更多视角、多模式助推各类创新资源有效布局、集聚，推动行业高质量发展取得成效。

表1 “优促”活动举办情况基本信息

序号	活动名称	主办单位	活动时间	主会场地点
1	中国赣州纺织服装产业博览会	中国服装协会，江西省工信厅，江西省商务厅，江西省贸促会，赣州市人民政府	11月18~21日	江西省赣州市于都县FDC时尚产业综合体
2	第五届世界布商大会	中国纺织工业联合会，中国商业联合会，中国纺织品进出口商会，浙江省经济和信息化厅等	11月15~20日	浙江省绍兴市柯桥区绍兴国际会展中心
3	第十五届全球纺织服装供应链大会	广西壮族自治区人民政府，中国纺织工业联合会	11月23~25日	广西壮族自治区贵港市平南县雄景生态酒店

续表

序号	活动名称	主办单位	活动时间	主会场地点
4	2022中国服装大会	中国服装协会、苏州市吴江区人民政府	10月25~26日	江苏省苏州市吴江区盛虹万丽酒店
5	第28届中国国际化纤会议（天鸟高新2022）	中国纺织工业联合会	11月18~19日	线上
6	中国棉纺织原料产业链大会暨棉纺织百强企业峰会	中国棉纺织行业协会	11月30日	线上
7	2022全国纺织产业集群工作会议	中国纺织工业联合会	12月8日	线上
8	中国长丝织造协会三届二次理事会、三届三次常务理事会暨技术创新研讨会	中国长丝织造协会、海安市人民政府	12月16日	江苏省海安市中洋金砖酒店
	2022年全国长丝织造行业新产品研发年会	中国长丝织造协会、苏州市吴江区盛泽镇人民政府	12月27日	线上
9	2022中国家纺布艺分会暨地毯分会联合年会	中国家用纺织品行业协会	11月17~18日	浙江省杭州市临平万丽酒店
	2022中国家纺协会床品年会	中国家用纺织品行业协会	12月2日	江苏省常州市溧阳市天目湖豪生大酒店
	第二届中国家纺团体标准化技术委员会成立会	中国家用纺织品行业协会	12月9日	线上
10	2022中国生态环保面料设计大赛	中国纺织工业联合会	10月26日（颁奖仪式）	江苏省苏州市吴江区盛泽镇东方纺织城
11	第六届中国纺织非物质文化遗产大会	中国纺织工业联合会，河北省工业和信息化厅，保定市人民政府	12月26~28日	河北省保定市高阳县巾巾乐道产业育城中心
12	第八届“濮院杯”PH Value 中国针织设计师大赛	中国针织工业协会，中国国际贸易促进委员会纺织行业分会，中国服装设计师协会，桐乡濮院针织产业园区管理委员会	11月14日（初评大会）	浙江省嘉兴市桐乡市濮院320广场
13	2022中国·济南第十届泺口服装文化艺术节暨现代轻工纺织“三品”消费季系列活动	中国纺织工业联合会流通分会，山东省纺织服装行业协会，济南市服饰鞋帽商业企业协会，济南泺口服装有限公司	9月30日~10月7日	山东省济南市泺口服装城

续表

序号	活动名称	主办单位	活动时间	主会场地点
14	株洲芦淞服饰消费节	中国纺织工业联合会流通分会，株洲市商务局	9月28日~10月15日	湖南省株洲市芦淞市场群
15	2022年度十大类纺织创新产品培育和推广活动	中国纺织工业联合会，绍兴市人民政府	11月17日	浙江省绍兴市柯桥区绍兴国际会展中心
16	第二十九届中国·清河国际羊绒及绒毛制品交易会暨第三届清河电商节	河北省人民政府，中国纺织工业联合会	12月22~24日	河北省邢台市清河县羊绒小镇羊绒大厦
17	石狮国际商贸城2022~2023跨年服饰采购节暨过年好货直播周	中国纺织工业联合会流通分会，石狮服装城，石狮国际轻纺城	2022年12月16日~2023年1月16日	福建省泉州市石狮国际商贸城

2022年中国纺织服装品牌发展报告

中国纺织工业联合会品牌工作办公室

2022年，在国际经贸格局调整与产业链重构、消费需求方式持续升级、新信息技术手段快速革新的背景下，纺织全行业更加注重高质量发展，纺织服装品牌创新步伐加快，围绕品牌建设各个环节的多维度创新态势明显，品牌在推动行业高质量供给发展与满足人们美好生活的作用更加凸显。

从政策环境来看，国家品牌战略体系更趋系统化

国家品牌相关政策措施更加系统落地，更加注重品牌建设工作的体系化设计布局，更加关注品牌建设与消费市场的适配衔接。自《关于加快推进服装家纺自主品牌建设的指导意见》出台、消费品工业“三品”专项行动实施以来，形成品牌建设工作体系、数字化创品牌、优供给促消费成为国家品牌战略重中之重。

2022年7月，国家发展和改革委员会、工业和信息化部、农业农村部、商务部、国务院国有资产监督管理委员会、市场监督管理总局、国家知识产权局发布《国家发展改革委等部门关于新时代推进品牌建设的指导意见》，提出到2025年，基本形成层次分明、优势互补、影响力创新力显著增强的品牌体系，培育一批品牌管理科学规范、竞争力不断提升的一流品牌企业，形成一批影响力大、带动作用强的产业品牌、区域品牌。到2035年，形成一批质量卓越、优势明显、拥有自主知识产权的企业品牌、产业品牌、区域品牌，中国品牌综合实力进入品牌强国前列。

为加快推进数字化助力消费品工业“三品”战略实施，进一步提振消费信心、挖掘消费潜力，巩固增强消费对经济发展的基础性作用，2022年7～9月，工业和信息化部以“优品智造 尚品臻选 有品生活”为主题，组织开展2022“三品”全国行活动，内容包括百家优质品牌引领消费升级、百家数字工厂拓展消费场景、百家区域品牌推介名优好物、百场“促消费”活动营造良好氛围。

10～12月，工业和信息化部组织开展2022纺织服装“优供给·促升级”活动，以高质量供给引领和创造需求，促进纺织服装产业升级、产品升级、消费升级。内容包括加强产业链上下游合作，维护供给体系韧性与稳定；组织行业内对接交流，促进产业升级、产品升级；推动智能化、绿色化发展，加快新技术、新装备应用；提升企业创意设计能力，增强品牌消费引领作用；开展特色产品推广活动，扩大纺织品服装消费。

从市场环境来看，国内消费市场新态势明显

一、内需市场有待进一步恢复

受国际经贸形势复杂多变、新冠肺炎疫情散发多发等多重因素影响，近几年，我国社会消费品零售总额整体呈波动态势。2022年，社会消费品零售总额为43.97万亿元，同比下降0.2%，市场需求有所恢复但仍显不足，多个月份零售额同比有所下降，见图1；从衣着消费来看，服装、鞋帽、针纺织品类零售额为1.3万亿元，同比降低6.5%；居民人均消费衣着支出为1365元，同比下降3.8%，见图2。

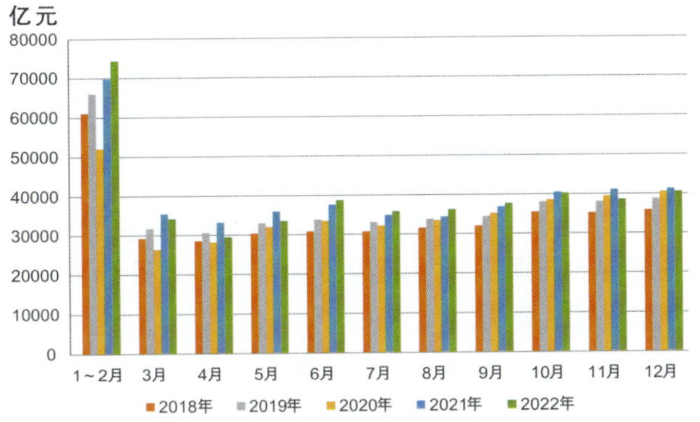

图1 近五年社会消费品零售总额走势

资料来源：国家统计局

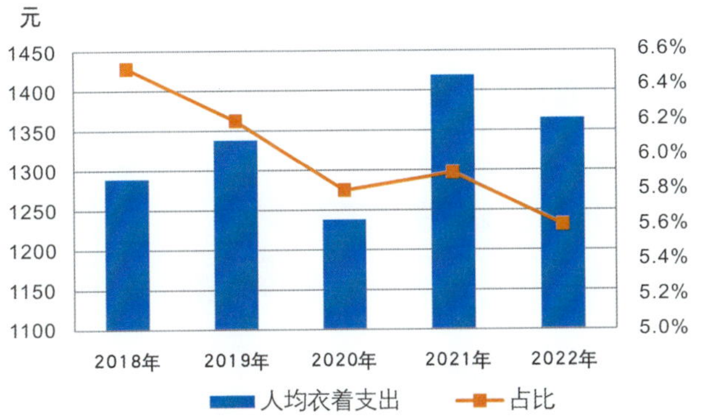

图2 近五年人均衣着消费支出走势

资料来源：国家统计局

二、消费需求持续升级

人们消费水平不断提升，消费需求从基础型消费逐步过渡到品质型、情感型、享受型消费，个性化、差异化、多元化消费趋势更加明显，时尚产业迎来更为广阔利好的消费市场空间。年轻消费群体占据消费主流，强调兴趣消费、文化消费、差异化消费，国风文化快速流行，继而影响其他年龄层群体，成为消费市场的引领；新冠肺炎疫情的常态化让人们对健康更加关注，运动场景多元化趋势明显，慢跑、瑜伽、骑行等中低强度轻运动和居家运动受到欢迎，健康类消费呈现大众化态势；消费者更加关注风格、品质、感受等，更加关爱自己、追求自然与可持续时尚，敢于表达个性。

三、“一青一老”消费群体更受关注

我国“Z世代”（1995～2009年出生）人口的规模约2.64亿，占总人口的比重近20%，所贡献的消费规模已高达40%。有关预测显示，未来10年73%的“Z世代”人口将会成为职场新人，中国Z世代到2035年整体消费规模将增至16万亿元，成为未来整个消费市场增长的核心要素。与此同时，《2022年国民经济和社会发展统计公报》数据显示，我国60周岁及以上人口达2.80亿，占比达19.8%，人口老龄化趋势日趋明显，银发族的消费需求值得关注，见图3。

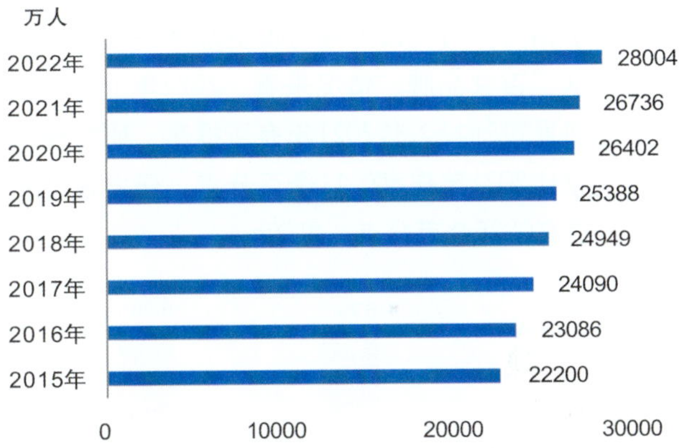

图3 2015～2022年60周岁及以上人口数走势

资料来源：国家统计局

从自身发展来看，纺织服装品牌在创新中不断成长

品牌企业整体运营承压，工业和信息化部“重点培育纺织服装百家品牌（2022版）”（以下简称“百家品牌”）中，107家品牌企业2022年上半年营业收入户均同比增长7.23%，35.51%的企业营业收入同比有所下降；利润率为7.08%，同比下降2.4个百分点，见图4。

图4 “百家品牌”中品牌企业利润率变化趋势

资料来源：中国纺织工业联合会

在整体承压的背景下，纺织服装品牌更加注重不断探索与主动创新，从品牌产品力、智造力、文化力、营销力、可持续力等方面更加系统化提升品牌力。从“百家品牌”情况来看，2022年上半年品牌企业研发设计投入较2021年有所提高，研发设计人员比重比2021年提高0.11个百分点，研发设计投入强度提高0.26个百分点，见图5。

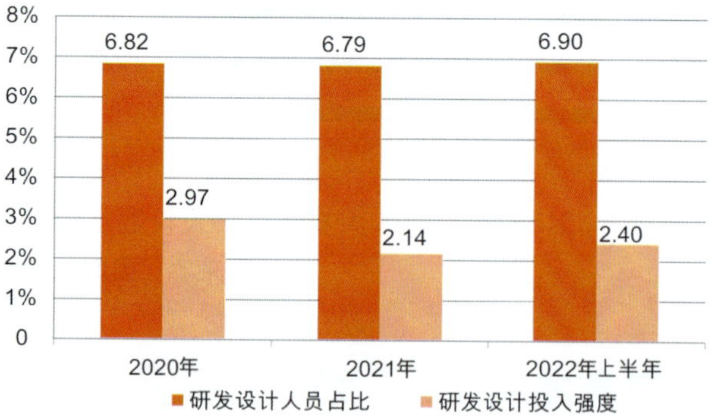

图5 “百家品牌”中品牌企业研发设计投入情况

资料来源：中国纺织工业联合会

一、品牌产品力不断提高

纺织服装品牌产品设计力与时尚引领力不断提升，产品设计讲求品质、功能与时尚文化融合，顺应与引领消费的能力不断提升。

从设计工艺上，更加注重借助新纤维、新技术进行品质与廓型的优化；从产品功能来看，更加注重健康舒适等功能升级，零感、凉感、无压、高弹、高暖、适暖等概念成为引领消费新风向；从产品风格来看，更加注重打破穿着场景、年龄等界限，引导轻运动等自由生活方式；从设计平台来看，大数据、云计算、人工智能等新技术手段的高速发展，支撑了流行趋势预测与创意设计开发平台的诞生与发展。

从“百家品牌”情况来看，2022年上半年六成以上品牌企业新产品销售额比重超过60%，27%的企业高达80%以上，见图6；新产品sku（库存量单位）数量同比提高5.80%；消费品牌中74.47%的企业开展了个性化定制业务，38.30%的企业个性化定制产品销售额占比超过10%。

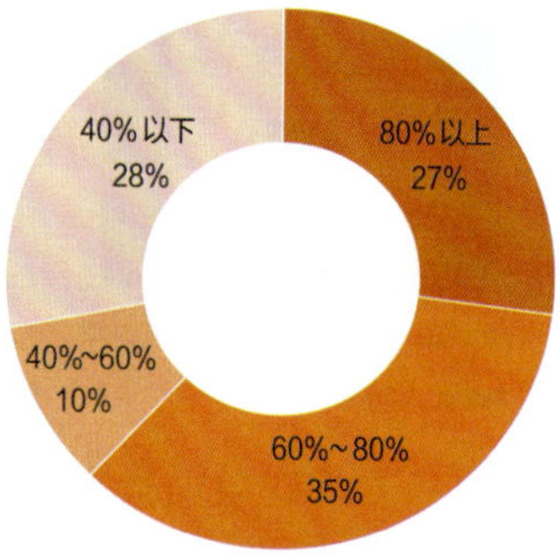

图6 “百家品牌”中品牌企业新产品销售额比重分布

资料来源：中国纺织工业联合会

二、品牌智造力显著增强

新一代数字化、信息化、智能化技术正在推动产业链、供应链提质增效，带来产业资源重组、高效协同与形态革新。建设柔性化、数字化、绿色化的智能工厂，实现提升生产设计效率、缩短周期、节约用工、降低能耗，成为产业链布局优化、供应链提质增效、区域品牌竞争力提升的重要途径。2021年，纺织行业两化融合整体发展水平达到56.6，较“十三五”初期的47.8提升18.4%；关键工序数控化率为53.8%，生产设备数字化率为54.4%，智能制造就绪率为12.9%，比2020年分别提升4.1、

2.3个百分点、2.5个百分点。从“百家品牌”来看，98%的企业应用了ERP系统，六成以上企业应用WMS系统、MES系统，见图7；其中，消费品牌企业在供应链管理、仓储物流、产品生产环节的数字化应用覆盖面均超过80%，制造品牌企业在生产调度、成本管理环节的数字化应用覆盖面超过80%，见图8、图9。

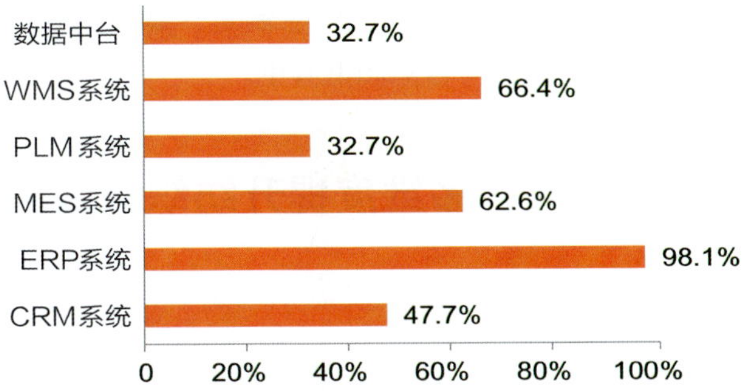

图7 “百家品牌”中品牌企业数字化管理系统覆盖面

资料来源：中国纺织工业联合会

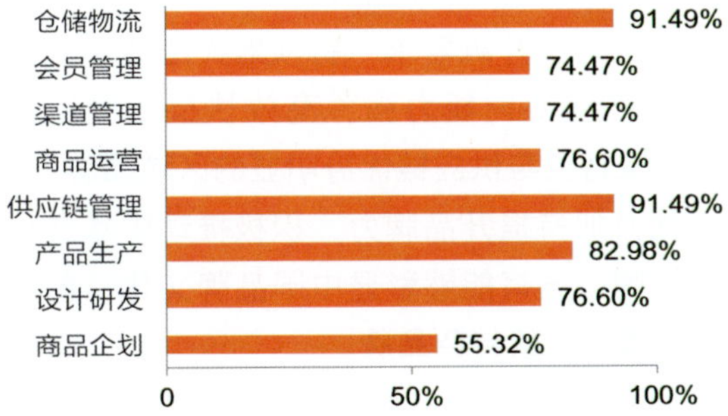

图8 “百家品牌”中消费品牌数字化管理环节覆盖面

资料来源：中国纺织工业联合会

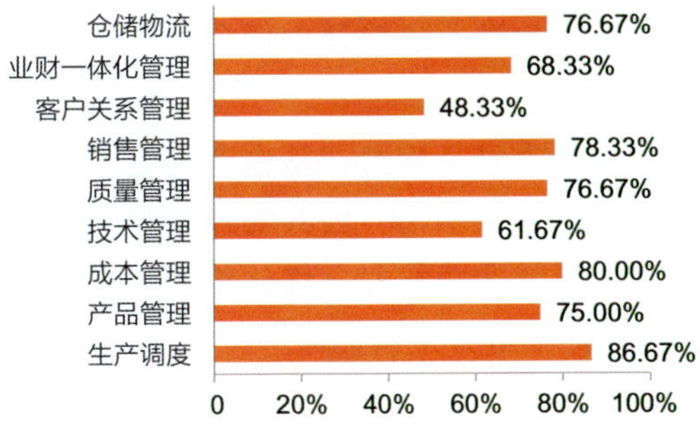

图9 “百家品牌”中制造品牌数字化管理环节覆盖面

资料来源：中国纺织工业联合会

三、品牌文化力更加深厚

文化赋能在品牌设计与形象打造等方面受到更大范围关注。

从时间轴来看，主要表现为中华优秀传统文化与当代时尚的传承创新，如非遗文化、特色元素、传统技艺等的深度挖掘，与当代时尚潮流、现代生活方式的融合创新，对美好生活与期望的表达。

从空间轴来看，主要表现为中华传统文化与区域特色文化、中西方文化的碰撞结合，如设计元素与风格的开放化、融合化运用，彰显中华优秀传统文化开放包容的核心与精华。

四、品牌营销力加快创新

在传统线上渠道基础上，网络直播、视频号等新渠道渗透率明显提高。2022年，在限额以上服装、鞋帽、针纺织品零售额同比下降的同时，线上服装零售稳定增长，穿类商品网上零售额同比增长3.5%。2022年，我国服装电子商务B2C市场交易规模约2.2万亿元，家纺电商销售规模近1000亿元。从“百家品牌”中消费品牌来看，渠道布局调整态势明显，2022年上半年线下店铺数量平均比2021年降低13.91%；线上销售额户均2.7万亿元，同比提高9.08%，占全渠道销售的比重为20.58%，基本维持2021年水平；34.04%的企业在国外市场设有线下店铺，21.28%的企业开展了跨境电商业务。

网络直播广泛覆盖。淘宝直播《2022直播电商白皮书》预计，2022年全网直播电商GMV（商品交易总额）约3.5万亿元，占总电商零售额的23%。中国互联网络信息中心数据显示，2022年底我国电商直播用户规模约5.15亿，同比增长5105万，占网民整体的48.2%；“双11”期间，62个淘宝直播间成交额过亿元，632个淘宝直播间成交额在千万元以上，新主播成交额同比增长345%。“百家品牌”中九成消费品牌开通直播电商，2022年上半年直播电商销售额户均同比提高20.93%，占线上销售额的21.5%，比2021年提高4.36个百分点。

视频号渗透率显著提高。截至2022年6月，微信视频号月活规模突破8亿，抖音为6.8亿，快手为3.9亿，微信视频号中抖音、快手平台的用户渗透率分别为59.2%、30.8%。

品牌营销模式多元化创新趋势明显。借助传统与国际节日庆典，增强与特定人群的黏性；通过跨界合作，强化与丰富品牌文化内涵与品牌形象，提高品牌识别性等；利用数字化、信息化、VR/AR等新技术手段，构建消费者画像，提升消费体验感，发现反馈爆款商品，助力产品创新优化，实现精准化营销。

元宇宙应用场景不断拓展。时尚产业与虚拟技术之间的结合日益密切，包括品牌虚拟代言人、虚拟服饰、虚拟购物、元宇宙主题时装秀、虚拟时装发布会等虚拟人物、时装与场景，成为品牌跨圈层传播、吸引年轻消费者的新渠道。艾媒咨询预计，2022年虚拟偶像带动整体市场规模达1866亿元。

五、品牌可持续力更受关注

相关数据显示，可持续时尚市场规模正以每年10%的增长速度稳步发展，预计到2030年，全球可持续时尚市场将达100亿美元。“百家品牌”中，14.02%的品牌企业已建立社会责任体系，14.95%的企业已开展产品碳足迹披露，9.35%的企业已制订或公开碳达峰、碳中和目标及其路线图。

品牌可持续发展的广度与深度不断拓展：

一方面，更加注重系统化提升。借助社会责任建设体系，更加系统化提升社会责任践行能力。多家品牌企业每年主动披露社会责任报告或ESG（环境、社会和公司治理）报告，制订可持续发展计划，包括以人为本、可持续发展管理、绿色供应链、气候行动、社会公益等方面。

另一方面，更加注重绿色化发展。通过技术创新、模式创新、管理创新，从原料、生产到消费不断提升全流程绿色化水平，强化生态友好材料使用、可持续设计、生产制造环节的能效提升、降耗减排、废旧衣物循环利用，引导绿色化消费、可持续时尚等，追求绿色材料、绿色制造、绿色消费的有机衔接，强调人与自然和谐共生。

立足新时代，多维度提升纺织服装品牌力

新时代背景下，充分发挥品牌建设的支撑与引领作用、进一步提升品牌力，成为行业高质量发展的重要课题。

依托新技术手段提升品牌力，培育一批品质高、能够满足消费升级需求、引领当代生活方式的消费品牌，产业协同能力强、高效快反的制造品牌，以及区域特色与供应链优势明显的区域品牌。

以文化力加持提升品牌力，积极推动中华文化元素融入品牌，培育能够彰显中国品牌文化特色、传播中华优秀文化的特色品牌。

以协同化发展提升品牌力，注重发挥制造品牌、区域品牌、消费品牌的协同化发展，注重发挥平台经济、共享经济在品牌建设中的创新应用。

以责任化发展提升品牌力，加快推动社会责任建设体系的系统化构建，加快建立健全绿色低碳循环发展体系。

以国际化视野提升品牌力，从生产加工、研发设计、营销渠道、服务网络、公共海外仓等各方面着重提升品牌国际化运营能力，优化构建中国纺织服装品牌的全球产业链分工新优势。

2022年中国纺织工业联合会科学技术奖授奖名单

一、技术发明奖

具体获奖项目名单见表1、表2。

表1 壹等奖

序号	项目名称	主要完成单位	主要完成人
1	闪蒸法制造高密度聚乙烯非织造布的关键技术及产业化	厦门当盛新材料有限公司	罗章生、朱慧飞、徐俊勇、刘　爽、单　磊、何力军

表2 贰等奖

序号	项目名称	主要完成单位	主要完成人
1	超高模量对位芳纶制备关键技术研发	中国石化仪征化纤有限责任公司	王　芳、左　帅、梁　园、邓　飞、兰祎天、龚柳柳
2	基于纳米分散技术原液着色抗菌抗病毒多功能聚酯纤维开发与产业化	南通大学、新凤鸣集团湖州中石科技有限公司、旷达纤维科技有限公司、苏州大学、桐乡市中辰化纤有限公司	徐思峻、胡兴其、吴双全、沈　虹、陈宇岳、张德锁
3	组织修复用神经导管及血管制备的关键技术及产业化	东华大学、天新福（北京）医疗器材股份有限公司	莫秀梅、孙冰冰、吴　桐、孙彬彬、朱同贺、张　伟
4	低温反应型卤胺化合物抗菌改性棉织物关键技术研发及其产业化	江南大学、武汉纺织大学、江苏联发纺织股份有限公司、江苏联发高端纺织技术研究院	任学宏、陈　森、刘　颖、栗志广、向中林、刘　萍

二、科技进步奖

具体获奖项目名单见表3、表4。

表3 壹等奖

序号	项目名称	主要完成单位	主要完成人
1	阶梯释捻平衡纱牛仔面料制备关键技术及产业化	广东前进牛仔布有限公司、东华大学、忠华集团有限公司、光山白鲨针布有限公司	覃小红、王黎明、王宗文、凌海娟、张　泽、张弘楠、张世娟、汪去病、李欣欣、权震震、程　锋、易升水、张永钢、张　斌、卢姣艳

续表

序号	项目名称	主要完成单位	主要完成人
2	高强聚酰胺66工业丝连续聚合多头直纺技术开发及产业化应用	神马实业股份有限公司、中国纺织科学研究院有限公司、浙江理工大学、中国化工集团曙光橡胶工业研究设计院有限公司、三橡股份有限公司、华东理工大学	张电子、王安乐、吕文娟、吕汪洋、段文亮、仵 晓、李鹏翔、赵二伟、吴鹏飞、王继泽、苏长艳、奚桢浩、陆恒玉、崔华帅、袁晓明
3	基于十万吨级生产线无机/有机复合阻燃纤维素纤维技术集成研究	潍坊欣龙生物材料有限公司、青岛大学、恒天海龙（潍坊）新材料有限责任公司	夏延致、赵黎明、全凤玉、王兵兵、马君志、刘建华、纪 全、田 星、周伟东、娄善好、李昌垒、党良虎、周升明、孙 涛、彭新科
4	聚酰亚胺纤维的颜色构建及系列产品开发	东华大学、江苏奥神新材料股份有限公司、武汉纺织大学、江苏新视界先进功能纤维创新中心有限公司、际华集团股份有限公司	张清华、王士华、曹根阳、陶明东、赵 昕、郭 涛、董 杰、王玉萍、夏前军、苗 岭、夏东晓、潘 虹、李琇廷、陈 斌、柳 玮
5	纳米复合生物活性多功能纤维产业化关键技术开发与应用	百事基材料（青岛）股份有限公司、东华大学、青岛即发集团股份有限公司、青岛百草新材料股份有限公司、中科纺织研究院（青岛）有限公司、江苏集萃先进纤维材料研究所有限公司、中国纺织工程学会	相恒学、黄效华、朱丽萍、单新伟、伏广伟、周家良、池 姗、孙丕谆、刘彦明、刘 翠、胡泽旭、侯 恺、甄 丽、穆伟华、王瑞玲
6	高性能多元耦合织物预制体集成设计与整体成型关键技术及应用	天津工业大学、航天材料及工艺研究所、天津工大航泰复合材料有限公司	陈 利、王俊山、张一帆、焦亚男、谢军波、张敬义、李新涛、姜 茜、孙 颖、张国利、刘梁森、刘 谦、耿 伟、陈光伟、吴 宁
7	微创介入人工血管覆膜关键技术与产业化	东华大学、脉通医疗科技（嘉兴）有限公司、复旦大学附属中山医院、台州恩泽医疗中心（集团）浙江省台州医院	王富军、马晓曼、林 婧、王 璐、李超婧、关国平、董智慧、赵文军、李 彦、邹 婷、符伟国、陈 光、刘星星、朱高伟、胡冰清
8	织物型聚苯硫醚水电解隔膜关键制备技术与产业化应用	天津工业大学、中国原子能科学研究院、天津市大陆制氢设备有限公司、苏州金泉新材料股份有限公司、重庆普力晟新材料有限公司、海宁昱品环保材料有限公司、山东恒丰新型纱线及面料创新中心有限公司、天津津纶新材料科技有限公司	李振环、庄旭品、胡石林、程博闻、单明景、李新荣、付 刚、张马亮、鞠敬鸽、许 卫、李晓东、李 跃、樊海彬、夏 磊

续表

序号	项目名称	主要完成单位	主要完成人
9	涤纶织物"闪染"免水洗关键技术及成套装备产业化	连云港鹰游新立成纺织科技有限公司、江南大学、武汉理工大学、苏州世名科技股份有限公司、江苏鹰游纺机有限公司	张国良、孙素梅、付少海、张斯纬、冯　杨、胡业发、张　毅、张建国、周恒香、吕仕铭、张桂珍、杜长森、徐亚飞、赖晶岩、关　云
10	棉织物印染废水深度处理与强碱和水的再生利用技术	青岛大学、愉悦家纺有限公司、江苏元捷环境科技有限公司、山东黄河三角洲纺织科技研究院有限公司、天津工业大学	王玉平、房宽峻、张国清、王　栋、高志超、范全城、刘秀明、林　凯、李雷雷、张　磊、贺佩芝、高洪国、常景新、刘玉杰、申春苗
11	特宽幅丝绸平幅染整工艺技术及成套装备产业化	淄博大染坊丝绸集团有限公司、浙江理工大学、浙江理工大学湖州研究院有限公司、山东中康国创先进印染技术研究院有限公司、现代纺织技术创新中心（鉴湖实验室）	刘国金、陈　鲁、钟　华、魏庆刚、于　斌、于兴建、李祥龙、钱　淼、周　岚、刘高峰、邵建中、杜国栋、韩耀攀、王兴梁、张宏鲁
12	超大隔距智能化双针床经编装备关键核心技术及其应用	东华大学、常州市赛嘉机械有限公司、浙江明士达股份有限公司、福建思嘉环保材料科技有限公司	陈南梁、陈忠英、邵慧奇、江　飞、朱静江、林生雄、陈　逸、蒋金华、邵光伟、郝恩全、蒋石生、刘燕平、李宏杰、何超金、董胜利
13	千吨级大丝束碳纤维成套装备关键技术研发及产业化	浙江精功科技股份有限公司、浙江理工大学、吉林化纤集团有限责任公司	金越顺、傅建根、胡旭东、吴海祥、卫国军、倪建勋、宋德武、吴震宇、张鹏铭、韩宝灯、陈建林、傅春锋、吴钟翔、金振锋、周德明
14	一次成型纺织双面数码印花技术、装备及应用	沈阳飞行船数码喷印设备有限公司、达利丝绸（浙江）有限公司、浙江理工大学绍兴柯桥研究院有限公司、浙江理工大学	王　辉、林　平、王成龙、陈　军、于　涛、陈艳君、赵淑慧、张金珍、梁　健、郑今欢、强　健、李捷新、王瀚庆、丁圆圆、杨正平

表4　贰等奖

序号	项目名称	主要完成单位	主要完成人
1	纯棉特高支纱线高密织物生产关键技术及应用	无锡一棉纺织集团有限公司、江南大学	周晔珺、蔡　赟、季　承、高卫东、缪梅琴、许海燕、王静安、范雪荣、丁建英、阚新荣

续表

序号	项目名称	主要完成单位	主要完成人
2	冬奥制服多功能起绒面料的开发及产业化研究	上海嘉麟杰纺织科技有限公司、北京服装学院、浙江理工大学、东华大学、杭州医学院、上海嘉麟杰纺织品股份有限公司	王怀峰、王越平、徐定华、张佩华、葛美宝、王俊丽、杨世滨、何国英、李秋宇、夏　磊
3	高保形针织衬衫面料加工关键技术及产业化	鲁泰纺织股份有限公司、江南大学、武汉纺织大学	蒋高明、万爱兰、吕　伟、杜立新、丛洪莲、周章范、贾云辉、夏良君、卢光明、王怡怡
4	高比例短纤维超柔牛仔纱线关键技术的研发及产业化应用	湖南云锦集团股份有限公司、武汉纺织大学	刘可帅、范雯虹、李　杰、许　多、罗安泰、贺定军、陈昃希、肖金发、吴文静、冷景钢
5	基于蚕桑原料可控的茧丝绸全产业链的系统集成关键技术及产业化	浙江理工大学、浙江凯喜雅国际股份有限公司、桐乡市易德纺织有限公司、湖州美新数码印花有限公司、嘉兴金凯悦针织面料有限公司	余厚咏、李　鹏、陈雪飞、Somia Yassin Hussain Abdalkarim 吴美琴、周卫忠、于倩倩、李光谋、朱森波
6	莱赛尔纤维高支、高强化赛络纺包芯纱及织物加工关键技术与产业化	浙江鑫海纺织有限公司、福建新华源纺织集团有限公司、东华大学、福州市佳宇纺织器材有限公司	黄莉茜、陈　文、邱海斌、张瑞云、刘显煜、杜卫星、包翔飞、谢云利、杨　娟、龚倩倩
7	色纺短流程染色与柔性纺纱关键技术及产业化	汶上如意技术纺织有限公司、东华大学、宁夏如意科技时尚产业有限公司、安徽宿州润达纺织（集团）有限公司	陈　超、王　妮、王　强、纵玉华、张瑞云、孔冬青、张　宇、高志国、韩庆帅、鲁建波
8	提高梳理和成纱质量的关键技术及应用	辽东学院、光山白鲨针布有限公司、福建新华源纺织集团有限公司	曹继鹏、张永钢、陈　文、张明光、陈玉峰、韩贤国、谢云利、刘显煜、于学智、张　泽
9	直径及捻度大幅度变化的纱线和产品智能化生产关键技术与产业化	山东联润新材料科技有限公司、江南大学、安踏（中国）有限公司、山东联润色纺科技有限公司	陈启升、苏旭中、赖宇坤、李　蔚、刘新金、钟　军、张书峰、谢春萍、朱　培、赵永霞

续表

序号	项目名称	主要完成单位	主要完成人
10	差别化功能聚乳酸纤维的制备技术与产业化	江苏富之岛美安纺织品科技有限公司、南通大学、上海德福伦新材料科技有限公司	潘刚伟、张　冲、陆育明、顾惠琴、赵志鹏、刘春燕、周黄捷、顾丽群、张　璐、李宁宁
11	超纤合成革的原料分离回用和功能涂层构筑的关键技术及产业化	禾欣可乐丽超纤皮（嘉兴）有限公司、浙江理工大学、浙江禾欣科技有限公司、浙江理工大学绍兴柯桥研究院有限公司、浙江禾欣新材料有限公司	钟　齐、张军锋、徐华伟、沈连根、徐一刿、石　磊、戚栋明、黄志超、张继刚、沈跃风
12	大直径功能聚合物单丝关键技术研究及应用	南通新帝克单丝科技股份有限公司、南通大学、江南大学、四川大学、信泰（福建）科技有限公司	马海燕、季　涛、马丕波、雷　军、许金升、李　红、马海军、邵小群、高　强、徐　燕
13	防护用高性能纳米纤维膜制备关键技术及产品应用	江苏新视界先进功能纤维创新中心有限公司、北京化工大学、新材料与产业技术北京研究院、大连瑞光非织造布集团有限公司	张　林、巨安奇、谭　晶、谷冬昭、王国建、李好义、赵　润、杨卫民、宗宪波、李佳根
14	高效低耗莱赛尔纤维生产技术及产品开发	唐山三友集团兴达化纤有限公司、唐山三友远达纤维有限公司、江苏新视界先进功能纤维创新中心有限公司	王春生、么志高、郑柏山、刘　勇、张东斌、张　林、周殿朋、杜占军、彭宴星、徐潇源
15	汽车顶棚、立柱经编专用原液着色涤纶长丝研发及产业化	江苏欣战江纤维科技股份有限公司、东华大学	顾建华、夏于旻、童维红、李　兵、李　众、黄铄涵、王燕萍、高　翔
16	碳纤维上浆剂的研发与产业化	北京中纺海天新材料技术有限公司、烟台中纺海天化学制品有限公司	徐文毅、于　鸿、白桂增、李新通、房　娜、张翠竹、祝　斌、马桂玲、郭瑞彦、张　方
17	铜系抗菌防霉驱螨纤维工业化技术开发及应用	中国纺织科学研究院有限公司、浙江金彩新材料有限公司、凯泰特种纤维科技有限公司、中纺院（天津）科技发展有限公司、北京中纺优丝特种纤维科技有限公司	焦红娟、孙　侠、李　睿、张堂俊、郑晓頔、丁利忠、许志强、王　勇、张　莹、刘建立

续表

序号	项目名称	主要完成单位	主要完成人
18	纤维用高可纺性聚酯功能色母粒开发关键技术及产业化应用	苏州宝丽迪材料科技股份有限公司、东华大学、苏州大学、上海朗亿功能材料有限公司、上海工程技术大学、江苏国望高科纤维有限公司	吉　鹏、徐毅明、谢　伟、王华平、张翠竹、于金超、江振林、唐晓峰、梅　锋、杨军辉
19	超柔软亲水非织造布制备关键技术研究及产品开发	广东必得福医卫科技股份有限公司、浙江朝隆纺织机械股份有限公司、东华大学	邓伟添、陈立东、靳向煜、邓伟雄、李孙辉、陈文杰、董玉洁、陈飞宇、刘万军、吴海波
20	低强高透磁性功能纺织品关键技术及新产品研发	青岛大学、山东康汇健康科技有限公司、山东省纺织科学研究院、潍坊佳诚数码材料有限公司、烟台明远创意生活科技股份有限公司、山东安然纳米实业发展有限公司	田明伟、杨　琳、李冠志、陈韶娟、付晓东、张永成、王　航、曲丽君、王冰心、周绚丽
21	高蓬松弹性抗菌聚丙烯双组分纺粘非织造材料的研究及产业化	恒天嘉华非织造有限公司、武汉纺织大学	曹仁广、张如全、邓连华、张帅杰、李晓军、曾静雯、黄菁菁、朱波涛、张　明、张植民
22	高品质聚烯烃纤维湿法非织造布基碱性电池隔膜研究与产业化开发	河南科高辐射化工科技有限公司、河南新太行电源股份有限公司、中原工学院、河南科高新材料有限公司	崔国士、赵红英、束兴娟、宋海峰、张　恒、崔　攀、杨忠祥、马　翔、彭英杰、宋红岩
23	高品质熔喷非织造材料及其防护口罩质量控制关键技术	浙江省轻工业品质量检验研究院、建德市朝美日化有限公司、浙江省计量科学研究院、浙江理工大学、浙江理工大学湖州研究院有限公司	叶翔宇、林焰峰、朱怀球、朱斐超、潘孙强、楼才英、林锦祥、于　斌、陈哲敏、朱丽平
24	管状纺织复合材料关键制造技术及其非开挖管道修复工程应用	天津工业大学、北京北燃环能工程科技有限公司、天津安纳赛能源科技有限公司、南通醋酸纤维有限公司	张淑洁、曹国权、吕汉明、高志涛、刘　雍、王春红、伏立松、张　丽、李婷婷、荆梦轲
25	航空发动机热结构用碳化硅纤维预成型体设计、调控、制备及应用	中国航空制造技术研究院、江南大学、宜兴市新立织造有限公司	邱海鹏、张典堂、宗　晟、谢巍杰、王　岭、钱　坤、伍立立、王晓猛、朱亚楠、王晓旭

续表

序号	项目名称	主要完成单位	主要完成人
26	皮芯结构双组分两步法高性能非织造材料柔性工艺装备及应用研发	南通大学、扬州阿特兰新材料有限公司、盐城工学院	李大伟、张　伟、刘水平、马　强、喻小华、付译鋆、张海峰、张　瑜、郭　玮
27	太空个体防护用纺织织物关键技术及应用	成都海蓉特种纺织品有限公司、上海市纺织科学研究院有限公司、武汉纺织大学	吴　英、李　峰、李　猛、王罗新、肖　雷、李仲暄、李颖君、兰红艳、刘洪静、尚　坤
28	铁路客车碳纤维转向架摇枕安全吊一体化成型关键技术研发及产业化	连云港神鹰复合材料科技有限公司、武汉理工大学	尚武林、罗明丰、龙　浩、周恒香、张斯纬、朱龙超、崔文宇、葛海涛、王　娣、张锦光
29	UHMWPE差别化纤维及个体防刺防割纺织品产业化技术开发	中纺院（浙江）技术研究院有限公司、中国纺织科学研究院有限公司、江苏九九久科技有限公司、江苏九州星际高性能纤维制品有限公司、河南邦维高科新材料科技有限公司、江苏神鹤科技发展有限公司	崔桂新、方虹天、王国建、周新基、朱金唐、张小云、李俊玲、胡容霞、牛艳丰、杨婷婷
30	微纳交叠医用防护材料的非溶相共混熔喷制备关键技术及产业化	中原工学院、上海盈兹无纺布有限公司、河南亚都实业有限公司、河南驼人贝斯特医疗器械有限公司、苏州多瑈新材料科技有限公司、郑州豫力非织造材料有限公司	张　恒、胡俊杰、李　霞、甄　琪、崔景强、韩立涛、宋卫民、薛　钦、张一风
31	新型柔性防刺材料关键技术开发及产业化	东华大学、苏州高甲防护科技有限公司、江苏东润安全科技有限公司、嘉兴翔翌复合材料有限公司	王新厚、谢正权、陈长洁、姜　华、孙晓霞、李志民、李卫东、李桂林、路　帆
32	棉织物无氟易去污—免烫—超级增白多功能整理关键技术及产业化	鲁丰织染有限公司、青岛大学、鲁泰纺织股份有限公司、传化智联股份有限公司	张战旗、谢汝义、许秋生、王　辉、王浩然、吕文泉、邢成利、王胜鹏、王德振、郝龙云
33	生态型多功能一体化水性聚氨酯研制关键技术及纺织领域产业化应用	常熟理工学院、辽宁恒星精细化工有限公司、丹东优耐特纺织品有限公司	陆　鑫、唐　丽、王　薇、鞠　镭、杨　青、张迎春、尹丽馨、倪成涛、陈剑冰、荣　星

续表

序号	项目名称	主要完成单位	主要完成人
34	印染行业废水资源化利用及互联网在线监控关键技术与应用	天津工业大学、浙江津膜环境科技有限公司	王海涛、常　娜、许以农、刘　瑞、邵　伟、贾彦军、阿如汗、张　侃、李泽东
35	有机-无机微纳米无氟防水整理剂制备与应用技术	北京中纺化工股份有限公司、江南大学、青岛大学、天津工业大学、辽宁宏丰印染有限公司、四川意龙科纺集团股份有限公司、高青如意纺织有限公司	李瀚宇、杜金梅、李　翔、刘秀明、张春明、吴　杨、刘太东、马海涛、李英超、王鸿博
36	JWF1580超长智能型细纱机	经纬智能纺织机械有限公司、魏桥纺织股份有限公司	王建根、谈　叡、叶　景、张玉清、贾　磊、段建芳、高延忠、宋　臣、郭金燕、田雅萍
37	超高效牦牛绒联合分梳系统装备	武汉纺织大学、青岛嘉源纺织机械有限公司、宁夏联权绒业开发有限公司、西藏圣信工贸有限公司、青海唐古拉科技有限公司、河南光山白鲨针布有限公司	李　毅、陈　悟、王福民、王文兵、拉巴赤列、张林斌、张永刚
38	多组织无缝换接鞋面机及智能装备产业化	浙江丰帆数控机械有限公司、浙江理工大学	付洪平、刘宜胜、陈德伟、石　琳、傅建新、谢李平、卓可煌、张智爵、黄永森、陈　柳
39	纺织面料3D增材印花智能装备技术与系统	东华大学、福建屹立智能化科技有限公司、福建华峰新材料有限公司	李培波、郗欣甫、李天源、孙志军、颜　梦、于远志、贺　阳、陈玉洁、张玉井、闫红霞
40	高档衬布生产全流程疵点检测系统与智能化专用定形机的研发及应用	维柏思特衬布（南通）有限公司、苏州大学、江苏海大纺织机械股份有限公司、苏州佳赛特智能科技有限公司	何志勇、沈　荣、张　弘、孙立宁、陈丽洁、林　嵩、袁天华、翁桂荣、张　忍、钱　森
41	高速高杂智能化水刺法非织造布成套装备	恒天重工股份有限公司、河南立新工业装备有限公司、河南煜东信息科技有限公司、中原工学院	吕宏斌、康桂田、汤水利、翟江波、闫昱初、王晓雨、周世勇、张　恒、杨国全、张九零

续表

序号	项目名称	主要完成单位	主要完成人
42	高效短流程帘子线装备及智能生产系统	宜昌经纬纺机有限公司、武汉纺织大学、山东海龙博莱特化纤有限责任公司	聂　俭、徐　巧、张丕华、张　明、吴　磊、赵连勇、潘　松、刘娅娥、张智明、黄　清
43	高性能柔性复合材料智能裁切关键技术开发及产业化	上海百琪迈科技（集团）有限公司、PGM SYSTEM LIMITED	袁小燕、刘桥生、Lorenzo Riva、Gu Xiaojun、袁　博、冯坚栋、蔡　超、李　红、洪婉佳、陈祎婧
44	家纺床品高效短流程关键技术及应用	山东魏桥嘉嘉家纺有限公司、东华大学、浙江衣拿智能科技股份有限公司、杭州中服科创研究院有限公司、山东魏桥纺织科技研发中心有限公司	张　洁、张艳红、宋海英、徐楚桥、张红梅、张　朋、吕治家、王晓燕、吕　新、张兴坤
45	全流程印染过程数字化控制技术研究与应用示范	华纺股份有限公司、滨州华纺工程技术研究院有限公司、滨州华创网络科技有限公司	盛守祥、李春光、王国栋、吕建品、赵奇生、于　剑、刘宝图、刘国锋、于诗辉、薛建成
46	全自动落筒高速假捻变形装备的关键技术开发及产业化	无锡宏源机电科技股份有限公司	孙　斌、莫　晨、何小明、钱爱梅、张洪琪、杨　琴、史理娥、苏　甦、钱怡君、朱文骏
47	智能化高档剑杆织机的研发及其产业化	山东日发纺织机械有限公司	何旭平、孙庆军、王方昌、魏　涛、赵兴运、吕士贵、王　鹏、张争取、赵焕云、李晓红
48	智能型自动落纱粗纱机	天津宏大纺织科技有限公司	张淑红、邢承凤、许丽珍、刘海荣、冯广轩、彭　健、李玉兰、肖志永、裴玉明、王　玥
49	埃塞俄比亚中资纺织服装企业可持续发展能力研究	中国纺织信息中心	陈大鹏、乔艳津、阎　岩、梁晓晖、王　静、郑　剑、刘　卉、王　霄、胡发祥、张　彤

续表

序号	项目名称	主要完成单位	主要完成人
50	GB 50514—2020《非织造布工厂技术标准》	上海纺织建筑设计研究院有限公司、恒天重工股份有限公司、江苏蓝天环保集团股份有限公司、东华大学、宏大研究院有限公司、常熟市伟成非织造成套设备有限公司	金平良、林光华、亓国红、黄　晨、崔渊文、廖用和、王利君、朱　佳、甄　金、陈鹏飞
51	ISO 21046：2018 丝　蚕丝纱线纤度试验方法	浙江丝绸科技有限公司、苏州大学、杭州海关技术中心、中纺标检验认证股份有限公司、成都海关技术中心	许建梅、伍冬平、徐　进、斯　颖、蒋小葵、周　颖、潘璐璐
52	ISO 22992—2：2020 纺织品中三氯生残留量的测定	中纺标检验认证股份有限公司、长春海关技术中心、深圳市检验检疫科学研究院、山东中康国创先进印染技术研究院有限公司	斯　颖、李爱军、谢堂堂、林君峰、李卫东
53	纺织产品与纺织用染化料助剂限用物质清单标准化研究	上海天祥质量技术服务有限公司、天祥（天津）质量技术服务有限公司、绍兴市质量技术监督检测院、广东德美精细化工集团股份有限公司、浙江闰土股份有限公司、浙江博澳新材料股份有限公司、深圳天祥质量技术服务有限公司广州分公司	王建平、于　涛、吴　岚、邓东海、陈素娟、温卫东、鲍国芳、林　立、顾伟娣、王国建
54	纺织品耐光色牢度试验仪器校准方法研究及应用	福建省纤维检验中心	邓力生、阮鸣梁、朱　峰、王梅芬、陈汉龙、刘远斌
55	新型高性能纺织纤维定性定量检测技术及标准的研究与应用	福建省纤维检验中心、中纺标检验认证股份有限公司、福建福能南纺卫生材料有限公司、利郎（中国）有限公司、福建长源纺织有限公司	刘　贵、章　辉、田晓蕊、张焕然、潘行星、李　玲、黄族健、叶谋锦、陈明宏、郭光振

三、特别贡献奖（桑麻学者）

具体获奖名单见表5（排名不分先后，按姓名拼音顺序）。

表5　特别贡献奖（桑麻学者）名单

序号	姓名	工作单位
1	房宽峻	青岛大学
2	高卫东	江南大学
3	梅顺齐	武汉纺织大学
4	覃小红	东华大学

《关于化纤工业高质量发展的指导意见》

工信部联消费〔2022〕43号

各省、自治区、直辖市及计划单列市、新疆生产建设兵团工业和信息化、发展改革主管部门：

化纤工业是纺织产业链稳定发展和持续创新的核心支撑，是国际竞争优势产业，也是新材料产业重要组成部分。为贯彻落实《中华人民共和国国民经济和社会发展第十四个五年规划和2035年远景目标纲要》《"十四五"制造业高质量发展规划》有关要求，推动化纤工业高质量发展，形成具有更强创新力、更高附加值、更安全可靠的产业链供应链，巩固提升纺织工业竞争力，满足消费升级需求，服务战略性新兴产业发展，现提出以下意见：

一、总体要求

（一）指导思想

坚持以习近平新时代中国特色社会主义思想为指导，全面贯彻党的十九大和十九届历次全会精神，完整、准确、全面贯彻新发展理念，以高质量发展为主题，以深化供给侧结构性改革为主线，以科技创新为动力，以满足纺织工业和战略性新兴产业需要为目的，统筹产业链供应链的经济性和安全性，加快关键核心技术装备攻关，推动产业高端化智能化绿色化转型，实现高质量发展。

（二）基本原则

创新驱动，塑造优势。坚持创新在化纤工业发展中的核心地位，面向科技前沿、面向消费升级、面向重大需求，完善创新体系，塑造纺织工业发展新动能、新优势。

优化结构，开放合作。优化区域布局，加强国际合作，推进数字化转型，依法依规淘汰落后产能和兼并重组，培育龙头企业，促进大中小企业融通发展，巩固提升产业竞争力。

绿色发展，循环低碳。坚持节能降碳优先，开展绿色工厂、绿色产品、绿色供应链建设，加强废旧资源综合利用，扩大绿色纤维生产，构建清洁、低碳、循环的绿色制造体系。

引领纺织，服务前沿。增加优质产品供给，优化高性能纤维生产应用体系，培育纤维知名品牌，拓展纤维应用领域，从原料端引领纺织价值提升，服务战略性新兴产业发展。

（三）发展目标

到2025年，规模以上化纤企业工业增加值年均增长5%，化纤产量在全球占比基本稳定。创新能力不断增强，行业研发经费投入强度达到2%，高性能纤维研发制造能力满足国家战略需求。数字化转型取得明显成效，企业经营管理数字化普及率达80%，关键工序数控化率达80%。绿色制造体系不断完善，绿色纤维占比提高到25%以上，生物基化学纤维和可降解纤维材料产量年均增长20%以上，废旧资源综合利用水平和规模进一步发展，行业碳排放强度明显降低。形成一批具备较强竞争力的龙头企业，构建高端化、智能化、绿色化现代产业体系，全面建设化纤强国。

二、提升产业链创新发展水平

（一）筑牢创新基础

打通理论研究、工程研发、成果转化全链条，形成企业为主体、市场为导向、产学研深度融合的科技创新体系。发挥高校、科研院所原始创新主力军作用，开展前瞻性纤维材料研究。增强国家级、省级先进功能纤维创新中心服务能力及企业技术中心创新能力。加强关键装备、关键原辅料技术攻关，推动生物基化纤原料、煤制化纤原料工艺路线研究和技术储备，增强产业链安全稳定性。

（二）优化区域布局

落实区域发展战略，在符合产业、能源、环保等政策前提下，鼓励龙头企业在广西、贵州、新疆等中西部地区建设化纤纺织全产业链一体化基地，与周边国家和地区形成高效协同供应链体系。引导化纤企业参与跨国产业链供应链建设，鼓励企业完善全球产业链布局。

（三）培育优质企业

鼓励企业通过兼并重组优化生产要素配置，加快业务流程再造和技术升级改造。支持龙头企业集聚技术、品牌、渠道、人才等优质资源，增强供应链主导力，为服装、家纺、产业用纺织品行业提供共性技术输出和产业链整体解决方案。促进大中小企业融通发展，培育专精特新“小巨人”企业和单项冠军企业。

三、推动纤维新材料高端化发展

（一）提高常规纤维附加值

实现常规纤维高品质、智能化、绿色化生产，开发超仿真、原液着色等差别化、功能性纤维产品，提升功能纤维性能和品质稳定性，拓展功能性纤维应用领域，推进生物医用纤维产业化、高端化应用。加强生产全流程质量管控，促进优质产品供给，满足消费升级和个性化需求。

（二）提升高性能纤维生产应用水平

提高碳纤维、芳纶、超高分子量聚乙烯纤维、聚酰亚胺纤维、聚苯硫醚纤维、聚四氟乙烯纤维、连续玄武岩纤维的生产与应用水平，提升高性能纤维质量一致性和批次稳定性。进一步扩大高性能纤维在航空航天、风力和光伏发电、海洋工程、环境保护、安全防护、土工建筑、交通运输等领域应用。

专栏1 纤维高效柔性制备和品质提升

1.纤维高效柔性制备技术装备提升。突破功能纤维原位聚合、多组分高比例共聚、在线添加及高效柔性化纺丝以及锦纶6熔体直接纺丝成形等技术，提升纳米纤维宏量制备、智能纤维设计制备水平。

2.差别化、功能性品种开发。开发新型功能性聚酯、高品质化学单体及超仿真、阻燃、抗菌抗病毒、导电、相变储能、温控、光致变色、原液着色、吸附与分离、生物医用等功能性纤维品种。

3.关键材料辅料助剂研发。研发功能纤维用关键材料、辅料以及阻燃剂、改性剂、母粒、催化剂、油剂等添加剂。

专栏2 高性能纤维关键技术突破和高效低成本生产

1.高性能碳纤维。攻克48K以上大丝束、高强高模高延伸、T1100级、M65J级碳纤维制备技术，突破高精度计量泵、喷丝板、牵伸机、收丝机、宽幅预氧化炉、高低温碳化炉、宽口径石墨化炉等装备制造技术，研发自动铺放成型和自动模压成型等复合材料工艺技术装备，开发碳纤维复合材料修补及再利用技术。

2.芳纶。研发对位芳纶原料高效溶解、纺丝稳定控制、高温热处理、溶剂回收等关键技术，大容量连续聚合、高速纺丝、高稳定高速牵引、牵伸等设备制造技术。攻克间位芳纶纤维溶剂体系、纺丝原液高效脱泡、高速纺丝等关键技术，开发高强、高伸长间位芳纶产业化技术。

3.其他高性能纤维。提升耐热、抗蠕变、高强度、高耐切割、耐腐蚀、耐辐射超高分子量聚乙烯纤维，细旦、异形截面聚苯硫醚纤维，细旦、防火防核用聚酰亚胺纤维等生产技术水平。突破芳香族聚酯纤维、聚对苯撑苯并二噁唑纤维、聚醚醚酮纤维等单体合成与提纯、高速稳定纺丝等关键技术。开发玄武岩纤维规模化池窑、多品种差异化浸润剂等技术装备，研发第三代连续碳化硅纤维制备技术，突破氧化铝纤维、硅硼氮纤维、氧化锆纤维等制备关键技术。

4.高性能纤维创新平台。推进高性能纤维及复合材料创新平台建设，围绕高性能纤维及复合材料行业共性关键技术和工程化问题，形成基础化工原材料—高性能纤维/高性能聚合物—复合材料及制品成型加工—产品检测及评价—产品应用的全产业链。

专栏3 生物基化学纤维和可降解纤维材料技术攻关与产业化

1.生物基化学纤维原料。突破莱赛尔纤维专用浆粕、溶剂、交联剂以及纤维级1,3—丙二醇、丁二酸、1,4—丁二醇、呋喃二甲酸、高光纯丙交酯等生物基单体和原料高效制备技术。

2.生物基化学纤维。提升莱赛尔纤维、聚乳酸纤维、生物基聚酰胺纤维、对苯二甲酸丙二醇酯纤维、聚呋喃二甲酸乙二醇酯纤维、海藻纤维、壳聚糖纤维等规模化生产关键技术。研究离子液体溶剂法（ILS法）、低温尿素法等纤维素纤维绿色制造技术。

3.可降解纤维材料。攻克PBAT（己二酸丁二醇酯和对苯二甲酸丁二醇酯共聚物）、PBS（聚丁二酸丁二酯）、PHBV（聚羟基丁酸戊酸酯）、FDCA基聚酯（呋喃二甲酸基聚酯）、PHA（聚羟基脂肪酸酯）、PCL（聚己内酯）等制备技术。有序开展聚3—羟基烷酸酯（PHA）、聚丁二酸丁二醇—共—对苯二甲酸丁二醇酯（PBST）等材料产业化推广应用。

（三）加快生物基化学纤维和可降解纤维材料发展

提升生物基化学纤维单体及原料纯度，加快稳定、高效、低能耗成套技术与装备集成，实现规模化、低成本生产。支持可降解脂肪族聚酯纤维等可降解纤维材料关键技术装备攻关，突破原料制备和高效聚合反应技术瓶颈，加强纤维可降解性能评价，引导下游应用。

四、加快数字化智能化改造

（一）加强智能装备研发应用

推进大集成、低能耗智能物流、自动落筒、自动包装等装备研发及应用，提升纤维自动化、智能化生产水平。加快涤纶加弹设备自动生头装置及在线质量监测系统的研发及应用，提高涤纶、氨纶、锦纶的纺丝、卷绕装备智能化水平。

（二）推进企业数字化转型

推动人工智能、大数据、云计算等新兴数字技术在化纤企业的应用，提升企业研发设计、生产制造、仓储物流等产业链各环节数字化水平。应用数字技术打通企业业务流程、管理系统和供应链数据，实现组织架构优化、动态精准服务、辅助管理决策等管理模式创新，提升企业经营管理能力。

（三）开展工业互联网平台建设

鼓励重点企业打造主数据、实时数据、应用程序、标识解析、管理信息系统、商务智能一体化集成的工业互联网平台，支撑企业数字化转型与产业链现代化建设。推动产业链上下游企业通过工业互联网平台实现资源数据共享，加强供需对接，促进全产业链协同开发和应用。

五、推进绿色低碳转型

（一）促进节能低碳发展

鼓励企业优化能源结构，扩大风电、光伏等新能源应用比例，逐步淘汰燃煤锅炉、加热炉。制定化纤行业碳达峰路线图，明确行业降碳实施路径，

专栏4 智能制造协同创新与系统化解决方案

1.构建智能制造标准体系。开展化纤工业智能装备、互联互通、智能车间、智能工厂等标准研究制定，优先在涤纶、锦纶、氨纶、再生纤维素纤维、再生涤纶等行业加强智能制造标准体系建设。

2.提升智能制造关键技术水平。提升智能原料配送、智能丝饼管理、生产数据分析、智能立体仓库等技术水平。提升三维设计与建模、数值分析、工艺仿真、产品生命周期管理（PLM）、集散式控制（DCS）、制造执行（MES）、企业资源管理（ERP）、数据采集与视频监控（SCADA）等工业控制软件和系统水平。

3.提高智能化服务水平。采用云服务、智能分析等技术，收集分析客户反馈信息，在解决客户问题的同时，反馈并指导企业改善产品设计、生产、销售等环节，提高客户满意度。

加大绿色工艺及装备研发，加强清洁生产技术改造及重点节能减排技术推广。加快化纤工业绿色工厂、绿色产品、绿色供应链、绿色园区建设，开展水效和能效领跑者示范企业建设，推动碳足迹核算和社会责任建设。

（二）提高循环利用水平

实现化学法再生涤纶规模化、低成本生产，推进再生锦纶、再生丙纶、再生氨纶、再生腈纶、再生黏胶纤维、再生高性能纤维等品种的关键技术研发和产业化。推动废旧纺织品高值化利用的关键技术突破和产业化发展，加大对废旧军服、校服、警服、工装等制服的回收利用力度，鼓励相关生产企业建立回收利用体系。

（三）依法依规淘汰落后

严格能效约束，完善化纤行业绿色制造标准体系，依法依规加快淘汰高能耗、高水耗、高排放的落后生产工艺和设备，为优化供给结构提供空间。加大再生纤维素纤维（黏胶）行业和循环再利用化学纤维（涤纶）行业规范条件的落实力度，开展规范公告，严格能耗、物耗、环保、质量和安全等要求。

六、实施增品种提品质创品牌“三品”战略

（一）优化供给结构

以技术为核心，以需求为导向，开发性能和品质优异的产品，为消费者提供个性化、时尚化、功能化、绿色化产品，持续扩大中高端产品有效供给。开展纤维流行趋势研究和发布，向下游企业和消费者推广技术含量高、市场潜力好的纤维新品种。推广再生化学纤维、生物基化学纤维、原液着色化学纤维等绿色纤维，引导绿色消费。

（二）强化标准支撑

加快功能性、智能化、高技术纤维材料领域的标准制定，支撑行业品种、品质和品牌提升。完善国标、行标、团标、企标协调发展的化纤标准体系，充分发挥团体标准引导产业发展、激发创新活

专栏5 绿色制造和循环利用

1.推广清洁生产技术与装备。推广聚酯装置余热利用技术，PTA余热发电技术，再生纤维素纤维生物法低浓度废气处理技术，再生纤维素纤维生产—回收碱液及提取半纤维素技术，锦纶–6、锦纶长丝、干法氨纶节能减排技术。推进生产技术密闭化、连续化、自动化，有机溶剂减量化。推广使用低（无）VOCs含量原辅材料，提升污染治理水平。

2.突破循环利用技术。开展废旧纺织品成分识别及分离研究，提升丙纶、高性能纤维回收利用关键技术，突破涤纶、锦纶化学法再生技术，腈纶、氨纶再生技术，棉/再生纤维素纤维废旧纺织品回收和绿色制浆产业化技术。推进瓶片直纺再生涤纶长丝高品质规模化生产。

3.建设绿色制造体系。鼓励纺纱、织造、服装、家纺等产业链下游企业参与绿色纤维制品认证，推进绿色纤维制品可信平台建设，提升绿色纤维供给数量和质量。培育一批绿色设计示范企业、绿色工厂标杆企业和绿色供应链企业。

力的作用。加强标准化人才队伍培养，提升企业从纤维到面料（复合材料）直至终端制品的标准研制和检测能力。推进国际标准化工作，推动技术、标准和认证体系的国际合作与互认。

（三）推进品牌建设

利用国际纺织纱线展等平台，借助发布会、新媒体网络等手段，扩大“中国纤维流行趋势”和“绿色纤维”等工作影响力，提升消费者对中国纤维和企业的认知度。鼓励企业建立品牌培育管理体系，加强品牌管理团队建设，培育功能性纤维品牌，发挥纤维品牌在服装、家纺等终端产品中的增值作用。

七、保障措施

（一）强化政策支持引导

准确定位化纤工业鼓励和限制领域，加大对高性能纤维、生物基化学纤维、再生化学纤维及可降解纤维材料等领域支持力度。鼓励科研院所、高校、企业联合申报国家专项，加快技术研发和成果转化，支持企业建设国家级重点实验室等创新平台。

（二）加大财政金融支持

统筹现有渠道，加大对化纤技术创新、绿色发展、数字化转型、公共服务等方面支持力度。引导银行业金融机构按风险可控、商业可持续原则，加大对化纤企业贷款支持力度。发挥国家产融合作平台作用，构建产业信息对接合作服务网络。推进高技术型化纤企业上市融资，支持符合条件的化纤企业发行债券融资。

（三）完善公共服务体系

充分发挥政府、集群、企业、协会等机构合力，提升公共服务水平和能力。培育产业技术基础公共服务平台，提升试验检测、成果转化及产业化等支撑能力，构建知识产权保护运用公共服务平台，激发创新活力。引导企业建设数字化服务平台，创新服务方式。

（四）优化人才队伍结构

依托重大科研和产业化项目，培养学术、技术和经营管理领军人物。支持行业开展杰出人才评选等活动，壮大高技能人才队伍。支持行业培养具备技术、经贸、管理等知识的复合型人才，建立化纤人才智库，鼓励科技人员参与国际合作。

（五）发挥行业协会作用

支持行业协会协调推动指导意见贯彻落实，开展实施效果评估，为政府部门提供支撑。鼓励行业协会加强信息发布，引导企业资金投向，促进行业规范发展。鼓励行业协会加强行业自律、平台建设、品牌培育、技术交流、人才培训等方面工作，促进行业健康发展。

工业和信息化部
国家发展改革委
2022年4月12日

《关于产业用纺织品行业高质量发展的指导意见》

工信部联消费〔2022〕44号

各省、自治区、直辖市及计划单列市、新疆生产建设兵团工业和信息化、发展改革主管部门：

产业用纺织品用于工业、农业、基础设施、医疗卫生、环境保护等领域，是新材料产业重要组成部分，也是纺织工业高端化的重要方向。为贯彻落实《中华人民共和国国民经济和社会发展第十四个五年规划和2035年远景目标纲要》《"十四五"制造业高质量发展规划》有关要求，推动产业用纺织品行业高质量发展，更好服务国民经济发展和满足人民美好生活需要，现提出以下意见：

一、总体要求

（一）指导思想

以习近平新时代中国特色社会主义思想为指导，全面贯彻党的十九大和十九届历次全会精神，以高质量发展为主题，供给侧结构性改革为主线，科技创新为动力，满足国民经济各领域需求为重点，统筹发展和安全，加快产业用纺织品高端化、数字化、绿色化、服务化转型升级。

（二）基本原则

坚持创新引领。强化科技创新对产业发展的引领作用，加强产业基础、共性技术、高端替代应用创新，加大新技术应用力度，推动业态变革、价值创造和结构升级。

坚持需求导向。以适应医疗健康、安全防护、海洋经济、环境保护等领域需求为重点，加强产品开发设计，增强质量保障能力，提升工程化服务水平，拓展多元化市场。

坚持结构优化。营造公平竞争发展环境，运用市场机制淘汰落后产能，加大行业高端化、数字化、绿色化转型力度，培育优质品牌和"专精特新"中小企业。

坚持合作共赢。鼓励产业用纺织品企业与基础材料及终端应用企业加强产业链上下游衔接，完善覆盖生产与应用的标准检测评价体系，建立诚信共赢产业链供应链。

（三）发展目标

到2025年，规模以上企业工业增加值年均增长6%左右，3～5家企业进入全球产业用纺织品第一梯队。科技创新能力明显提升，行业骨干企业研发经费占主营业务收入比重达到3%，循环再利用纤维及生物质纤维应用占比达到15%，非织造布企业关键工序数控化率达到70%，智能制造和绿色制造对行业提质增效作用明显，行业综合竞争力进一步提升。

二、重点任务

（一）强化科技创新，稳固产业发展基础

加强共性基础技术研究。开展非织造布纺丝、成网、成型基础研究，提升特种纤维成网和可生物降解聚合物纺丝成网技术稳定性，推动纳米、微米纤维非织造布技术产业化。加强多轴向经编、大尺寸成型、三维编织、2.5维织造等工艺技术研究，破解立体成型连续化、自动化、数字化技术难题，开发纺织柔性材料功能化、绿色化整理技术和复合技术。

开展强链补链联合攻关。梳理重点产品产业链图谱，支持龙头企业组织上下游企业协同开发，开展非织造布专用聚丙烯切片、可生物降解材料、专

用纤维、专用助剂以及织造成型装备开发，提升产业链稳定性和质量效率。

完善多层次科技创新体系。打造新型创新平台，加强原创性引领性技术研发，加大在应急救援、医疗健康、航空航天等领域的应用拓展。建设区域性创新中心，开展细分领域关键技术攻关和市场应用。鼓励企业加大研发投入，加强产业链协作，建设行业重点技术研发基地，加快科技成果转化应用。

（二）加快产业结构升级，推进产业高端化

加强技术迭代升级。支持企业加快技术改造，开拓产品在医疗健康、海洋工程、高效过滤、安全防护等领域的高端化应用。充分应用质量、能耗、安全生产、环保等技术标准、法律法规淘汰落后产能。

梯度培育优质企业。支持优势企业兼并重组，培育创新能力突出、具有生态主导权和核心竞争力的龙头企业。引导企业深耕细分领域，培育专精特新“小巨人”企业。加强大中小企业多维度协作，形成良好产业生态。

推进先进产业集群建设。推动产业集群建设高水平公共服务平台，加快要素资源引进力度和更新速度，完善产业链条，升级制造能力，优化产品结构。推进非织造布、防护用纺织品、高温过滤用纺织品产业集群建设，提高集群产业链配套能力和核心竞争能力。

（三）促进两化融合，培育新业态新模式

推进数字化智能化制造。加大关键环节数字化、网络化改造，加快先进数字设备、在线监测系统、智能仓储物流系统、先进制造及管理软件等推广应用。在非织造布、医疗健康纺织品、土工建筑用纺织品、交通工具用纺织品、柔性复合材料及线带绳缆等领域推进数字化工厂建设。

加大智能纺织品开发推广。开发能量采集与储存、数据传输技术，提升柔性传感材料可靠性。开发推广体育运动、医疗健康、安全防护用智能可穿戴产品。拓展智能纺织品在土工、建筑、过滤等领域应用。

建设工业互联网平台。以共享设计、协同制造、质量追溯、供需对接为目标，在个体防护、工业过滤等领域，推进区域性、行业性工业互联网平台建设，开发行业专用工业APP，提高产业链协同制造能力和应急快速反应能力。

（四）坚持绿色发展，提高资源利用效率

推动行业节能减碳。围绕碳达峰、碳中和战略目标，制定节能减碳行动方案。制定纺粘、水刺、针刺等非织造布领域节能减排和清洁生产评价指标体系，降低行业能耗水平。支持企业建设能源管理系统，鼓励使用清洁能源，应用节能技术和设备，创建绿色工厂。

发展环境友好产品。提高天然纤维、再生纤维素纤维、木浆、聚乳酸、低（无）VOCs含量胶粘剂的应用比例，推广可降解一次性卫生用品和可重复使用产品。开展可生物降解非织造布及制品认证工作，加强环境友好产品推广。

加强废旧纺织品循环利用。提高循环再利用纤维在土工建筑、交通工具、包装、农业等领域应用比例。推广滤袋、绳网等产品回收利用技术，扩大产业用纺织品回收利用量。

（五）坚持标准引领，完善质量保障能力

加强标准体系协同建设。推进上下游企业标准协同研究发布，推进医疗卫生、安全防护、土工、过滤、海洋等应用领域重点产品标准与应用规范的制修订。积极参与国际标准制修订工作，加大国际标准转化力度，提高标准国际化水平。

开展行业质量提升行动。支持企业完善质量管理体系建设。在绳索、个体防护等领域开展国际对标工作，逐步缩小国内外产品质量差距。鼓励社会组织等第三方机构开展质量评估，推动高端品质认证和质量评价工作，培育优质品牌。

三、重点领域提升行动

（一）高品质非织造布

纺粘和熔喷非织造布。开发超低克重、高均匀、双组分、细旦纺粘非织造布。开发口罩用高性能熔喷非织造布，开发熔喷与其他工艺复合产品，拓展熔喷非织造布在保暖材料、擦拭制品中的应用。推广聚酯熔体直纺纺粘非织造布技术。

闪蒸法非织造布。加强对闪蒸纺丝成布工艺技术攻关，实现年产3000吨级闪蒸非织造技术装备产业化，推动在医疗包装、防护用品、印刷品等产品中的应用。

静电纺非织造布。优化静电纺丝设备及工艺，开发高固含量（≥30%）纺丝溶液，实现静电纺丝非织造技术装备产业化，推动在个体防护用品、保暖隔热材料、防水透湿材料、电池隔膜等产品中的应用。

环境友好非织造布。发展全棉水刺非织造布和可冲散非织造布，实现熔喷木浆非织造布、木浆水刺非织造布技术装备产业化。研发推广聚乳酸、生物聚酯纺熔非织造布、纯水减量海岛纤维非织造布。

（二）安全防护与应急救援用纺织品

个体防护装备。推动防护用品产业基地发展，开发生产可防核生化、热、机械力、静电、电弧、粉尘的防护用品。完善个体防护产品标准和检测评价能力，培育具有多品类、适应多场景、满足国内外需求的个体防护装备综合性企业。

生物医用防护装备。研发轻质柔软正压防护服面料，提高材料机械性能、气密性和耐化学性。研发舒适性医用防护服和医用防护口罩，开发不同功能和防护等级的口罩。

应急救援用纺织品。加快应急救援帐篷、耐高压输送管、高性能救援绳索及安全带、高空救援成套系统及柔性逃生通道、航空救援装具等材料及制品的研发，完善使用操作规范，提升应急保障能力。

（三）航空航天用高性能纺织品

高性能纺织复合材料。研发纤维预制体数字化编织技术及复合技术。开发高强高模高韧复合材料、航空级玻璃纤维织物及其复合材料，新型防热、隔热、透波材料，空间碎片防护材料及芳纶蜂窝材料，提高配套航空航天工程能力。

柔性纺织复合材料。开发电磁屏蔽和吸收、飞艇蒙皮、飞船充气返回舱、缓冲气囊用柔性纺织复合材料。研发具有多波段兼容、自适应环境、动态变形等性能的伪装材料。

（四）海洋产业与渔业用纺织品

海洋工程用纺织品。开发高性能海工缆、信号缆、系泊缆、锚固缆等产品，提升产品的高长度、高强度、抗蠕变、耐盐雾、耐老化等性能。推动海洋工程用纺织品模拟测试及实际工况测试，加快在油气开采、海上救援、深海探测、深海养殖等领域的推广应用。

海洋渔业用纺织品。加快高强度、高耐腐蚀、低海洋生物附着捕捞网、养殖网箱等产品的研发应用。加强远洋渔网等产品全生命周期管理，保护海洋生态。

（五）医疗健康用纺织品

医疗用纺织品。推动疝气补片、可吸收缝合线、人造血管、血液透析材料的临床试验和示范应用，加快止血、抗菌等功能性医用纺织材料研发应用，加强可降解材料、一体编织覆膜支架等产品研发攻关。

健康卫生用纺织品。加快成人失禁、防褥疮、康复用纺织品的应用推广，提升产品易护理、易清洁、抗菌抑菌等性能，加快智能可穿戴纺织品、健康监测纺织品研发应用。

（六）交通运输用纺织品

高品质内饰材料。开发隔音、吸音性能好的多层纺织材料。发展无废料生产、一体化成型工艺，减少化学粘合剂使用。加强再生材料在车用内饰件中的高值化应用。

轻量化材料。突破碳纤维增强复合材料、热塑性复合材料高效低成本生产技术，加快麻、竹纤维复合材料在交通工具中的应用，支持纤维增强复合材料在轨道交通、新能源汽车中的推广应用。

（七）土工建筑用纺织品

土工用纺织品。开发碳纤维增强土工格栅、碳玻复合土工格栅、阻燃抗静电双向拉伸土工格栅、高强超滤土工管袋等产品，发展高强粗旦聚丙烯纺粘土工布，扩大土工用纺织品在基础设施、矿山安全、环境工程、海洋工程中的应用。

建筑用纺织品。研发推广碳纤维建筑补强材料。发展聚酯纺粘、粗旦双组分非织造布以及玻璃纤维加筋胎基布，提升建筑防水材料性能。开发大型场馆建设用大幅宽ETFE涂层膜材料。推广阻燃、吸音、保温、装饰非织造墙面材料。

（八）过滤用纺织品

液体过滤用纺织品。加快精细过滤、超滤微滤等高性能产品的研发和应用，推动产品在医药、食品、化工等领域的应用。研发反渗透膜、纳滤膜、正渗透膜材料，推动产品在海水及苦咸水淡化、废水处理等领域的应用。

空气过滤用纺织品。开展超净过滤等高性能材料的研发攻关，加快多功能一体化过滤材料、工业烟尘碳捕集过滤材料等新产品新技术的研发攻关和应用示范，加快废旧过滤材料及产品回用技术的研发推广。

四、政策措施

（一）加大政策支持

支持企业建设国家级重点实验室等创新平台，鼓励科研院所、高校、企业加强合作，推动技术研发和成果转化。围绕医疗健康、海洋产业等重点领域，通过揭榜挂帅、赛马等机制，培育一批科技创新能力突出的“小巨人”企业。发挥国家产融合作平台作用，引导金融机构为企业技术创新提供支持。

（二）营造良好发展环境

鼓励行业组织、产业园区、科研院所、龙头企业等建设公共服务平台。支持各地结合区域特色，加大对产业用纺织品行业发展所需资源要素的支持力度，形成一批区域特色鲜明的示范基地。加强招投标监管，坚持优质优价原则，规范行业有序竞争。

（三）加强人才队伍建设

依托重大科研和产业化项目，培养学术、技术和经营管理领军人物。开展继续教育和职业培训认证，培养具有优秀专业背景和丰富实践经验的高素质技术人才队伍。深化校企合作、产教融合，鼓励骨干企业与高校联合开展企业家研修培训，培育现代化管理人才。

（四）深化跨行业交流合作

加强与医疗卫生、土工建筑、交通运输、环境保护、航空航天等重点应用领域的交流，开展技术创新、标准研制、示范应用等合作。推广土工、建筑和安全防护用纺织品在重点工程和特殊行业的应用。支持农业用、环保用绿色可降解产业用纺织品推广应用。

（五）充分发挥行业协会作用

鼓励行业协会服务技术创新、推动跨界合作、引导资金投向，加强行业自律。支持行业协会开展平台建设、品牌培育、技术交流、产需对接、信息发布、市场拓展、人才培训等方面工作，促进行业健康发展。指导行业协会通过各类活动推动指导意见贯彻落实，协助政府部门开展实施效果评估。

工业和信息化部
国家发展改革委
2022年4月12日

2022年纺织行业相关发展政策、信息汇总

2022年纺织行业相关发展政策、信息汇总见表1～表4。

表1 2022年国家工信部发布的促进制造业发展的相关措施

序号	时间	文件名称	部门	文号
1	2022年1月7日	工业和信息化部办公厅关于印发制造业质量管理数字化实施指南（试行）的通知	科技司	工信厅科〔2021〕59号
2	2022年1月14日	十部门关于促进制造业有序转移的指导意见	产业政策与法规司	工信部联政法〔2021〕215号
3	2022年1月25日	工业和信息化部办公厅关于组织开展2021年工业和信息化领域督查激励工作的通知	规划司	工信厅规函〔2022〕13号
4	2022年2月10日	八部门关于印发加快推动工业资源综合利用实施方案的通知	工业和信息化部等八部门	工信部联节〔2022〕9号
5	2022年3月25日	工业和信息化部办公厅关于开展“一起益企”中小企业服务行动的通知	中小企业局	工信厅企业函〔2022〕58号
6	2022年3月30日	两部门关于开展2022年全国中小企业网上百日招聘高校毕业生活动的通知	中小企业局	工信厅联企业函〔2022〕62号
7	2022年4月7日	六部门联合印发关于“十四五”推动石化化工行业高质量发展的指导意见	原材料工业司	工信部联原〔2022〕34号
8	2022年4月21日	两部委关于产业用纺织品行业高质量发展的指导意见	消费品工业司	信部联消费〔2022〕44号
9	2022年4月21日	两部委关于化纤工业高质量发展的指导意见	消费品工业司	工信部联消费〔2022〕43号
10	2022年4月26日	工业和信息化部办公厅印发《关于做好2022年工业质量提升和品牌建设工作的通知》	科技司	工信厅科函〔2022〕88号
11	2022年5月9日	关于印发加力帮扶中小微企业纾困解难若干措施的通知	中小企业局	工信部企业函〔2022〕103号
12	2022年5月13日	工业和信息化部办公厅关于开展工业互联网安全深度行活动的通知	网络安全管理局	工信厅网安函〔2022〕97号
13	2022年5月16日	十一部门关于开展“携手行动”促进大中小企业融通创新（2022—2025年）的通知	工业和信息化部等十一部门	工信部联企业〔2022〕54号
14	2022年6月1日	工业和信息化部关于印发《优质中小企业梯度培育管理暂行办法》的通知	中小企业局	工信部企业〔2022〕63号

续表

序号	时间	文件名称	部门	文号
15	2022年6月17日	工业和信息化部办公厅关于组织开展2022年工业节能诊断服务工作的通知	节能与综合利用司	工信厅节函〔2022〕136号
16	2022年6月21日	工业和信息化部等六部门关于印发工业水效提升行动计划的通知	节能与综合利用司	工信部联节〔2022〕72号
17	2022年6月29日	工业和信息化部等六部门关于印发工业能效提升行动计划的通知	节能与综合利用司	工信部联节〔2022〕76号
18	2022年7月2日	五部门关于印发数字化助力消费品工业“三品”行动方案（2022—2025年）的通知	消费品工业司	工信部联消费〔2022〕79号
19	2022年8月1日	三部委关于印发工业领域碳达峰实施方案的通知	节能与综合利用司	工信部联节〔2022〕88号
20	2022年8月8日	四部门关于印发推进家居产业高质量发展行动方案的通知	消费品工业司	工信厅联消费〔2022〕20号
21	2022年8月17日	两部门关于开展财政支持中小企业数字化转型试点工作的通知	中小企业局	工信厅联企业〔2022〕22号
22	2022年9月2日	工业和信息化部办公厅关于印发5G全连接工厂建设指南的通知	信息通信管理局	工信厅信管〔2022〕23号
23	2022年9月13日	工业和信息化部关于印发《促进中小企业特色产业集群发展暂行办法》的通知	中小企业局	工信部企业〔2022〕119号
24	2022年9月14日	四部门关于印发原材料工业“三品”实施方案的通知	原材料工业司	工信厅联原〔2022〕24号
25	2022年10月13日	工业和信息化部办公厅关于开展2022年工业废水循环利用试点工作的通知	节能与综合利用司	工信厅节函〔2022〕259号
26	2022年10月18日	工业和信息化部关于加强和改进工业和信息化人才队伍建设的实施意见	人事教育司	工信部人〔2022〕138号
27	2022年11月1日	五部门关于印发《虚拟现实与行业应用融合发展行动计划（2022—2026年）》的通知	电子信息司	工信部联电子〔2022〕148号
28	2022年11月8日	工业和信息化部办公厅关于发布中小企业数字化水平评测指标（2022年版）的通知	中小企业局	工信厅企业〔2022〕32号
29	2022年11月3日	工业和信息化部办公厅关于印发中小企业数字化转型指南的通知	信息技术发展司	工信厅信发〔2022〕33号
30	2022年11月11日	工业和信息化部办公厅关于印发2022年度国家工业节能诊断服务任务的通知	节能与综合利用司	工信厅节函〔2022〕290号
31	2022年12月12日	四部委关于深入推进黄河流域工业绿色发展的指导意见	节能与综合利用司	工信部联节〔2022〕169号

表2 2022年国家工信部组织申报的项目

序号	时间	文件名称	部门	文号
1	2022年3月7日	工业和信息化部办公厅关于组织申报2022年跨行业跨领域工业互联网平台的通知	信息技术发展司	工信厅信发函〔2022〕38号
2	2022年3月18日	两部门关于开展2022年制造业单项冠军企业（产品）培育遴选和复核评价工作的通知	产业政策与法规司	工信厅联政法函〔2022〕47号
3	2022年3月23日	工业和信息化部办公厅关于征集增材制造典型应用场景的函	装备工业一司	工信厅通装函〔2022〕57号
4	2022年4月12日	工业和信息化部办公厅关于开展2022年服务型制造示范遴选和评估评价工作的通知	产业政策与法规司	工信厅政法函〔2022〕67号
5	2022年4月14日	工业和信息化部办公厅关于组织开展2022年大数据产业发展试点示范项目申报工作的通知	信息技术发展司	工信厅信发函〔2022〕71号
6	2022年4月21日	工业和信息化部办公厅关于组织开展2022年新型信息消费示范项目申报工作的通知	信息技术发展司	工信厅信发函〔2022〕75号
7	2022年4月24日	工业和信息化部办公厅关于组织推荐2022年国家技术创新示范企业的通知	科技司	工信厅科函〔2022〕74号
8	2022年4月26日	工业和信息化部办公厅关于组织推荐第四批工业产品绿色设计示范企业的通知	节能与综合利用司	工信厅节函〔2022〕80号
9	2022年5月17日	两部委关于举办第七届“创客中国”中小企业创新创业大赛的通知	中小企业局	工信部联企业函〔2022〕108号
10	2022年6月15日	工业和信息化部办公厅关于开展第四批专精特新“小巨人”企业培育和第一批专精特新“小巨人”企业复核工作的通知	中小企业局	工信厅企业函〔2022〕133号
11	2022年6月15日	工业和信息化部办公厅关于组织推荐2022年度国家中小企业公共服务示范平台的通知	中小企业局	工信厅企业函〔2022〕129号
12	2022年6月16日	工业和信息化部办公厅关于组织推荐2022年度国家小型微型企业创业创新示范基地的通知	中小企业局	工信厅企业函〔2022〕132号
13	2022年6月17日	工业和信息化部办公厅关于举办2022年全国工业APP和信息消费大赛的通知	信息技术发展司	工信厅信发函〔2022〕120号
14	2022年6月22日	工业和信息化部办公厅关于组织开展2022年老年用品产品推广目录申报工作的通知	消费品工业司	工信厅消费函〔2022〕124号

续表

序号	时间	文件名称	部门	文号
15	2022年6月23日	工业和信息化部办公厅关于开展2022年度国家工业和信息化领域节能技术装备产品推荐工作的通知	节能与综合利用司	工信厅节函〔2022〕134号
16	2022年6月24日	工业和信息化部办公厅关于开展2022年百项团体标准应用示范项目申报工作的通知	科技司	工信厅科函〔2022〕130号
17	2022年6月28日	工业和信息化部办公厅关于开展2022年度循环再利用化学纤维（涤纶）企业公告申报工作的通知	消费品工业司	工信厅消费函〔2022〕145号
18	2022年7月5日	四部门关于组织开展2022年重点用水企业、园区水效领跑者遴选工作的通知	节能与综合利用司	工信厅联节函〔2022〕163号
19	2022年7月29日	两部委关于举办2022年首届"兴智杯"全国人工智能创新应用大赛的通知	科技司	工信厅联科函〔2022〕170号
20	2022年7月29日	工业和信息化部办公厅关于开展2022年中国优秀工业设计奖评奖工作的通知	产业政策与法规司	工信厅政法函〔2022〕187号
21	2022年8月11日	工业和信息化部办公厅关于组织开展2022年新一代信息技术与制造业融合发展试点示范申报工作的通知	信息技术发展司	工信厅信发函〔2022〕196号
22	2022年8月17日	两部门关于开展财政支持中小企业数字化转型试点工作的通知	中小企业局	工信厅联企业〔2022〕22号
23	2022年8月31日	两部门关于征集智能体育典型案例的通知	电子信息司	工信厅联电子函〔2022〕218号
24	2022年9月6日	工业和信息化部办公厅关于组织开展2022年区块链典型应用案例征集工作的通知	信息技术发展司	工信厅信发函〔2022〕214号
25	2022年9月9日	工业和信息化部办公厅关于组织开展2022年移动物联网应用典型案例征集活动的通知	信息通信发展司	工信厅通信函〔2022〕224号
26	2022年9月13日	工业和信息化部办公厅关于开展2022年纺织服装创意设计园区试点示范工作的通知	消费品工业司	工信厅消费函〔2022〕226号

续表

序号	时间	文件名称	部门	文号
27	2022年9月16日	工业和信息化部办公厅关于开展2022年度绿色制造名单推荐工作的通知	节能与综合利用司	工信厅节函〔2022〕235号
28	2022年9月19日	四部门关于开展《国家工业资源综合利用先进适用工艺技术设备目录》推荐工作的通知	节能与综合利用司	工信厅联节函〔2022〕229号
29	2022年9月19日	工业和信息化部办公厅关于组织推荐2022年度中小企业特色产业集群的通知	中小企业局	工信厅企业函〔2022〕236号
30	2022年9月21日	工业和信息化部办公厅关于开展2022年工业互联网平台创新领航应用案例征集活动的通知	信息技术发展司	工信厅信发函〔2022〕233号
31	2022年9月23日	工业和信息化部办公厅关于征集全国工业领域电力需求侧管理第五批参考产品(技术)及第七批示范企业（园区）的通知	运行监测协调局	工信厅运行函〔2022〕237号
32	2022年9月27日	四部门关于开展2022年度智能制造试点示范行动的通知	装备工业一司	工信厅联通装函〔2022〕248号
33	2022年9月28日	工业和信息化部办公厅关于组织申报2022年消费品工业“三品”战略示范城市的通知	消费品工业司	工信厅消费函〔2022〕253号
34	2022年9月28日	工业和信息化部办公厅关于开展2022年国家新型数据中心典型案例推荐工作的通知	信息通信发展司	工信厅通信函〔2022〕245号
35	2022年9月28日	工业和信息化部办公厅关于组织开展2022年工业互联网试点示范项目申报工作的通知	信息通信管理局	工信厅信管函〔2022〕252号
36	2022年9月30日	工业和信息化部办公厅关于开展2022年信息消费示范城市申报工作的通知	信息技术发展司	工信厅信发函〔2022〕241号
37	2022年10月8日	工业和信息化部办公厅关于做好第五批产业技术基础公共服务平台申报工作的通知	科技司	工信厅科函〔2022〕240号
38	2022年10月8日	工业和信息化部办公厅关于组织开展工业互联网一体化进园区“百城千园行”活动的通知	信息通信管理局	工信厅信管函〔2022〕251号

续表

序号	时间	文件名称	部门	文号
39	2022年10月11日	工业和信息化部办公厅关于开展2022纺织服装“优供给促升级”活动的通知	消费品工业司	工信厅消费函〔2022〕258号
40	2022年10月13日	工业和信息化部办公厅关于开展2022年工业废水循环利用试点工作的通知	节能与综合利用司	工信厅节函〔2022〕259号
41	2022年10月31日	三部门关于组织开展2022年度重点用能行业能效“领跑者”企业遴选工作的通知	节能与综合利用司	工信厅联节函〔2022〕285号
42	2022年11月2日	工业和信息化部办公厅关于开展2022年工业互联网APP优秀解决方案征集遴选工作的通知	信息技术发展司	工信厅信发函〔2022〕269号
43	2022年11月16日	六部门关于组织开展2022年度国家绿色数据中心推荐工作的通知	节能与综合利用司	工信厅联节函〔2022〕299号
44	2022年11月22日	三部门关于组织开展2022年智慧健康养老产品及服务推广目录申报工作的通知	电子信息司	工信厅联电子函〔2022〕303号
45	2022年12月2日	工业和信息化部办公厅关于组织开展2022年度工业和信息化领域督查激励工作的通知	工业和信息化部办公厅	工信厅规函〔2022〕320号
46	2022年12月8日	工业和信息化部办公厅关于组织开展工业互联网安全深度行活动典型案例和成效突出地区遴选工作的通知	网络安全管理局	工信厅网安函〔2022〕324号
47	2022年12月7日	两部门关于组织开展生物医用材料创新任务揭榜挂帅（第一批）工作的通知	原材料工业司	工信厅联原函〔2022〕325号

表3 2022年国家工信部发布的纺织行业获支持项目

序号	时间	文件名称	部门	文号
1	2022年1月21日	工业和信息化部办公厅关于公布2021年度绿色制造名单的通知	节能与综合利用司	工信厅节函〔2022〕7号
2	2022年1月24日	工业和信息化部办公厅关于公布2021年工业互联网APP优秀解决方案名单的通知	信息技术发展司	工信厅信发函〔2022〕14号
3	2022年2月15日	工业和信息化部办公厅关于公布2021年工业互联网试点示范项目名单的通知	信息通信管理局	工信厅信管函〔2022〕22号
4	2022年2月18日	工业和信息化部 国家发展和改革委员会 财政部 国家市场监督管理总局 关于发布2021年度智能制造示范工厂揭榜单位和优秀场景名单的公告	装备工业一司	2022年第5号
5	2022年3月15日	工业和信息化部关于公布第十批国家新型工业化产业示范基地名单的通知	规划司	工信部规函〔2022〕40号
6	2022年3月23日	工业和信息化部办公厅关于公布第六批全国工业领域电力需求侧管理示范企业（园区）名单的通知	运行监测协调局	工信厅运行函〔2022〕48号
7	2022年4月24日	中华人民共和国工业和信息化部关于批准555项行业标准的公告	科技司	2022年第10号
8	2022年4月29日	工业和信息化部办公厅关于印发2022年第一批行业标准制修订和外文版项目计划的通知	科技司	工信厅科函〔2022〕94号
9	2022年6月21日	工业和信息化部办公厅关于公布第二批国家工业设计研究院培育对象名单的通知	产业政策与法规司	工信厅政法函〔2022〕117号
10	2022年7月14日	工业和信息化部办公厅关于印发2022年第二批行业标准制修订和外文版项目计划的通知	科技司	工信厅科函〔2022〕158号
11	2022年8月16日	工业和信息化部办公厅关于公布2022年新型信息消费示范项目名单的通知	信息技术发展司	工信厅信发函〔2022〕200号
12	2022年10月27日	工业和信息化部关于公布《2022年老年用品产品推广目录》的通告	消费品工业司	工信部消费函〔2022〕235号
13	2022年11月10日	工业和信息化部关于公布2022年国家技术创新示范企业名单的通知	工业和信息化部	工信部科函〔2022〕236号
14	2022年11月15日	工业和信息化部关于公布2022年中国优秀工业设计奖获奖名单的通告	工业和信息化部	工信部政法函〔2022〕247号

续表

序号	时间	文件名称	部门	文号
15	2022年11月21日	工业和信息化部办公厅关于印发重点培育纺织服装百家品牌名单(2022版)的通知	消费品工业司	工信厅消费函〔2022〕309号
16	2022年11月21日	中华人民共和国工业和信息化部关于确定纺织服装创意设计示范园区（平台）名单（第二批）的公告	消费品工业司	2022年第26号
17	2022年11月22日	工业和信息化部办公厅关于公布工业产品绿色设计示范企业名单(第四批)的通知	节能与综合利用司	工信厅节函〔2022〕310号
18	2022年11月30日	工业和信息化部办公厅关于公布2022年度国家小型微型企业创业创新示范基地名单的通知	中小企业局	工信厅企业函〔2022〕316号
19	2022年12月1日	中华人民共和国工业和信息化部关于符合《印染行业规范条件（2017版）》企业名单的公告	消费品工业司	2022年第30号
20	2022年12月13日	工业和信息化部关于公布2022年度国家中小企业公共服务示范平台名单的通告	中小企业局	工信部企业函〔2022〕274号
21	2022年12月24日	中华人民共和国工业和信息化部关于符合《循环再利用化学纤维（涤纶）行业规范条件》企业名单的公告	消费品工业司	2022年第34号
22	2022年12月26日	工业和信息化部办公厅关于公布2022年国家技术创新示范企业复核评价结果的通知	科技司	工信厅科函〔2022〕304号
23	2022年12月30日	工业和信息化部办公厅关于印发2022年第三批行业标准制修订和外文版项目计划的通知	科技司	工信厅科函〔2022〕312号
24	2022年12月30日	工业和信息化部办公厅关于公布2022年工业废水循环利用试点企业、园区名单的通知	节能与综合利用司	工信厅节函〔2022〕339号

表3-1(a) 2021年度绿色工厂名单

序号	地区	工厂名称	第三方评价机构名称
1	河北	河北格雷服装股份有限公司	河北省电子信息技术研究院
2	江苏	江苏恒力化纤股份有限公司	苏州中聚节能科技有限公司

续表

序号	地区	工厂名称	第三方评价机构名称
3	江苏	常州华利达服装集团有限公司	中国质量认证中心
4	浙江	浙江富润纺织有限公司	浙江贝斯特节能环保科技有限公司
5	浙江	桐昆集团股份有限公司	浙江大学工业节能与绿色发展评价中心
6	浙江	浙江乔治白服饰股份有限公司	浙江科能企业管理有限公司
7	浙江	浙江台华新材料股份有限公司	国网浙江综合能源服务有限公司
8	安徽	安徽翰联色纺股份有限公司	安徽焓谷工程技术有限公司
9	福建	福建省向兴纺织科技有限公司	福州睿信企业管理咨询有限公司
10	福建	九牧王股份有限公司	方圆标志认证集团福建有限公司
11	福建	福建宇邦纺织科技有限公司	福州现代卓越管理有限公司
12	山东	安莉芳（山东）服装有限公司	山东鲁源节能认证技术工程有限公司
13	山东	华纺股份有限公司	山东煤炭节能技术服务中心
14	山东	山东天虹纺织有限公司	中国建材检验认证集团枣庄有限公司
15	湖北	际华三五零九纺织有限公司	工业和信息化部电子第五研究所（中国赛宝实验室）
16	广东	珠海醋酸纤维有限公司	广东省循环经济和资源综合利用协会
17	重庆	华峰重庆氨纶有限公司	重庆大学
18	四川	宜宾恒丰丽雅纺织科技有限公司	四川省循环经济协会
19	青海	圣源地毯集团有限公司	陕西格瑞卡绿碳发展有限公司
20	新疆	阿克苏新爵纺织有限责任公司	新疆创先腾祥能源科技有限公司
21	兵团	阿拉尔市中泰纺织科技有限公司	新疆创先腾祥能源科技有限公司
22	宁波	宁波大发化纤有限公司	宁波能信科技有限公司
23	宁波	狮丹努集团有限公司	宁波市华豪节能环保安全科技有限公司

表3-1(b) 2021年度绿色设计产品名单

表3-1(b-1) 丝绸制品

适用评价标准：《绿色设计产品评价技术规范 丝绸制品》(FZ/T 07003-2019)

绿色设计亮点：主要原料为100%蚕丝，产品生命周期从种桑养蚕到终端纺织品和服装全过程，生产过程中禁用致癌、致敏等有害的染化料物质，重金属、含氟化合物等有害物质残留量符合OKEO-TEX standard 100国际生态纺织品先进指标要求，产品档次和附加值高，副产品能够100%再利用，单位产品取水量、能耗等指标达到先进值要求，并对缫丝和印染工厂污水资源化提出严格要求，产品生命周期内对富营养化、酸化和土壤污染影响较小。

序号	企业名称	产品名称	产品型号	推荐单位
1	湖州新南海织造厂	天然亲肤蚕丝重缎	XNH001	浙江省经济和信息化厅
2	湖州蚕花娘娘蚕丝被有限公司	纯蚕丝被	透明的心	浙江省经济和信息化厅
3	帕罗羊绒制品有限公司	天然真丝制品	PS2106	浙江省经济和信息化厅
4	安徽联丰制丝有限公司	手工蚕丝被	2.0m×2.3m	安徽省经济和信息化厅
5	合肥市聚丰制丝有限责任公司	白厂丝	20/22	安徽省经济和信息化厅
6	淄博大染坊丝绸集团有限公司	真丝多功能车载被	100cm×30cm	山东省工业和信息化厅

表3-1(b-2) 涤纶磨毛印染布

适用评价标准：《绿色设计产品评价技术规范 涤纶磨毛印染布》(T/CAGP 0030-2018，T/CAB 0030-2018)

绿色设计亮点：禁用有害染料，安全性能符合OKEO-TEX standard 100国际生态纺织品先进指标要求，要求产品获得信心纺织品生态标签。

序号	企业名称	产品名称	推荐单位
1	绍兴兴明染整有限公司	天丝梭织布	浙江省经济和信息化厅
2	浙江艺彩印染有限公司	机织人棉布	浙江省经济和信息化厅
3	浙江彩蝶实业股份有限公司	高效阻燃型涤纶面料	浙江省经济和信息化厅
4	浙江彩蝶实业股份有限公司	防紫外线的弹性面料	浙江省经济和信息化厅
5	浙江彩蝶实业股份有限公司	抗静电低缩率涤纶面料	浙江省经济和信息化厅

表3-1(b-3) 户外多用途面料

适用评价标准：《绿色设计产品评价技术规范 户外多用途面料》(T/CAGP 0034—2018，T/CAB 0034—2018)

绿色设计亮点：全产业链中不使用煤作为一次能源，生产过程中减少聚氨酯涂层使用量，甲醛残留量≤0.1mg/m³，产品断裂强力高（经向断裂强度≥2800N，纬向断裂强度≥2100N）。

序号	企业名称	产品名称	产品型号	推荐单位
1	安徽和邦纺织科技有限公司	印花迷彩户外布	印花迷彩户外布 HHB—009	安徽省经济和信息化厅

表3-1(b-4) 聚酯涤纶

适用评价标准：《绿色设计产品评价技术规范 聚酯涤纶》(T/CNTAC 33—2019)

绿色设计亮点：主要用水、用能环节的取水量、能耗指标均达到清洁生产指标体系一级基准值要求，达到国际先进水平；从过程控制和循环经济理念出发，减少废弃物产生和排放，对“三废”中有用物质的再利用提出了要求；对化学品使用进行了限定，除满足相关强制性标准外，产品上可萃取锑含量指标不得超过30mg/kg。

序号	企业名称	产品名称	产品型号	推荐单位
1	浙江古纤道绿色纤维有限公司	低缩型涤纶工业长丝	低缩型、超低缩型、超低有色型	浙江省经济和信息化厅
2	浙江汇隆新材料股份有限公司	免染环保原液着色涤纶牵伸丝(FDY)	(50～600旦) FDY	浙江省经济和信息化厅

表3-1(b-5) 巾被织物

适用评价标准：《绿色设计产品评价技术规范 巾被织物》(T/CNTAC 34—2019)

绿色设计亮点：对巾被织物全产业链生态环境影响进行评价，包括纺纱、织造、染整、裁剪等全过程；各项指标达到节水型企业标准要求，单位产品电耗、汽耗均达到行业先进水平；对产品的化学物质残留进行了限定，保障化学品安全性相关指标和国际先进水平接轨。

序号	企业名称	产品名称	产品型号	推荐单位
1	宜宾惠宜美服饰制造有限公司	白胚黏胶长丝绣花线	120旦/2	四川省经济和信息化厅
2	宜宾惠宜美服饰制造有限公司	白胚黏胶长丝绣花线	300旦/2	四川省经济和信息化厅
3	宜宾惠宜美服饰制造有限公司	白胚黏胶长丝绣花线	150旦/2	四川省经济和信息化厅

表3–1(b–6) 羊绒产品

适用评价标准：《绿色设计产品评价技术规范 羊绒产品》(T/CNTAC 38–2019)

绿色设计亮点：羊绒产品原料100%取自天然纤维，生产过程中禁用致癌、致敏等有害的染化料物质，重金属、含氟化合物等有害物质残留量除符合GB 18401—2010、GB 31701—2015外，又采用OKEO–TEX standard 100国际生态纺织品先进指标要求，产品档次和附加值高，单位产品取水量、能耗、废水排放量等指标达到先进值要求，副产品和杂质能够95%以上回收再利用。

序号	企业名称	产品名称	产品型号	推荐单位
1	内蒙古春雪羊绒有限公司	羊绒衫	—	内蒙古自治区工业和信息化厅
2	内蒙古迦南羊绒制品有限公司	无毛绒	JN210305AbZGX	内蒙古自治区工业和信息化厅
3	江苏联宏纺织有限公司	羊绒粗纺针织绒线	26Nm/2系列	江苏省工业和信息化厅
4	江苏华鹿纺织有限公司	羊绒粗纺针织纱线	东鹿牌纯羊绒纱线	江苏省工业和信息化厅
5	湖州珍贝羊绒制品有限公司	羊绒纱	—	浙江省经济和信息化厅
6	杭州圣玛特毛绒有限公司	粗梳梭织羊绒面料	Smt7030450、Smt5050450、Smt0450	浙江省经济和信息化厅
7	桐庐富春江织造集团有限公司	"英迈尼/inmine"牌纯羊绒衫	"英迈尼/inmine" 牌纯羊绒衫	浙江省经济和信息化厅
8	阜南华翔羊毛衫有限公司	羊绒衫	羊绒针织衫	安徽省经济和信息化厅

表3-1(b-7) 毛精纺产品

适用评价标准：《绿色设计产品评价技术规范 毛精纺产品》(T/CNTAC 39—2019)

绿色设计亮点：对染化料和助剂使用提出严格要求，产品中有害物质残留量达到生态纺织品相关要求，引导企业开展绿色采购，单位产品取水量、综合能耗、固废处置等指标达到先进值要求，规定羊毛脂、精梳短毛等副产品做到100%回收再利用。

序号	企业名称	产品名称	产品型号	推荐单位
1	张家港扬子纺纱有限公司	全羊毛色纱	Victoria N_m48/2、30/2、36/2 Brisbane N_m60/2 Leonora N_m48/2	江苏省工业和信息化厅
2	江苏联宏纺织有限公司	羊毛粗纺针织绒线	16Nm/2	江苏省工业和信息化厅
3	湖州珍贝羊绒制品有限公司	丝绒衫	—	浙江省经济和信息化厅
4	浙江赢时胜实业有限公司	“沃棆特”牌牦牛绒系列纱线	“沃棆特”牌牦牛绒系列纱线	浙江省经济和信息化厅
5	浙江赢时胜实业有限公司	“沃棆特”牌羊驼毛系列纱线	“沃棆特”牌羊驼毛系列纱线	浙江省经济和信息化厅
6	浙江赢时胜实业有限公司	“沃棆特”牌马海毛系列纱线	“沃棆特”牌马海毛系列纱线	浙江省经济和信息化厅
7	浙江赢时胜实业有限公司	“沃棆特”牌羊毛纱线	“沃棆特”牌羊毛纱线	浙江省经济和信息化厅
8	桐乡市运盛纺织有限公司	“沃棆特”牌牦牛绒纱线	“沃棆特”牌牦牛绒纱线	浙江省经济和信息化厅
9	桐乡市运盛纺织有限公司	“沃棆特”牌羊毛纱线	“沃棆特”牌羊毛纱线	浙江省经济和信息化厅
10	桐庐富春江织造集团有限公司	“英迈尼/inmine”牌羊毛腈纶混纺羊毛衫	“英迈尼/inmine”牌羊毛腈纶混纺羊毛衫	浙江省经济和信息化厅
11	桐庐富春江织造集团有限公司	“英迈尼/inmine”牌全羊毛衫	“英迈尼/inmine”牌全羊毛衫	浙江省经济和信息化厅
12	阜南华翔羊毛衫有限公司	羊毛针织衫	羊毛针织衫	安徽省经济和信息化厅
13	珠海威丝曼股份有限公司	连衣裙	连衣裙	广东省工业和信息化厅
14	珠海威丝曼股份有限公司	套头	套头	广东省工业和信息化厅
15	珠海威丝曼股份有限公司	裤子	裤子	广东省工业和信息化厅
16	珠海威丝曼股份有限公司	开衫	开衫	广东省工业和信息化厅
17	珠海威丝曼股份有限公司	背心	背心	广东省工业和信息化厅
18	珠海威丝曼股份有限公司	半裙	半裙	广东省工业和信息化厅
19	西藏圣信工贸有限公司	100%牦牛绒围巾	ZFD2021004	西藏自治区经济和信息化厅

表3-1(b-8) 针织印染布

适用评价标准：《绿色设计产品评价技术规范 针织印染布》(T/CNTAC 40—2019)

绿色设计亮点：对化学品管控和纺织品安全性提出严格要求，各项指标与国际接轨，主要用水、用能环节的取水量、能耗指标均达到行业先进值要求，严格规定了废气中主要污染物排放限值，各项指标均严于目前行业已出台的标准或法规。

序号	企业名称	产品名称	产品型号	推荐单位
1	上海嘉乐股份有限公司	三组分一浴法染色针织面料	CA3F210	上海市经济和信息化委员会
2	上海嘉乐股份有限公司	可降解涤纶保暖抓绒面料	JL—20026	上海市经济和信息化委员会
3	浙江迎丰科技股份有限公司	涤棉针织布	—	浙江省经济和信息化厅
4	浙江梅盛新材料有限公司	针织印染布	仿麂皮	浙江省经济和信息化厅
5	浙江嘉名染整有限公司	针织印染布	高档腈纶针织印染布	浙江省经济和信息化厅
6	浙江嘉名染整有限公司	针织印染布（针织印染丝光面料）	—	浙江省经济和信息化厅
7	浙江港龙织造科技有限公司	针织成品布	—	浙江省经济和信息化厅
8	浙江七色彩虹印染有限公司	针织罗马布	—	浙江省经济和信息化厅
9	安徽和邦纺织科技有限公司	针织印染布	HFS—102	安徽省经济和信息化厅
10	福建福田纺织印染科技有限公司	针织成品布	棉氨涂料仿活性印花布	福建省工业和信息化厅
11	福建福田纺织印染科技有限公司	针织成品布	涤棉交织布	福建省工业和信息化厅
12	通亿（泉州）轻工有限公司	针织成品布	纯棉氨纶布	福建省工业和信息化厅
13	通亿（泉州）轻工有限公司	针织成品布	纯棉单面布	福建省工业和信息化厅
14	通亿（泉州）轻工有限公司	针织成品布	涤纶网眼布	福建省工业和信息化厅
15	通亿（泉州）轻工有限公司	针织成品布	涤棉氨纶布	福建省工业和信息化厅
16	通亿（泉州）轻工有限公司	针织成品布	涤棉交织布	福建省工业和信息化厅
17	通亿（泉州）轻工有限公司	针织成品布	涤纶氨纶布	福建省工业和信息化厅
18	福建恒益纺织有限公司	蕾丝内衣面料	MA06070/1330/H	福建省工业和信息化厅
19	福建恒益纺织有限公司	蕾丝内衣面料	MA4872/1380/T	福建省工业和信息化厅

续表

序号	企业名称	产品名称	产品型号	推荐单位
20	福建恒益纺织有限公司	蕾丝内衣面料	MJ5930/60	福建省工业和信息化厅
21	福建恒益纺织有限公司	蕾丝内衣面料	MA5980/70	福建省工业和信息化厅
22	福建恒益纺织有限公司	蕾丝内衣面料	MY2530/1400	福建省工业和信息化厅
23	福建恒益纺织有限公司	蕾丝内衣面料	ML5940/230	福建省工业和信息化厅
24	福建恒益纺织有限公司	蕾丝内衣面料	ML2801/175	福建省工业和信息化厅
25	福建恒益纺织有限公司	蕾丝内衣面料	MS5816/230	福建省工业和信息化厅
26	福建恒益纺织有限公司	蕾丝内衣面料	MZ5884/230	福建省工业和信息化厅
27	福建恒益纺织有限公司	蕾丝内衣面料	MZ06205/230	福建省工业和信息化厅
28	广东德润纺织有限公司	环保可再生锦纶面料	—	广东省工业和信息化厅
29	广东德润纺织有限公司	可持久高回复性吸湿运动面料	—	广东省工业和信息化厅
30	广东德润纺织有限公司	高透气性可再生涤纶环保弹性面料	—	广东省工业和信息化厅
31	广东德润纺织有限公司	高透气性塑身美体面料	—	广东省工业和信息化厅
32	广州市东海鹏染整织造有限公司	3876（超柔棉布）	50英支/1纯棉精梳（紧密纺）	广东省工业和信息化厅
33	广州市东海鹏染整织造有限公司	3901（丝滑平纹布）	40英支R/C+30旦涤纶半光长丝	广东省工业和信息化厅
34	广州市东海鹏染整织造有限公司	3912（凉氧爽感棉布）	40英支精棉+涤纶低弹丝	广东省工业和信息化厅
35	广州市东海鹏染整织造有限公司	3913（舒绒棉布）	40英支精棉+20旦氨纶	广东省工业和信息化厅
36	广州市东海鹏染整织造有限公司	3915（潮牌骨感大卫衣棉布）	21英支精棉+5英支精棉	广东省工业和信息化厅
37	互太（番禺）纺织印染有限公司	涤拉架抓毛布	涤拉架保暖茸布（如：TD00853A01）	广东省工业和信息化厅
38	互太（番禺）纺织印染有限公司	全涤仿棉平纹布	全涤仿棉平纹布（如：SJ07209A01）	广东省工业和信息化厅
39	互太（番禺）纺织印染有限公司	TENCEL棉盖丝平纹	天丝类T恤产品（如：SJ06879A01）	广东省工业和信息化厅

续表

序号	企业名称	产品名称	产品型号	推荐单位
40	互太（番禺）纺织印染有限公司	棉涤弹力三明治双面布	拉架三明治（如：TD00950A01）	广东省工业和信息化厅
41	互太（番禺）纺织印染有限公司	棉Sorona平纹布（Sorona冰感抗菌）	棉盖丝Sorona冰感抗菌平纹布（如：SJ07250A01）	广东省工业和信息化厅
42	互太（番禺）纺织印染有限公司	棉Sorona平纹布（Sorona Plus）	棉盖丝Sorona冰感平纹布（如：SJ06650A*）	广东省工业和信息化厅
43	互太（番禺）纺织印染有限公司	全涤仿棉丝盖丝平纹布	全涤仿棉丝盖丝平纹布（如：SJ06558A02）	广东省工业和信息化厅
44	中山国泰染整有限公司	拉架蚀毛双层布	F19Q4K02108S	广东省工业和信息化厅
45	中山国泰染整有限公司	全棉斜纹双位衣布	KS–49020英支/1×2精棉+8英支精棉	广东省工业和信息化厅
46	中山国泰染整有限公司	抓毛1X1罗纹布	9810009489	广东省工业和信息化厅
47	中山国泰染整有限公司	CVC抓毛大鱼鳞双位衣布	AFF2028A	广东省工业和信息化厅
48	中山国泰染整有限公司	单珠地布	8161202	广东省工业和信息化厅
49	重庆三五三三印染服装总厂有限公司	防蚊多地迷彩针织布	75旦/48F	重庆市经济和信息化委员会

表3–1(b–9) 布艺类产品

适用评价标准：《绿色设计产品评价技术规范 布艺类产品》(T/CNTAC 41–2019)

绿色设计亮点：对企业原辅料的绿色采购提出了要求，对一般化学品和危险化学品的存储、使用及从业人员职业技能方面做了规定，重点工序用水用能环节的取水量、能耗指标均达到行业先进值要求。在计算单位产品取水量和单位产品综合能耗时，确定了织物纤维组分不同时，基准品和非基准品的修正系数。同时规定了重量、幅宽、工艺不同时的产品产量折算系数。

序号	企业名称	产品名称	产品型号	推荐单位
1	安徽省冠盛纺织科技有限公司	尼龙牛津布	600旦	安徽省经济和信息化厅
2	泰安市恒德源纺织有限公司	棉麻混纺布	40×40	山东省工业和信息化厅
3	愉悦家纺有限公司	幻彩纱沙发套	三人沙发套七件套等常规规格	山东省工业和信息化厅
4	佛山市摩力克家居布业有限公司	窗帘布艺制品	140cm×280cm	广东省工业和信息化厅
5	佛山市摩力克家居布业有限公司	装饰墙布	140cm×280cm	广东省工业和信息化厅

表3-1(b-10) 毛毯产品

适用评价标准：《绿色设计产品评价技术规范 毛毯产品》(T/CNTAC 74-2021)

绿色设计亮点：对着色剂的使用提出了严格要求；单位产品取水量经编/纬编毛毯≤15m³/t、机制毛毯≤160m³/t，对单位产品综合能耗、废水排放量、大气污染物排放浓度等重点指标进行限定，且各项指标均为行业先进水平；对毛毯产品各品类、各生产阶段进行细分，取值科学、合理，为不同类型生产企业采标对标提供参考便利，具有更强的适用性。

序号	企业名称	产品名称	产品型号	推荐单位
1	浙江真爱毯业科技有限公司	拉舍尔毛毯	—	浙江省经济和信息化厅

表3-1(b-11) 床上用品

适用评价标准：《绿色设计产品评价技术规范 床上用品》(T/CNTAC 75-2021)

序号	企业名称	产品名称	产品型号	推荐单位
1	吉祥三宝高科纺织有限公司	仿鹅绒保暖盖被	200cm×230cm；160cm×210cm；220cm×240cm	安徽省经济和信息化厅
2	愉悦家纺有限公司	高品质棉机织物床上用品件套	被罩：200cm×230cm；床单：230cm×241cm；枕套：48cm×74cm等常见规格尺寸	山东省工业和信息化厅
3	际华三五四二纺织有限公司	床上用品Flower天竹四件套	被套：200cm×230cm/220cm×240cm；床单：240cm×245cm/270cm×245cm；衬套（2件）：48cm×74cm	湖北省经济和信息化厅
4	际华三五四二纺织有限公司	床上用品际华莫代尔四件套	被套：200cm×230cm/220cm×240cm；床单：240cm×245cm/270cm×245cm；衬套（2件）：48cm×75cm	湖北省经济和信息化厅
5	际华三五四二纺织有限公司	床上用品际华天丝布罗天丝四件套	被套：200cm×230cm/220cm×240cm；床单：240cm×245cm/270cm×245cm；衬套（2件）：48cm×76cm	湖北省经济和信息化厅
6	多喜爱家居用品有限公司	全棉印花及缎纹床上四件套系列	—	湖南省工业和信息化厅
7	湖南省长沙市爱晚亭家纺用品有限公司	全棉印花及缎纹床上四件套系列	冬被系列	湖南省工业和信息化厅
8	湖南梦洁家纺股份有限公司	床上用品	纯棉床上四件套系列	湖南省工业和信息化厅

表3-1(b-12) 再生涤纶

适用评价标准：《绿色设计产品评价技术规范 再生涤纶》(T/CNTAC 52—2020)

绿色设计亮点：产品重点工序原料消耗、取水量、综合能耗、主要污染物产生量、固废处置及产品可萃取重金属含量等指标均满足或优于清洁生产指标体系二级基准值要求，部分指标达到一级基准值要求，处于国际先进水平。

序号	企业名称	产品名称	产品型号	推荐单位
1	上海德福伦化纤有限公司	原液着色再生涤纶短纤维	1.33～6.67dtex	上海市经济和信息化委员会
2	浙江佳人新材料有限公司	循环再生阳离子切片	CD—R	浙江省经济和信息化厅
3	杭州奔马化纤纺丝有限公司	原液着色环保抗菌再生涤纶短纤维	C20001—1X	浙江省经济和信息化厅
4	安徽翰联色纺股份有限公司	再生涤纶色纺纱	32英支	安徽省经济和信息化厅
5	宁波大发化纤有限公司	再生涤纶色纺纱	0.8～33.3dtex	宁波市经济和信息化局

表3-1(c) 2021年度绿色供应链管理企业名单

序号	地区	企业名称
1	江苏	江苏阳光集团有限公司
2	浙江	浙江森马服饰股份有限公司
3	福建	福建经纬新纤科技实业有限公司
4	福建	三六一度（中国）有限公司
5	山东	衣拉拉集团股份有限公司

表3-2 2021年工业互联网APP优秀解决方案名单

序号	推荐单位	企业名称	解决方案名称
1	浙江	东阳优云科技有限公司	线带纺织生产调度管理APP
2	福建	信泰（福建）科技有限公司	SincetechPDA经编生产管理APP集成应用解决方案
3	福建	福建东南西北科技集团有限公司	纺织工业互联网解决方案
4	宁夏	银川汇成科技有限公司	服装数字化定制工业互联网APP应用解决方案

表3-3 工业互联网试点示范项目名单（平台集成创新应用）

序号	项目名称	申报单位	推荐单位
工业互联网平台+质量管理解决方案试点示范			
1	工业互联网平台+质量管理解决方案试点示范（基于工业互联网平台的非织造新材料质量控制系统解决方案）	济南永信新材料科技有限公司	山东省工业和信息化厅
工业互联网平台+供应链协同解决方案试点示范			
1	工业互联网平台+供应链协同解决方案试点示范（传化智能工业互联网平台供应链协同解决方案）	传化智联股份有限公司	浙江省经济和信息化厅
2	工业互联网平台+供应链协同解决方案试点示范（基于尚织工业互联网平台纺织服装行业供应链协同优化解决方案）	威海纺织集团进出口有限责任公司	山东省工业和信息化厅

表3-4(a) 2021年度智能制造示范工厂揭榜单位名单

序号	地区	企业名称	揭榜任务名称	典型场景名称
1	江苏省	波司登羽绒服装有限公司	羽绒服装智能制造示范工厂	1.精准配送；2.销售驱动业务优化；3.质量精准追溯；4.用户直连制造；5.供应链可视化；6.精益生产管理；7.精准作业派工；8.主动客服服务
2	浙江省	新凤鸣集团股份有限公司	化纤智能制造示范工厂	1.车间智能排产；2.智能在线检测；3.流程型工艺数字化设计；4.资源动态组织；5.物流实时监测与优化；6.智能仓储；7.销售驱动业务优化；8.基于数字孪生的制造；9.能耗数据监测
3	浙江省	浙江迎丰科技股份有限公司	时尚面料印染智能制造示范工厂	1.生产计划优化；2.智能仓储；3.精准配送；4.精益生产管理；5.质量精准追溯；6.销售驱动业务优化；7.采购策略优化；8.智能在线检测；9.能耗数据监测；10.能效优化

续表

序号	地区	企业名称	揭榜任务名称	典型场景名称
4	山东省	魏桥纺织股份有限公司	棉纺智能制造示范工厂	1.智能在线检测；2.人机协同作业；3.车间智能排产；4.预测性维护与运行优化；5.能耗数据监测；6.供应链可视化；7.智能仓储；8.销售计划动态优化
5	山东省	山东路德新材料股份有限公司	纤维土工合成材料智能制造示范工厂	1.智能仓储；2.精准配送；3.生产计划优化；4.产品质量优化；5.资源动态组织；6.精准作业派工；7.质量精准追溯；8.采购策略优化；9.销售驱动业务优化
6	广东省	广东溢达纺织有限公司	棉纺织智能制造示范工厂	1.生产计划优化；2.人机协同作业；3.精准配送；4.质量精准追溯；5.销售计划动态优化；6.供应链可视化
7	宁波市	康赛妮集团有限公司	高端羊绒纱线智能制造示范工厂	1.产线柔性配置；2.智能仓储；3.在线运行监测与故障诊断；4.物料实时跟踪；5.智能在线检测；6.车间智能排产；7.销售驱动业务优化；8.物流实时监测与优化；9.能耗数据监测

表3-4(b) 2021年度智能制造优秀场景名单

序号	地区	公司名称	典型场景名称
1	福建省	福建省晋江市华宇织造有限公司	智能在线检测
2	福建省	福建恒源纺织有限公司	精准作业派工
3	江西省	赢家时装（赣州）有限公司	大批量定制
4	湖北省	稳健医疗（天门）有限公司	智能仓储
5	湖南省	湖南梦洁家纺股份有限公司	车间智能排产
			精益生产管理
6	青岛市	青岛酷特智能股份有限公司	大批量定制

表3-5 第十批国家新型工业化产业示范基地名单

序号	上报单位	示范基地名称	类别
1	湖北省经信厅	纺织（医用品）·湖北仙桃高新技术产业开发区	优势

注 类别中的“优势”是指“规模效益突出的优势产业示范基地”。

表3-6 第六批全国工业领域电力需求侧管理示范企业名单（排名不分先后）

序号	单位名称	省(区、市)
1	经纬智能纺织机械有限公司	山西省
2	湖北蜀峰线业发展有限公司	湖北省

表3-7(a) 2022年工信部批准的纺织行业标准一览表

序号	标准编号	标准名称	标准主要内容	代替标准	采标情况	实施日期
1	FZ/T 01158—2022	纺织品 织物刺痒感的测定 振动音频分析法	本文件规定了采用振动音频分析原理测定织物引起皮肤刺痒感的方法 本文件适用于各类织物及其制品，不适用于含金属纤维的织物。蕾丝、花边等特殊结构的纺织品参考使用	—	—	2022/10/1
2	FZ/T 01159—2022	纺织品 定量化学分析 蚕丝与羊毛或其他动物毛纤维的混合物（盐酸法）	本文件规定了采用盐酸法测定去除非纤维物质后的蚕丝与羊毛或其他动物毛纤维混合物中纤维含量的方法 本文件适用于蚕丝与羊毛或其他动物毛纤维的混合物	—	—	2022/10/1
3	FZ/T 13057—2022	自然弹色织布	本文件规定了自然弹色织布的术语和定义、要求、试验方法、检验规则、标志、包装、运输和贮存	—	—	2022/10/1

续表

序号	标准编号	标准名称	标准主要内容	代替标准	采标情况	实施日期
4	FZ/T 60035—2022	黏合衬成衣染色后的外观及尺寸变化试验方法	本文件规定了黏合衬与标准面料黏合后的组合试样，经成衣染色工艺处理后的外观及尺寸变化的试验方法 本文件适用于机织物、针织物和非织造布为基布的成衣染色黏合衬	FZ/T 60035—2012	—	2022/10/1
5	FZ/T 60047—2022	服装衬布水洗尺寸变化试验方法	本文件规定了服装衬布经水洗后尺寸变化的试验方法 本文件适用于机织物、针织物、非织造布为基布的服装衬布	FZ/T 60035—2012	—	2022/10/1
6	FZ/T 64027—2022	低甲醛机织黏合衬	本文件规定了低甲醛机织黏合衬的术语和定义、产品分类、技术要求、试验和检验方法、检验规则、标志和包装 本文件适用于棉、涤棉混纺、涤纶为原料，本白、漂白和有色低甲醛机织黏合衬	FZ/T 64027—2012	—	2022/10/1
7	FZ/T 64029—2022	弹性机织黏合衬	本文件规定了弹性机织黏合衬的术语和定义、产品分类、技术要求、试验和检验方法、检验规则、标志和包装 本文件适用于涤纶弹性丝为原料，本白、练白和有色弹性机织黏合衬。其他原料的弹性机织黏合衬可参照执行	FZ/T 64029—2012	—	2022/10/1
8	FZ/T 64031—2022	成衣染色用机织黏合衬	本文件规定了成衣染色用机织黏合衬的术语和定义、产品分类、技术要求、试验和检验方法、检验规则、标志和包装 本文件适用于本白、漂白和有色成衣染色用机织黏合衬	FZ/T 64031—2012	—	2022/10/1

续表

序号	标准编号	标准名称	标准主要内容	代替标准	采标情况	实施日期
9	FZ/T 64032—2022	纬编针织黏合衬	本文件规定了纬编针织黏合衬的术语和定义、产品分类、技术要求、试验和检验方法、检验规则、标志和包装 本文件适用于以涤纶弹性丝为原料，本白、练白和有色纬编针织黏合衬	FZ/T 64032—2012	—	2022/10/1
10	FZ/T 64086—2022	覆基材热熔薄膜黏合衬	本文件规定了覆基材热熔薄膜黏合衬的术语和定义、产品分类和标识、技术要求、试验方法、检验规则、标志、包装、运输和贮存 本文件适用于以热熔胶为原料，采用加热刮涂工艺，把热熔胶刮涂到基材上得到的覆基材热熔粘合衬（薄膜厚度为0.03～0.15mm）	—	—	2022/10/1
11	FZ/T 14026—2022	棉强捻印染绉布	本文件规定了棉强捻印染绉布的术语和定义、分类、要求、试验和检验方法、检验规则、标志和包装 本文件适用于纬向使用棉强捻纱，机织生产的各类漂白、染色和印花棉强捻印染绉布。经纬向使用棉强捻纱的印染绉布可参照执行	FZ/T 14026—2013	—	2022/10/1
12	FZ/T 14024—2022	棉与黏胶纤维混纺印染布	本文件规定了棉与黏胶纤维混纺印染布的术语和定义、分类、要求、试验和检验方法、检验规则、标志和包装 本文件适用于机织生产的各类漂白、染色和印花棉与黏胶纤维混纺印染布	FZ/T 14024—2012	—	2022/10/1
13	FZ/T 14012—2022	竹浆黏胶纤维印染布	本文件规定了竹浆黏胶纤维印染布的术语和定义、分类、要求、试验和检验方法、检验规则、标志和包装 本文件适用于机织生产的各类漂白、染色和印花竹浆黏胶纤维印染布	FZ/T 14012—2009	—	2022/10/1

续表

序号	标准编号	标准名称	标准主要内容	代替标准	采标情况	实施日期
14	FZ/T 14053—2022	醋酯纤维印染布	本文件规定了醋酯纤维印染布的术语和定义、分类、要求、试验和检验方法、检验规则、标志和包装 本文件适用于机织生产的各类练白、染色和印花的醋酯纤维印染布	—	—	2022/10/1
15	FZ/T 14025—2022	高耐气候涤纶户外面料	本文件规定了高耐气候涤纶户外面料的术语和定义、要求、试验和检验方法、检验规则、标志、包装、运输和贮存 本文件适用于涤纶为主要原料，机织生产的有色高耐气候涤纶户外面料。其他高耐气候聚酯类户外产品用织物可参照执行。 本文件不适用于涂层织物	FZ/T 14025—2012	—	2022/10/1
16	FZ/T 24029—2022	山羊绒、桑蚕丝双层机织围巾、披肩	本文件规定了山羊绒、桑蚕丝双层机织围巾、披肩的技术要求、试验方法、检验规则、使用说明、包装、运输和贮存 本文件适用于一层为纯山羊绒机织面料，另一层为纯桑蚕丝机织面料，按照一定规格经缝合而成的机织双层围巾、披肩	—	—	2022/10/1
17	FZ/T 32003—2022	亚麻与涤纶混纺本色纱	本文件规定了亚麻（亚麻纤维含量不低于30%）与涤纶混纺本色纱的产品分类、标记、要求、试验方法、检验规则和标志、包装、运输、贮存 本文件适用于环锭纺细纱机生产的亚麻涤纶湿纺混纺本色纱，漂白亚麻涤纶混纺纱可参照执行	FZ/T 32003—2010	—	2022/10/1
18	FZ/T 32026—2022	大麻与涤纶混纺色纺纱	本文件规定了大麻与涤纶混纺色纺纱的术语和定义、产品分类、标识、要求、试验方法、检验规则、包装和标志 本文件适用于环锭纺大麻（大麻纤维含量≥30%）与涤纶混纺色纺纱	—	—	2022/10/1

续表

序号	标准编号	标准名称	标准主要内容	代替标准	采标情况	实施日期
19	FZ/T 43058—2022	书画用绫绢	本文件规定了书画用绫绢的术语和定义、分类、要求、试验方法、检验规则、包装和标志 本文件适用于以蚕丝为原料制成的书画用绫绢。以棉和化纤为原料纯织或交织的书画用绫绢可参照执行	—	—	2022/10/1
20	FZ/T 43013—2022	丝绒织物	本文件规定了丝绒织物的术语和定义、要求、试验方法、检验规则、包装和标志 本文件适用于双层织物分割而成的表面具有绒毛的机织物	FZ/T 43013—2011	—	2022/10/1
21	FZ/T 43059—2022	桑蚕丝罗织物	本文件规定了桑蚕丝罗织物的术语和定义、要求、试验方法、检验规则、包装和标志 本文件适用于经、纬丝均采用桑蚕丝（装饰线除外）加工的练白、染色、印花、色织的罗织物。桑蚕丝交织类罗织物可参照执行	—	—	2022/10/1
22	FZ/T 43060—2022	涤纶假捻丝织物	本文件规定了涤纶假捻丝织物的术语和定义、要求、试验方法、检验规则、包装和标志 本文件适用于以涤纶假捻变形丝为主要原料织成的机织物	—	—	2022/10/1
23	FZ/T 43061—2022	莱赛尔长丝织物	本文件规定了莱赛尔长丝织物的术语和定义、要求、试验方法、检验规则、包装和标志 本文件适用于服用的莱赛尔长丝织物	—	—	2022/10/1
24	FZ/T 43062—2022	黏胶长丝弹力织物	本文件规定了黏胶长丝弹力织物的术语和定义、要求、试验方法、检验规则、包装和标志 本文件适用于各类服用的含有氨纶弹性纤维的黏胶长丝织物	—	—	2022/10/1

续表

序号	标准编号	标准名称	标准主要内容	代替标准	采标情况	实施日期
25	FZ/T 43026—2022	高密细旦涤纶丝织物	本文件规定了高密细旦涤纶丝织物的术语和定义、要求、试验方法、检验规则、包装和标志 本文件适用于以细旦涤纶长丝为主要原料织成的高经纬密度的机织物	FZ/T 43026—2013	—	2022/10/1
26	FZ/T 43063—2022	醋酯纤维丝织物	本文件规定了醋酯纤维丝织物的要求、试验方法、检验规则、包装和标志 本文件适用于以醋酯纤维纯织或醋酯纤维与其他纤维交织而成（醋酯纤维含量30%及以上）的丝织物	—	—	2022/10/1
27	FZ/T 70015—2022	针织紧身服压力的检测方法及评价	本文件规定了针织紧身服压力性能的测试和评价方法 本文件适用于各类针织紧身服装	—	—	2022/10/1
28	FZ/T 70016—2022	针织物接缝处氨纶滑脱的试验方法	本文件规定了用定伸长反复拉伸和定力反复拉伸测定针织物接缝处氨纶滑脱的试验方法 本文件适用于含有氨纶的针织物	—	—	2022/10/1
29	FZ/T 70006—2022	针织物拉伸弹性回复率试验方法	本文件规定了用定伸长和定力法测定针织物的拉伸弹性变形和塑性变形的试验方法 本文件适用于各种针织织物，其他可参照执行	FZ/T 70006—2004	—	2022/10/1
30	FZ/T 70017—2022	针织服装印花质量通用技术要求	本文件规定了针织服装印花的术语和定义、质量要求、试验方法、检验规则等 本文件适用于鉴定针织服装的印花品质	—	—	2022/10/1
31	FZ/T 72013—2022	服用经编间隔织物	本文件规定了服用经编间隔织物的术语和定义、规格、要求、试验方法、抽样规则、判定规则、产品使用说明、包装、运输和贮存	FZ/T 72013—2011	—	2022/10/1

续表

序号	标准编号	标准名称	标准主要内容	代替标准	采标情况	实施日期
32	FZ/T 73069—2022	少女文胸	本文件规定了少女文胸的术语和定义、号型和规格、要求、试验、抽样数量、判定规则以及产品的使用说明、包装、运输和贮存 本文件适用于发育期女性穿着的文胸	—	—	2022/10/1
33	FZ/T 73070—2022	针织面料型胸贴	本文件规定了针织面料型胸贴的术语和定义、产品分类、型号和规格、要求、试验、抽样数量、判定规则以及产品使用说明、包装、运输和贮存 本文件适用于以针织物为主要面料制成的、通过贴合层与人体胸部紧密贴合的胸贴，其他胸贴可参照执行	—	—	2022/10/1
34	FZ/T 73071—2022	针织手臂套	本文件规定了针织手臂套的术语和定义、产品分类、规格、要求、检验方法、抽样规则、判定规则、使用说明、包装、运输和贮存 本文件适用于鉴定以纺织纤维为主要原料，采用经编、纬编、横机或编织工艺制成的非运动型手臂套品质 本文件不适用于年龄在36个月及以下的婴幼儿手臂套	—	—	2022/10/1
35	FZ/T 73072—2022	矿工袜	本文件规定了矿工袜的术语和定义、产品分类、要求、检验规则、判定规则以及产品使用说明、包装、运输、贮存 本文件适用于鉴定矿工袜的品质	—	—	2022/10/1
36	FZ/T 73073—2022	立体成型针织袜子型鞋面	本文件规定了立体成型针织袜子型鞋面的术语和定义、规格、要求、试验方法、判定规则及产品标志、包装、运输和贮存 本文件适用于以纺织纤维为主要原料，经针织圆机织造生产的立体成型针织袜子型鞋面 本文件不适用于年龄在36个月及以下的婴幼儿产品	—	—	2022/10/1

续表

序号	标准编号	标准名称	标准主要内容	代替标准	采标情况	实施日期
37	FZ/T 63020—2022	混合聚烯烃纤维绳索	本文件规定了三股、四股、八股、十二股混合聚烯烃新纤维绳索的术语和定义、标识、材料、通用技术要求、物理特性、试验方法、检验规则、标志和包装、运输和贮存 本文件适用于线密度为14.8～12180ktex，绳索代号为6～160的混合聚烯烃纤维绳索	FZ/T 63020—2013	ISO 10572:2009，MOD	2022/10/1
38	FZ/T 01160—2022	纺织品 聚苯硫醚纤维与聚四氟乙烯纤维混合物定量分析 差示扫描量热法（DSC）	本文件规定了采用差示扫描量热仪测定聚苯硫醚纤维与聚四氟乙烯纤维含量的方法 本文件适于聚苯硫醚纤维与聚四氟乙烯纤维的二组分混合物	—	—	2022/10/1
39	FZ/T 01161—2022	纺织品 定量化学分析 铜改性聚丙烯腈纤维与某些其他纤维的混合物	本文件规定了采用化学分析法测定去除非纤维物质后铜改性聚丙烯腈纤维与某些其他纤维二组分混合物纤维含量的方法 本文件适用于铜改性聚丙烯腈纤维与聚酰胺纤维、聚丙烯腈纤维、纤维素纤维（棉、麻、黏胶纤维、莱赛尔纤维、莫代尔纤维、铜氨纤维）、聚酯纤维、聚氨酯弹性纤维、醋酯纤维、三醋酯纤维的二组分混合物	—	—	2022/10/1
40	FZ/T 01162—2022	纺织品 定量化学分析 聚乙烯纤维与某些其他纤维的混合物（石蜡油法）	本文件规定了采用石蜡油法测定去除非纤维物质后两组分混合物中聚乙烯纤维含量的方法 本文件适用于聚乙烯纤维与动物毛纤维（绵羊毛、山羊绒、羊驼毛和马海毛）、纤维素纤维（棉、亚麻、苎麻、黏胶纤维、莫代尔纤维、莱赛尔纤维和铜氨纤维）、蚕丝（桑蚕丝、柞蚕丝）和合成纤维（聚酯纤维、聚酰胺纤维、聚丙烯腈纤维、芳香族聚酰胺纤维和聚丙烯纤维）的二组分混合物	—	—	2022/10/1

续表

序号	标准编号	标准名称	标准主要内容	代替标准	采标情况	实施日期
41	FZ/T 01163—2022	纺织品及其附件总铅和总镉含量的测定 X射线荧光光谱（XRF）分析法	本文件规定了采用X射线荧光光谱（XRF）分析法测定纺织品及其附件中总铅、总镉含量的方法 本文件适用于各类纺织产品及其附件的筛选检测。 本文件不适用于结构不紧密的织物和玻璃材质附件	—	—	2022/10/1
42	FZ/T 01164—2022	纺织品 邻苯二甲酸酯的筛选 裂解-气相色谱-质谱法	本文件规定了采用裂解-气相色谱-质谱联用仪筛选纺织品中邻苯二甲酸酯的试验方法 本文件适用于各类纺织产品	—	—	2022/10/1
43	FZ/T 01165—2022	纺织品 有机锡化合物的筛选 电感耦合等离子体质谱法	本文件规定了采用电感耦合等离子体质谱法（ICP-MS）测定纺织产品中有机锡化合物的筛选方法 本文件适用于各类纺织产品	—	—	2022/10/1
44	FZ/T 01166—2022	纺织品 织物触感检测与评价方法 多指标集成法	本文件规定了采用多指标集成法测定织物在与皮肤接触过程中引起接触感觉的相关织物物理特性的检测和评价方法 本文件适用于表面组织均匀规则的纺织织物，非均匀规则织物如提花、蕾丝、镂空等参考执行	—	—	2022/10/1
45	FZ/T 01167—2022	纺织品 甲醛去除效率试验方法 光催化法	本文件规定了采用光催化法测定纺织品甲醛去除效率的试验方法 本文件适用于具有光触媒除甲醛性能的纺织织物及其制品	—	—	2022/10/1
46	FZ/T 01168—2022	纺织品 织物毛羽测试方法 投影计数法	本文件规定了采用投影计数法测定织物毛羽长度和数量的试验方法 本文件适用于厚度不超过3mm的非绒面织物	—	—	2022/10/1
47	FZ/T 10024—2022	棉纱线异性纤维疵点感官检验方法	本文件规定了棉本色纱线异性纤维疵点的感官检验方法 本文件适用于棉本色纱线的异性纤维疵点检验，不适用于其他纱线的异性纤维疵点检验	—	—	2022/10/1

续表

序号	标准编号	标准名称	标准主要内容	代替标准	采标情况	实施日期
48	FZ/T 10025—2022	本色布技术要求规范	本文件规定了本色布的术语和定义、产品分类和规格标识、织物组织、原料含量、技术条件 本文件适用于以棉、化纤、其他纤维纯纺或混纺的本色纱线为原料，机织制成的本色布	—	—	2022/10/1
49	FZ/T 10026—2022	本色布单位面积无浆干燥质量试验方法	本文件规定了本色布单位面积无浆干燥质量的试验方法 本文件适用于以淀粉（包括变性淀粉）浆、聚乙烯醇浆（PVA）、丙烯酸类浆（丙烯酸及其盐类、丙烯酸酯类、丙烯酰胺类）、聚酯浆料等为上浆主体，棉、化纤、其他纤维纯纺或混纺的本色纱线为原料，机织制成的本色布	—	—	2022/10/1
50	FZ/T 12073—2022	转杯纺涤纶本色纱	本文件规定了转杯纺涤纶（棉型纤维）本色纱产品的术语和定义、产品分类、标记、要求、试验方法、检验规则和标志、包装 本文件适用于转杯纺涤纶本色纱	—	—	2022/10/1
51	FZ/T 12074—2022	转杯纺涤纶与棉混纺本色纱	本文件规定了转杯纺涤纶（棉型纤维）与棉混纺本色纱的术语和定义、产品分类、标记、要求、试验方法、检验规则和标志、包装 本文件适用于转杯纺涤纶与棉混纺本色纱	—	—	2022/10/1
52	FZ/T 12075—2022	黏纤棉腈纶混纺色纺纱	本文件规定了黏纤棉腈纶混纺色纺纱的术语和定义、产品分类、标记、要求、试验方法、检验规则和标志、包装 本文件适用于环锭纺黏纤（棉型，含量≤50%）与精梳棉（含量≥10%）、腈纶（棉型，含量≥10%）混纺色纺纱	—	—	2022/10/1

续表

序号	标准编号	标准名称	标准主要内容	代替标准	采标情况	实施日期
53	FZ/T 21006—2022	丝光防缩毛条	本文件规定了丝光羊毛毛条和防缩羊毛毛条的技术要求、检验方法、验收规则、包装、标志和贮存 本文件适用于丝光羊毛毛条和防缩羊毛毛条的品质鉴定	FZ/T 21006—2010	—	2022/10/1
54	FZ/T 21016—2022	分梳牦牛绒	本文件规定了分梳牦牛绒的术语和定义、要求、试验方法、检验规则及包装、标志、运输、贮存 本文件适用于鉴定牦牛原绒经分梳处理后的牦牛绒品质	—	—	2022/10/1
55	FZ/T 21017—2022	牦牛绒绒条	本文件规定了牦牛绒绒条的术语和定义、要求、试验方法、检验规则及包装、标志、运输和贮存 本文件适用于鉴定纯牦牛绒纤维制成的绒条产品品质	—	—	2022/10/1
56	FZ/T 22018—2022	精梳牦牛绒机织纱	本文件规定了精梳牦牛绒机织纱的技术要求、试验方法、检验规则及包装和标志 本文件适用于鉴定纯牦牛绒和牦牛绒含量30%及以上的牦牛绒混纺精梳机织纱的品质	—	—	2022/10/1
57	FZ/T 22019—2022	气流纺机织毛纱	本文件规定了气流纺机织毛纱的技术要求、试验方法、检验规则和包装、标志等 本文件适用于鉴定气流纺机织纯毛、毛混纺毛纱的品质	—	—	2022/10/1
58	FZ/T 24030—2022	粗梳骆马毛织品	本文件规定了粗梳骆马毛织品的技术要求、试验方法、检验规则及包装和标志 本文件适用于鉴定各类机织服用粗梳纯骆马毛、骆马毛混纺及骆马毛交织品（骆马毛含量不应低于30%）的品质	—	—	2022/10/1

续表

序号	标准编号	标准名称	标准主要内容	代替标准	采标情况	实施日期
59	FZ/T 24031—2022	粗梳兔毛织品	本文件规定了粗梳兔毛织品的技术要求、试验方法、检验规则及包装和标志 本文件适用于鉴定各类机织服用粗梳纯兔毛、兔毛混纺及兔毛交织品（兔毛含量不应低于30%）的品质	—	—	2022/10/1
60	FZ/T 24032—2022	抗静电精梳毛织品	本文件规定了抗静电精梳毛织品的术语和定义、技术要求、试验方法、检验规则、包装和标志 本文件适用于鉴定各类机织服用抗静电精梳毛织品（羊毛及其他动物纤维含量30%及以上的混纺或交织产品）的品质	—	—	2022/10/1
61	FZ/T 24033—2022	全成型无缝毛针织服装	本文件规定了全成型无缝毛针织服装的术语和定义、产品分类、技术要求、试验方法、检验规则、验收规则、包装和标志 本文件适用于鉴定纯绵羊毛全成型无缝毛针织服装和绵羊毛含量30%及以上的混纺全成型无缝毛针织服装的品质，其他动物毛纤维制品亦可参照执行 本文件不适用于年龄在36个月及以下的婴幼儿全成型无缝毛针织服装	—	—	2022/10/1
62	FZ/T 24020—2022	毛针织服装面料	本文件规定了毛针织服装面料的术语和定义、技术要求、试验方法、检验规则、包装和标志 本文件适用于鉴定纯羊毛和含羊毛30%及以上的毛混纺针织服装面料的品质，其他动物毛纤维针织服装面料可参照执行	FZ/T 24020—2013	—	2022/10/1
63	FZ/T 25006—2022	轻薄型经编针织毯	本文件规定了轻薄型经编针织毯的术语和定义、技术要求、试验方法、检验规则、包装和标志 本文件适用于鉴定以各种化学纤维纯纺或混纺的轻薄型经编针织毯的品质	FZ/T 24020—2013	—	2022/10/1

续表

序号	标准编号	标准名称	标准主要内容	代替标准	采标情况	实施日期
64	FZ/T 34013—2022	天然防紫外线麻纺织品	本文件规定了天然防紫外线麻纺织品的术语和定义、要求、试验方法、检验规则、标志、包装、运输和贮存 本文件适用于鉴定纯麻（苎麻、亚麻、大麻）或含麻（苎麻、亚麻、大麻）30%及以上的混纺或交织产品，以罗布麻、黄麻等类型为主要成分的麻纺织品可参照执行 本文件不适用于经过防紫外线整理或添加防紫外线功能纤维的麻纺织品	—	—	2022/10/1
65	FZ/T 34014—2022	天然吸湿速干麻纺织品	本文件规定了天然吸湿速干麻纺织品的术语和定义、要求、试验方法、检验规则、标志、包装、运输和贮存 本文件适用于纯麻（苎麻、亚麻、大麻）或含麻（苎麻、亚麻、大麻）30%及以上的、具备天然吸湿速干性能的混纺或交织产品。以罗布麻、黄麻等麻纤维为主要成分的麻纺织品可参照执行 本文件不适用于经吸湿速干整理或添加吸湿速干功能纤维的麻纺织品	—	—	2022/10/1
66	FZ/T 34015—2022	天然吸湿透气麻纺织品	本文件规定了天然吸湿透气麻纺织品的术语和定义、要求、试验方法、检验规则、标志、包装、运输和贮存 本文件适用于纯麻（苎麻、亚麻、大麻）纺织品或含麻（苎麻、亚麻、大麻）30%及以上的、具备天然吸湿透气性能的混纺或交织产品，以罗布麻、黄麻等麻纤维为主要成分的麻纺织品可参照执行 本文件不适用于经吸湿透气整理或添加吸湿透气功能纤维的麻纺织品	—	—	2022/10/1

续表

序号	标准编号	标准名称	标准主要内容	代替标准	采标情况	实施日期
67	FZ/T 34016—2022	天然抑菌麻纺织品	本文件规定了天然吸湿速干麻纺织品的术语和定义、要求、试验方法、检验规则、标志、包装、运输和贮存 本文件适用于纯麻（苎麻、亚麻、大麻）或含麻（苎麻、亚麻、大麻）30%及以上的、具备天然吸湿速干性能的混纺或交织产品。以罗布麻、黄麻等麻纤维为主要成分的麻纺织品可参照执行 本文件不适用于经吸湿速干整理或添加吸湿速干功能纤维的麻纺织品	—	—	2022/10/1
68	FZ/T 50057—2022	聚对苯二甲酸乙二醇酯（PET）纤维中总锑含量的测定	本文件规定了聚对苯二甲酸乙二醇酯（PET）纤维中总锑含量的测试方法。包括电感耦合等离子体发射光谱法（ICP—OES法）、抗坏血酸-碘化钾（KI）分光光度法，以及附录A中的电感耦合等离子体质谱法（ICP—MS法） 本文件适用于聚对苯二甲酸乙二醇酯（PET）纤维、纤维级聚对苯二甲酸乙二醇酯（PET）切片	—	—	2022/10/1
69	FZ/T 50058—2022	合成纤维 双组份复合长丝弹性性能试验方法	本文件规定了合成纤维双组分复合长丝弹性性能的试验方法 本文件适用于含有两种聚酯（PET、PTT、PBT）组分的复合长丝，包括但不限于牵伸丝、弹性丝。其他类型的合成纤维复合长丝或两种以上组分的聚酯复合长丝可参考使用 本文件不适用于预取向丝	—	—	2022/10/1
70	FZ/T 50059—2022	合成纤维 单丝抗弯曲性能试验方法	本文件规定了单丝抗弯曲性能的试验方法 本文件适用于纤维当量直径0.030～0.200mm的聚酯、聚酰胺、聚丙烯等单丝，其他规格、品种合成纤维单丝可参照使用	—	—	2022/10/1

续表

序号	标准编号	标准名称	标准主要内容	代替标准	采标情况	实施日期
71	FZ/T 50060—2022	碳纤维 碱金属及碱土金属含量试验方法	本文件规定了碳纤维中的碱金属（钾、钠）含量和碱土金属（钙、镁）含量试验方法 本文件适用于碳纤维的短纤维、束丝。碳纤维毡、碳纤维布等可参照使用	—	—	2022/10/1
72	FZ/T 51001—2022	再生纤维素纤维用浆粕 棉浆粕和木浆粕	本文件规定了再生纤维素纤维用棉浆粕和木浆粕的术语和定义、分类和标识、技术要求、试验方法、检验规则和标志、包装、运输、贮存的要求 本文件适用于以棉短绒为原料，供生产再生纤维素纤维的棉浆粕，以及以针叶木、阔叶木为原料，供生产再生纤维素纤维的木浆粕	FZ/T 51001—2009	—	2022/10/1
73	FZ/T 51022—2022	纤维级无锑聚对苯二甲酸乙二醇酯（PET）切片	本文件规定了纤维级无锑聚对苯二甲酸乙二醇酯（PET）切片的术语和定义、技术要求、试验方法、检验规则及标志、包装、运输和贮存的要求 本文件适用于以对苯二甲酸、乙二醇为原料生产的纤维级、半消光、无锑聚对苯二甲酸乙二醇酯（PET）切片。其他无锑聚酯切片可参照使用	—	—	2022/10/1
74	FZ/T 52004—2022	充填用中空涤纶短纤维	本文件规定了充填用中空涤纶短纤维的术语和定义、产品分类和标识、技术要求、试验方法、检验规则及标志、包装、运输和贮存的要求 本文件适用于以聚对苯二甲酸乙二醇酯原料生产的、线密度为2.50～22.22dtex充填用的三维中空涤纶短纤维。其他规格、类型的中空短纤维可参照使用	FZ/T 52004—2007	—	2022/10/1

续表

序号	标准编号	标准名称	标准主要内容	代替标准	采标情况	实施日期
75	FZ/T 52062—2022	锦纶56短纤维	本文件规定了锦纶56短纤维的术语和定义、产品标识、技术要求、试验方法、检验规则及标志、包装、运输和贮存的要求 本文件适用于以戊二胺与己二酸为主要原料生产的，线密度为1.33～6.67dtex，本色，半消光、有光，圆形截面的锦纶56短纤维。其他规格、类型的锦纶56短纤维可参照使用	—	—	2022/10/1
76	FZ/T 54132—2022	循环再利用涤纶膨体长丝（BCF）	本文件规定了循环再利用涤纶膨体长丝（BCF）的术语和定义、分类与标识、技术要求、试验方法、检验规则及标志、包装、运输和贮存的要求 本文件适用于以回收的聚对苯二甲酸乙二醇酯（PET）为原料制成的，总线密度为800～2000dtex、单丝线密度为5～20dtex，三叶截面，有光、半消光的本色以及有色的循环再利用涤纶膨体长丝（BCF）。其他规格的循环再利用涤纶膨体长丝（BCF）可参照使用	—	—	2022/10/1
77	FZ/T 54133—2022	无锑涤纶预取向丝（POY）	本文件规定了无锑涤纶预取向丝的术语和定义、产品标识、技术要求、试验方法、检验规则及标志、包装、运输和贮存的要求 本文件适用于以对苯二甲酸、乙二醇为主要原料生产的，总线密度为55～600dtex、单丝线密度为0.8～8.0dtex，圆形截面，半消光，加弹和牵伸用的无锑涤纶预取向丝。直接织造或其他规格、类型的无锑涤纶预取向丝可参照使用	—	—	2022/10/1

续表

序号	标准编号	标准名称	标准主要内容	代替标准	采标情况	实施日期
78	FZ/T 54134—2022	无锑涤纶低弹丝(DTY)	本文件规定了无锑涤纶低弹丝的术语和定义、产品标识、技术要求、试验方法、检验规则及标志、包装、运输和贮存的要求 本文件适用于总线密度为30～350dtex、单丝线密度为0.5～5.6dtex，圆形截面，半消光的无锑涤纶低弹丝。其他规格、类型的无锑涤纶低弹丝可参照使用	—	—	2022/10/1
79	FZ/T 54135—2022	无锑涤纶牵伸丝(FDY)	本文件规定了无锑涤纶牵伸丝的术语和定义、产品标识、技术要求、试验方法、检验规则及标志、包装、运输和贮存的要求 本文件适用于总线密度为30～330dtex、单丝线密度为1.0～5.6dtex，圆形截面，半消光的无锑涤纶牵伸丝。其他规格、类型的无锑涤纶牵伸丝可参照使用	—	—	2022/10/1
80	FZ/T 54136—2022	涤纶膨体长丝(BCF)	本文件规定了涤纶膨体长丝(BCF)的术语和定义、分类与标识、技术要求、试验方法、检验规则及标志、包装、运输和贮存的要求 本文件适用于线密度为1000～2000dtex，三叶截面，本色，有色及阳离子染料易染的涤纶膨体长丝（BCF），及上述膨体长丝制成的线密度2000～5500dtex的涤纶加捻定型膨体长丝 本文件不适用于全消光产品	—	—	2022/10/1

续表

序号	标准编号	标准名称	标准主要内容	代替标准	采标情况	实施日期
81	FZ/T 54137—2022	聚对苯二甲酸丁二醇酯（PBT）牵伸丝	本文件规定了聚对苯二甲酸丁二醇酯（PBT）牵伸丝的术语和定义、产品标识、技术要求、试验方法、检验规则及标志、包装、运输和贮存的要求 本文件适用于总线密度为40～200dtex、单丝线密度为1.0～5.6dtex，圆形截面，本色的聚对苯二甲酸丁二醇酯（PBT）牵伸丝。其他规格、类型的聚对苯二甲酸丁二醇酯（PBT）牵伸丝可参照使用	—	—	2022/10/1
82	FZ/T 54138—2022	导电聚乙烯单丝	本文件规定了导电聚乙烯单丝的术语和定义、产品标识、技术要求、试验方法、检验规则及标志、包装、运输和贮存的要求 本文件适用于线密度为46.75～657.38dtex、圆形截面的导电聚乙烯单丝。其他规格、类型的导电聚乙烯单丝可参照使用	—	—	2022/10/1
83	FZ/T 54027—2022	超高分子量聚乙烯长丝	本文件规定了超高分子量聚乙烯长丝的术语和定义、分类和标识、技术要求、试验方法、检验规则及标志、包装、运输和贮存的要求 本文件适用于名义线密度为22～3555dtex的超高分子量聚乙烯长丝。其他规格、类型的超高分子量聚乙烯长丝可参照使用	FZ/T 54027—2010	—	2022/10/1
84	FZ/T 54139—2022	聚乳酸（PLA）低弹丝	本文件规定了聚乳酸（PLA）低弹丝的术语和定义、产品标识、技术要求、试验方法、检验规则和标志、包装、运输、贮存的要求 本文件适用于线密度为30～170dtex、单丝线密度为0.8～2.5dtex，圆形截面，本色聚乳酸低弹丝。其他规格、类型的聚乳酸低弹丝可参照使用	—	—	2022/10/1

续表

序号	标准编号	标准名称	标准主要内容	代替标准	采标情况	实施日期
85	FZ/T 60048—2022	覆膜非织造布表面针孔的测定及评价方法	本文件规定了测定覆膜非织造布表面针孔的试验方法并给出评价方法 本文件适用于厚度小于2.00mm的大多数覆膜非织造布，包括“膜–布”结构及“膜–布–膜”结构的覆膜非织造布和“布–膜–布”结构中至少有一层为非亲水非织造布的覆膜非织造布	—	—	2022/10/1
86	FZ/T 60049—2022	纤维绳索耐磨性能的测定 转鼓摩擦法	本文件描述了采用转鼓摩擦法测定纤维绳索耐磨性能的试验方法 本文件适用于绳索代号30及以下的各类纤维绳索耐磨性能的测定	—	—	2022/10/1
87	FZ/T 64088—2022	农业保温复合织物	本文件规定了农业保温复合织物的术语和定义、质量要求、试验方法、检验规则和标志、包装、运输与贮存 本文件适用于作为农业篷房使用、具备保温作用的复合织物。工业厂房、仓储等篷房用复合织物可以参照执行	—	—	2022/10/1
88	FZ/T 64089—2022	植被种植用土工布	本文件规定了植被种植用土工布的术语和定义、分类、规格及代号、技术要求、试验方法、检验规则、包装、贮存和标志 本文件适用于植被种植用土工布	—	—	2022/10/1
89	FZ/T 54016—2022	造纸毛毯用单丝	本文件规定了造纸毛毯用单丝的产品分类和代号、技术要求、试验方法、检验规则以及标志、包装、运输和贮存 本文件适用于生产造纸毛毯所用的聚酰胺、聚酯单丝	FZ/T 54016—2009	—	2022/10/1

续表

序号	标准编号	标准名称	标准主要内容	代替标准	采标情况	实施日期
90	FZ/T 52063—2022	造纸毛毯用短纤维	本文件规定了造纸毛毯用短纤维的术语和定义、产品分类、技术要求、试验方法、检验规则、标志、包装、运输和贮存的要求 本文件适用于造纸毛毯用锦纶短纤维	—	—	2022/10/1
91	FZ/T 64090—2022	废旧纺织品再加工纤维淘金毡	本文件规定了废旧纺织品再加工纤维淘金毡的术语和定义、要求、试验方法、检验规则、标志、包装、运输和贮存 本文件适用于以废旧纺织品再加工短纤维为主要原料，与其他化学短纤维混合，通过针刺工艺制成的淘金毡。以其他废旧纺织品原材料通过针刺或其他工艺制成的淘金毡可参照执行	—	—	2022/10/1
92	FZ/T 64091—2022	碳/玻混编经编多轴向增强材料	本文件规定了碳/玻混编经编多轴向增强材料的术语和定义、产品代号、原材料、要求、试验方法、检验规则、标志、包装、运输及贮存 本文件适用于以玻璃纤维、碳纤维为主要原料，经捆绑纱沿经向缝编而成的碳/玻混编经编多轴向增强材料	—	—	2022/10/1
93	FZ/T 63057—2022	低延伸夹芯绳索	本文件规定了低延伸夹芯绳索的术语和定义、要求、测试方法、检验规则、包装、储运、标识等 本文件适用于高空作业、洞穴探险、生命救援、军警训练中起保护作用的低延伸夹芯绳索	—	—	2022/10/1
94	FZ/T 64092—2022	纺粘弹性非织造布	本文件规定了纺粘弹性非织造布的术语和定义、分类、要求、试验方法、检验规则、包装、标志、运输和贮存 本文件适用于以聚烯烃共聚物弹性体和聚丙烯为主要原料，采用热轧黏合制成的纺粘弹性非织造布	—	—	2022/10/1

续表

序号	标准编号	标准名称	标准主要内容	代替标准	采标情况	实施日期
95	FZ/T 64093—2022	聚乳酸短纤维非织造布	本文件规定了聚乳酸短纤维非织造布的产品分类、技术要求、试验方法、检验规则、包装、标志和贮运要求 本文件适用于以纯聚乳酸短纤维为原料，梳理成网后用热黏合方法加固生产的单位面积质量≤60g/m^{2}的非织造布	—	—	2022/10/1
96	FZ/T 64094—2022	废旧纺织品再生托盘	本文件规定了废旧纺织品再生托盘的术语和定义、要求、试验方法、检验规则、标志、包装、运输和贮存 本文件适用于以废旧纺织品布块和再加工短纤维为主要原料生产的平面尺寸为1100mm×1100mm和1200mm×1000mm的再生单面托盘。其他平面尺寸托盘的设计和生产可参考使用	—	—	2022/10/1
97	FZ/T 80015—2022	服装CAD技术规范	本文件规定了服装CAD软件的术语和定义、功能要求、制图规则、软件测试要求、质量要求、产品数据技术要求以及产品文件管理和存档要求 本文件适用于服装CAD软件开发、产品设计的CAD技术应用	FZ/T 80015—2012	—	2022/10/1
98	FZ/T 81007—2022	单、夹服装	本文件规定了单、夹服装的要求、检验方法、检验规则，以及标志、包装、运输和贮存 本文件适用于以纺织机织物为主要面料生产的单、夹服装 本文件不适用于年龄在36个月及以下的婴幼儿服装	FZ/T 81007—2012	—	2022/10/1

续表

序号	标准编号	标准名称	标准主要内容	代替标准	采标情况	实施日期
99	FZ/T 81017—2022	全毛衬西服	本文件规定了全毛衬西服的术语和定义、要求、检验方法、检验规则，以及标志、包装、运输和贮存 本文件适用于以纯毛、毛混纺或交织机织物为主要面料生产的全毛衬西服。半毛衬西服可参照执行 本文件不适用于年龄在36个月及以下的婴幼儿服装	FZ/T 81017—2012	—	2022/10/1
100	FZ/T 81024—2022	机织披风	本文件规定了机织披风的术语和定义、要求、检验方法、检验规则，以及标志、包装、运输和贮存 本文件适用于以纺织机织物为主要原料生产的披风产品 本文件不适用于36个月及以下的婴幼儿机织披风	—	—	2022/10/1
101	FZ/T 81004—2022	连衣裙、裙套	本文件规定了裙子、连衣裙和裙套的要求、试验方法、检验规则以及标志、包装、运输和贮存 本文件适用于以纺织机织物为主要面料生产的裙子、连衣裙和裙套。 本文件不适用于年龄在36个月及以下的婴幼儿服装	FZ/T 81004—2012	—	2022/10/1
102	FZ/T 64087—2022	木棉纤维絮片	本文件规定了木棉纤维絮片的术语和定义、产品分类、要求、试验方法、检验规则、标志、包装、运输、贮存 本文件适用于以纯木棉纤维或含量不低于40%的木棉纤维与其他纤维的混合物为原料，经梳理成网，采用针刺、水刺或热黏合等方式固结而成的絮片	—	—	2022/10/1
103	FZ/T 08002—2022	新生儿纺织产品	本文件规定了新生儿纺织产品的术语和定义、号型规格、要求、试验方法、检验规则以及使用说明、包装、运输和贮存 本文件适用于新生儿穿着或使用的纺织产品，包括服装、袜子（脚套）、帽子、肚围、手套、毛巾、包巾（被）、睡袋、床上用品等	—	—	2022/10/1

表3-7(b) 2022年工信部批准的纺织行业标准外文版名称及主要内容一览表

序号	标准编号	标准名称（中文）	标准名称（英文）	标准主要内容
1	FZ/T 01057.1—2007	纺织纤维鉴别试验方法 第1部分：通用说明	Test method for identification of textile fibers—Part 1：General introduction	本标准是有关纺织纤维鉴别试验方法的通用说明。本标准规定了纺织纤维鉴别试验方法的一些共同性的技术要求并给出了纤维鉴别试验的一般性程序 本标准适用于纺织纤维的鉴别
2	FZ/T 01031—2016	针织物和弹性机织物 接缝强力及伸长率的测定 抓样法	Knitted fabric and elastic woven fabric—Determination of maximum force to seam rupture and elongation—Grab method	本标准规定了测定纺织品直线接缝型式的接缝强力和伸长率的两种拉伸试验方法 本标准适用于针织物和弹性机织物

表3-8(a) 工信部2022年第一批其他项目标准计划表

纺织行业										
序号	计划号	项目名称	性质	标准类别	制修订	代替标准	主管单位	技术委员会或技术归口单位	主要起草单位	备注
1	2022—0503T—FZ	服装标志、包装、运输和贮存	推荐	基础	修订	FZ/T 80002—2016	消费品工业司	全国服装标准化技术委员会	上海纺织集团检测标准有限公司 国家服装质量监督检验中心（上海）	○
2	2022—0504T—FZ	植物染料染色床上用品	推荐	产品	制定	FZ/T 80002—2016	消费品工业司	全国家用纺织品标准化技术委员会床上用品分技术委员会	浙江省轻工业品质量检验研究院 宁波广源纺织品有限公司 罗莱生活科技股份有限公司	

表3-8(b) 工信部2022年第一批产业优化升级标准项目计划表

质量与可靠性提升

序号	计划号	项目名称	性质	标准类别	制修订	代替标准	主管单位	技术委员会或技术归口单位	主要起草单位	备注
1	2022—0314T—FZ	可水洗纯棉絮片	推荐	产品	制定		消费品工业司	中国纺织工业联合会	郑州棉花朵朵新材料科技有限公司 河南省纺织产品质量监督检验院	★
2	2022—0315T—FZ	口罩用熔喷法非织造布技术规范	推荐	产品	制定		消费品工业司	全国纺织品标准化技术委员会产业用纺织品分技术委员会	中国产业用纺织品行业协会 中纺标检验认证股份有限公司 天津泰达洁净材料有限公司 东营俊富净化科技有限公司 宣城广能非织造有限公司 稳健医疗用品股份有限公司 浙江蓝禾医疗用品有限公司 中科贝思达(厦门)环保科技股份有限公司 苏州波力斯医疗科技有限公司	★
3	2022—0316T—FZ	灯芯绒服装	推荐	产品	修订	FZ/T81019—2014	消费品工业司	全国服装标准化技术委员会	上海纺织集团检测标准有限公司 国家服装质量监督检验中心（上海）	★
4	2022—0317T—FZ	毛巾浴衣	推荐	产品	修订	FZ/T62017—2009	消费品工业司	全国家用纺织品标准化技术委员会	山东金号家纺集团有限公司 山东省纤维质量监测中心 江苏省纺织产品质量监督检验研究院	

续表

质量与可靠性提升										
序号	计划号	项目名称	性质	标准类别	制修订	代替标准	主管单位	技术委员会或技术归口单位	主要起草单位	备注
5	2022—0318T—FZ	可水洗针织面料隔尿垫	推荐	产品	制定		消费品工业司	全国家用纺织品标准化技术委员会床上用品分技术委员会	上海市质量监督检验技术研究院 罗莱生活科技股份有限公司	

表3-8(c) 工信部2022年第一批行业标准外文版项目计划表

序号	外文版计划号	项目类别	翻译语种	主管单位	技术委员会或技术归口单位	项目承担单位
1	2022—W003—FZ	翻译已有标准	英语	消费品工业司	全国纺织品标准化技术委员会 毛纺织品分技术委员会	内蒙古自治区纤维质量监测中心 国家毛绒质量监督检验中心 北京毛纺织科学研究所检验中心

注 重点突出原则。区分专项标准化工程（行动）项目和其他标准项目，着力支持重点和基础通用标准制修订项目，并在备注中予以区分，其中重点标准项目根据项目重要程度用1～5 个“★”标注，基础通用标准用“○”标注。

表3-9 第二批国家工业设计研究院培育对象名单

序号	申报单位名称	主要服务行业或领域
1	上海市纺织科学研究院有限公司	纺织材料
2	浙江省现代纺织工业研究院	纺织印染

表3–10(a) 工信部2022年第二批产业优化升级标准项目计划表

序号	计划号	项目名称	性质	标准类别	制修订	代替标准	主管单位	技术委员会或技术归口单位	主要起草单位	备注
新材料										
1	2022—0577T—FZ	超高分子量聚乙烯短纤维	推荐	产品	制定		消费品工业司	全国化学纤维标准化技术委员会	中国石化仪征化纤有限责任公司 江苏九九久科技有限公司 浙江千禧龙纤特种纤维股份有限公司 江苏神鹤科技发展有限公司	★
2	2022—0578T—FZ	海藻纤维非织造布	推荐	产品	制定		消费品工业司	全国纺织品标准化技术委员会产业用纺织品分技术委员会	青岛明月生物医用材料有限公司 山东康康新材料科技有限公司 青岛格诚经纬生物科技有限公司 中国产业用纺织品行业协会	★
3	2022—0579T—FZ	聚四氟乙烯缝纫线	推荐	产品	制定		消费品工业司	全国纺织品标准化技术委员会产业用纺织品分技术委员会	中国产业用纺织品行业协会 广州检验检测认证集团有限公司 苏州耐德新材料科技有限公司 上海金由氟材料有限公司 上海灵氟隆新材料科技有限公司 常州市兴诚高分子材料有限公司	★

续表

序号	计划号	项目名称	性质	标准类别	制修订	代替标准	主管单位	技术委员会或技术归口单位	主要起草单位	备注
新材料										
4	2022—0580T—FZ	芳纶色纺纱线	推荐	产品	修订	FZ/T12041—2013	消费品工业司	全国纺织品标准化技术委员会棉纺织品分技术委员会	烟台泰和新材料股份有限公司 上海市纺织工业技术监督所 常熟市宝沣特种纤维有限公司 山东联润色纺科技有限公司 德州华源生态科技有限公司 中国棉纺织行业协会	
5	2022—0581T—FZ	间位芳纶色织布	推荐	产品	制定	FZ/T12041—2013	消费品工业司	中国纺织工业联合会	常熟市宝沣特种纤维有限公司 南通大学 中国棉纺织行业协会 上海市纺织工业技术监督所	
质量与可靠性提升										
1	2022—0926T—FZ	无锑涤纶短纤维	推荐	产品	制定		消费品工业司	全国化学纤维标准化技术委员会	中国石化仪征化纤有限责任公司 江苏江南高纤股份有限公司 江苏华西村股份有限公司特种化纤厂 厦门翔鹭化纤股份有限公司 中国化学纤维工业协会 上海市纺织工业技术监督所	

续表

序号	计划号	项目名称	性质	标准类别	制修订	代替标准	主管单位	技术委员会或技术归口单位	主要起草单位	备注
质量与可靠性提升										
2	2022—0927T—FZ	横机数控系统	推荐	产品	修订	FZ/T97025—2011	消费品工业司	全国纺织机械与附件标准化技术委员会	浙江恒强科技股份有限公司 福建睿能科技股份有限公司 宁波慈星股份有限公司 浙江理工大学现代纺织装备技术教育部工程研究中心 飞虎科技有限公司 浙江方正轻纺机械检测中心有限公司 中国纺织机械协会	
3	2022—0928T—FZ	喷水织机	推荐	产品	修订	FZ/T94054—2009	消费品工业司	全国纺织机械与附件标准化技术委员会	青岛海佳机械有限公司 青岛日佳机械有限公司 青岛合佳纺织科技有限公司 青岛天一红旗纺机集团有限公司 山东日发纺织机械有限公司 浙江引春机械有限公司 青岛德尔德机械科技有限公司 浙江中屹纺织机械科技有限公司 津田驹机械制造（常熟）有限公司	
4	2022—0929T—FZ	纬编机用输纱器	推荐	产品	修订	FZ/T92069—2014	消费品工业司	全国纺织机械与附件标准化技术委员会	浙江太阳洲电气科技有限公司 泉州卜硕机械有限公司 圣东尼（上海）针织机器有限公司 惠安金天梭精密机械有限公司 美名格-艾罗（太仓）纺织机械有限公司 泉州精镁机械有限公司 启圣（厦门）机械有限公司	

续表

序号	计划号	项目名称	性质	标准类别	制修订	代替标准	主管单位	技术委员会或技术归口单位	主要起草单位	备注
质量与可靠性提升										
5	2022—0930T—FZ	棉纺环锭细纱机	推荐	产品	修订	FZ/T93027—2014	消费品工业司	全国纺织机械与附件标准化技术委员会纺纱染整机械分技术委员会	经纬智能纺织机械有限公司 无锡纺织机械质量监督检验中心 山西鸿基科技股份有限公司 山西贝斯特机械制造有限公司 中国人民解放军四八零六工厂 山东同大机械有限公司 常州市同和纺织机械制造有限公司 湖北天门纺织机械股份有限公司	
6	2022—0931T—FZ	棉精梳机分离辊	推荐	产品	修订	FZ/T92071—2009	消费品工业司	全国纺织机械与附件标准化技术委员会纺纱染整机械分技术委员会	无锡纺织机械质量监督检验中心 如东纺织橡胶有限公司 安徽省潜山县八一纺织器材厂 无锡二橡胶 经纬智能纺织机械有限公司	
7	2022—0932T—FZ	普通轧车	推荐	产品	修订	FZ/T95006—2012	消费品工业司	全国纺织机械与附件标准化技术委员会纺纱染整机械分技术委员会	江苏建业机械制造有限公司 无锡纺织机械质量监督检验中心 福建佶龙机械科技股份有限公司 三技精密技术（广东）股份有限公司 邵阳纺织机械有限责任公司	

续表

序号	计划号	项目名称	性质	标准类别	制修订	代替标准	主管单位	技术委员会或技术归口单位	主要起草单位	备注
质量与可靠性提升										
8	2022—0933T—FZ	松式烘燥机	推荐	产品	修订	FZ/T95016—2011	消费品工业司	全国纺织机械与附件标准化技术委员会纺纱染整机械分技术委员会	无锡纺织机械质量监督检验中心 邵阳纺织机械有限责任公司 三技精密技术（广东）股份有限公司 无锡市信谊机械有限公司 扬州市江都印染机械有限公司	
9	2022—0934T—FZ	弹性针布	推荐	产品	修订	FZ/T93020—2004	消费品工业司	全国纺织机械与附件标准化技术委员会纺织器材分技术委员会	金轮针布（江苏）有限公司 陕西纺织器材研究所 光山白鲨针布有限公司 上海远东钢丝针布有限责任公司 无锡市猫头鹰纺织器材有限公司 启东华华针布厂 山西金鑫针布有限公司	
10	2022—0935T—FZ	金属纤维纱线	推荐	产品	制定	FZ/T93020—2004	消费品工业司	全国纺织品标准化技术委员会产业用纺织品分技术委员会	保定三源纺织科技有限公司 中国产业用纺织品行业协会 惠州学院	
11	2022—0936T—FZ	面膜用非织造布片材	推荐	产品	制定		消费品工业司	全国纺织品标准化技术委员会产业用纺织品分技术委员会	上海文房实业有限公司 杭州诺邦无纺股份有限公司 东纶科技实业有限公司 广银无纺制品有限公司 上海即索实业有限公司 珀莱雅化妆品股份有限公司 上海相宜本草化妆品股份有限公司	

续表

序号	计划号	项目名称	性质	标准类别	制修订	代替标准	主管单位	技术委员会或技术归口单位	主要起草单位	备注
质量与可靠性提升										
12	2022—0937T—FZ	日用棉签	推荐	产品	制定		消费品工业司	全国纺织品标准化技术委员会 产业用纺织品分技术委员会	浙江省轻工业品质量检验研究院 兰溪市洁达棉签有限公司 宁波丝诺化妆棉有限公司	
13	2022—0938T—FZ	一次性使用压缩巾	推荐	产品	制定		消费品工业司	全国纺织品标准化技术委员会 产业用纺织品分技术委员会 全国家用纺织品标准化技术委员会毛巾分技术委员会	中国产业用纺织品行业协会 宜宾丽雅卫生材料科技有限责任公司 欣龙控股（集团）股份有限公司 四川友邦企业有限公司	
14	2022—0939T—FZ	涂层织物 耐低温性的测定	推荐	方法	修订	FZ/T01007—2008	消费品工业司	全国纺织品标准化技术委员会 基础标准分技术委员会	中纺标检验认证股份有限公司	○
15	2022—0940T—FZ	大麻纱	推荐	方法	产品	FZ/T 32011—2009 FZ/T 32014—2012	消费品工业司	全国纺织品标准化技术委员会 麻纺织品分技术委员会	中纺标（深圳）检测有限公司 山西绿洲纺织有限责任公司	
16	2022—0941T—FZ	分梳骆驼绒	推荐	方法	制定		消费品工业司	全国纺织品标准化技术委员会 毛纺织品分技术委员会	浙江沃榆特实业集团有限公司 上海纺织集团检测标准有限公司 阿拉善左旗忠达商贸有限公司	

续表

序号	计划号	项目名称	性质	标准类别	制修订	代替标准	主管单位	技术委员会或技术归口单位	主要起草单位	备注
质量与可靠性提升										
17	2022—0942T—FZ	骆驼绒机织围巾、披肩	推荐	产品	制定		消费品工业司	全国纺织品标准化技术委员会毛纺织品分技术委员会	内蒙古自治区纤维质量检测中心 上海纺织集团检测标准有限公司 阿拉善左旗驼中王绒毛制品有限公司 阿拉善盟沙漠王绒毛有限公司 北京毛纺织科学研究所检验中心	
18	2022—0943T—FZ	精梳骆驼绒机织纱	推荐	产品	制定		消费品工业司	全国纺织品标准化技术委员会毛纺织品分技术委员会	张家港中孚达绒业科技有限公司 上海纺织集团检测标准有限公司 阿拉善左旗驼中王绒毛制品有限责任公司	
19	2022—0944T—FZ	精梳牦牛绒针织绒线	推荐	产品	制定		消费品工业司	全国纺织品标准化技术委员会毛纺织品分技术委员会	北京毛纺织科学研究所检验中心	
20	2022—0945T—FZ	骆驼绒针织品	推荐	产品	制定		消费品工业司	全国纺织品标准化技术委员会毛纺织品分技术委员会	内蒙古自治区纤维质量监测中心 北京毛纺织科学研究所检验中心 阿拉善左旗驼中王绒毛制品有限公司 阿拉善左旗莱芙尔绒毛公司	

续表

序号	计划号	项目名称	性质	标准类别	制修订	代替标准	主管单位	技术委员会或技术归口单位	主要起草单位	备注
质量与可靠性提升										
21	2022—0946T—FZ	弹性毛织品	推荐	产品	修订	FZ/T24006—2015	消费品工业司	全国纺织品标准化技术委员会毛纺织品分技术委员会	上海纺织集团检测标准有限公司 恒源祥（集团）有限公司 嘉兴市产品质量检验检测院	
22	2022—0947T—FZ	精梳毛棉织品	推荐	产品	修订	FZ/T24021—2015	消费品工业司	全国纺织品标准化技术委员会毛纺织品分技术委员会	上海纺织集团检测标准有限公司 山东济宁如意毛纺织股份有限公司 浙江雅莹服装有限公司	
23	2022—0948T—FZ	精梳水洗毛织品	推荐	产品	修订	FZ/T24022—2015	消费品工业司	全国纺织品标准化技术委员会毛纺织品分技术委员会	上海纺织集团检测标准有限公司 山东济宁如意毛纺织股份有限公司 恒源祥（集团）有限公司 嘉兴市产品质量检验检测院	
24	2022—0949T—FZ	毛纱试验方法	推荐	产品	修订	FZ/T20017—2010	消费品工业司	全国纺织品标准化技术委员会毛纺织品分技术委员会	上海纺织集团检测标准有限公司	○
25	2022—0950T—FZ	骆驼绒被	推荐	产品	制定		消费品工业司	全国纺织品标准化技术委员会毛纺织品分技术委员会 全国家用纺织品标准化技术委员会床上用品分技术委员会	内蒙古自治区纤维质量监测中心 上海纺织集团检测标准有限公司 阿拉善宇联纺织原料有限公司 阿拉善盟沙漠王绒毛有限公司 北京毛纺织科学研究所检验中心	

续表

序号	计划号	项目名称	性质	标准类别	制修订	代替标准	主管单位	技术委员会或技术归口单位	主要起草单位	备注
质量与可靠性提升										
26	2022—0951T—FZ	精梳毛麻织品	推荐	产品	修订	FZ/T24018—2012	消费品工业司	全国纺织品标准化技术委员会 毛精纺分技术委员会	江苏阳光集团有限公司	
27	2022—0952T—FZ	棉碱溶性聚酯包芯本色纱	推荐	产品	制定		消费品工业司	全国纺织品标准化技术委员会 棉纺织品分技术委员会	魏桥纺织股份有限公司 上海市纺织工业技术监督所 中国棉纺织行业协会	
28	2022—0953T—FZ	棉碱溶性聚酯包芯纱本色布	推荐	产品	制定		消费品工业司	全国纺织品标准化技术委员会 棉纺织品分技术委员会	魏桥纺织股份有限公司 上海市纺织工业技术监督所 浙江玉帛纺织股份有限公司 中国棉纺织行业协会	
29	2022—0954T—FZ	棉与相变黏胶纤维混纺本色纱	推荐	产品	制定		消费品工业司	全国纺织品标准化技术委员会 棉纺织品分技术委员会	青岛邦特生态纺织科技有限公司 青岛大学 天虹纺织集团有限公司 上海市纺织工业技术监督所 中国棉纺织行业协会	★
30	2022—0955T—FZ	缝编非织造黏合衬	推荐	产品	修订	FZ/T64040—2014	消费品工业司	全国纺织品标准化技术委员会 棉纺织品分技术委员会	维柏思特衬布（南通）有限公司 湖北省荆州市红枫衬布有限公司 希雅图（上海）无纺布有限公司 南通江淮衬布有限公司 上海市纺织工业技术监督所 中国产业用纺织品行业协会	★

续表

序号	计划号	项目名称	性质	标准类别	制修订	代替标准	主管单位	技术委员会或技术归口单位	主要起草单位	备注
质量与可靠性提升										
31	2022—0956T—FZ	缝纫用涤纶本色纱线	推荐	产品	修订	FZ/T63001—2014	消费品工业司	全国纺织品标准化技术委员会棉纺织品分技术委员会	华美线业有限公司 湖北枫树线业有限公司 宜宾弘曲线业有限公司 福建顺源纺织有限公司 江苏无染彩实业发展有限公司 河南省长荣线业有限公司 南通万洲纺织有限公司 浙江日发纺机技术有限公司 上海纺织工业技术监督所 中国棉纺织行业协会	
32	2022—0957T—FZ	棉氨纶包芯色纺纱	推荐	产品	修订	FZ/T12034—2012	消费品工业司	全国纺织品标准化技术委员会棉纺织品分技术委员会	百隆东方股份有限公司 华孚时尚股份有限公司 安徽翰联色纺股份有限公司 虹安纺织（淮安）有限公司 上海市纺织工业技术监督所 中国棉纺织行业协会	
33	2022—0958T—FZ	棉涤纶低弹丝包芯本色纱	推荐	产品	修订	FZ/T12044—2014	消费品工业司	全国纺织品标准化技术委员会棉纺织品分技术委员会	魏桥纺织股份有限公司 上海市纺织工业技术监督所 华孚时尚股份有限公司 中国棉纺织行业协会	
34	2022—0959T—FZ	蓬盖用维纶本色帆布	推荐	产品	修订	FZ/T13015—2014	消费品工业司	全国纺织品标准化技术委员会棉纺织品分技术委员会	宁波双盾纺织帆布实业有限公司 上海市纺织工业技术监督所 浙江玉帛纺织股份有限公司 中国棉纺织行业协会	

续表

序号	计划号	项目名称	性质	标准类别	制修订	代替标准	主管单位	技术委员会或技术归口单位	主要起草单位	备注
质量与可靠性提升										
35	2022—0960T—FZ	维纶本色纱线	推荐	产品	修订	FZ/T12008—2014	消费品工业司	全国纺织品标准化技术委员会棉纺织品分技术委员会	浙江春江轻纺集团有限责任公司 齐鲁宏业纺织集团有限公司 上海市纺织工业技术监督所 中国棉纺织行业协会	
36	2022—0961T—FZ	黏合衬水洗后分离性能试验方法	推荐	方法	修订	FZ/T60040—2014	消费品工业司	全国纺织品标准化技术委员会棉纺织品分技术委员会	南通海汇服装辅料有限公司 浙江金三发粘合衬有限公司 晟合新材料科技（嘉善）有限公司 上海天强纺织有限公司 上海天洋热熔粘接材料股份有限公司 上海市纺织工业技术监督所 中国产业用纺织品行业协会	○
37	2022—0962T—FZ	竹浆黏胶纤维与涤纶混纺本色布	推荐	产品	修订	FZ/T13031—2015	消费品工业司	全国纺织品标准化技术委员会棉纺织品分技术委员会	淄博银仕来纺织有限公司 上海市纺织工业技术监督所 际华三五四二纺织有限公司 浙江玉帛纺织股份有限公司 中国棉纺织行业协会	

续表

序号	计划号	项目名称	性质	标准类别	制修订	代替标准	主管单位	技术委员会或技术归口单位	主要起草单位	备注
质量与可靠性提升										
38	2022—0963T—FZ	棉多层印染布	推荐	产品	制定		消费品工业司	全国纺织品标准化技术委员会印染制品分技术委员会	深圳全棉时代科技有限公司 愉悦家纺有限公司 上海市纺织工业技术监督所 鲁泰纺织股份有限公司 鲁丰织染有限公司 广东溢达纺织有限公司 南通华强布业有限公司 华纺股份有限公司 中国印染行业协会	
39	2022—0964T—FZ	涤黏混纺印染布	推荐	产品	修订	FZ/T14005—2014	消费品工业司	全国纺织品标准化技术委员会印染制品分技术委员会	卓尚服饰(杭州)有限公司 鲁泰纺织股份有限公司 愉悦家纺有限公司 奉化市天盾防水材料有限公司 河北宁纺集团有限责任公司 绵阳佳联印染有限责任公司 达利(中国)有限公司 上海市纺织工业技术监督所 中国印染行业协会	
40	2022—0965T—FZ	棉与羊毛混纺印染布	推荐	产品	修订	FZ/T14028—2014	消费品工业司	全国纺织品标准化技术委员会印染制品分技术委员会	华纺股份有限公司 浙江同辉纺织股份有限公司 浙江灏宇科技有限公司 愉悦家纺有限公司 河北宁纺集团有限责任公司 绍兴市质量技术监督检测院 南通联发印染有限公司 上海市纺织工业技术监督所 中国印染行业协会	

续表

序号	计划号	项目名称	性质	标准类别	制修订	代替标准	主管单位	技术委员会或技术归口单位	主要起草单位	备注
质量与可靠性提升										
41	2022—0966T—FZ	篷盖用维纶染色防水帆布	推荐	产品	修订	FZ/T14009—2014	消费品工业司	全国纺织品标准化技术委员会印染制品分技术委员会	宁波天盾防水材料有限公司 浙江灏宇科技有限公司 上海市纺织工业技术监督所 中国印染行业协会	
42	2022—0967T—FZ	再生纤维素纤维印染布	推荐	产品	修订	FZ/T14012—2009 FZ/T14004—2014 FZ/T14013—2018 FZ/T14014—2019	消费品工业司	全国纺织品标准化技术委员会印染制品分技术委员会	华纺股份有限公司 南通金仕达超微阻燃材料有限公司 愉悦家纺有限公司 杭州卓达染整有限公司 兰精纤维（香港）有限公司 鲁丰织染有限公司 浙江富润印染有限公司 浙江灏宇科技有限公司 江苏金太阳纺织科技股份有限公司 河北宁纺集团有限责任公司 山东魏桥特宽幅印染有限公司 上海市纺织工业技术监督所 中国印染行业协会	
43	2022—0968T—FZ	热压贴合无缝针织服装	推荐	产品	制定		消费品工业司	全国纺织品标准化技术委员会针织品分技术委员会	中国针织工业协会 苏州美山子制衣有限公司 丽晶维珍妮内衣（深圳）有限公司 爱慕股份有限公司	★

续表

序号	计划号	项目名称	性质	标准类别	制修订	代替标准	主管单位	技术委员会或技术归口单位	主要起草单位	备注
质量与可靠性提升										
44	2022—0969T—FZ	针织绒面服装	推荐	产品	制定		消费品工业司	全国纺织品标准化技术委员会针织品分技术委员会	天津市针研技术有限公司 江苏润玖纺织有限公司 上海帛源纺织科技有限公司 国家针织产品质量监督检验中心	
45	2022—0970T—FZ	抗菌针织品	推荐	产品	修订	FZ/T73023—2006	消费品工业司	全国纺织品标准化技术委员会针织品分技术委员会	天纺标检测认证股份有限公司 上海三枪集团有限公司 江苏AB集团有限公司 浙江浪莎袜业有限公司	
46	2022—0971T—FZ	针织民用手套	推荐	产品	修订	FZ/T73047—2013	消费品工业司	全国纺织品标准化技术委员会针织品分技术委员会	天津市针研技术有限公司 宜兴市艺碟针织有限公司 李宁（中国）体育用品有限公司	
47	2022—0972T—FZ	针织牛仔布	推荐	产品	修订	FZ/T720082015 FZ/T72009—2008	消费品工业司	全国纺织品标准化技术委员会针织品分技术委员会	国家针织产品质量监督检验中心 江苏众恒染整有限公司 天纺标检测认证股份有限公司 国家服装质量监督检验中心（天津）	
48	2022—0973T—FZ	针织羽绒服装	推荐	产品	修订	FZ/T73053—2015	消费品工业司	全国纺织品标准化技术委员会针织品分技术委员会	天纺标检测认证股份有限公司 波司登羽绒服装有限公司 浙江报喜鸟服饰股份有限公司 李宁（中国）体育用品有限公司	

续表

序号	计划号	项目名称	性质	标准类别	制修订	代替标准	主管单位	技术委员会或技术归口单位	主要起草单位	备注
质量与可靠性提升										
49	2022—0974T—FZ	婴幼儿用针织功能枕	推荐	产品	制定		消费品工业司	全国纺织品标准化技术委员会针织品分技术委员会 全国家用纺织品标准化技术委员会床上用品分技术委员会	天津市纺服院技术有限公司 杭州贝咖实业有限公司 好孩子儿童用品有限公司	★
50	2022—0975T—FZ	纺粘法非织造布生产联合机	推荐	产品	制定		消费品工业司	全国纺织机械与附件标准化技术委员会 非织造布机械分技术委员会	宏大研究院有限公司 浙江 朝隆纺织机械股份有限公司 邵阳纺织机械有限责任公司 江苏迎阳无纺机械有限公司 中国纺织机械协会	
51	2022—0976T—FZ	熔喷法非织造布生产联合机	推荐	产品	修订	FZ/T93074—2001	消费品工业司	全国纺织机械与附件标准化技术委员会 非织造布机械分技术委员会	宏大研究院有限公司 浙江朝隆纺织机械股份有限公司 邵阳纺织机械有限责任公司 江苏迎阳无纺机械有限公司 北京量子金舟无纺技术有限公司 东华大学 中国纺织机械协会	

续表

序号	计划号	项目名称	性质	标准类别	制修订	代替标准	主管单位	技术委员会或技术归口单位	主要起草单位	备注
质量与可靠性提升										
52	2022—0977T—FZ	机织骆驼绒大衣	推荐	产品	制定		消费品工业司	全国服装标准化技术委员会	内蒙古自治区纤维质量监测中心 北京毛纺织科学研究所检验中心 阿拉善左旗驼中王绒毛制品有限公司 阿拉善左旗莱芙尔绒毛公司	
53	2022—0978T—FZ	秀禾服	推荐	产品	制定		消费品工业司	全国服装标准化技术委员会	上海纺织集团检测标准有限公司 国家服装质量监督检验中心（上海）	
54	2022—0979T—FZ	婚纱和礼服	推荐	产品	修订	FZ/T81015—2016	消费品工业司	全国服装标准化技术委员会	上海纺织集团检测标准有限公司 广东名瑞（集团）股份有限公司	
55	2022—0980T—FZ	机织围巾、披肩	推荐	产品	修订	FZ/T81012—2016	消费品工业司	全国服装标准化技术委员会	上海纺织集团检测标准有限公司 国家服装质量监督检验中心（上海）	
56	2022—0981T—FZ	婴幼儿及儿童用汗巾	推荐	产品	制定		消费品工业司	全国家用纺织品标准化技术委员会	好孩子儿童用品有限公司 江苏省纺织产品质量监督检验研究院	★
57	2022—0982T—FZ	慢回弹枕、垫类产品	推荐	产品	修订	FZ/T62024—2014	消费品工业司	全国家用纺织品标准化技术委员会床上用品分技术委员会	常熟市产品质量监督检验所 江苏梦兰集团有限公司 罗莱生活科技股份有限公司	

续表

序号	计划号	项目名称	性质	标准类别	制修订	代替标准	主管单位	技术委员会或技术归口单位	主要起草单位	备注
质量与可靠性提升										
58	2022—0983T—FZ	磨毛面料床上用品	推荐	产品	修订	FZ/T 62027—2015 FZ/T62030—2015	消费品工业司	全国家用纺织品标准化技术委员会床上用品分技术委员会	湖南省纤维检测研究院 湖南梦洁家纺股份有限公司	
59	2022—0984T—FZ	手工粗布床上用品	推荐	产品	修订	FZ/T62026—2015 FZ/T62029—2015	消费品工业司	全国家用纺织品标准化技术委员会床上用品分技术委员会	山西省检验检测中心 江苏省纺织产品质量监督检验研究院 山西襄子老粗布有限公司	
60	2022—0985T—FZ	针织面料床上用品	推荐	产品	修订	FZ/T62028—2015 FZ/T62031—2015	消费品工业司	全国家用纺织品标准化技术委员会床上用品分技术委员会	罗莱生活科技股份有限公司 江苏梦兰集团有限公司	
61	2022—0986T—FZ	纤维绳索聚乙烯3股和4股绳索	推荐	产品	制定		消费品工业司	全国家用纺织品标准化技术委员会线带分技术委员会	农业农村部绳索网具产品质量监督检验测试中心 浙江海轮绳网有限公司 上海市纺织工业技术监督所 青岛鲁普耐特绳网研究院有限公司	
62	2022—0987T—FZ	锦纶长丝织带	推荐	产品	修订	FZ/T63011—2009 FZ/T63023—2014	消费品工业司	全国家用纺织品标准化技术委员会线带分技术委员会	浙江三鼎织造有限公司 上海纺织工业技术监督所 厦门姚明织带饰品有限公司 江苏金秋弹性织造有限公司	

续表

序号	计划号	项目名称	性质	标准类别	制修订	代替标准	主管单位	技术委员会或技术归口单位	主要起草单位	备注
质量与可靠性提升										
63	2022—0988T—FZ	棉工艺绣花线	推荐	产品	修订	FZ/T630032011 FZ/T63007—2007	消费品工业司	全国家用纺织品标准化技术委员会线带分技术委员会	青岛森林三环线业有限公司 上海市纺织工业技术监督所 沪江线业有限公司 浙江沪江线业有限公司	
64	2022—0989T—FZ	全棉薄型机织带	推荐	产品	修订	FZ/T63017—2012	消费品工业司	全国家用纺织品标准化技术委员会线带分技术委员会	浙江三鼎织造有限公司 上海纺织工业技术监督所 江苏金秋弹性织造有限公司 厦门姚明织带饰品有限公司	
65	2022—0990T—FZ	黏胶长丝染色单纱	推荐	产品	修订	FZ/T 63015—2012	消费品工业司	全国家用纺织品标准化技术委员会线带分技术委员会	张家港市创新线业有限公司 成都同兴德线业有限公司 石狮市飞轮线带织造有限公司 上海纺织工业技术监督所	
66	2022—0991T—FZ	桑蚕绢丝针织服装	推荐	产品	制定		消费品工业司	全国丝绸标准化技术委员会	浙江美嘉标服饰有限公司 浙江丝绸科技有限公司 湖州珍贝羊绒制品有限公司 杭州市质量技术监督检测院 浙江湖州梅月针织有限公司	

续表

序号	计划号	项目名称	性质	标准类别	制修订	代替标准	主管单位	技术委员会或技术归口单位	主要起草单位	备注
质量与可靠性提升										
67	2022—0992T—FZ	植物染桑蚕绢丝	推荐	产品	制定		消费品工业司	全国丝绸标准化技术委员会	浙江丝绸科技有限公司 江苏苏丝丝绸股份有限公司 锦柯草木染（上海）纺织科	
68	2022—0993T—FZ	桑蚕绵球	推荐	产品	修订	FZ/T41003—2010	消费品工业司	全国丝绸标准化技术委员会	江苏苏丝丝绸股份有限公司 浙江丝绸科技有限公司 浙江金鹰绢纺有限公司 杭州海关技术中心	
69	2022—0994T—FZ	运动文胸	推荐	产品	修订	FZ/T 74002—2014	消费品工业司	全国体育用品标准化技术委员会运动服装分技术委员会	爱慕股份有限公司 安莉芳（中国）服装有限公司 广东奥丽侬内衣集团有限公司 深圳汇洁集团股份有限公司 都市丽人服饰股份有限公司	

表3–10(b)　工信部2022年第二批绿色低碳发展标准项目计划表

序号	计划号	项目名称	性质	标准类别	制修订	代替标准	主管单位	技术委员会或技术归口单位	主要起草单位	备注
节能										
1	2022—0996T—FZ	印染企业综合能耗计算办法及基本定额	推荐	节能	修订	FZ/T01002—2010	消费品工业司	全国纺织品标准化技术委员会印染制品分技术委员会	中国印染行业协会 盛虹集团有限公司 上海嘉麟杰纺织科技有限公司 江苏联发纺织股份有限公司 上海市纺织工业技术监督所	○

续表

序号	计划号	项目名称	性质	标准类别	制修订	代替标准	主管单位	技术委员会或技术归口单位	主要起草单位	备注
节水										
1	2022—0997T—FZ	机织印染产品用水计算办法及单耗基本定额	推荐	节水	修订	FZ/T01104—2010	消费品工业司	全国纺织品标准化技术委员会印染制品分技术委员会	中国印染行业协会 盛虹集团有限公司 福建向兴纺织科技有限公司 江苏联发纺织股份有限公司 上海市纺织工业技术监督所	○
资源综合利用										
1	2022—0998T—FZ	纤维级无锑循环再利用聚对苯二甲酸乙二醇酯(PET)切片	推荐	资源综合利用	制定		消费品工业司	全国化学纤维标准化技术委员会	浙江佳人新材料有限公司 东华大学 青岛大学 绍兴惠群新材料科技有限公司 杭州华成聚合纤有限公司 中国化学纤维工业协会 上海市纺织工业技术监督所	★
2	2022—0999T—FZ	纤维级循环再利用聚己内酰胺(PA6)切片	推荐	资源综合利用	制定		消费品工业司	全国化学纤维标准化技术委员会	浙江嘉华特种尼龙有限公司 福建永荣锦江股份有限公司 长乐恒申合纤科技有限公司 广东新会美达锦纶股份有限公司 义乌华鼎锦纶股份有限公司 上海市纺织工业技术监督所 中国化学纤维工业协会闽江学院	★

续表

序号	计划号	项目名称	性质	标准类别	制修订	代替标准	主管单位	技术委员会或技术归口单位	主要起草单位	备注
资源综合利用										
3	2022—1000T—FZ	循环再利用锦纶6弹力丝	推荐	资源综合利用	制定		消费品工业司	全国化学纤维标准化技术委员会	长乐恒申合纤科技有限公司 福建永荣锦江股份有限公司 义乌华鼎锦纶股份有限公司 广东新会美达锦纶股份有限公司 浙江嘉华特种尼龙有限公司 中国化学纤维工业协会 上海市纺织工业技术监督所 福建省恒新纤维材料有限公司 闽江学院 上海锦湾实业有限公司	★
4	2022—1001T—FZ	循环再利用锦纶6牵伸丝	推荐	资源综合利用	制定		消费品工业司	全国化学纤维标准化技术委员会	福建永荣锦江股份有限公司 浙江嘉华特种尼龙有限公司 长乐恒申合纤科技有限公司 广东新会美达锦纶股份有限公司 义乌华鼎锦纶股份有限公司 上海市纺织工业技术监督所 中国化学纤维工业协会 闽江学院	★

续表

序号	计划号	项目名称	性质	标准类别	制修订	代替标准	主管单位	技术委员会或技术归口单位	主要起草单位	备注
资源综合利用										
5	2022—1002T—FZ	循环再利用锦纶6预取向丝	推荐	资源综合利用	制定		消费品工业司		浙江嘉华特种尼龙有限公司 福建永荣锦江股份有限公司 义乌华鼎锦纶股份有限公司 长乐恒申合纤科技有限公司 广东新会美达锦纶股份有限公司 中国化学纤维工业协会 上海市纺织工业技术监督所 闽江学院	★
6	2022—1003T—FZ	循环再利用抗菌涤纶低弹丝	推荐	资源综合利用	制定		消费品工业司	全国化学纤维标准化技术委员会	石狮市中纺学服装及配饰产业研究院 福建百川资源再生科技有限公司 浙江华欣新材料股份有限公司 龙福环能科技股份有限公司 中纺协检验（泉州）技术服务有限公司 信泰（福建）科技有限公司 中国化学纤维工业协会 上海锦湾实业有限公司 浙江锦诗纺织科技有限公司	★

表3-10(c) 工信部2022年第二批其他标准项目计划表

序号	计划号	项目名称	性质	标准类别	制修订	代替标准	主管单位	技术委员会或技术归口单位	主要起草单位	备注
纺织行业										
1	2022—1059T—FZ	化学纤维短纤维色度色差试验方法	推荐	方法	制定		消费品工业司	全国化学纤维标准化技术委员会	滁州兴邦聚合彩纤有限公司 上海德福伦化纤有限公司 中国石化仪征化纤有限责任公司 上海纺织集团检测标准有限公司 天津工业大学 中国纺织科学研究院有限公司 上海市纺织工业技术监督所 中国化学纤维工业协会 浙江锦诗纺织科技有限公司	○
2	2022—1060T—FZ	毛巾剑杆织机	推荐	产品	制定		消费品工业司	全国纺织机械与附件标准化技术委员会	山东日发纺织机械有限公司 意达纺织机械（中国）有限公司 丝幂拓机械（上海）有限公司 浙江越剑智能装备股份有限公司 江苏友诚数控科技有限公司 广东康特斯织造装备有限公司 江苏莱纳多智能装备有限公司	

续表

序号	计划号	项目名称	性质	标准类别	制修订	代替标准	主管单位	技术委员会或技术归口单位	主要起草单位	备注
纺织行业										
3	2022—1061T—FZ	随机翻滚法织物起毛起球性能测试仪	推荐	产品	制定		消费品工业司	全国纺织机械与附件标准化技术委员会	南通宏大实验仪器有限公司 东华大学 江苏阳光集团 温州市大荣纺织仪器有限公司 深圳市瑞锋仪器有限公司 中国纺织机械协会	
4	2022—1062T—FZ	剪毛机	推荐	产品	制定		消费品工业司	全国纺织机械与附件标准化技术委员会纺纱染整机械分技术委员会	无锡纺织机械质量监督检验中心 连云港如年实业有限公司 浙江海宁纺织机械有限公司 江苏鹰游纺机有限公司 潍坊圣威纺织机械有限公司 江苏恒莱纺机有限公司 连云港早立自动化	
5	2022—1063T—FZ	纤维混纺称量机	推荐	产品	制定		消费品工业司	全国纺织机械与附件标准化技术委员会纺纱染整机械分技术委员会	郑州宏大新型纺机有限责任公司 无锡纺织机械质量监督检验中心 恒天重工股份有限公司 江阴百田机械制造有限公司 卓郎（常州）纺织机械有限公司	
6	2022—1064T—FZ	阻燃织物火焰蔓延测试方法	推荐	方法	制定		消费品工业司	全国纺织品标准化技术委员会产业用纺织品分技术委员会	陕西元丰纺织技术研究有限公司 国家纺织制品质量监督检验中心	○

续表

序号	计划号	项目名称	性质	标准类别	制修订	代替标准	主管单位	技术委员会或技术归口单位	主要起草单位	备注
纺织行业										
7	2022—1065T—FZ	纺织品防汗渍性能的检测和评价	推荐	方法	制定		消费品工业司	全国纺织品标准化技术委员会基础标准分技术委员会	通标标准技术服务（上海）有限公司 中纺标检验认证股份有限公司 上海爱丽纺织技术检验有限公司 超盈国际纺织有限公司	○
8	2022—1066T—FZ	纺织品硫化物含量的测定亚甲基蓝分光光度法	推荐	方法	制定		消费品工业司	全国纺织品标准化技术委员会基础标准分技术委员会	佛山中纺联检验技术服务有限公司 中国纺织信息中心	○
9	2022—1067T—FZ	纺织品色牢度试验耐过氧化苯甲酰色牢度	推荐	方法	制定		消费品工业司	全国纺织品标准化技术委员会基础标准分技术委员会	滨州亚光家纺有限公司	○
10	2022—1068T—FZ	纺织品纱线柔软性能试验方法	推荐	方法	制定		消费品工业司	全国纺织品标准化技术委员会基础标准分技术委员会	安徽工程大学	○
11	2022—1069T—FZ	纺织品织物掉毛程度的测定黏附法	推荐	方法	制定		消费品工业司	全国纺织品标准化技术委员会基础标准分技术委员会	福建省纤维检验中心	○

续表

序号	计划号	项目名称	性质	标准类别	制修订	代替标准	主管单位	技术委员会或技术归口单位	主要起草单位	备注
纺织行业										
12	2022—1070T—FZ	开士哥拉绒针织绒线	推荐	产品	制定		消费品工业司	全国纺织品标准化技术委员会毛纺织品分技术委员会	康赛妮集团有限公司 北京毛纺织科学研究所检验中心 上海纺织集团检测标准有限公司	
13	2022—1071T—FZ	羊毛、绒纤维含油脂率测试方法 低场核磁共振法	推荐	方法	制定		消费品工业司	全国纺织品标准化技术委员会毛纺织品分技术委员会	南京海关工业产品检测中心 上海纺织集团检测标准有限公司 苏州纽迈分析仪器股份有限公司 北京毛纺织科学研究所检验中心	○
14	2022—1072T—FZ	棉及化纤纯纺、混纺纱线退浆试验方法	推荐	方法	制定		消费品工业司	全国纺织品标准化技术委员会棉纺织品分技术委员会	江苏大生集团有限公司 上海市纺织工业技术监督所 兰溪市产品商品质量检测研究院 上海新齐力助剂科技有限公司 中国棉纺织行业协会	○
15	2022—1073T—FZ	纱线与坯布上浆料的鉴定试验方法	推荐	方法	制定		消费品工业司	全国纺织品标准化技术委员会棉纺织品分技术委员会	江苏大生集团有限公司 上海市纺织工业技术监督所 上海新齐力助剂科技有限公司 中国棉纺织行业协会	○

续表

序号	计划号	项目名称	性质	标准类别	制修订	代替标准	主管单位	技术委员会或技术归口单位	主要起草单位	备注
纺织行业										
16	2022—1074T—FZ	针织服装印花术语	推荐	基础	制定		消费品工业司	全国纺织品标准化技术委员会针织品分技术委员会	中国针织工业协会 广东省测试分析研究所（中国广州分析测试中心）	○
17	2022—1075T—FZ	服装领口袖口防汗污性能测定	推荐	方法	制定		消费品工业司	全国服装标准化技术委员会	上海纺织集团检测标准有限公司 广州检验检测认证集团有限公司	○
18	2022—1076T—FZ	机织服装湿态贴附性的测试及评价方法	推荐	方法	制定		消费品工业司	全国服装标准化技术委员会	上海纺织集团检测标准有限公司 福建省纤维检验局 广州检验检测认证集团有限公司	○
19	2022—1077T—FZ	机织休闲裤	推荐	产品	制定		消费品工业司	全国服装标准化技术委员会	上海纺织集团检测标准有限公司 九牧王股份有限公司	○
20	2022—1078T—FZ	基于2D图像的服装用人体尺寸测量规范	推荐	基础	制定		消费品工业司	全国服装标准化技术委员会	上海纺织集团检测标准有限公司 武汉亘星智能技术有限公司	
21	2022—1079T—FZ	衣领耐磨性能的测定	推荐	方法	制定		消费品工业司	全国服装标准化技术委员会	上海纺织集团检测标准有限公司 福建省纤维检验中	○

续表

序号	计划号	项目名称	性质	标准类别	制修订	代替标准	主管单位	技术委员会或技术归口单位	主要起草单位	备注
纺织行业										
22	2022—1080T—FZ	浴帘	推荐	产品	制定		消费品工业司	全国家用纺织品标准化技术委员会	宁波中天家居用品有限公司 武汉纺织大学 江苏省纺织产品质量监督检验研究院	○
23	2022—1081T—FZ	一次性使用床上用品通用技术规范	推荐	产品	制定		消费品工业司	全国家用纺织品标准化技术委员会床上用品分技术委员会	苏州市纤维检验院 江苏斯得福纺织股份有限公司 常熟百利弗无纺制品有限公司	
24	2022—1082T—FZ	家用纺织品毛巾产品术语	推荐	基础	制定		消费品工业司	全国家用纺织品标准化技术委员会毛巾分技术委员会	山东滨州亚光毛巾有限公司	○
25	2022—1083T—FZ	针织毛巾	推荐	产品	制定		消费品工业司	全国家用纺织品标准化技术委员会毛巾分技术委员会	上海市质量监督检验技术研究院 山东滨州亚光毛巾有限公司	
26	2022—1084T—FZ	纺织服装企业供应商能力评价规范	推荐	管理	制定		消费品工业司	中国纺织工业联合会	中国纺织信息中心 爱慕股份有限公司 深圳市娜尔思时装有限公司 依文服饰股份有限公司 特思达（北京）纺织检定有限公司 青岛酷特智能股份有限公司 威海纺织集团进出口有限责任公司	○

续表

序号	计划号	项目名称	性质	标准类别	制修订	代替标准	主管单位	技术委员会或技术归口单位	主要起草单位	备注
纺织行业										
27	2022—1085T—FZ	一次性蒸汽眼罩	推荐	产品	制定		消费品工业司	中国纺织工业联合会	上海市质量监督检验技术研究院 上海暖友实业有限公司 上海睿骋实业有限公司 福建省纤维检验中心 纺织工业科学技术发展中心	
28	2022—1086T—FZ	薯莨染料染色绸鉴定试验方法	推荐	方法	制定		消费品工业司	全国丝绸标准化技术委员会	杭州海关技术中心 浙江丝绸科技有限公司 浙江省检验检疫科学技术研究院 杭州万事利丝绸文化股份有限公司	○

表3-10(d)　工信部2022年第二批行业标准外文版项目计划表

序号	外文版计划号	项目名称	标准号/计划号	项目类别	翻译语种	主管单位	技术委员会或技术归口单位	项目承担单位
1	2022—W003—FZ	粗梳羊绒机织纱	FZ/T22010—2014	翻译已有标准	英语	消费品工业司	全国纺织品标准化技术委员会羊绒制品分技术委员会	内蒙古鄂尔多斯资源股份有限公司
2	2022—W028—FZ	羊绒机织围巾、披肩	FZ/T24011—2019	翻译已有标准	英语	消费品工业司	全国纺织品标准化技术委员会羊绒制品分技术委员会	内蒙古鄂尔多斯资源股份有限公司
3	2022—W029—FZ	高强高模聚乙烯醇超短纤维	FZ/T52023—2012	翻译已有标准	英语	消费品工业司	全国化学纤维标准化技术委员会	中国石化集团重庆川维化工有限公司

续表

序号	外文版计划号	项目名称	标准号/计划号	项目类别	翻译语种	主管单位	技术委员会或技术归口单位	项目承担单位
4	2022—W030—FZ	海藻酸盐短纤维	FZ/T52049—2018	翻译已有标准	英语	消费品工业司	全国化学纤维标准化技术委员会	青岛大学
5	2022—W031—FZ	风衣	FZ/T81010—2018	翻译已有标准	英语	消费品工业司	全国服装标准化技术委员会	上海纺织集团检测标准有限公司 青岛市纤维纺织品检验研究院等

注 重点突出原则。区分专项标准化工程（行动）项目和其他标准项目，着力支持重点和基础通用标准制修订项目，并在备注中予以区分，其中重点标准项目根据项目重要程度用1～5 个“★”标注，基础通用标准用“○”标注。

表3-11 2022年新型信息消费示范项目名单

序号	项目名称	申报单位	申报方向
1	线上线下融合顾客体验中心	江苏红豆实业股份有限公司	信息消费体验中心
2	孩子王母婴童旗舰店综合体验中心	孩子王儿童用品股份有限公司	信息消费体验中心

表3-12 2022年老年用品产品推广目录
（排名不分先后）

序号	企业名称	产品名称
1	宁波博洋服饰集团有限公司	运动服、日常服装
2	天津老美华鞋业服饰有限责任公司	四暖羊毛裤
3	榆林市蒙赛尔服饰有限责任公司	羊毛防寒裤
4	内蒙古金驼服饰有限公司	蒙沙维拉、蒙谊情羊驼绒棉衣、棉裤、棉马甲
5	凤城市瑞沃尔制衣有限公司	柞蚕丝床上四件套

续表

序号	企业名称	产品名称
6	南昌市天成纺织有限公司	草本纤维（含有艾草纤维功能）老年人袜子
7	宝鸡金健数码针纺有限责任公司	细分式调温恒温防失温老年内衣
8	蒲城县玉女土布专业合作社	土布床上用品
9	山东爱舒乐卫生用品有限责任公司	隔尿垫、纸尿裤、纸尿片
10	山东恒发卫生用品有限公司	安可新成人护理垫、纸尿裤、吸水巾
11	山东云豪卫生用品股份有限公司	洁来功能性成人纸尿裤
12	潍坊鑫鸿达卫生科技有限公司	安惢老人用纸尿裤、纸尿片、护理垫
13	长汀县天乐卫生用品有限公司	实爽成人纸尿裤、纸尿片、护理垫
14	福建亿发卫生用品有限公司	医用垫单
15	贵州卡布婴童用品有限责任公司	爱布成人纸尿裤、成人护理垫
16	珠海市健朗生活用品有限公司	成人护理垫、纸尿裤、纸尿片、护理垫、护理湿巾
17	东莞苏氏卫生用品有限公司	成人护理裤
18	四川淑洁护理用品有限公司	成人隔尿垫、纸尿裤、失禁裤
19	河北宏达卫生用品有限公司	老来福成人纸尿裤、拉拉裤、护理垫
20	邯郸市洁雅卫生用品有限公司	成人纸尿裤、拉拉裤、纸尿片、护理床垫、医用垫单
21	合肥贝壳派创新科技有限公司	海得宝护理软膏
22	杭州千芝雅卫生用品有限公司	成人护理垫
23	浙江珍琦护理用品有限公司	成人护理垫、纸尿裤
24	杭州可靠护理用品股份有限公司	老年纸尿裤、纸尿片、护理垫
25	杭州淑洁卫生用品有限公司	益年康、淑洁康纸尿裤
26	江苏宝姿实业有限公司	倍可亲、菲菲羽儿成人纸尿裤、护理垫
27	江苏永福康卫生用品科技有限公司	成人拉拉裤
28	维尼健康（深圳）股份有限公司	老人清洁护理湿巾、护理尿失禁湿巾、沐浴湿巾、免洗浴帽
29	丹东天和实业有限公司	保暖鞋垫
30	凌海市展望生物科技有限公司	轩妮老年人护理湿巾

续表

序号	企业名称	产品名称
31	江西康雅医疗用品有限公司	医用护理垫
32	金伯利（中国）有限公司	成人纸尿裤、护理垫、吸水巾、吸水裤
33	天津和顺达卫生用品有限公司	成人护理垫、纸尿裤、拉拉裤、防褥疮垫
34	天津市恒新纸业有限公司	纸尿垫、纸尿裤
35	扬州倍加洁日化有限公司	失禁护理湿巾
36	重庆百亚卫生用品股份有限公司	丹宁成人纸尿裤
37	福建恒安集团有限公司	安而康、便利妥成人纸尿裤、纸尿片、护理垫
38	福建省莆田市荔城纸业有限公司	佳爽爱康（CASOFT）卫生垫、卫生巾、失禁用尿布、吸收式失禁用尿布裤、失禁吸收衬裤
39	河北金洁卫生科技有限公司	纸尿裤、纸尿垫、纸尿片、隔尿垫
40	杭州豪悦护理用品股份有限公司	康福瑞成人纸尿裤、拉拉裤、隔尿垫
41	苏州市苏宁床垫有限公司	护理垫、纸尿裤
42	辽宁汇英般舟医用材料有限公司	纸尿裤、纸尿片、护理垫、医用垫单
43	维达商贸有限公司	成人纸尿裤、纸尿片、护理垫、医用护理垫、卫生护垫
44	漯河春晓医疗器械有限公司	医用护理垫
45	河南美伴卫生用品有限公司	好助手成人护理垫、纸尿裤
46	河南汇博医疗股份有限公司	泡沫防压疮垫
47	天津市康怡生纸业有限公司	成人纸尿裤、护理床垫、纸尿片、拉拉裤
48	珠海美茵护理用品有限公司	成人纸尿裤、拉拉裤
49	上海亿维实业有限公司	舒年、宝莱、易乐康成人纸尿裤、纸尿片、护理垫
50	北京倍舒特妇幼用品有限公司	捷护佳医用无菌垫单、护理垫单
51	青岛市琴岛电器有限公司	电加热护腰、护膝
52	河北国欣纯棉家纺有限公司	棉被、四件套
53	上海恒源祥家用纺织品有限公司	羊毛被
54	成都晓梦纺织品有限公司	草本香疗3D享睡枕

续表

序号	企业名称	产品名称
55	江苏健睡宝健康科技有限公司	牛奶恒温被升级款
56	江苏斯得福纺织股份有限公司	抑菌防护枕芯、被芯、护垫芯
57	上海龙头家纺有限公司	民光丝光印花床单
58	罗莱生活科技股份有限公司	智能调温羽绒被芯
59	南方寝饰科技有限公司	溢彩绿棉护肩鹅绒被
60	重庆隆发皮革制品有限责任公司	塔山皮凉席
61	青铜峡市祥云皮草有限责任公司	滩羊皮靠垫
62	际华三五四二纺织有限公司	天丝布罗、FLOWER、际华家纺四件套产品
63	陕西博尔美实业有限公司	“暖十足”保暖被、“竹小净”乳胶枕头

表3-13 2022年国家技术创新示范企业名单

序号	所在地区	企业名称
1	福建省	福建华峰新材料有限公司

表3-14 2022年中国优秀工业设计奖获奖名单

铜奖			
序号	名称	申报单位	备注
1	2022北京冬奥钢架雪车鞋	安踏（中国）有限公司	
2	熔融金属飞溅防护服	湖南永霏特种防护用品有限公司	
3	数字生物视幻服饰设计	北京服装学院	概念作品

表3-15 工信部重点培育纺织服装百家品牌名单（2022版）

一、消费品牌（53家）		
序号	企业名称	所在地
1	爱慕股份有限公司	北京市
2	北京格雷时尚科技有限公司	北京市
3	北京铜牛集团有限公司	北京市
4	朗姿服份有限公司	北京市
5	李宁（中国）体育用品有限公司	北京市
6	依文服饰股份有限公司	北京市
7	内蒙古鹿王羊绒有限公司	内蒙古自治区
8	地素时尚股份有限公司	上海市
9	劲霸男装（上海）有限公司	上海市
10	南方寝饰科技有限公司	上海市
11	上海三枪（集团）有限公司	上海市
12	上海水星家用纺织品股份有限公司	上海市
13	上海丝绸集团股份有限公司	上海市
14	上海之禾企业发展有限公司	上海市
15	波司登股份有限公司	江苏省
16	海聆梦家居股份有限公司	江苏省
17	红豆集团有限公司	江苏省
18	江苏虎豹集团有限公司	江苏省
19	江苏康乃馨织造有限公司	江苏省
20	江苏蓝丝羽家用纺织品有限公司	江苏省
21	江苏堂皇集团有限公司	江苏省
22	江苏悦达家纺有限公司	江苏省
23	罗莱生活科技股份有限公司	江苏省
24	日禾戎美股份有限公司	江苏省

续表

一、消费品牌（53家）		
序号	企业名称	所在地
25	雅鹿控股股份有限公司	江苏省
26	宜禾股份有限公司	江苏省
27	安正时尚集团股份有限公司	浙江省
28	报喜鸟控股股份有限公司	浙江省
29	法派服饰股份有限公司	浙江省
30	江南布衣服饰有限公司	浙江省
31	浙江洁丽雅股份有限公司	浙江省
32	安徽鸿润（集团）股份有限公司	安徽省
33	宜庭家纺有限公司	安徽省
34	福建七匹狼实业股份有限公司	福建省
35	孚日集团股份有限公司	山东省
36	山东圣豪家纺有限公司	山东省
37	山东星宇手套有限公司	山东省
38	威海海马地毯集团有限公司	山东省
39	威海市联桥国际合作集团有限公司	山东省
40	威海市山花地毯集团有限公司	山东省
41	愉悦家纺有限公司	山东省
42	武汉爱帝针纺实业有限公司	湖北省
43	湖南东方时装有限公司	湖南省
44	湖南梦洁家纺股份有限公司	湖南省
45	东莞市以纯集团有限公司	广东省
46	广东都市丽人实业有限公司	广东省
47	罗蒙集团股份有限公司	宁波市
48	宁波博洋服饰集团有限公司	宁波市

续表

一、消费品牌（53家）		
序号	企业名称	所在地
49	宁波博洋家纺集团有限公司	宁波市
50	宁波培罗成集团有限公司	宁波市
51	宁波太平鸟时尚服饰股份有限公司	宁波市
52	宁波中哲慕尚控股有限公司	宁波市
53	雅戈尔集团股份有限公司	宁波市
二、制造品牌（54家）		
序号	企业名称	所在地
1	北京邦维高科新材料科技股份有限公司	北京市
2	际华集团股份有限公司	北京市
3	河北宇腾羊绒制品有限公司	河北省
4	唐山三友集团兴达化纤有限公司	河北省
5	吉林化纤集团有限责任公司	吉林省
6	上海嘉麟杰纺织科技有限公司	上海市
7	天虹（中国）投资有限公司	上海市
8	常州华利达服装集团有限公司	江苏省
9	晨风（江苏）服装有限公司	江苏省
10	黑牡丹纺织有限公司	江苏省
11	江苏东渡纺织集团有限公司	江苏省
12	江苏国望高科纤维有限公司	江苏省
13	江苏联发纺织股份有限公司	江苏省
14	江苏联宏纺织有限公司	江苏省
15	江苏阳光集团有限公司	江苏省
16	盛虹集团有限公司	江苏省
17	鑫缘茧丝绸集团股份有限公司	江苏省

续表

二、制造品牌（54家）		
序号	企业名称	所在地
18	宜兴乐祺纺织集团有限公司	江苏省
19	达利（中国）有限公司	浙江省
20	义乌华鼎锦纶股份有限公司	浙江省
21	浙江健盛集团江山针织有限公司	浙江省
22	浙江三星羽绒股份有限公司	浙江省
23	众望布艺股份有限公司	浙江省
24	安徽华茂集团有限公司	安徽省
25	六安市海洋羽毛有限公司	安徽省
26	福建金源纺织有限公司	福建省
27	福建经纬新纤科技实业有限公司	福建省
28	福建景丰科技有限公司	福建省
29	福建省长乐市山力化纤有限公司	福建省
30	福建永荣锦江股份有限公司	福建省
31	福建长源纺织有限公司	福建省
32	恒申控股集团有限公司	福建省
33	滨州亚光家纺有限公司	山东省
34	迪尚集团有限公司	山东省
35	华纺股份有限公司	山东省
36	鲁普耐特集团有限公司	山东省
37	鲁泰纺织股份有限公司	山东省
38	山东岱银纺织集团股份有限公司	山东省
39	山东如意毛纺服装集团股份有限公司	山东省
40	山东雅美科技有限公司	山东省
41	山东银鹰化纤有限公司	山东省

续表

二、制造品牌（54家）		
序号	企业名称	所在地
42	泰安路德工程材料有限公司	山东省
43	魏桥纺织股份有限公司	山东省
44	烟台泰和新材料股份有限公司	山东省
45	河南新野纺织股份有限公司	河南省
46	新乡化纤股份有限公司	河南省
47	互太（番禺）纺织印染有限公司	广东省
48	大连瑞光非织造布集团有限公司	大连市
49	大杨集团有限责任公司	大连市
50	即发集团有限公司	青岛市
51	众地家纺有限公司	青岛市
52	百隆东方股份有限公司	宁波市
53	康赛妮集团有限公司	宁波市
54	宁波申洲针织有限公司	宁波市
三、区域品牌（17家）		
序号	企业名称	所在地
1	安平丝网	河北省安平县
2	高阳毛巾	河北省高阳县
3	清河羊绒	河北省清河县
4	兴城泳装	辽宁省兴城市
5	常熟服装	江苏省常熟市
6	阜宁环保滤料	江苏省阜宁县
7	海安色织布	江苏省海安市
8	湖塘织造	江苏省常州市武进区
9	平望织造	江苏省苏州市吴江区

续表

三、区域品牌（17家）		
序号	企业名称	所在地
10	沭阳包覆纱	江苏省沭阳县
11	震泽蚕丝	江苏省苏州市吴江区
12	平湖羽绒服装	浙江省平湖市
13	高密家纺	山东省高密市
14	惠民新型绳网	山东省惠民县
15	汉川缝纫线	湖北省汉川市
16	仙桃无纺布	湖北省仙桃市
17	即墨针织	青岛市即墨区

表3–16 纺织服装创意设计示范园区（平台）名单（第二批）

铜奖			
序号	园区名称	运营主体	所在地
1	清河羊绒小镇	清河县羊绒小镇综合管理中心	河北省
2	常熟纺织服装创意产业园	常熟市莫城开发建设有限公司	江苏省
3	临平家纺产业设计园（品牌布艺总部基地）	杭州开投家纺产业发展有限公司	浙江省
4	鲁泰纺织服饰创意设计平台	鲁泰纺织股份有限公司	山东省
5	郑州锦荣服装创意园	郑州锦荣置业有限公司	河南省
6	红棉国际时装城	广州市润基置业有限公司	广东省
7	云裳谷时尚科技园	斐戈集团股份有限公司	宁波市

表3-17 工业产品绿色设计示范企业名单（第四批）

序号	企业名称	细分行业（产品）	推荐单位
纺织			
1	浙江富润印染有限公司	纺织印染	浙江省经济和信息化厅
2	新凤鸣集团股份有限公司	涤纶纤维	浙江省经济和信息化厅
3	浙江盛发纺织印染有限公司	纺织面料	浙江省经济和信息化厅
4	浙江米皇服饰股份有限公司	羊绒及混纺服饰	浙江省经济和信息化厅
5	浙江海利环保科技股份有限公司	再生涤纶长丝	浙江省经济和信息化厅
6	浙江嘉名染整有限公司	针织印染面料	浙江省经济和信息化厅
7	安徽省天助纺织科技集团股份有限公司	再生棉纱线	安徽省经济和信息化厅
8	福建凤竹纺织科技股份有限公司	纺织印染	福建省经济和信息化厅
9	愉悦家纺有限公司	纺织面料、家纺产品	山东省经济和信息化厅
机械装备			
1	常州市宏大电气有限公司	纺织印染装备	江苏省工业和信息化厅

表3-18 2022年度新增国家中小企业公共服务示范平台名单

序号	推荐单位	机构名称	服务功能类别
1	大连市工业和信息化局	辽宁科诺纺织服装检测有限公司	信息服务、技术服务
2	江苏省工业和信息化厅	南京海关纺织工业产品检测中心	技术服务
3	宁波市经济和信息化局	宁波云裳谷时尚科技有限公司	创业服务
4	中国纺织工业联合会	诸暨富润科创商务服务中心有限公司	信息服务、培训服务
5	中国纺织工业联合会	佛山中纺联检验技术服务有限公司	技术服务
6	中国纺织工业联合会	绍兴中纺联检验技术服务有限公司	信息服务、技术服务、培训服务

表3-19 2022年度国家小型微型企业创业创新示范基地名单

序号	省份	机构名称	基地名称
1	内蒙古自治区工业和信息化厅	化德县众创电子商务公共服务有限公司	化德县服装工业园区小企业创业基地
2	宁波市经济和信息化局	宁波云裳谷时尚科技有限公司	云裳谷纺织服装时尚科技产业园

表3-20 通过2022年复核评价的国家技术创新示范企业名单

序号	企业名称
1	际华三五四二纺织有限公司
2	广东溢达纺织有限公司
3	威海光威复合材料股份有限公司
4	福建凤竹集团有限公司
5	山东滨州亚光毛巾有限公司
6	宜宾丝丽雅集团有限公司
7	红豆集团有限公司

表3-21 符合《印染行业规范条件（2017版）》企业名单（第五批）

序号	企业名称	所在地
1	海安启弘纺织科技有限公司	江苏省
2	浙江盛泰服装集团股份有限公司	浙江省
3	浙江彩蝶实业股份有限公司	浙江省
4	莱美科技股份有限公司	浙江省
5	浙江沪江线业有限公司	浙江省
6	福建宇邦纺织科技有限公司	福建省
7	福建德运科技有限公司	福建省
8	石狮市港溢染整织造有限公司	福建省
9	石狮豪宝染织有限公司	福建省

续表

序号	企业名称	所在地
10	晋江市龙兴隆染织实业有限公司	福建省
11	晋江万兴隆染织实业有限公司	福建省
12	福建华锦实业有限公司	福建省
13	山东恒泰纺织有限公司	山东省
14	湖南华升纺织科技有限公司	湖南省
15	汕头市鼎泰丰实业有限公司	广东省
16	韶关市北纺智造科技有限公司	广东省
17	重庆三五三三印染服装总厂有限公司	重庆市
18	陕西兴洲纺织科技有限公司	陕西省
19	宁波康赛妮新纤维科技有限公司	宁波市
20	宁波海达针织印染有限公司	宁波市
21	浙江银河印染有限公司	宁波市

表3-22 符合《循环再利用化学纤维（涤纶）行业规范条件》企业名单（第一批）

序号	企业名称	所在地
1	河北骏业纤维有限公司	河北省
2	辽宁胜达环境资源集团有限公司	辽宁省
3	仪征威英化纤有限公司	江苏省
4	浙江佳人新材料有限公司	浙江省
5	杭州奔马化纤纺丝有限公司	浙江省
6	浙江银瑜新材料股份有限公司	浙江省
7	金华市恒兴化纤有限公司	浙江省
8	福建省百川资源再生科技股份有限公司	福建省
9	四川华顺海天化纤有限责任公司	四川省
10	慈溪市兴科化纤有限公司	宁波市
11	慈溪市江南化纤有限公司	宁波市

表3-23(a) 工信部2022年第三批产业优化升级标准项目计划表

质量与可靠性提升						
序号	计划编号	项目名称	标准类别	部内主管司局	技术委员会或技术归口单位	主要起草单位
1	2022—1662T—HG	纺织染整助剂 低聚物去除剂低聚物分散性能的测定	方法	原材料工业司	全国染料标准化技术委员会 印染助剂分技术委员会	杭州传化精细化工有限公司 张家港市德宝化工有限公司 传化智联股份有限公司
2	2022—1663T—HG	纺织染整助剂 防蚊整理剂氯菊酯含量的测定	方法	原材料工业司	全国染料标准化技术委员会 印染助剂分技术委员会	传化智联股份有限公司 浙江传化功能新材料有限公司
3	2022—1664T—HG	纺织染整助剂 总有机碳的测定	方法	原材料工业司	全国染料标准化技术委员会 印染助剂分技术委员会	杭州传化精细化工有限公司 传化智联股份有限公司

表3-23(b) 工信部2022年第三批绿色低碳发展标准项目计划表

节水						
序号	计划编号	项目名称	标准类别	部内主管司局	技术委员会或技术归口单位	主要起草单位
1	2022—1997T—FZ	纺织企业水平衡测试导则	节水	节能与综合利用司	中国纺织工业联合会	中国纺织经济研究中心 南京水利水电科学研究院 南通双弘纺织有限公司

续表

节水						
序号	计划编号	项目名称	标准类别	部内主管司局	技术委员会或技术归口单位	主要起草单位
2	2022—1998T—FZ	节水型企业化学纤维行业 第4部分：氨纶	节水	节能与综合利用司	中国纺织工业联合会	中国纺织经济研究中心 中国化学纤维工业协会
3	2022—1999T—FZ	节水型企业化学纤维行业 第5部分：维纶	节水	节能与综合利用司	中国纺织工业联合会	中国纺织经济研究中心 中国化学纤维工业协会
4	2022—2000T—FZ	节水型企业牛仔布行业	节水	节能与综合利用司	中国纺织工业联合会	中国纺织经济研究中心 中国棉纺织行业协会
5	2022—2001T—FZ	喷水织造行业回用水水质要求	节水	节能与综合利用司	中国纺织工业联合会	中国纺织经济研究中心 中国长丝织造协会 东华大学

表3-24 2022年工业废水循环利用试点企业名单

序号	企业名称	所在地
一、用水过程循环模式		
1	桐昆集团股份有限公司	浙江省嘉兴市
二、区域产城融合模式		
1	福建福田纺织印染科技有限公司	福建省泉州市

表4 2022年国家发改委发布的促进制造业发展的相关政策

序号	时间	文件名称	文号
1	2022年1月17日	国家发展改革委 生态环境部 水利部关于推动建立太湖流域生态保护补偿机制的指导意见	发改振兴〔2022〕101号
2	2022年1月18日	国家发展改革委国家能源局关于加快建设全国统一电力市场体系的指导意见	发改体改〔2022〕118号
3	2022年1月19日	国家发展改革委办公厅等关于组织开展废旧物资循环利用体系示范城市建设的通知	发改办环资〔2022〕35号
4	2022年1月28日	国家发展改革委等部门关于印发2021年（第28批）新认定及全部国家企业技术中心名单的通知	发改高技〔2022〕158号
5	2022年1月28日	国家发展改革委办公厅关于印发国家企业技术中心2021年评价结果的通知	发改办高技〔2022〕68号
6	2022年1月30日	国家发展改革委国家能源局关于完善能源绿色低碳转型体制机制和政策措施的意见	发改能源〔2022〕206号
7	2022年2月3日	关于发布《高耗能行业重点领域节能降碳改造升级实施指南（2022年版）》的通知	发改产业〔2022〕200号
8	2022年2月8日	国家发展改革委等部门关于深入实施创业带动就业示范行动力促高校毕业生创业就业的通知	发改高技〔2022〕187号
9	2022年2月15日	国家发展改革委关于印发长江中游城市群发展“十四五”实施方案的通知	发改规划〔2022〕266号
10	2022年2月18日	关于印发促进工业经济平稳增长的若干政策的通知	发改产业〔2022〕273号
11	2022年2月22日	国家发展改革委办公厅关于开展抽水蓄能定价成本监审工作的通知	发改办价格〔2022〕130号
12	2022年3月16日	国家发展改革委等部门关于推进共建“一带一路”绿色发展的意见	发改开放〔2022〕408号
13	2022年3月21日	国家发展改革委办公厅关于进一步做好社会资本投融资合作对接有关工作的通知	发改办投资〔2022〕233号
14	2022年3月25日	国家发展改革委财政部关于外观设计专利年费、单独指定费标准有关问题的通知	发改价格〔2022〕465号
15	2022年3月31日	国家发展改革委 商务部 工业和信息化部关于加快推进废旧纺织品循环利用的实施意见	发改环资〔2022〕526号

续表

序号	时间	文件名称	文号
16	2022年4月22日	国家发展改革委 国家统计局 生态环境部印发《关于加快建立统一规范的碳排放统计核算体系实施方案》的通知	发改环资〔2022〕622号
17	2022年4月29日	国家发展改革委等部门关于做好2022年降成本重点工作的通知	发改运行〔2022〕672号
18	2022年5月13日	国家发展改革委办公厅关于开展2021年度企业债券主承销商和信用评级机构信用评价工作的通知	发改办财金〔2022〕432号
19	2022年5月20日	国家发展改革委等部门关于开展2022年全国节能宣传周和全国低碳日活动的通知	发改环资〔2022〕758号
20	2022年7月29日	国家发展改革委等部门关于新时代推进品牌建设的指导意见	发改产业〔2022〕1183号
21	2022年8月15日	国家发展改革委 国家统计局 国家能源局关于进一步做好新增可再生能源消费不纳入能源消费总量控制有关工作的通知	发改运行〔2022〕1258号
22	2022年8月30日	国家发展改革委办公厅关于组织开展2022年（第29批）国家企业技术中心认定工作的通知	发改办高技〔2022〕751号
23	2022年10月8日	国家发展改革委关于印发长三角国际一流营商环境建设三年行动方案的通知	发改法规〔2022〕1562号
24	2022年10月13日	国家发展改革委等部门印发《关于以制造业为重点促进外资扩增量稳存量提质量的若干政策措施》的通知	发改外资〔2022〕1586号
25	2022年10月26日	中华人民共和国国家发展和改革委员会 中华人民共和国商务部令《鼓励外商投资产业目录（2022年版）》自2023年1月1日起施行	第52号
26	2022年10月27日	国家发展改革委 国家统计局关于进一步做好原料用能不纳入能源消费总量控制有关工作的通知	发改环资〔2022〕803号
27	2022年10月28日	国家发展改革委关于进一步完善政策环境加大力度支持民间投资发展的意见	发改投资〔2022〕1652号
28	2022年11月23日	国家发展改革委办公厅关于印发浙江、安徽、湖北、四川等省深化投资项目审批制度改革促进投资高质量发展典型经验的通知	发改办投资〔2022〕977号
29	2022年12月13日	国家发展改革委 科技部印发《关于进一步完善市场导向的绿色技术创新体系实施方案（2023—2025年）》的通知	发改环资〔2022〕1885号
30	2022年12月29日	国家发展改革委办公厅关于做好推进有效投资重要项目中废旧设备规范回收利用工作的通知	发改办环资〔2022〕1064号

表4-1 鼓励外商投资产业目录（2022年版）

表4-1(a) 全国鼓励外商投资产业目录

三、制造业

（四）纺织业

42.采用非织造、机织、针织、编织、三维立体编织等工艺及多种工艺复合、长效整理等新技术，生产功能性产业用纺织品

43.采用数字化智能化印染技术装备、染整清洁生产技术（酶处理、高效短流程前处理、针织物连续平幅前处理、低温前处理及染色、低盐或无盐染色、低尿素印花、小浴比气流或气液染色、数码喷墨印花、泡沫整理等）、功能性整理技术、新型染色加工技术、复合面料加工技术，生产高档纺织面料；智能化筒子纱染色技术装备开发与应用

44.符合环保要求的特种动物纤维、麻纤维、桑柞蚕丝、彩色棉花、彩色桑茧丝类天然纤维的加工技术与产品生产

45.废旧纺织品分选、回收、利用

46.治疗性医疗卫生用纺织品、人造皮肤、可吸收缝合线、疝气修复材料、新型透析膜材料、介入治疗用导管、高端功能型生物医用敷料等的生产和研发

（五）纺织服装、服饰业

47.高支棉纱的生产

48.采用计算机集成制造系统的服装及服装半成品生产

49.功能性特种服装生产

（十二）化学纤维制造业

100.差别化、功能性聚酯（PET）的连续共聚改性[阳离子染料可染聚酯（CDP、ECDP）、碱溶性聚酯（COPET）、高收缩聚酯（HSPET）、阻燃聚酯、低熔点聚酯、非结晶聚酯、生物可降解聚酯、采用绿色催化剂生产的聚酯等]；阻燃、抗静电、抗紫外、抗菌、相变储能、光致变色、原液着色等差别化、功能性化学纤维的高效柔性化制备技术研发；智能化、超仿真等功能性化学纤维生产；原创性开发高速纺丝加工用绿色高效环保油剂生产

101.高性能纤维及制品的开发、生产：碳纤维（CF）、芳纶（AF）、芳砜纶（PSA）、超高分子量聚乙烯纤维（UHMWPE）、聚苯硫醚纤维（PPS）、聚酰亚胺纤维（PI）、聚四氟乙烯纤维（PTFE）、聚苯并双噁唑纤维（PBO）、聚芳噁二唑纤维（POD）、玄武岩纤维（BF）、碳化硅纤维（SiCF）、聚醚醚酮纤维（PEEK）、高强型玻璃纤维（HT-AR）、聚（2,5-二羟基-1,4-苯撑吡啶并二咪唑）（PIPD）纤维

102.纤维及非纤维用新型聚酯生产：聚对苯二甲酸丙二醇酯（PTT）、聚萘二甲酸乙二醇酯（PEN）、聚对苯二甲酸环己烷二甲醇酯（PCT）、二元醇改性聚对苯二甲酸乙二醇酯（PETG）、聚乳酸（PLA，以非粮生物质为原料）

103.利用新型可再生资源和绿色环保工艺生产生物质纤维，包括新溶剂法纤维素纤维（Lyocell）、以竹、麻等为原料的再生纤维素纤维、聚乳酸纤维（PLA）、甲壳素纤维、聚羟基脂肪酸酯纤维（PHA）、动植物蛋白纤维、聚丁二酸丁二醇酯（PBS）等

104.尼龙11、尼龙12、尼龙1414、尼龙46、尼龙56（以非粮生物质为原料）、长碳链尼龙、耐高温尼龙等新型聚酰胺，差别化、功能性、高附加值改性尼龙（包括尼龙弹性体、共聚尼龙、尼龙工程塑料、阻燃尼龙）开发、生产

105.垃圾填埋场防渗土工膜开发、生产

续表

三、制造业
（十八）专用设备制造业（其中纺机部分） 235.新型纺织机械、关键零部件及纺织检测、实验仪器开发、制造 236.电脑提花人造毛皮机制造 245.废旧纺织品回收处理设备制造 253.钢铁、造纸、纺织、石化、化工、冶金等高耗水行业节水工业设备制造

表4-1(b) 中西部地区外商投资优势产业目录

山西省
7.石墨烯、碳纤维（复合材料）等碳系材料的生产设备（气象沉淀、碳化烧结等）的研发、制造 11.棉、毛、麻、丝、化纤的高档纺织、针织及服装加工生产和相关产品的研发、检测
内蒙古自治区
9.棉、毛、绒、麻、丝、化纤的高档纺织、针织及服装生产加工和相关产品的研发、检测 18.碳纤维产品生产及其应用
辽宁省
6.棉、毛、麻、丝、化纤的高档纺织、针织、服装及衣着附件加工生产和相关产品的研发、检测
吉林省
10.棉、毛、麻、丝、化纤的高档纺织、针织、服装及服装半成品加工生产和相关产品的研发、检测 16.碳纤维原丝、碳纤维生产及其生产所需辅助材料、碳纤维复合材料及其制品生产 17.黏胶短纤维、黏胶长丝的生产 18.玄武岩纤维新材料的生产、开发
黑龙江省
21.石墨烯、碳纤维（含复合材料）等碳系材料的研发生产及终端产品制造 31.汽车零部件制造：六档以上自动变速箱、商用车用高功率密度驱动桥、随动前照灯系统、LED前照灯、轻量化材料应用（高强钢、铝镁合金、复合塑料、粉末冶金、高强度复合纤维等）、离合器、液压减震器、中控盘总成、座椅、电子组合仪表
安徽省
5.棉、毛、麻、丝、化纤的高档纺织、针织及服装加工生产和相关产品的研发、检测 6.功能性环保再生涤纶长丝的研发及生产 10.纳米材料等新材料研发、制造

续表

江西省
8.棉、毛、麻、丝、化纤的高档纺织、针织及服装加工生产和相关产品的研发、检测
河南省
6.棉、毛、麻、丝、化纤的高档纺织、针织及服装加工生产和相关产品的研发、检测 14.石墨烯、碳纤维（复合材料）等碳系材料的生产设备（气相沉淀、碳化烧结等）的研发、制造，石墨烯、碳纤维（含复合材料）等碳系材料的研发生产及终端产品制造 18.防疫、防护产品及其生产设备的研发、生产
湖北省
7.高档纺织品及服装工艺技术开发 8.非织造布及医用纺织品生产 10.棉、毛、麻、丝、化纤的高档纺织、针织及服装加工生产和相关产品的研发、检测 14.石墨烯、碳纤维（复合材料）等碳系材料的生产设备（气相沉淀、碳化烧结等）的研发、制造，石墨烯、碳纤维（含复合材料）等碳系材料的研发生产及终端产品制造 37.防疫、防护产品研发、生产
湖南省
5.棉、毛、麻、丝、化纤的高档纺织、针织及服装加工生产和相关产品的研发、检测 22.汽车零部件及汽车电子装置开发与制造：六档以上自动变速箱、商用车用高功率密度驱动桥、随动前照灯系统、LED 前照灯、轻量化材料应用（高强钢、铝镁合金、复合塑料、粉末冶金、高强度复合纤维等）、离合器、液压减震器、中控盘总成、座椅、燃油共轨喷射系统相关产品、涡轮增压发动机、电动机及控制系统、主动安全及自动驾驶控制系统
广西壮族自治区
11.棉、毛、麻、丝、化纤的高档纺织、针织及服装加工生产和相关产品的研发、检测 12.鞋帽、玩具、假发、箱包、皮具开发生产 14.石墨烯、碳纤维（复合材料）等碳系材料的生产设备（气相沉淀、碳化烧结等）的研发、制造，石墨烯、碳纤维（含复合材料）等碳系材料的研发生产及终端产品制造 28.汽车零部件制造：六档以上自动变速箱、商用车用高功率密度驱动桥、随动前照灯系统、LED 前照灯、轻量化材料应用（高强钢、铝镁合金、复合塑料、粉末冶金、高强度复合纤维等）、离合器、液压减震器、中控盘总成、座椅
海南省
20.防疫、防护产品及其生产设备的研发、生产 29.高端消费品经营 40.品牌体验店、品牌直销购物中心、连锁便利店、主题商城

续表

重庆市
8.石墨烯、碳纤维（复合材料）等碳系材料的生产设备（气相沉淀、碳化烧结等）的研发、制造，石墨烯、碳纤维（含复合材料）等碳系材料的研发生产及终端产品制造 13.棉、毛、麻、丝、化纤的高档纺织、针织及服装加工生产 21.汽车零部件制造：满足国六排放标准及以上的增压直喷汽油机/清洁高效柴油机/驱动系统零部件（离合器、减振器、双质量飞轮）、六档以上自动变速箱（AT、DCT、AMT）、座椅、传动轴、电动转向系统零部件、新能源专用发动机/变速器；新能源车用动力锂电池、驱动电动机、电控系统、电制动、电仪表、能量回收系统、电空调、远程监控系统等关键零部件；传动/安全/车身/行驶/信息控制系统、高级驾驶辅助系统（ADAS）、自动驾驶控制系统等智能汽车关键部件；DPF、GPF、SCR等发动机后处理系统、替代燃料发动机 ECU 控制策略及软硬件；轻量化底盘及车身；轻量化材料应用（高强钢、铝镁合金、复合塑料、粉末冶金、高强度复合纤维等）、行业共性技术平台（汽车风洞、轻量化、全球研发中心等）建设等
四川省
6.棉、毛、麻、丝、化纤的高档纺织、针织及服装加工生产和相关产品的研发、检测 24.石墨烯、碳纤维（含复合材料）等碳系材料的研发生产及终端产品制造 36.汽车零部件及汽车电子装置开发与制造：六档以上自动变速箱、商用车用高功率密度驱动桥、随动前照灯系统、LED 前照灯、轻量化材料应用（高强钢、铝镁合金、复合塑料、粉末冶金、高强度复合纤维等）、离合器、液压减震器、中控盘总成、座椅、燃油共轨喷射系统相关产品、涡轮增压发动机、电动机及控制系统、主动安全及自动驾驶控制系统
贵州省
9.棉、毛、麻、丝、化纤的高档纺织、针织及服装加工生产和相关产品的研发、检测 30.汽车零部件制造：六档以上自动变速箱、商用车用高功率密度驱动桥、随动前照灯系统、LED 前照灯、轻量化材料应用（高强钢、铝镁合金、复合塑料、粉末冶金、高强度复合纤维等）、离合器、液压减震器、中控盘总成、座椅
云南省
18.棉、毛、麻、丝、化纤的高档纺织、针织及服装加工生产和相关产品的研发、检测 19.鞋帽、玩具、假发、箱包、皮具开发生产
西藏自治区
7.牛羊绒、皮革产品深加工及藏毯生产
陕西省
7.棉、毛、麻、丝、化纤的高档纺织、针织及服装加工生产和相关产品的研发、检测 19.防疫、防护产品及其生产设备的研发、生产

续表

甘肃省
9.防疫、防护产品及其生产设备的研发、生产 12.石墨烯、碳纤维（复合材料）等碳系材料的生产设备（气相沉淀、碳化烧结等）的研发、制造，石墨烯、碳纤维（含复合材料）等碳系材料的研发生产及终端产品制造 27.汽车零部件制造：六档以上自动变速箱、商用车用高功率密度驱动桥、随动前照灯系统、LED 前照灯、轻量化材料应用（高强钢、铝镁合金、复合塑料、粉末冶金、高强度复合纤维等）、离合器、液压减震器、中控盘总成、座椅
宁夏自治区
9.棉、毛、麻、丝、化纤的高档纺织、针织及服装加工生产和相关产品的研发、检测 12.碳基材料、碳纤维开发、生产 13.氨纶制造
新疆维吾尔自治区（含新疆生产建设兵团）
11.纺织服装产业零配件和辅件制造 12.棉、毛、麻、丝、化纤的高档纺织、针织及服装加工生产和相关产品的研发、检测 13.鞋帽、玩具、假发、箱包、皮具开发生产 20.民族特需用品、工艺美术品、包装容器材料、日用玻璃制品及手工地毯、玉雕、民族刺绣等特色手工艺品、旅游纪念品生产 27.专业剪毛机械设备的制造，包括：软轴式剪毛机、硬轴剪毛机、电动剪毛机及配套剪毛刀片、零部件

表4-2 2021年新认定（第 28 批）国家企业技术中心名单

序号	企业名称	企业技术中心名称	地区
1	安徽翰联色纺股份有限公司	安徽翰联色纺股份有限公司技术中心	安徽省
2	山东凯盛新材料股份有限公司	山东凯盛新材料股份有限公司技术中心	山东省

表4-3 国家企业技术中心 2021 年评价结果

序号	国家企业技术中心所在企业名称（发生更名的标记*）	地区	评价结果
一、评价为优秀			
1	新兴际华集团有限公司	河北省	91.1
二、评价为良好			
2	烟台泰和新材料股份有限公司	山东省	84.8
3	桐昆集团股份有限公司	浙江省	84.2
4	际华三五零二职业装有限公司	河北省	82.7
5	南山集团有限公司	山东省	82.4
6	济南圣泉集团股份有限公司	山东省	81.8
7	唐山三友集团有限公司	河北省	81.5
8	山东如意科技集团有限公司	山东省	81.1
9	际华三五四二纺织有限公司	湖北省	80.9
10	安徽华茂集团有限公司	安徽省	80.5
11	江苏国望高科纤维有限公司	江苏省	80.2
12	江苏联发纺织股份有限公司	江苏省	78.8
13	浙江恒逸集团有限公司	浙江省	78.2
14	福建华峰新材料有限公司	福建省	78.1
15	鲁丰织染有限公司	山东省	78.1
16	江苏恒力化纤股份有限公司	江苏省	77.8
17	杰克缝纫机股份有限公司	浙江省	77.8
18	福建永荣锦江股份有限公司	福建省	77.5
19	山东鲁抗医药股份有限公司	山东省	77.5
20	红豆集团有限公司	江苏省	76.9
21	福建浔兴拉链科技股份有限公司	福建省	76.9
22	山东康平纳集团有限公司	山东省	76.8
23	山东滨州亚光毛巾有限公司	山东省	75.2

续表

二、评价为良好			
24	内蒙古鹿王羊绒有限公司	内蒙古自治区	75.1
25	即发集团有限公司	青岛市	75.1
26	恒天纤维集团有限公司	河北省	75
27	广东新会美达锦纶股份有限公司	广东省	75
28	神马实业股份有限公司	河南省	74.7
29	江苏江南高纤股份有限公司	江苏省	74.5
30	内蒙古鄂尔多斯羊绒集团有限责任公司*	内蒙古自治区	74.4
31	新凤鸣集团股份有限公司	浙江省	74.4
32	吉林化纤集团有限责任公司	吉林省	74.1
33	孚日集团股份有限公司	山东省	73.9
34	淄博大染坊丝绸集团有限公司	山东省	73.7
35	中国石化仪征化纤有限责任公司	江苏省	73.5
36	宜宾丝丽雅集团有限公司	四川省	73.5
37	经纬纺织机械股份有限公司	山西省	72.4
38	华纺股份有限公司	山东省	71.7
39	恒源祥（集团）有限公司	上海市	71.6
40	恒天海龙（潍坊）新材料有限责任公司	山东省	71.6
41	江苏 AB 集团股份有限公司	江苏省	70.6
42	福建百宏聚纤科技实业有限公司	福建省	70
43	浙江美欣达纺织印染科技有限公司	浙江省	69.9
44	广东溢达纺织有限公司	广东省	69.3
45	天津天纺投资控股有限公司	天津市	68.9
46	福建凤竹集团有限公司	福建省	68.5
47	山东兰雁纺织服装有限公司	山东省	68.5
48	安徽中天纺织科技股份有限公司	安徽省	68.4

续表

二、评价为良好			
49	恒天重工股份有限公司	河南省	68.4
50	青岛雪达集团有限公司	青岛市	68.3
51	江苏阳光股份有限公司	江苏省	67.8
52	万事利集团有限公司	浙江省	67.7
53	雅戈尔集团股份有限公司	宁波市	67.7
54	江苏梦兰集团有限公司	江苏省	66.9
55	福建七匹狼集团有限公司	福建省	66.9
56	厦门翔鹭化纤股份有限公司	厦门市	65.2
三、评价为基本合格			
57	辽宁银珠化纺集团有限公司	辽宁省	64.8
58	石家庄常山北明科技股份有限公司	河北省	64.4
59	辽宁柞蚕丝绸科学研究院有限责任公司	辽宁省	61.3
四、评价为不合格			
60	青岛东佳纺机（集团）有限公司	青岛市	53.2
61	湖北美尔雅集团有限公司	湖北省	51
62	青岛宏大纺织机械有限责任公司	青岛市	45.7
63	四川省宜宾惠美线业有限责任公司	四川省	24
64	天守（福建）超纤科技股份有限公司	福建省	研究与试验发展人员低于150人

单位简介

中国纺织工业联合会环境保护与资源节约促进委员会

中国纺织工业联合会环境保护与资源节约促进委员会（简称“中国纺联环资委”），成立于2011年7月，是中国纺织工业联合会的重要职能部门。主要职责是：宣传贯彻国家节能低碳、节水减污、循环经济等相关政策法规，为企业提供绿色发展相关教育培训和咨询服务；参与研究和制定行业环境资源规划、产业政策和绿色标准；开展环境资源相关新技术、新工艺、新设备、新材料的筛选、示范和推广；组织对外交流活动等。

“十二五”以来，中国纺联环资委承担了大量国家和行业有关绿色发展的研究工作，曾参与编制第一次全国污染源普查产排污系数手册、国家973课题“应对气候变化国际标准的相关问题研究”专项、纺织行业温室气体减排路径研究、节水型社会建设“十三五”规划、纺织工业“十三五”发展规划、“十四五”纺织绿色发展指导意见、废旧纺织品循环利用指导意见等重大课题，组织制修订纺织行业取水定额、能耗限额、重点用能设备能效、温室气体排放与核算及绿色制造领域系列标准，持续开展旧衣零抛弃、中国纺织生态文明万里行、纺织行业绿色发展大会、可持续时尚大赏、节能服务进企业、纺织行业“双碳”培训等重大活动，搭建纺织行业绿色发展服务平台（FAIS系统），为推动行业绿色低碳发展发挥了积极作用。

业务范围

业务领域

- 节能低碳
- 节水减污
- 资源综合利用
- 绿色制造

专业服务

- 纺织行业绿色发展服务平台建设；
- 绿色低碳循环领域国家、行业、团体标准化管理；
- 区域、产业园区、企业绿色低碳循环发展规划研究；
- 绿色技术示范、推广及创新基地建设；
- 举办水管理创新、绿色制造及碳排放管理员等培训；
- 开展行业绿色发展技术交流、成果宣传等活动。

成果案例

纺织行业绿色发展服务平台（FAIS系统）

FAIS系统（Factory Assessment & Improvement System）承载着推进中国纺织行业绿色转型的美好愿景，将逐步开发“工业节能诊断”（已上线）“纺织园区/工厂水效评估”（已上线）“纺织产品生命周期（LCA）评价”“绿色设计产品评价”“绿色工厂评价”“绿色园区评价”“碳核算”等模块。企业可通过FAIS系统内置的计算和对标系统，在一个平台上完成多类别自评估和项目申报。多标准一站式接入，简化评估和申报流程，让企业免于申报渠道混乱的困扰；数据智能存储和调用，一次填写，重复使用，避免企业重复填写信息。

纺织行业绿色标准体系建设

中国纺联环资委是工业和信息化部纺织行业节水标准化工作组、中国纺联标准化技术委员会节能与综合利用工作组秘书处单位，负责纺织行业节能与综合利用、绿色制造等标准管理和制修订。目前已开展80多项国家、行业、团体标准制修订，包括取水定额、能耗限额、清洁生产评价、废旧纺织品再利用、绿色制造评价等标准。

CNTAC

2022/2023 中国纺织工业发展报告

2022/2023 CHINA TEXTILE INDUSTRY DEVELOPMENT REPORT

行业研究

RCEP生效实施对我国纺织行业贸易投资影响研究

中国纺织工业联合会国际贸易办公室

区域全面经济伙伴关系协定（RCEP）（以下简称“协定”）自2012年由东盟国家发起，历经八年谈判终于在2020年11月签署，于2022年1月1日正式生效。目前协定实施已有一年多时间，并陆续在东盟十国、中国、日本、韩国、澳大利亚和新西兰15个成员国间全面生效。随着RCEP涵盖的相互开放市场、降低关税、减少壁垒等政策红利持续释放，带动整个地区贸易投资水平不断提升，有效推动了各成员间建立更高效、紧密、互利共赢的产业链供应链合作体系，为区域经济融合发展提供了新动力。

RCEP生效实施一年来，各成员方履行承诺，努力提升贸易自由化与投资便利化水平，强化区域供应链韧性。在此有利环境下，我国纺织行业与其他成员国的贸易规模有所扩大，特别是对日本市场出口在降低关税成本方面迎来重要机遇期。与此同时，RCEP有关投资规则有助于加强本地区纺织服装产业链优势互补，持续推动区域内纺织国际产能合作走向深入。

RCEP区域内纺织品服装贸易往来更加密切

协定15个成员方涵盖了全球多个主要纺织服装生产国和贸易国，据WTO统计RCEP国家2021年出口纺织品服装合计超过4374亿美元，约占世界纺织品服装出口比重的48%。当前全球化纤产量的80%、棉纱产量的55%，以及羊毛出口量的50%均来自RCEP国家。在充足的纺织原料供给与劳动力人口红利、综合生产成本优势等条件共同作用下，该地区已经成为全球最重要的纺织纤维生产基地和服装加工制造基地。

RCEP地区以世界30%的总人口、经济体量和贸易总额构成了一个开放合作、互利共赢的区域大市场。由于不同成员国纺织产业发展的自然资源条件、生产要素禀赋、技术创新阶段等存在较大差异，各自在纺织原料、纺纱织造、染整、服装、家纺等产业链环节具有不同的比较优势，因此区域内的纺织服装贸易往来也日益紧密。粗略估算，RCEP国家每年进口纺织品服装总额（约1400亿美元）的70%由本地区供应。其中，我国在东盟服装制造业迅速崛起的过程中提供了大量纺织面辅料、纱线等上游产业链配套产品。同时，向日本、韩国、澳大利亚等发达市场出口优质服装、家纺等终端产品以满足国际消费需求。此外，越南、马来西亚、印度尼西亚等国也在持续扩大棉纱和针织服装等产品的生产供应。而澳大利亚和新西兰的优质羊毛，日本先进的纺织机械、高性能纤维、织物，韩国的化学纤维及功能性面料、服装等，都是各国的优势出口产品。在RCEP推动构建的亚太地区大市场内，符合原产地规则的货物市场准入放宽，经贸合作潜力进一步激发，助力区域纺织服装贸易保持稳定增长。

RCEP市场对中国纺织行业稳外贸起到积极支撑作用

作为拥有现代纺织制造体系的世界级纺织强国，中国与其他RCEP成员国的纺织服装进出口规模也在不断扩大。据中国海关统计，2016～2022年，我国与其他成员国的纺织品服装贸易总额从750亿美元增长到1050亿美元，年均增速5.8%。在此期间中国与部分市场，如东盟的同类产品进出口年均增速则达到9.0%，高于全球进出口增速5.5个百分点。

即使近几年受新冠肺炎疫情冲击以及海外消费需求疲软的影响，我国纺织行业与RCEP国家贸易往来仍保持平稳发展，为稳出口发挥了积极支撑作用。

据中国海关统计，2022年即RCEP生效实施的第一年，我国对其他14个成员国出口纺织品服装金额达950.2亿美元，同比增长9.3%（表1），出口增速高于行业对全球出口平均水平6.7个百分点，与2019年新冠肺炎疫情前出口规模相比，更是大幅增长30%以上。2022年RCEP伙伴国中的东盟，首次超越美国成为我国第一大出口市场，全年中国对东盟出口纺织品服装金额达560.4 亿美元，同比增长14.2%，高于行业整体出口增速11.6个百分点，较大程度上拉动了我国纺织行业对RCEP地区出口的增长。

从纺织行业大类出口产品看，无论是上游的纱线、面料，还是下游纺织制品和服装及衣着附件，2022年我国对RCEP国家的出口增速均高于同类产品对全球出口增速，见图1。其中，越南是我国纺织上游及中间产品的最大出口市场，2022年我国对其出口纺织纱线和织物金额达128.3亿美元，同比增长8.7%，占对全球出口比重的14.8%；同期，我国还对印度尼西亚、缅甸和泰国等出口纺织纱线及织物同比增长20%～40%。此外，2022年我国纺织行业

表1 2022年中国与RCEP成员国纺织品服装贸易统计

RCEP其他成员国/地区	出口额（亿美元）	出口额同比(%)	出口额在RCEP中的占比(%)	进口额（亿美元）	进口额同比(%)	进口额在RCEP中的占比(%)
东盟	560.4	14.2	59.0	67.3	−17.6	67.2
其中：越南	189.9	8.0	20.0	44.3	−16.5	44.3
马来西亚	67.6	4.3	7.1	5.1	−24.1	5.1
菲律宾	66.2	4.6	7.0	1.3	4.1	1.3
印度尼西亚	64.0	11.3	6.7	5.7	−27.7	5.7
泰国	53.3	25.3	5.6	5.7	−13.1	5.7
柬埔寨	47.2	10.9	5.0	3.7	−18.8	3.7
缅甸	36.0	86.5	3.8	0.6	−10.1	0.6
新加坡	34.5	45.0	3.6	0.8	−7.3	0.8
老挝	1.5	177.8	0.2	0	44.9	0
文莱	0.3	−20.3	0	0	3652.7	0
日本	199.7	−0.3	21.0	19.9	−8.4	19.9
韩国	102.7	2.3	10.8	12.7	−6.6	12.7
澳大利亚	77.8	14.2	8.2	0.2	7.8	0.2
新西兰	9.7	−2.7	1.0	0	−37.2	0
合计	950.2	9.3	100	100.1	−14.6	100

注 因小数位进位规则，表中所列对东盟的贸易数据与各成员国数据之和存在细微差别。

资料来源：中国海关

终端产品对RCEP发达经济体出口整体保持增长态势。其中对新加坡出口纺织制品、服装同比分别增长110%和80.4%；对澳大利亚、韩国出口服装同比增长14.9%和4.6%；仅对日本市场的服装出口同比微降0.3%。

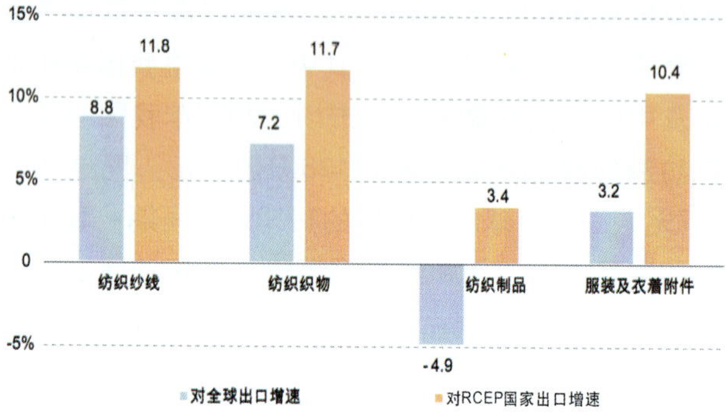

图1 2022年中国对全球及RCEP国家出口纺织大类产品增速对比

资料来源：中国海关

部分降税产品受政策利好影响出口实现稳定增长

RCEP框架下中日首次建立了自贸伙伴关系，实现历史性突破。日本是我国纺织服装行业重要的出口市场之一，但受消费复苏乏力影响，2022年我国对日本纺织品服装出口额为199.7亿美元，同比下降0.26%，降幅较2021年收窄7个百分点。根据RCEP降税安排，原先出口至日本的大部分产品4%～13%的关税将被逐年削减直至降为零。协定生效实施第一年，众多参与降税产品中，我国纺织行业对日本出口贸易额较大的化纤针织运动衫、非针织化纤女裤、化纤制男裤等出口同比增长5%～11%，见表2，在我国服装整体对日本出口下降0.3%的情况下，仍呈现稳定增长态势。未来，随着税率的进一步削减，中日纺织服装贸易规模有望在现有基础上提高。此外，由于日本在近些年与东盟、越南、泰国、印度尼西亚、印度等签署了经济伙伴协定（EPA），因此RCEP的生效实施保障了我国纺织服装产业公平参与市场竞争，有利于行业外贸企业恢复并提升在日本市场的竞争力。

除日本外，韩国也是我国纺织业在东亚地区的重要贸易伙伴。据中国海关统计，2022年我国对韩纺织品服装出口额为102.7亿美元，同比增长2.3%，其中服装出口额为70.5亿美元，同比增长4.6%。RCEP正式实施之前，中韩双边自贸协定已于2015年12月20日生效，大多数纺织服装类产品已享受关税减免优惠，但相较而言仍有部分出口产品在RCEP规则下关税最优。例如，我国化纤制针织运动衫、女式牛仔裤和棉制长裤、棉制男衬衫等产品的RCEP税率都已减半降至6.5%。2022年我国以上产品对韩出口额同比实现10%～30%的较高增长，见表3。

表2 2022年日本自中国进口的部分纺织服装降税产品举例

税号	产品名称	进口额（亿美元）	进口同比（%）	WTO税率（%）	RCEP降税方式	RCEP税率（%）
611030099	其他化纤制针织运动衫、套头衫等	12.07	11.1	10.9	B16	10.2
620463200	其他合成纤维制非针织女裤	3.92	8.5	9.1	B16	8.5
611596000	其他合成纤维制压力袜	3.65	8.8	6.6	B16	6.2
620343200	其他合成纤维制男裤	3.08	5.1	9.1	B16	8.5

注 1.表中所列税号为日本海关编码，数据来源为日本财务省。
2.“RCEP降税方式”一栏，“B16”表示该税号产品自协定生效后，分16次每年等比例削减，至第16年降为零。

表3 2022年韩国自中国进口的部分纺织服装降税产品举例

税号	产品名称	进口额（亿美元）	进口同比（%）	中韩自贸协定税率（%）	亚太贸易协定税率（%）	RCEP税率（%）
61103010	合成纤维制针织运动衫、套头衫等	2.00	33.1	13	—	6.5
62046210	粗斜纹棉布制女裤，包括蓝色牛仔裤	1.06	10.9	11.7	7.8	6.5
62046290	其他棉制女式长裤、背带工装裤等	0.99	16.8	11.7	7.8	6.5
62052000	棉制男衬衫	0.18	31.2	13	—	6.5

注 表中所列税号为韩国海关编码。

资料来源：韩国关税贸易开发院

RCEP推动区域纺织产业链供应链合作不断深化

共建“一带一路”倡议提出以来，我国纺织行业对外投资稳步推进，企业“走出去”探索国际化发展进程中，越南、新加坡、柬埔寨、缅甸、马来西亚、印度尼西亚等RCEP国家逐渐进入投资者的视野，成为国内纺织服装企业境外投资的重要目的地。据商务部数据，2013～2022年十年间，我国纺织行业对RCEP国家直接投资金额达45.9亿美元，占同期对全球投资比重的39%。协定生效实施第一年，我国纺织行业对RCEP国家投资额同比增长32%，其中对柬埔寨、缅甸、印度尼西亚等国投资额增加2～3倍。

作为“一带一路”国际产能合作的先行示范产业和国际竞争优势明显的产业，我国纺织行业充分具备与各RCEP成员国深化区域产业链、供应链合作的坚实基础与发展潜力。目前，以天虹集团、百隆东方、华孚时尚等为代表的中资企业在越南投资的纺纱产能已超过300万锭，申洲国际、即发、华利达、雅戈尔、溢达等行业领军集团也在越南建立起较大规模的成衣工厂。东渡、鲁泰、迪尚、AB集团、鹿王等众多服装企业在柬埔寨投资生产运营，红豆集团参与投建的西哈努克港经济特区，更是成为“一带一路”沿线境外园区的优秀样板。此外，在马来西亚、印度尼西亚、缅甸、文莱和老挝等国也有如山东岱银、江苏联发、无锡恒田、恒逸集团、江苏贝德等国内纺织企业的投资。多年来，这些纺织服装产能合作项目在RCEP国家落地生根，取得较好的经济效益和社会效益，为推动地区实现共同繁荣做出积极贡献。未来在纺织服装领域，这种产能合作互补优势还将随着区域开放水平提高和成本降低而继续增强。

当前，我国已经进入全面建设社会主义现代化国家的新发展阶段。党的二十大报告明确提出“推进高水平对外开放”“扩大面向全球的高标准自由贸易区网络”和“深度参与全球产业分工和合作”等要求。RCEP的生效实施是对我国现有多边自贸体系的发展和完善，尤其在全球化面临严峻挑战的大背景下，有效加深了区域内各成员国的经贸往来，进一步强化了地区产业链与供应链韧性。中国纺织业作为受益于持续开放政策和高度国际化的行业之一，将与RCEP成员国伙伴一道共享发展机遇，在更加开放、包容、平衡、共赢的市场环境中，享受各项优惠政策带来的切实制度红利，不断增强与区域内国家，特别是东盟地区的投资互动，逐步建立更加完善、高效、联动的纺织产能合作体系，实现互利共赢。

（撰稿人：崔晓凌）

2022年纺织服装专业市场运行分析

中国纺织工业联合会流通分会

2022年，新冠肺炎疫情持续冲击，地缘政治深刻影响，世界经济持续低迷，外部环境风高浪急，产业链、供应链国际循环受阻、国内循环承压，国际贸易投资萎缩，大宗商品市场动荡，各种风险挑战远超预期，我国纺织服装行业承压运行，其中流通领域运行压力尤为突出。根据中国纺联流通分会数据，2022年我国854家万平方米以上纺织服装专业市场和重点监测的44家市场商圈总成交额同比分别减少8.54%和5.05%。复杂严峻形势下，我国纺织服装专业市场面临巨大发展压力，总量规模明显下滑。

2022年我国纺织服装专业市场运行情况

一、纺织服装专业市场成交情况分析

据中国纺联流通分会统计，2022年我国万平方米以上纺织服装专业市场为854家，市场数量同比下降6.56%；市场经营面积达7276.80万平方米，同比下降3.92%；市场商铺数量为134.41为万个，同比下降4.34%；市场商户数量为108.82万户，同比下降4.71%；市场总成交额为2.13万亿元，同比下降8.54%。

总量规模方面，2016～2020年，我国万平方米以上纺织服装专业市场数量、市场经营面积、市场商铺数量、市场商户数量连续增长，增幅逐年收窄，自2021年开始出现下滑，2022年继续下滑。行业投资建设更加理性，新增市场数量逐年降低，歇业重装、关停倒闭、转变业态等市场数量增加，总量规模下滑。

成交额增速方面，2016～2022年，专业市场总成交额年同比增速依次为2.81%、5.12%、3.85%、−1.08%、−2.22%、1.98%、−8.54%，自2019年起连续两年下降，2021年，专业市场成交额重新实现增长，2022年专业市场成交额出现明显下滑。

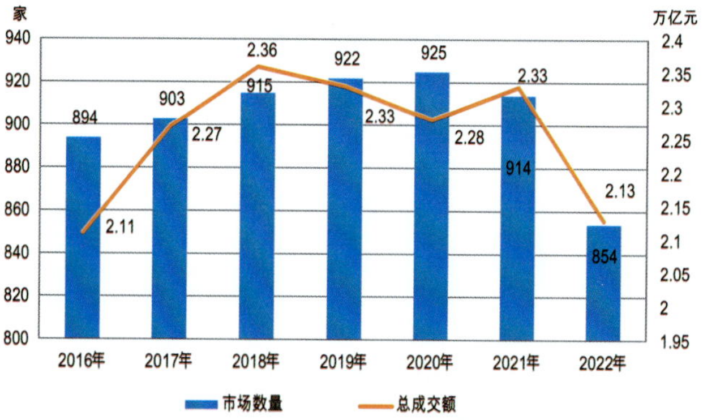

图1 2016～2022年纺织服装专业市场数量及成交额变化情况

资料来源：中国纺联流通分会

运行效率方面，2022年纺织服装专业市场商铺效率为158.25万元/铺，同比下降4.39%；商户效率为195.46万元/户，同比下降4.01%；市场效率为29229.77元/平方米，同比下降4.8%。2016～2022年我国纺织服装专业市场运行效率情况见图2。

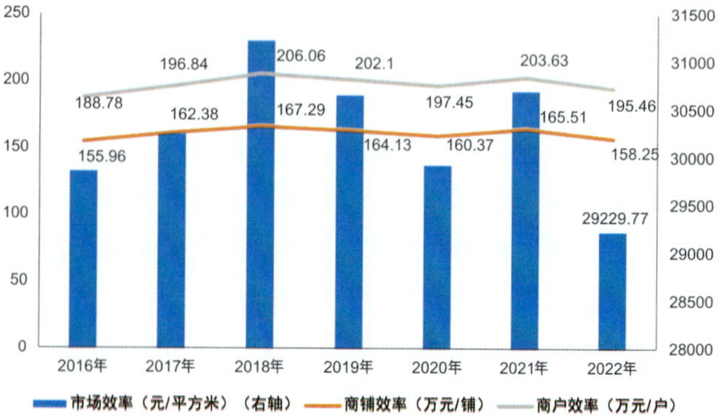

图2 2016～2022年纺织服装专业市场运行效率

资料来源：中国纺联流通分会

景气方面，2022年，纺织服装专业市场管理者景气与商户景气走势基本一致。从景气走势看，专业市场全年景气整体低迷，分别在上半年春装销售旺季和下半年夏装旺季达到50荣枯线以上；四季度受新冠肺炎疫情影响，景气指数出现大幅下滑。从全年数值看，2022年专业市场管理者景气指数全年平均值为48.75，商户景气指数全年平均值为49.21，两项平均数值低于50荣枯线，相较2021年有明显下滑，管理者景气略低于商户景气。2022年我国纺织服装专业市场管理者景气指数与商户景气指数走势见图3。

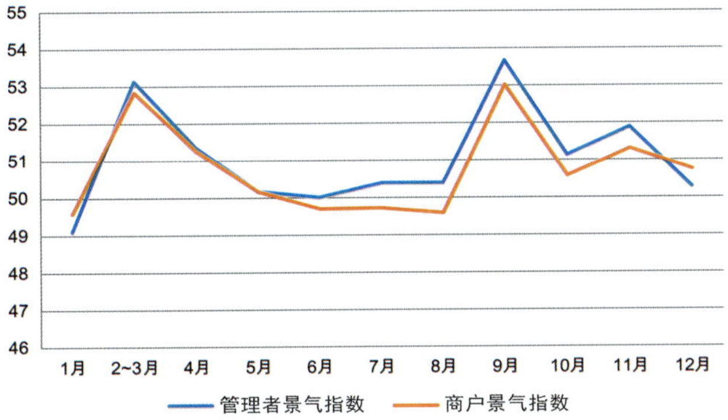

图3 2022年我国纺织服装专业市场管理者景气指数与商户景气指数走势

资料来源：中国纺联流通分会

二、纺织服装专业市场结构分析

从区域看，854家专业市场中，东部地区共515家，成交额为18119.98亿元，占总成交额的85.19%，同比下降6.94%；中部地区187家市场成交额为2160.69亿元，占总成交额的10.16%，同比下降15.35%；西部地区152家市场成交额为989.26亿元，占总成交额的4.65%，同比下降19.67%。我国东、中、西部地区专业市场数量、交易情况见图4、表1。

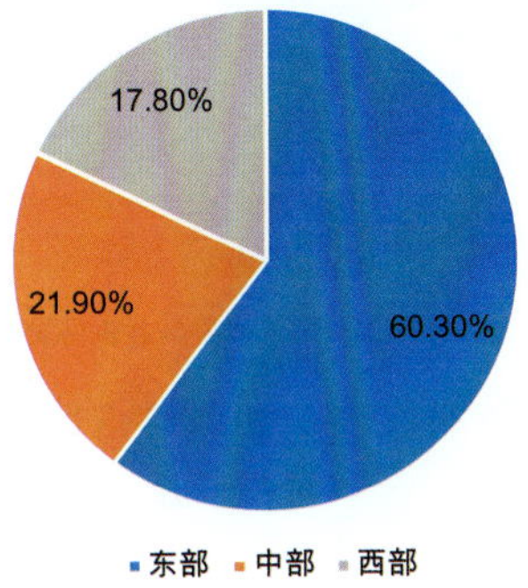

图4 我国东、中、西部地区市场数量占比

资料来源：中国纺联流通分会

从品类看，服装和原、面（辅）料是我国纺织服装专业市场的主营商品，主营服装和原、面（辅）料的专业市场共602家，占市场总量的70.49%，成交额占总成交额的69.21%。其中，主营服装产品的专业市场共449家，在各品类中成交额最高，达7758.33亿元，占总成交额的36.48%，同比下降17.54%；主营原、面（辅）料的专业市场153家，成交额位列第二，达6962.97亿元，占比32.74%，同比上升0.13%；主营家纺、小商品的专业市场也实现成交额的正增长，其中，主营小商品的专业市场成交额增速最高，同比上升2.14%；家纺类专业市场运行稳中有进，同比上升1.40%；综合类专业市场同比下降19.33%；其他类专业市场同比下降10.60%。

表1 东中西部地区市场成交额占比及增速情况

项目	东部	中部	西部
成交额（亿元）	18119.98	2160.69	989.26
占比（%）	85.19	10.16	4.65
增速（%）	-6.94	-15.35	-19.67

资料来源：中国纺联流通分会

2022年我国各品类专业市场数量及成交额占比情况见图5、表2。

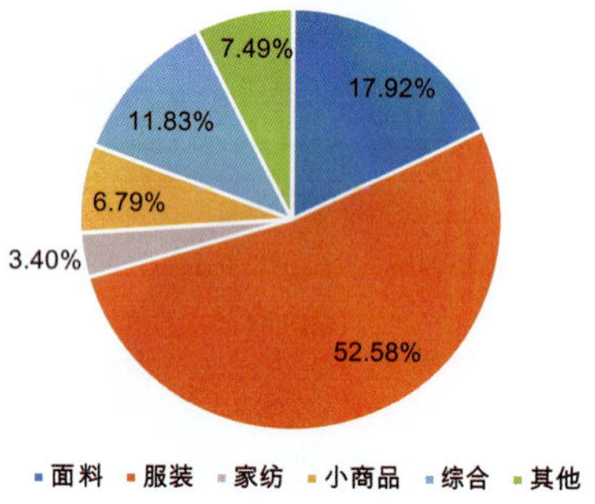

图5 各品类市场数量占比

资料来源：中国纺联流通分会

三、重点监测市场分析

2022年，中国纺联流通分会重点监测的44家纺织服装专业市场（含市场群）总成交额达13856.72亿元，同比下降5.05%。其中，12家市场成交额同比上升，平均增幅为8.10%；32家市场成交额同比下降，平均降幅为18.86%。

（一）运行效率分析

从市场运行效率看，44家重点监测市场平均运行效率为62382.55元/平方米，同比下降5.05%；平均商铺效率为477.29万元/铺，同比下降5.05%。

（二）市场区域结构分析

从区域结构看，2022年，纺织全行业44家重点监测市场中，东部地区专业市场成交额为12388.87亿元，同比下降3.62%，占专业市场总成交额的89.40%；中部地区专业市场成交额为1026.50亿元，同比下降13.35%，占专业市场总成交额的7.41%；西部地区专业市场成交额为441.35亿元，同比下降16.34%，占专业市场总成交额的3.19%。重点监测市场东、中、西部成交额占比及增速见表3。

（三）流通层级结构分析

从流通层级来看，44家重点监测市场单位中包括26家产地型专业市场、18家销地型专业市场。2022年，26家产地型市场成交额达12583.81亿元，占总成交额的90.81%，同比下降4.32%；18家销地型市场成交额为1272.92亿元，占总成交额的9.19%，同比下降11.75%。

四、2022年纺织服装专业市场运行分析

（一）数据分析

1.纺织服装专业市场总量规模下滑

2022年，我国万平方米以上纺织服装专业市场数量、经营面积、商铺数、商户数、成交额等出现

表2 各品类市场成交额占比及增速情况

品类	成交额(亿元)	占比(%)	增速(%)
面辅料	6962.97	32.74	0.13
服装	7758.33	36.48	-17.54
家纺	1780.86	8.37	1.40
小商品	2602.83	12.23	2.14
综合	1373.42	6.46	-19.33
其他	791.51	3.72	-10.60

资料来源：中国纺联流通分会

表3 44家重点监测市场东、中、西部地区成交额占比、增速情况

项目	东部	中部	西部
成交额(亿元)	12388.87	1026.50	441.35
占比(%)	89.40	7.41	3.19
增速(%)	−3.62	−13.35	−16.34

资料来源：中国纺联流通分会

全面下滑。总量规模的较大幅度下滑是由于多年来尤其是新冠肺炎疫情以来市场运行的多种复杂情况累积形成的。近年来，我国纺织服装专业市场一直存在总量过剩、同质化竞争严重、僵尸市场多、两极分化等情况，新冠肺炎疫情影响、渠道扁平化以及电商新经济等多重因素共振叠加，对传统专业市场形成较为明显的冲击和压力，加速专业市场的优胜劣汰，新增市场数量减少，关停市场数量增加，行业结构不断优化；专业市场数量和规模的下滑，是专业市场集约化发展的重要体现，会进一步倒逼专业市场不断创新发展，坚持走结构优化和水平提升的高质量发展道路。

2.面（辅）料市场与服装市场发展差异大

新冠肺炎疫情以来，面（辅）料市场的成交额增幅和整体运营情况整体好于服装市场。2022年数据显示，主营服装产品的专业市场成交额同比下降17.54%，主营原、面（辅）料的专业市场成交额同比上升0.13%。在行业整体遇冷、不确定因素不断叠加的大背景下，面（辅）料市场受到的冲击相对较小，抗风险能力更强。一是由于面（辅）料市场多数为产地型市场群，有强大的产业依托，供应链结构稳定、效率更高；二是纺织服装行业对原、面（辅）料的整体需求相对稳定，原、面（辅）料市场受渠道端变革和消费方式改变的冲击较小。

3.市场运行效率相对稳定

2022年，我国万平方米以上纺织服装专业市场数量同比下降6.56%，成交额同比下降8.54%，而市场运行效率下降4.80%，降幅低于总量规模降幅，市场效率波动相对较小，可见专业市场行业正在进行结构性调整，随着落后市场的淘汰，前一阶段规模性扩张带来的市场同质化和产品同质化问题正在消除。此外，我国纺织服装专业市场行业洗牌仍在继续，马太效应仍然明显，优秀的市场和商圈将吸引更多优质资源集聚。

4.东部地区龙头市场群运营稳健

2022年，东部地区专业市场数量占全国总量的60.30%，成交额占全国总量的85.19%，成交额降幅低于中部、西部专业市场。东部地区在我国纺织服装行业的核心地位仍然稳固。从成交额看，东部地区市场成交额下滑幅度较小，是得益于东部几大千亿级龙头市场集群的稳健发展，龙头集群在我国专业市场行业的中流砥柱地位日益凸显。

（二）专业市场运行压力空前

1.新冠肺炎疫情影响是总量规模下滑的核心原因

新冠肺炎疫情是2022年我国纺织服装专业市场运行面临的最大压力，也是总量规模下滑的核心原因。2022年前三季度，我国纺织服装行业先后面临局部地区阶段性停工停产、物流运转不畅等问题，四季度，各地市场商户因健康原因，近两个月营业额的接近空白。新冠肺炎疫情影响直接截断了商户供应链上下游的多个节点，降低了生产流通的流畅性，打乱了商户正常的全年生产经营节奏。专业市场方面，市场受周边新冠肺炎疫情和交通管控的连带影响较大，散批客户和零售客流锐减；货源方面，

部分产地型市场面临工厂停工停产、熟练工返乡或隔离、无法如期交货等问题；商户方面，由于较长时间无法恢复至正常经营水平，导致全国纺织服装专业市场出现不同程度的商户流失、商铺空置现象。

2.流通渠道变化是专业市场面临的长期挑战

近年来，随着科技革命的不断深入、全国交通基础建设升级和新一代主力消费群体的壮大发展，我国纺织服装行业的流通渠道发生着重要而深刻的变革，渠道的变化是我国纺织服装专业市场面临的长期挑战。新一代消费人群日常休闲方式更加多元化，消费者的消费习惯碎片化，消费渠道线上化，新冠肺炎疫情的暴发加速催化线上消费市场，实体商业受到巨大冲击，层层分销的空间受到挤压，尤其是服装等终端产品的中间流通环节被大幅压缩，批发业态压力加大。与此同时，纺织服装产业进入了供应链之争，全新的供应链分工正在建立，专业市场流通集散场所功能的竞争力正在减弱，新的核心竞争力和新的定位有待建立。

（三）创新亮点

2022年，全国各地纺织服装专业市场面临巨大的经营困境，也激发出无限的创新热情与活力，在逆境中积极探索，敢于担当，主动作为，在市场定位、会展对接、线上线下融合、跨境贸易等方面锐意创新，亮点不断，全力以赴确保纺织服装流通领域畅通循环。

专业市场寻求产业新定位。广州国际轻纺城积极响应国家恢复和扩大消费的号召，携手中国纺联流通分会共建“中国纺织时尚中心”，全力打造纺织产业流通型消费新高地；通过18年紧紧围绕消费需求快速变化的匠心打磨与创新升级，汇集3000多个国内外面（辅）料品牌商户，常年展示数千万种新型、潮流面料，满足更多样化、个性化、高品质的消费市场需求，现已发展成为极具影响力的面（辅）料批发零售兼具的主题商场，市场年交易额超过1000亿元；2022年焕新登场的广州红棉中大门积极布局新一轮优化升级，建设“T11服装设计师品牌中心”，举办红棉国际时装周X云尚周，打造有氛围、有文化、有市场、有潮人的创意空间，红棉国际时装城荣列第二批“纺织服装创意设计示范园区（平台）名单”，尽显专业市场的潮流风向和时尚品位；广州白马服装市场以“中国领先的时尚产业运营商”为发展定位，着力构建“白马+”生态体系，从“专业市场运营商”向“时尚产业地产运营商”转型；意法商业集团杭州9意法女装中心和株洲意法时尚中心盛装亮相，打造一站式原创原产服装服饰综合体，推动品牌不断向上跃级，为服装行业注入源源不断的强劲动力；九天商管集团全力打造新型未来工场，立足源头厂货和原创款式，加快提升制造业竞争力，成为杭州首批“聚能工厂”示范单位；中纺中心服装城邀请专业团队重装升级，实现蜕变新生。

专业市场大力推动会展对接。专业市场积极开展展会、订货会、时尚周、采购节等交流对接活动，柯桥国际纺织品博览会、中国轻纺城·孔雀云展、广州国际轻纺城面辅料采购节、海宁家纺布艺新品订货季、清河国际羊绒及绒毛制品交易会、南通国际家纺交易会、濮院针织机械及缝制设备展览会等行业盛会成功举办；常熟天虹服装城“品牌引进工作领导小组”和“江苏零售市场联盟建设工作领导小组”，与杭州意法精英买手团队、实力品牌厂家合作交流会；海城举办广州纺织服装产业对接会，为产业对接、区域经济一体化的发展注入新活力；郑州银基广场冬季购物狂欢节、东方时尚季·青岛时装周、株洲芦淞服饰消费节、大朗毛衣节等品牌活动成功举办，不断推进优供给、促消费活动深入开展。

专业市场推动线上线下融合发展。专业市场推进线上线下融合和智慧物流建设，发展直播探店、直播销售、电商供货、私域电商，实现专业市场销售渠道多元化。广州国际轻纺城打造了覆盖各场景及终端的“5+1”电子商务基础配套服务体系；常熟规划建设直播电商“万千百十”工程；濮院以

320创意广场为基础打造产业创新服务综合体，建设智慧物流平台，推动数字化、智慧化建设工作迈向新台阶；广州红棉中大门邀请来自广州十三行、红棉时装城网红大V们加入时装周直播阵营，掌握线上流量密码；义乌小商品城重点打造“拨浪鼓”市场综合服务平台、“义乌购”线上展示交易平台和“义采宝”移动客户端；柯桥轻纺城推动建设数字轻纺城项目，举办“丝路柯桥·布满全球”中亚纺织品专场网上交易会，完成一对一连线对接；东方丝绸市场搭建中国绸都网、云纺城、宜布网、跨境电商四位一体的电子商务矩阵；嘉兴众创毛衫精品市场建设“毛衫汇”平台，实现产品设计撮合交易、产品及原辅料批发交易；南通建设家纺直播生态产业园区，为家纺直播电商开辟新通路；“数字汉正，潮新汉派”云尚产业发布暨新汉派招商会，用专业化、数字化新模式助力汉派服饰转型升级；清河羊绒市场建设线上线下结合的羊绒制品销售平台“百绒汇”；朝天门大融汇搭建中心仓、集货仓、流转仓和智能物流方式，实现B2C、B2B全渠道的物流配送；沈阳五爱市场建设五爱物流云仓，为零售商户和电商企业提供“一站式”服务。

专业市场积极拓展跨境贸易。持续新冠肺炎疫情加速全球外贸和消费线上化趋势，跨境电商逐渐“去中间化”，独立站异军突起；希音（SHEIN）自建平台模式的成功让行业看到独立站的更多可能性；获批市场采购贸易方式试点的专业市场，将布局海外市场、拓展国际渠道作为新的增长点，在外贸出口方面持续发力，实现突破性增长。义乌小商品市场抢抓西方万圣节、圣诞节等销售旺季，通过创新产品研发、优化供应链流程、扩大商贸推广、提高出口效率等一系列举措，扩大出口贸易额；常熟举办TikTok跨境电商直播节，在直播电商的基础上大力发展跨境电商；辽宁西柳国际易货贸易园区落地国际物流园区，为市场采购贸易提供强大的物流支撑，实现出口金额36173万美元，同比增长64.5%，成绩喜人；在第14届中国—东盟金融合作与发展领袖论坛上，大商所建设RCEP框架下的中国—东盟金融合作价格信息中心与风险管理中心，支持广西打造RCEP框架下中国—东盟金融合作的“桥头堡”。

2023年纺织服装专业市场发展形势预判

2023年，我国纺织服装流通领域将全面开启全新的发展阶段，继续在转型升级创新发展道路上勇毅前行，未来将主要呈现三个方面的发展趋势。一是在全国统一大市场建设的指引下，纺织服装专业市场将继续呈现数量减少、结构优化、水平提升的运行特点，优质资源将进一步向重点商圈、重点市场集聚，不断提升专业市场集约化发展水平；二是纺织服装流通领域将积极把握新一轮科技革命背景下，“产业革新、城市更新、市场焕新和主体创新”的发展新机遇，把握数字化、网络化、智能化发展方向，强化新平台、新模式、新业态的探索和应用，持续构建“线上线下融合化、供应链协同化和内外贸一体化”的产业新生态，实现专业市场新定位、新路径、新价值；三是随着我国纺织服装行业进入产业转移、产业创新、产业升级三位一体发展新阶段，将给专业市场流通和地区布局带来深刻影响。

（撰稿人：胡　晶）

2022年纺织服装行业上市公司情况综述

中国纺织工业联合会产业经济研究院

2022年，我国纺织行业面临的外部发展环境异常严峻，市场需求疲软、原料成本高企、贸易环境更趋复杂等风险因素对纺织行业造成较大冲击，经济运行压力显著加大。纺织行业全面贯彻落实党中央、国务院决策部署，坚持稳中求进的工作总基调，积极统筹短期平稳运行目标与中长期高质量发展任务，努力克服各种风险冲击，虽然大部分运行指标同比有所回落，但降幅较小，出口总额再创历史新高，努力为支撑国民经济平稳运行和社会发展大局稳定、保障市场供给和助力改善民生发挥应有作用。作为行业领军者的纺织服装类上市公司呈现出韧性强、潜力大的特点，生产经营绩效超过行业平均水平，为行业发展作出突出贡献。

纺织服装上市公司基本情况

据纺织服装类上市公司2022年相关财报数据不完全统计，截至2022年底，A股涉及纺织服装产品类上市公司总数为215家，在A股上市公司总数（5067家）中的占比为4.24%。其中，纺织企业上市公司数量为63家，家纺企业为10家，产业用企业为49家，服装企业为45家，化纤企业为33家，纺机企业为15家。

截至2022年三季度，纺织服装上市公司的平均每股盈余（EPS）为0.33元，比2021年同期下滑28.3%。平均每股净资产（BPS）为5.50元，比2021年同期增长4.2%。

2022年前三季度，215家纺织服装产品类上市公司仅占我国规模以上纺织服装企业户数的0.60%，而同期资产占比为55.22%，营业收入占比为35.86%，利润占比高达61.63%。虽然规模以上纺织服装企业中上市公司较少，但资产总额和利润占比都高达一半以上，营业收入占比超三分之一，凸显出纺织服装上市公司在行业经济发展中的中坚力量，发挥了引领全行业创新发展排头兵的积极作用。

9只纺织服装新股上市，产业用新材料占比最大

2022年我国共有428家企业完成A股市场新股上市，IPO（首次公开募股）募资金额达5870亿元，融资额创历史新高。经过2021年我国纺织服装企业登录A股市场创新高后，2022年其上市速度有所下降，全年在上海、深圳、北京三个交易所共有9只纺织服装类新股上市，占年度IPO企业的2.1%。IPO首发预募资60.2亿元，占A股全年IPO募资金额的1.0%。2022年新上市9家纺织服装类企业见表1。

从行业分布上看，产业用新材料占比最大，中复神鹰、夜光明、云中马3家都属于纺织新材料的开发和应用；其次是家用纺织品行业，包括趣睡科技和太湖雪；更值得欣喜的是中纺标和天纺标2家纺织专业生产性服务领域的公司在2022年集中上市；泰慕士主营针织服装出口；嘉曼服饰是主营童装品牌。

从近三年我国纺织服装企业新股上市情况看，三年来共有54家纺织服装企业登录A股市场。其中，产业用纺织品行业成长起来的上市公司快速增加到18家，说明我国产业用纺织品行业不仅总体规模获得大幅增长，而且培育出一大批优质企业。科技创新型企业大批涌现，在创业板上市的纺织服装类企业达21家，在科创板上市的达7家，在以“专精特新”为重点的北交所上市的有5家。

表1 2022年新上市9家纺织服装类企业

序号	证券代码	简称	上市日期	首发募集资金（亿元）	专业领域
1	001234	泰慕士	2022/1/11	44080	针织面料和服装
2	688295	中复神鹰	2022/4/6	293300	碳纤维及复合材料
3	301336	趣睡科技	2022/8/12	37530	家居产品
4	301276	嘉曼服饰	2022/9/9	109782	童装品牌
5	873122	中纺标	2022/9/27	8510	轻纺产品检验检测
6	873527	夜光明	2022/10/27	14828	反光材料
7	871753	天纺标	2022/10/31	14950	轻纺产品检验检测
8	603130	云中马	2022/11/18	69020	革基布
9	838262	太湖雪	2022/12/30	12000	蚕丝丝绸被

资料来源：WIND资讯、中国纺联产业经济研究院

经营规模继续扩大，利润总额大幅缩水

纺织服装全行业板块上市公司2022年前三季度营业总收入同比增长15.2%，显示经营规模继续扩大；比规模以上纺织服装企业营业收入增速高12.1个百分点，显示行业头部企业经营规模扩大更加快速。纺织服装主要子板块收入与利润增长情况见表2。

纺织服装上市公司利润总额同比下降36.9%，同期规模以上纺织服装企业利润下降23.6%，显示行业头部企业受新冠肺炎疫情影响更大，盈利能力总体短暂缩水。虽然纺织全行业总体利润下滑，但行业投资热情不减，全年规模以上纺织、服装、化纤企业投资分别增长4.7%、25.3%、21.4%，在采购设备时更青睐纺机行业头部企业，从而推动上市纺机企业利润增长15.4%。

上市公司效益下滑，经营压力加大

盈利能力方面，根据2022年上市公司三季报，纺织全行业板块销售利润率下降4.9个百分点，至10.9%；三费比率略有下降，至7.0%。与规模以上纺织行业变动趋势相同，但利润率远远高于规上企业平均值，规上纺织行业销售利润率为3.5%。纺织各板块上市公司财务指标见表3。

其中，受到新冠肺炎疫情反复影响，纺织板块、化纤板块、服装板块、家纺板块、产业用板块销售利润率都呈现下降趋势，仅纺机板块稍有增长。截至2022年三季度化纤、纺织、服装、家纺、产业用板块销售利润率分别为11.4%、9.1%、10.9%、8.6%和14.7%，同比分别下滑64.7%、15.5%、31.6%、8.1%和16.3%；纺机板块销售利润率为9.8%，同比增长15.0%。除服装板块三费比率有所增长外，其他板块都有不同程度的下降，化纤板块和纺织板块三费

表2 2022年前三季度纺织服装主要子板块收入与利润增长情况

板块	营业总收入（亿元）	营业收入同比（%）	规模以上企业营业收入同比（%）	利润总额（亿元）	利润同比（%）	规模以上企业利润同比（%）
全行业	13808.8	15.2	3.1	827.6	−36.9	−23.6
化纤板块	8000.3	25.2	7.7	321.4	−55.8	−63.4
纺织板块	3340.9	5.2	2.6	256.1	−11.1	−17.9
产业用板块	1109.2	5.9	0.4	136.3	−11.3	−12.1
服装板块	846.1	−1.2	2.2	62.9	−32.4	1.8
家纺板块	211.2	−1.8	−0.6	16.8	−9.7	3.8
纺机板块	301.2	0.3	−2.8	34.1	15.4	−7.6

资料来源：上市公司三季报、中国纺联产业经济研究院

比率降幅超过全行业板块平均值。

在偿债能力方面，一般说来，流动比率越高，说明企业资产的变现能力越强，短期偿债能力也越强；反之则弱。截至2022年三季度，纺织全行业板块流动比率为1.1，同比下降7.2%，仍处于相对合理区间，说明资产变现能力略有下滑。前三季度，纺织全行业板块资产负债率为56.5%，同比上升3.1%，负债水平有所上升；略低于规模以上纺织行业资产负债率（57.2%）。

其中，各板块流动比率与2021年相比基本持平或略降，家纺和产业用板块流动比率降幅超过全行业板块平均值，家纺和产业用板块流动比率分别为1.6%和1.5%，同比分别下降8.4%和13.3%，短期偿债能力有所下滑。纺织和服装板块资产负债率略有下降，其他板块都略有上升，显示企业总体负债水平有所上升。

在营运效率方面，截至2022年三季度，纺织全行业板块存货周转率为5.0次，较2021年同期下降0.8%；应收账款周转率为11.3次，较2021年同期略有上升。与规模以上纺织行业应收帐款周转率比，要高于规上企业平均值，规上纺织行业应收帐款周转率为8.7次。

各板块存货周转率都有不同程度的下滑，其中服装、产业用板块存货周转率下滑较快，分别为2.4和5.6，比2021年同期分别下降13.8%和9.8%。纺机、产业用和家纺板块应收账款周转率出现下滑，分别为4.4、3.5和8.1，较2021年同期分别下降11.8%、11.0%和3.3%。

上市公司研发投入强度不减

2022年，外部环境风高浪急，新冠肺炎疫情跌宕反复，行业经历严峻考验，发展承受巨大压力。逆境之下，中国纺织工业企业坚持稳中有进，迎难而上，做精、做专、做实、做强制造，巩固规模和体系优势。纺织企业加大研发投入，提升创新能力，尤其是纺织龙头企业不断开展技术研发创新。

截至2022年三季度，A股市场215家纺织服装类上市公司研发投入总额约215.6亿元，比2021年同期增长15.6%；研发投入强度（研发费用与营业总收

表3 纺织各板块上市公司财务指标比较

指标		报告期	全行业	化纤	纺织	服装	家纺	产业用	纺机
盈利能力	销售利率（%）	2022年1～3季度	6.0	4.0	7.7	7.4	7.9	12.3	11.3
		2021年1～3季度	10.9	11.4	9.1	10.9	8.6	14.7	9.8
		同比增减（百分点）	−4.9	−7.4	−1.4	−3.4	−0.7	−2.4	1.5
	三费比率（%）	2022年1～3季度	7.0	2.9	7.4	31.8	22.5	10.9	16.1
		2021年1～3季度	8.2	3.6	8.6	31.5	22.8	11.0	17.9
		同比增减（百分点）	−1.2	−0.6	−1.1	0.3	−0.3	0	−1.8
偿债能力	流动比率（%）	2022年1～3季度	1.1	0.8	1.4	1.4	1.6	1.5	1.9
		2021年1～3季度	1.2	0.9	1.5	1.4	1.8	1.7	1.9
		同比增减（百分点）	−0.1	−0.1	0	0	−0.1	−0.2	0
	资产负债率（%）	2022年1～3季度	56.5	66.6	49.9	43.6	43.4	44.6	41.1
		2021年1～3季度	54.8	64.2	50.1	45.0	41.7	42.9	41.1
		同比增减（百分点）	1.7	2.4	−0.2	−1.4	1.7	1.7	0
营运能力	存货周转率（次）	2022年1～3季度	5.0	6.9	3.5	2.4	3.2	5.6	3.5
		2021年1～3季度	5.0	7.0	3.7	2.8	3.3	6.2	3.7
		同比（%）	−0.8	−2.1	−4.0	−13.8	−2.3	−9.8	−5.0
	应收账款周转率（次）	2022年1～3季度	11.3	38.3	7.1	6.6	8.1	3.5	4.4
		2021年1～3季度	10.6	35.4	6.8	6.4	8.3	4.0	5.0
		同比（%）	6.9	8.0	4.2	1.8	−3.3	−11.0	−11.8

资料来源：上市公司三季报、中国纺联产业经济研究院

入比值）1.6%，与2021年同期基本持平。其中，化纤板块2022年前三季度研发投入增长21.0%，而纺机板块和产业用板块研发投入强度最高，分别达到3.9%和3.3%。2021年纺织制造业研发投入强度仅为0.99%，可看出纺织龙头企业前瞻布局未来，为实现高质量发展，应对波诡云谲的世界形势而不断创新努力。纺织服装主要子板块研发费用与投入强度情况见表4。

各板块上市公司表现各异

详细分析各重点板块的业绩表现，在此选取共55家具有代表性的上市公司作为样本，逐个观察并进行业绩分析。其中，产业用板块选取东方雨虹、中材科技、福能股份等共12家企业；化纤板块选取荣盛石化、恒力石化、东方盛虹等10家企业；纺织板块选取浙江龙盛、鄂尔多斯、海澜之家等16家企业；服装板块选取雅戈尔、森马服饰、七匹狼等

表4 2022年前三季度纺织主要子板块研发费用与投入强度情况

板块	上市公司数量（家）	研发费用（亿元）	研发费用同比(%)	研发投入强度(%)	研发投入强度同比增减（百分点）
全行业	215	215.6	15.6	1.6	0
化纤板块	33	100.4	21.0	1.3	–0.04
纺织板块	63	45.5	8.8	1.4	0.05
服装板块	45	17.6	5.5	2.1	0.13
家纺板块	10	4.3	11.7	2.0	0.24
产业用板块	49	36.3	17.5	3.3	0.32
纺机板块	15	11.6	11.8	3.9	0.40

资料来源：上市公司三季报、中国纺联产业经济研究院

10家企业；家纺板块选取梦百合、罗莱生活、孚日股份等企业；纺机板块选取经纬纺机、金轮股份、慈星股份、上工申贝等企业。纺织服装代表性上市公司营收、利润增速及费用率指标情况见表5。

从各细分行业板块来看，根据公司2022年三季报，服装板块效益总体下滑，45家服装上市公司中仅有15家企业利润增长或减亏，占比为33.3%。在表5所列10家代表性上市公司中利润表现较好的是雅戈尔和七匹狼，利润同比分别增长11.6%和7.2%，销售利润率分别达到39.8%和6.4%。搜于特虽然利润同比增长37.7%，但其前三季度利润仍为负数，因此是减亏状态。至截稿前，搜于特、森马、朗姿、九牧王、锦泓、太平鸟预披露了2022年全年业绩，除搜于特为减亏外，其他服装企业2022年全年净利润都出现下滑，九牧王还出现亏损。

化纤上市公司盈利压力突出，33家上市企业2022年前三季度利润增长或减亏的公司仅10家。在表5所列10家代表性企业中，仅东方盛虹营业收入和利润总额都实现同比增长，但从预披露2022年全年业绩情况看，东方盛虹全年利润将出现大幅下降。10家代表性企业预披露2022年业绩仅吉林化纤在前三季度利润下滑3.7倍下，全年预计减亏，其余公司净利润都有下降。

纺织板块中企业表现各异，63家上市公司有24家实现利润同比增长。表5所列16家代表公司中有9家业绩上升。其中，嘉麟杰2022年前三季度利润同比增长4.7倍，主要是在自身医疗资质、技术和生产能力下生产防护服取得不错的业绩，预披露全年净利润将达1亿元左右。此外，际华集团前三季度利润增长也达400%以上，预披露全年净利润将达2亿元左右。

家纺10家上市公司中仅梦百合和真爱美家2022年前三季度利润增长，梦百合在2021年利润为负的情况下，2022年前三季度利润增长202.4%，预披露全年将有100%的利润增长。真爱美家前三季度利润增长4.5%，其余8家企业利润都有不同程度下滑。

产业用板块分化较大，49家上市公司中有17家前三季度利润实现增长。其中，表5所列12家代表公司中新纶科技、旷达科技、光威复材、稳健医疗、

福能股份、申达股份利润总额同比实现增长，而申达股份利润同比下降289.6%。

纺机板块企业表现各异，15家企业中有9家实现利润增长，占比达60%。其中，表5所列4家代表公司中，精功科技、泰坦股份份利润总额增长超过100%，业绩大幅上升。

表5 纺织服装代表性上市公司营收、利润增速及费用率指标情况

证券代码	证券简称	营收同比（%）	利润同比（%）	销售费用率（%）		管理费用率（%）		财务费用率（%）		销售利润率（%）	
		2022三季报	2022三季报	2022三季报	2021三季报	2022三季报	2021三季报	2022三季报	2021三季报	2022三季报	2021三季报
002029	七匹狼	-5.1	7.2	21.5	21.8	8.1	7.8	-5.4	-2.9	6.4	5.7
002503	搜于特	-70.0	37.7	6.0	3.8	6.7	2.4	24.7	3.9	-124.3	-59.8
002563	森马服饰	-10.8	-71.6	25.9	21.2	4.8	4.3	-0.3	-0.9	4.0	12.6
002612	朗姿股份	0.5	-91.9	42.6	38.7	8.9	7.9	2.3	1.7	0.5	5.9
300005	探路者	13.7	-77.9	31.2	33.9	10.5	8.6	-0.5	-0.5	0.9	4.8
600177	雅戈尔	27.7	11.6	14.1	19.1	5.7	6.6	3.8	1.6	39.8	45.5
601566	九牧王	-10.2	-312.6	37.5	37.9	8.3	8.5	1.1	0.9	-6.5	2.7
603511	爱慕股份	-0.6	-35.4	46.7	45.5	7.6	7.7	0.1	0.3	7.7	11.8
603518	锦泓集团	-4.0	-85.6	57.4	51.0	4.2	4.0	4.6	6.0	1.0	7.0
603877	太平鸟	-16.0	-72.6	37.8	36.1	7.2	6.4	0.8	0.7	3.3	10.2
000301	东方盛虹	86.3	6.5	0.3	0.2	1.2	1.1	3.1	1.7	3.8	6.7
000420	吉林化纤	15.8	-3706.0	0.8	1.1	2.1	2.4	4.8	7.8	-2.8	0.1
000703	恒逸石化	27.5	-44.4	0.1	0.1	0.6	0.8	1.3	1.7	1.8	4.2
002064	华峰氨纶	-5.1	-61.5	0.6	0.5	1.8	1.4	-0.9	0.1	13.7	33.8
002493	荣盛石化	74.0	-48.2	0.1	0.1	0.3	0.3	1.7	2.3	5.5	18.6
600346	恒力石化	12.5	-50.5	0.2	0.2	0.8	0.9	2.5	2.5	4.7	10.7
600688	上海石化	-6.6	-200.1	0.4	0.5	2.7	4.6	-0.6	-0.5	-4.2	4.0
600810	神马股份	7.5	-67.2	0.6	0.6	4.1	3.5	2.4	2.9	5.9	19.4
601233	桐昆股份	-6.3	-71.5	0.1	0.1	1.9	1.3	0.8	0.5	4.1	13.5
603225	新凤鸣	3.8	-90.3	0.2	0.1	1.3	1.0	1.2	1.1	0.6	6.5
000158	常山北明	-4.9	-135.0	3.1	2.9	4.3	3.8	3.0	2.8	-3.0	-1.2
000850	华茂股份	0	-152.0	0.7	0.8	2.8	3.2	1.5	2.2	-8.2	15.8
002042	华孚时尚	4.6	-32.7	0.8	0.7	2.1	2.2	1.4	1.6	2.5	3.9

续表

证券代码	证券简称	营收同比（%）	利润同比（%）	销售费用率（%）		管理费用率（%）		财务费用率（%）		销售利润率（%）	
		2022三季报	2022三季报	2022三季报	2021三季报	2022三季报	2021三季报	2022三季报	2021三季报	2022三季报	2021三季报
002486	嘉麟杰	29.2	4725.2	5.4	5.8	8.0	7.3	−2.0	0.8	7.6	0.2
600070	浙江富润	−67.0	−4366.6	2.5	1.6	11.3	5.5	2.5	1.9	−67.7	−0.5
600220	江苏阳光	5.7	65.1	1.1	1.1	8.6	9.8	4.6	5.0	8.5	5.4
600295	鄂尔多斯	15.4	22.3	3.1	3.6	2.6	4.7	0.8	2.0	26.0	24.5
600352	浙江龙盛	6.8	−36.6	3.7	6.2	4.2	5.3	0.8	0.1	18.0	30.3
600370	三房巷	19.3	75.1	0	0.1	0.5	0.7	0.9	0	5.6	3.8
600398	海澜之家	−3.4	−18.6	18.3	15.7	5.3	6.1	−0.7	−0.4	16.0	19.0
600510	黑牡丹	−26.4	−69.1	3.1	2.7	3.6	2.7	2.2	1.0	6.5	15.5
600790	轻纺城	0.1	174.7	2.4	2.4	7.4	6.7	−2.8	−1.4	148.6	54.2
600987	航民股份	7.0	4.8	1.0	1.0	2.0	1.9	−0.2	−0.1	8.0	8.1
601718	际华集团	14.7	411.7	1.8	1.9	4.3	4.9	−0.1	−0.1	2.0	0.5
688789	宏华数科	−0.8	15.2	6.0	7.2	7.2	3.2	−5.0	0.6	31.8	27.3
873122	中纺标	6.1	8.7	10.0	14.1	15.3	12.7	−1.2	−1.1	24.2	23.7
000666	经纬纺机	0.1	−4.5	1.2	1.4	28.2	32.6	2.2	2.9	14.4	15.1
002006	精功科技	8.7	107.0	2.4	2.2	7.1	6.6	0.2	0.4	12.9	6.8
300307	慈星股份	−9.0	−20.9	7.1	7.0	9.0	8.9	−1.2	0.4	6.0	6.9
003036	泰坦股份	59.5	140.0	3.9	1.9	3.2	3.4	−2.1	−0.6	10.0	6.7
002083	孚日股份	6.2	−4.8	2.1	2.9	3.3	3.5	0.1	2.3	7.5	8.4
002293	罗莱生活	−7.0	−24.1	21.4	18.7	6.0	7.1	−0.5	−0.4	12.3	15.1
603313	梦百合	−0.7	202.4	16.5	15.0	7.4	8.1	1.1	3.1	2.3	−2.3
002080	中材科技	0.4	−6.5	1.2	1.2	4.6	4.0	1.6	2.2	20.6	22.1
002206	海利得	14.5	−35.5	0.8	0.9	3.6	3.1	1.3	0.3	7.9	14.0
002271	东方雨虹	3.1	−40.0	7.7	7.3	5.7	5.3	0.6	0.7	8.4	14.5
002341	新纶科技	−33.2	48.9	5.6	4.9	16.7	14.3	18.1	15.2	−15.3	−19.9
002516	旷达科技	7.0	7.2	0.9	1.1	6.8	7.5	0	0	14.2	14.2
300180	华峰超纤	6.4	−80.9	2.1	1.9	5.5	6.2	1.7	2.0	0.9	5.2
300699	光威复材	−1.1	21.5	0.7	1.0	4.1	2.7	−5.1	0.1	43.6	35.5

续表

证券代码	证券简称	营收同比(%)	利润同比(%)	销售费用率(%)		管理费用率(%)		财务费用率(%)		销售利润率(%)	
		2022三季报	2022三季报	2022三季报	2021三季报	2022三季报	2021三季报	2022三季报	2021三季报	2022三季报	2021三季报
300888	稳健医疗	31.3	16.2	18.3	21.3	6.3	4.0	-1.5	-0.7	19.2	21.7
600483	福能股份	1.8	47.2	0.2	0.3	1.9	1.8	5.3	3.9	22.8	15.8
600626	申达股份	-0.2	-289.6	1.5	1.6	5.6	6.1	0.5	1.5	-2.1	1.1
603055	台华新材	-1.9	-24.9	1.0	1.1	5.6	4.5	1.2	1.2	10.9	14.2
603301	振德医疗	8.7	-23.4	7.9	7.4	8.6	8.1	-0.1	0.1	12.2	17.3

资料来源：上市公司三季报、中国纺联产业经济研究院

纺织服装板块定增融资141.9亿元

截至2022年末，A股市场有419家上市公司实施了定向增发或公开增发，定增融资达7388.3亿元。其中，纺织服装行业2022年有14家上市公司通过增发筹资141.9亿元，占A股市场定增融资的1.9%。2022年主要纺织上市公司定向增发筹资情况见表6。

表6 2022年1～12月主要纺织上市公司定向增发筹资情况

代码	名称	募集规模(亿元)	发行总数(万股)	增发上市日期
838262	太湖雪	1.2	800.0	2022/12/30
871753	天纺标	1.3	1300.0	2022/10/31
873527	夜光明	1.5	1349.3	2022/10/27
603301	振德医疗	9.8	3924.7	2022/9/26
873122	中纺标	0.7	925.0	2022/9/27
603337	杰克股份	7.0	3663.0	2022/8/30
300658	延江股份	4.0	5076.1	2022/8/26
000301	东方盛虹	40.9	26671.4	2022/7/20
000420	吉林化纤	12.0	29055.7	2022/7/27
600735	新华锦	3.6	5278.6	2022/4/7
300777	中简科技	20.0	3956.5	2022/3/30

续表

代码	名称	募集规模（亿元）	发行总数（万股）	增发上市日期
002064	华峰化学	28.0	32902.5	2022/3/29
603518	锦泓集团	4.6	5056.9	2022/3/17
002154	报喜鸟	7.3	24172.2	2022/1/10

资料来源：WIND资讯、中国纺联产业经济研究院

2022年宏观形势回顾

一、纺织行业内销持续承压，出口再创新高，质效改善压力加大

2022年，我国纺织行业面临的外部发展环境异常严峻，市场需求疲软、原料成本高企、贸易环境更趋复杂等风险因素对纺织行业造成较大冲击，经济运行压力显著加大。

受居民收入增长放缓、消费场景恢复缓慢等因素影响，2022年纺织行业内销压力持续加大。根据国家统计局数据，2022年全国限额以上服装、鞋帽、针纺织品类商品零售额同比减少6.5%，自3月以来增速持续为负；网上穿类商品零售额同比增长3.5%，增速较2021年放缓4.8个百分点，但6月以来持续正增长。运动户外、健康保健等服装服饰消费仍具有良好增长韧性。

我国纺织品服装出口总额再创新高，连续第三年保持在3000亿美元以上，出口价格提升发挥重要支撑作用。根据中国海关数据，2022年我国纺织品服装出口总额达3409.5亿美元，同比增长2.5%。主要出口产品中，纺织品出口金额达1568.4亿美元，同比增长1.4%，纺织面料、化纤等产业链配套产品出口是重要增长点；服装出口金额达1841.1亿美元，同比增长3.4%。主要出口市场中，我国对美国、欧盟纺织品服装出口额同比分别减少5.4%和1.1%；对“一带一路”沿线市场和RCEP贸易伙伴国纺织品服装出口额增速则分别达11.3%和9.7%。

在“高成本、弱需求”的供需环境下，纺织行业销售及盈利压力持续加大。根据国家统计局数据，2022年全国3.6万户规模以上纺织企业营业收入和利润总额同比分别减少0.9%和24.8%，营业收入利润率为3.9%。纺织产业链上，毛纺织、家纺行业利润总额实现正增长，其他分行业利润总额均有所减少。

二、线上线下创新发展，行业增强发展韧性

2022年，面对需求不足等超预期影响，行业增强发展韧性，高品质、多元化的供给不断满足人民美好生活需要。国货消费、绿色消费兴起，新产品、新品牌涌现。线上线下融合推动着业态创新、场景创新。2022年全国直播电商累计场次、观看人次、商品数量、活跃主播人数均比2021年成倍增长，服饰品类稳居抖音等平台的第一梯队。多元生态和较低的进入门槛赋予行业巨大的就业容纳能力和创新创业空间，稳定带动全社会2000多万人口的就业。

行业以自主可控、安全可靠为方向，推进强基工程，夯实制造能力，高端化、智能化、绿色化产业体系加快形成。高性能纤维材料、生物基纤维等持续发展。以轻量化和新能源为重点，“碳纤维+”产业的生态不断完善。智能制造、服务型制造的应用更加深入，元宇宙、虚拟人在行业开始探索。专精特新企业快速发展，龙头企业集约化、国际化程

度不断提升。2022年《财富》世界500强和福布斯中国创新力企业50强榜单中分别有6家、2家涉纺企业入选。

三、适应资本要素变化，推进中国式现代化发展

资本与创新耦合、同市场关联，是推动产业转型升级和跨越式发展的重要力量。2022年12月，东方盛虹申请发行了全球存托凭证（GDR）并在瑞士证券交易所上市，募资约7.18亿美元，成为2022年国内企业在瑞交所发行GDR融资规模第一大的IPO项目。当前，我国资本市场法治化、市场化、国际化进程不断加快，吸引力和竞争力也持续增强。毕马威数据显示，2022年，全球IPO数量和募资额的前两位均为上交所和深交所。资本市场正在形成产业发展的强大势能。近期，国家密集出台《关于高质量建设区域性股权市场“专精特新”专板的指导意见》《关于进一步做好当前制造业中长期贷款投放工作的通知》等政策文件。纺织服装上市公司应抓住政策机遇，从国家发展大局出发，从人民美好生活现实需要出发，把握好资本规律，使资本更好地与产业相结合，在“科技、时尚、绿色”的发展中，加快形成“科技—产业—金融”的良性循环。

（撰稿人：陆　健）

碳达峰、碳中和背景下纺织行业高质量发展路径研究

中国纺织经济研究中心

当前，纺织行业已迈入进一步推动“科技、时尚、绿色”高质量发展的新时期。我国正式做出了力争2030年前实现碳排放达峰、2060年前实现碳中和的决策，碳达峰、碳中和发展目标将对工业产业的发展形成刚性约束，对产业转型升级形成刚性要求。作为我国国民经济的基础性工业产业，全面推进责任导向的绿色发展是纺织行业实现高质量发展的核心标志，是行业践行产业强国使命的必然途径，更是行业在新形势下实现持续稳定发展的基础底线。与此同时，随着气候治理成为全球关切，绿色低碳发展成为国际供应链采购决策与产业布局调整的重要影响因素，成为新时期国际竞争力和产业话语权的新来源。

基础与路径

一、纺织行业碳排放基本情况

统计数据显示，2019年，纺织行业能源消耗总量为1.07亿吨，折合碳排放总量约为2.8亿吨，约占全国工业的3.3%；受新冠肺炎疫情影响，2020年纺织行业能源消耗总量下降至1.02亿吨，碳排放总量下降至2.6亿吨。

从产业链看，化纤、棉纺织、印染等产业链中上游环节能源消耗量相对较高，分别约占全行业的23%、12%和35%，终端制成品行业则相对较低。“十三五”时期以来，纺织业（包括棉纺织、印染等行业）、服装业能耗总量分别于2017年和2016年达到历史高点，此后呈现波动下降态势，部分年份有小幅回升反弹；化纤业综合能耗整体仍呈现上行走势，尚未出现明显的阶段性峰值，见图1。

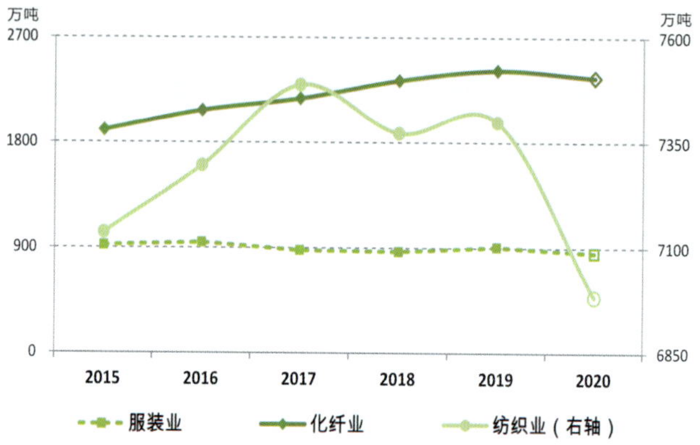

图1 纺织行业能源消耗情况

资料来源：国家统计局

多年来，纺织行业全面提升可持续发展能力，从单体设备节能向系统性节能转型。聚酯涤纶大容量柔性化熔体直纺、化纤原液着色、短流程印染、低温节能印染等新技术、新装备的开发应用，为纺织行业节能降耗提供了核心支撑。骨干企业积极推进电动机、空调机组、锅炉等通用设备能效提升，推广余热余压回收等资源综合利用技术。能源结构有所优化，天然气、中压蒸汽等清洁能源应用比例提升。“十三五”期间，纺织行业单位产值综合能耗累计下降25%，化纤、纱布、印染布单位产品综合能耗分别下降10%、4%和15%，全行业二次能源占比达72.5%。

二、纺织行业碳达峰趋势

“十三五”期间，纺织生产规模整体处于低速增长阶段，其中棉纺织、印染、服装等主要环节总生产能力已基本达到峰值，化纤、产业用纺织品行业仍处于增长阶段。新冠肺炎疫情暴发后，我国纺

织产业链表现出明显的完整性、稳定性优势，国际采购订单回流带动行业产能利用率提高，但随着世界经济逐步进入常态化复苏，纺织产业链大部分环节的总产出规模将逐渐回归稳中有降的发展趋势。

从碳排放趋势来看，棉纺织、印染、服装等行业能耗总量已经进入筑顶阶段，预计2030年以前能够顺利实现碳达峰，并进入碳减排阶段。化纤行业受到纤维材料应用领域拓展、国际产业布局调整缓慢等多重因素影响，部分品种仍处于发展阶段，预计可在2030年前完成碳达峰任务，但能耗总量筑顶及达峰时间较产业链其他环节相对延后，见图2。

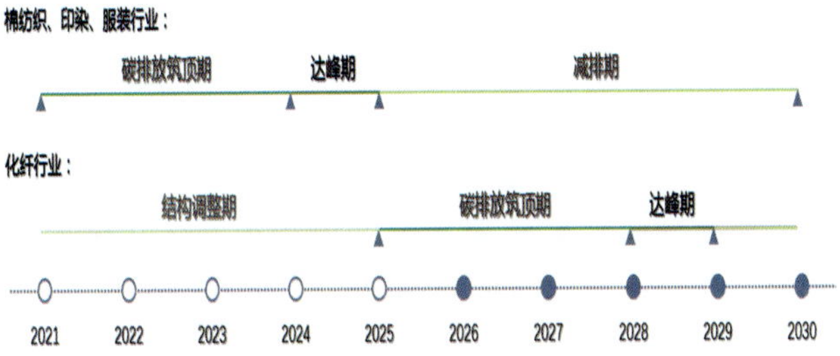

图2 纺织行业碳达峰进度示意图

三、纺织行业碳达峰、碳中和基本路径

纺织行业实施碳达峰、碳中和，应从能源端、生产端及排放端三条路线同时推进。能源端着力优化能源消费结构，提高二次能源比重、清洁电力比重和可再生能源比重。生产端大力实施创新驱动战略，加快突破绿色低碳纺织制造关键技术及国产化专用装备，扩大先进适用低碳技术装备的推广应用；从设备设施、管理系统等多角度入手，全面提升节能降碳水平；统筹循环经济体系与碳减排进程，开发低碳零碳纺织服装产品，减低碳足迹。通过能源消费结构优化和生产过程改造升级，有力推进碳排放达峰及达峰后的碳减排进程。从排放末端加强碳排放、碳中和管理，通过碳交易、生态碳汇项目及负碳技术应用，为国家完成碳中和目标做出积极贡献，见图3。

图3 纺织行业碳达峰、碳中和路径图

重点任务方向

一、强化科技创新的支撑作用

（一）推进低碳节能技术装备研发创新

以产业链能源消耗重点环节为核心抓手，加快绿色低碳纺织制造技术与装备自主研发。重点推动针织物连续染色、涤纶织物少水连续染色等低温、常压、连续印染工艺技术及装备的研发应用。突破超临界二氧化碳、硅基介质等非水介质印染技术，开发适应低温、低压、少水需求的绿色染料。提升通用纤维高效柔性化制备、锦纶熔体直纺成形、功能性纤维原液着色等化纤生产技术。

立足减少纺织产品碳足迹，提升全产业链绿色低碳水平，加快生物基化学纤维和可降解纤维材料等低碳纺织原料发展，着重加快生物基化学纤维稳定、高效、低能耗成套技术与装备集成，推动可降解脂肪族聚酯等新材料技术及装备攻关。

促进纺织制造技术装备实现数字化、智能化、低碳化、绿色化融合升级。加快实施智能制造工程，突破纺织智能加工重点装备及智能生产线（车间、工厂），实现能源高效利用和减少碳排放。

着眼国家“双碳”任务全局，加快纤维新材料关键技术研发，发挥好纺织行业的保障支撑作用。加快研发具有更高性能的碳纤维、超高分子量聚乙烯等高性能纤维制备关键技术、高性能复合材料加工及成型技术，着力满足风力发电、海上风电等新能源产业发展对于轻量化、功能化结构增强材料的应用需求。

（二）加快先进适用节能技术装备推广应用

重点推广通用纤维大容量、柔性化、高品质生产技术及装备，易染高色牢度色母粒、色浆及功能原液着色纤维制备技术；扩大冷轧堆前处理及染色、针织物连续平幅染色、机织物连续平幅前处理和水洗、小浴比间歇式染色、高速数码印花、新型物理整理等低碳低耗染整工艺技术；高效节能喷水织机、针织物拉幅定形机等单机设备，促进重点行业、重点产品能耗强度持续下降。加强资源综合利用技术及装备推广应用，大力推广生产装置热能、废水热能、蒸汽热能回收及梯级利用技术装备。

（三）发展纺织循环经济助力降耗减碳

加快研发突破再生聚酯瓶片、废旧纤维制品再生利用规模化、高值化生产关键技术，减少纺织行业对于原生石油基、煤基纤维原料的消耗。打通瓶片直纺再生涤纶长丝工艺路线，实施化学法循环再利用涤纶产能提升项目，推进再生锦纶、再生丙纶、再生氨纶、再生腈纶、再生高性能纤维回用关键技术研发和产业化，加强纤维制品成分识别、智能分拣等处理技术研发应用。有序推进废旧纤维制品循环利用体系和社会回收渠道建设。

（四）强化低碳发展创新基础

积极推进产、学、研、用相结合的低碳发展创新平台建设，在纺织绿色低碳制造关键技术研发应用、低碳标准编制、碳核算及监测、负碳技术研究等领域发挥科技创新引领作用。建设纺织行业低碳科创企业中心，增强平台支撑作用。

加强基础研究，着重加强纺织产品零碳生产工艺、技术及装备系统化研究，开展负碳技术应用基础研究，持续推进石油基纤维、混纺纤维制品回收利用技术路线研究，推动多技术路线可降解石油基纤维规模化、低成本制备技术研究。

二、推动适应“双碳”要求的产业结构调整

（一）深化产能结构调整

将产能调控与结构优化作为促进“双碳”任务落实的重要基础，认真落实印染、黏胶纤维、再生聚酯涤纶等重点行业的规范条件及公告管理制度，严格落实新建产能要求。依法依规有序促进落后工艺和装备退出。鼓励企业广泛开展技术升级改造，推动技术装备数字化、智能化升级。充分立足市场供需平衡，合理引导、调控化纤行业重点品种生产能力建设，稳妥有序发展上游煤化工合纤单体生产项目，保持良好的产能利用率。

（二）促进产品结构升级

在设计开发环节充分考虑产品全生命周期环境影响与碳排放评价，优先采用绿色生态、低碳消耗纤维原料、短流程纺织生产工艺，在设计端综合考虑产品废弃后的回收利用及环境影响。以加工技术及装备升级为基础，加强天然纤维高附加值产品开发，扩大短流程工艺产品的应用领域，加强时尚设计，提升消费适应度。应用可降解生物基材料开发高附加值纺织服装产品，鼓励使用再利用纤维开发高值化产品，加强绿色低碳消费引导。

（三）推进产业布局结构优化调整

依据国内清洁能源、可再生能源建设布局规划及各地区碳排放总量空间，合理规划纺织产业布局调整方向。推动能耗相对较高的产业链环节向可再生能源丰富的地区有序转移布局，建立具有中长期发展潜力的中西部优质化纤、纺织生产基地。

推动中小企业进一步实现园区化布局，对原有

园区进行整体规划升级，实现园区集中供气、供热、制冷、治污。建立园区能源梯级利用综合管理系统，提高水循环利用能力，实现固体废料、余压余热、废气废渣等资源化利用。利用好现代工业互联网体系，建立高效现代产业链体系配套，缩短物流半径，减少物流过程能耗和碳排放。

（四）延伸发展纺织产业链

以减少碳足迹为核心理念，延伸发展纺织产业链、供应链，通过原料端及服务端优化升级，在制造环节碳达峰基础上，提升全产业链条碳减排、碳中和能力。鼓励有条件的企业发展具有生态碳汇功能的纺织原料种植项目，为单个企业实现碳中和建立基础。加强专业市场、终端零售等服务环节转型升级，提升服务环境柔性化水平，精简服务业实体布局，减少实物投入，实现服务环境低碳发展。

三、全面提高行业降碳增效水平

（一）推动能源消费结构优化

推动重点用煤纺织企业开展煤炭能源替代，有序实施煤改气、煤改电工程，进一步提高二次能源消费比重。鼓励和引导纺织企业、产业园区因地制宜利用太阳能、风电等可再生能源，推动分布式能源中心建设。推动自备电厂加强煤炭清洁、高效利用技术改造升级，提高煤炭利用效率。

（二）推进通用设备、设施节能增效

全面挖掘生产过程节能降碳潜力，动态提升能效标准要求，鼓励采用高效低耗的电动机、空调机组、空压机、水泵、照明设备等用能单元，开展系统化节能改造。加强重点用能设备保温保养，提高机台能效及余热利用水平。优化生产过程能源管理，通过设备电控系统、管路系统等综合改造，加强生产过程余电余压有效利用。引导加强厂房绿色设计，推动新建、改建厂房全面适应绿色化、低碳化工艺需求。

（三）健全纺织绿色低碳标准体系

着力强化标准引领约束，持续完善绿色低碳标准体系，加快产品能耗限额、重点设备能效标准的编制工作，对原有标准适时重修，推动纺织行业主要产品实际生产能耗达到国际先进水平。推进绿色纺织品、绿色工厂、绿色供应链系列标准的编制完善和推广应用。加快编制适应绿色、低碳要求的纺织厂房建设标准，探索在行业层面上研究编制统一的重点纺织服装产品全生命周期碳足迹评价标准体系。

（四）持续完善能源管理体系

推动重点用能企业、产业园区加强能源管理体系建设，健全企业能源计量体系，定期开展能源计量自查、能效评估和对标、设备管理人员节能培训，主动发掘节能减碳潜力。建立企业、园区能源管理中心，实现能源消耗实时在线监测和优化管理。推动能源系统优化，建立能源梯级利用综合管理体系。提升节能管理能力，对投资项目提前进行用能核算和预算管理。推行合同能源管理，提升行业节能水平。

四、完善低碳发展支撑保障体系

（一）建立健全碳排放核算与计量体系

以现行《温室气体排放核算与报告要求 第12部分：纺织服装企业》（GB/T 32151.12—2018）为基本方法，开展纺织企业碳排放核算与报告工作。深化碳排放核算方法学和实测技术应用研究，提高统计核算水平。建立行业性碳排放统计计量体系，强化行业基础性服务能力，搭建面向中小企业的碳排放核算、监测公共服务平台。

（二）搭建绿色低碳消费推进体系

整合并优化现有行业平台资源及标准体系，建立绿色纤维制品认证体系、低碳纺织产品标识体系，建设绿色、低碳纤维制品数字化可信平台系统。

搭建废旧纤维制品社会回收网络体系，有序推进二手服装再利用监管制度及渠道体系建设，推动“互联网+”回收利用模式建设。加强特定种类服装定向回收、梯级利用和规范化处理，建立系统性示范性项目。

（三）建设纺织绿色低碳综合公共服务体系

大力推进行业性、区域性纺织绿色低碳综合服务体系建设，提供信息发布与战略咨询基础服务，指导企业开展经营战略部署，用好公共资源市场交易机制。编制行业性低碳技术指导目录，组织开展试点示范。开展节能低碳综合诊断与技术咨询、技术支持个性化服务，面向中小企业提供低碳技术应用、碳核算监测、能源管理等公共服务。

（四）开展绿色产融合作服务

开展绿色金融工具、绿色金融标准培训、宣传服务，引导和鼓励纺织企业用好绿色金融工具，强化资金保障。积极开展产融对接服务，建立行业性“双碳”项目资源库，向金融机构推介优质绿色融资项目。鼓励有条件的地区建立纺织产业绿色发展投资基金，支持中小企业转型升级。

（五）加强人力资源建设

立足“双碳”目标背景与纺织产业发展需要，促进高校纺织相关学科建设及学科交叉融合，培养复合型人才。完善校企人才协同培养机制，促进企业技术中心、重大科研及工程项目转化为教育资源，打造“双碳”人才梯队。

（撰稿人：赵明霞　张　倩　白　婧）

通用技术中纺院
GENERTEC CTA

纺织科学研究

《纺织科学研究》杂志创刊于1984年，专注行业30余年，是由中国纺织工业联合会主管、中国纺织科学研究院有限公司主办的纺织专业期刊，国内外公开发行。

杂志致力于推进科技与产业的融合，为科技成果产业化搭建平台，内容贯穿科技创新的全领域和全过程。在确保权威性、专业性、可读性的基础上，杂志形成内容丰富、前瞻性强、观点鲜明、形式简约的风格。杂志包括前沿、头条、深度、专题、百科、学术等具有影响力的精彩版块，倾力打造实用、高质的纺织专业媒体。

期刊全文被“知网”“超星”“维普”收录。发行网络覆盖纺织产业链上下游以及行业协会、科研机构、高等院校等，重点关注纺织科技领域研发与产业化的全过程。

全年定价：
240元

不仅仅
是一本杂志

欢迎订阅《纺织科学研究》杂志
国内刊号：CN 11-2717/TS
国际刊号：ISSN 1003－1308
邮发代号：80-502

联系方式
电话： 010-65987189
邮箱： fzkxyj_123@126.com
地址： 北京市朝阳区延静里中街3号

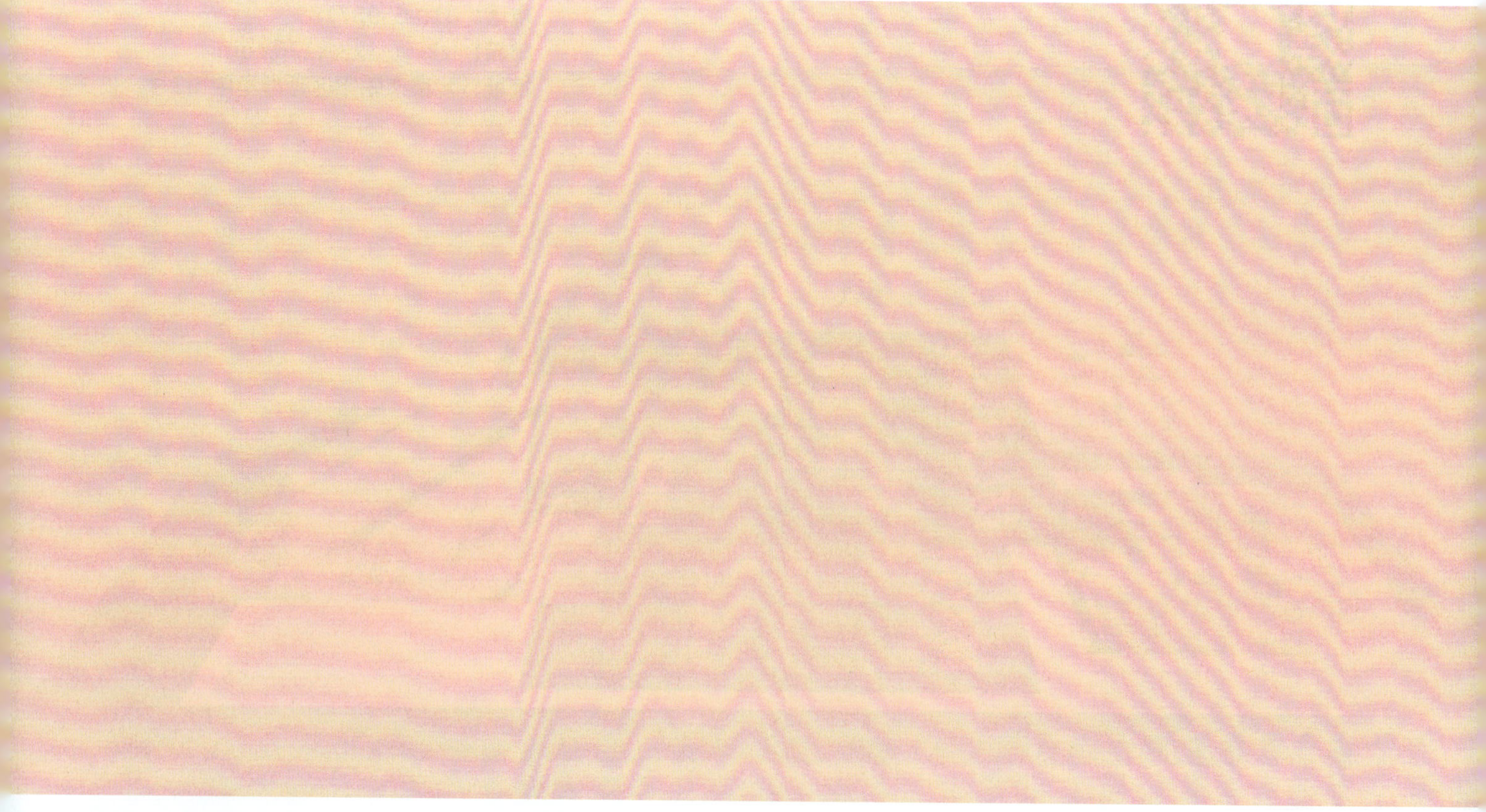

CNTAC

2022/2023 中国纺织工业发展报告

2022/2023 CHINA TEXTILE INDUSTRY DEVELOPMENT REPORT

原料供求

2022年棉花市场回顾及2023年展望

中国棉花协会

2022年以来，受新冠肺炎疫情反复多发、世界局势动荡多变、美国所谓“涉疆法案”等多重因素影响，国内棉花行业承压运行，消费量下降，销售进程缓慢，棉花价格经历了近十年来最大的波动，购销价格、期现价格和内外价格长时间倒挂历史罕见。受高棉价、限电、新冠肺炎疫情等因素影响，市场信心受挫，需求相对低迷。国家实施各项调控政策平抑市场波动，继续完善了新疆棉花目标价格政策，稳定棉花生产。储备棉轮入有序进行，起到平抑市场价格作用，棉花滑准税继续实施，发挥调整用棉结构作用。

展望2023年，全球经济形势复杂多变，国内外市场面临的影响因素依然较多。从国际方面看，由于全球通胀形势依旧严峻、经济衰退风险加剧、美棉出口数据表现欠佳、服装消费持续疲软等因素对棉价形成较大压力，未来国际棉价下行风险较大。从国内方面看，国内新冠肺炎疫情管控逐步优化，传统纺织旺季来临，各种经济利好政策接连发布，国内市场预期向好，但是纺织市场对于原材料依旧采取随用随买策略，加之本年度棉花丰收，供应宽松，棉价上涨空间不足，美国对于新疆棉的打压尚未放松，订单依旧存在外流风险。

2022年棉花供求基本形势

一、棉花供给充足

（一）2022年棉花丰产

2022年，我国棉花生产稳中有增。由于2021年棉花价格上涨，棉农种棉积极性增加，加之2022年新疆天气对于棉花生长有利，灾害天气少发，棉花单产增加，但是受种植结构调整的影响，全国植棉面积继续缩小，见图1。

据国家统计局公布的全国棉花产量数据显示，2022年全国棉花播种面积为4500.4万亩，比2021年减少41.8万亩，同比下降0.9%，降幅比2021年收窄3.5个百分点。其中，新疆棉区播种面积3745.3万亩，比2021年减少13.8万亩，同比下降0.4%；长江流域棉区播种面积351.8万亩，比2021年增加3.7万亩，同比增长1.1%，自2012年以来面积首次增长；黄河流域棉区播种面积为364.9万亩，比2021年减少34.2万亩，同比下降8.6%。全国棉花单位面积产量为132.8千克/亩，比2021年增加6.6千克/亩，同比增长5.3%，新疆棉花单产143.9千克/亩，比2021年增加7.5千克/亩，同比增长5.5%；全国棉花总产量为597.7万吨，比2021年增加24.6万吨，同比增长4.3%，新疆棉花产量为539.1万吨，比2021年增加26.2万吨，同比增长5.1%，占全国总量的90.2%，比2021年提高0.7个百分点。

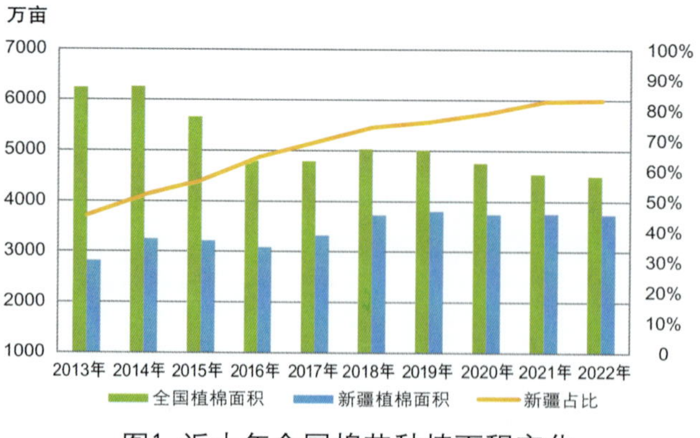

图1 近十年全国棉花种植面积变化

资料来源：国家统计局

（二）新棉质量基本稳定

根据中国纤维质量监测中心的数据，截至2023年3月，全国共有1069家棉花加工企业进行公证检验，检验数量为2480.6万包，检验重量为559.4万吨。其中，新疆棉为2440.6万包，检验重量为550.4万吨，同比增长5.7%，占比为98.4%；其他地区棉为10.5万吨，同比减少14.4%，占比1.6%。

2022/2023年度的全国棉花（细绒棉）质量整体稳定，部分质量指标略低于2021年。其中，白棉3级及以上占比87.7%，同比下降7.5%；纤维长度28毫米及以上占比93.5%，同比提高1.3%；马克隆值A+B(3.5～4.9)档占比90.4%，同比提高22.3%。断裂比强度S2(29.0～30.9)及以上档占比37.9%，同比降低4.3%。高品质棉花占比与2021年持稳。

（三）储备棉轮入有序进行

为促进棉花市场平稳运行，2022年7～11月储备棉轮入顺利进行，自7月13日挂牌交易开始，每日挂牌约0.6万吨，成交量为8.7万吨，成交率为17%。平均成交价格为15896元/吨，成交最高价为16490元/吨；成交最低价为15366元/吨。2022年储备棉轮入成交量价情况见图2。

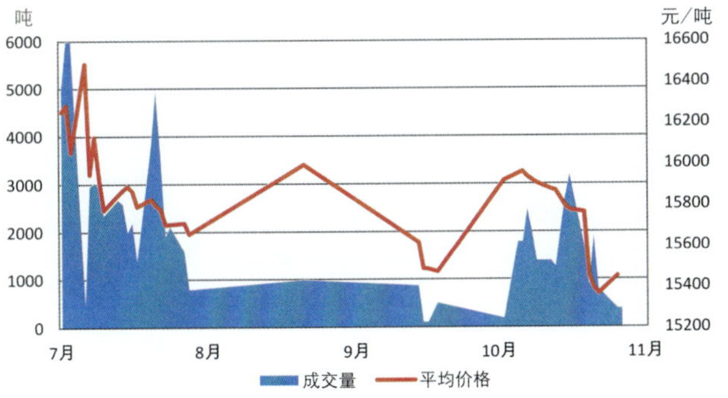

图2 2022年储备棉轮入成交量价情况

资料来源：中国棉花信息网

（四）我国棉花进口量下降

据中国海关数据，2022年我国累计进口棉花194万吨，同比下降9.8%；进口贸易方式中一般贸易排在首位，占比为64%；美国为第一大进口来源国，占比近六成，巴西占比三成排在第二位，占比情况见图3。除此之外，澳棉进口继续下降，降幅较小，占比为1.5%。

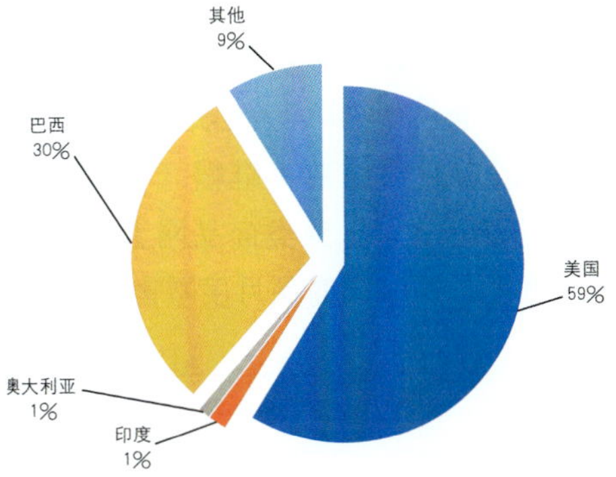

图3 2022年棉花主要进口来源国进口量占比

资料来源：中国海关

二、棉花需求回落

2022年，俄乌冲突导致大宗商品价格上涨，国际棉价随之上涨，美联储为遏制通胀接连加息，经济衰退预期加强，民众购买力下降，国际市场需求减弱。2022年国内受新冠肺炎疫情防控影响，民众出行受限、国内消费低迷、可支配收入增长放缓，由于运输受限，原料成本上升，美国限制新疆棉导致订单锐减，国内棉花整体需求呈下降态势。

（一）棉花需求侧较弱

2022年是纺织企业较为艰难的一年，年初棉价延续2021年高价，纺织企业购入原料成本高，一直采用随用随买策略。3～4月受新冠肺炎疫情影响，消费持续疲软，高原料成本叠加高库存影响，纺织企业亏损严重，出现停工停产现象。5月纺织企业刚需补库，成交有所恢复。6～7月纺织市场淡季，全球流动性收紧引发经济衰退担忧，下游无明显好转。9月进入纺织行业传统旺季，订单好转，开机率产量恢复，但是由于美国打压，新棉上市后，棉价压力较大，全球经济下行预期增强。10月国内新冠肺炎疫情反复，纺织企业开机率、产量下降。年底随着国内新冠肺炎疫情管控优化，市场预期转暖，悲观情绪缓解，消费缓慢复苏。

（二）国内消费较为低迷

据国家统计局数据显示，2022年，全国限额以上单位消费品零售总额约17.1万亿元，同比增长1.4%。其中，限额以上单位服装、鞋帽、针纺织品类商品零售额同比下降6.5%，穿类商品网上零售额同比增长3.5%。近两年服装类商品月度零售情况见图4。

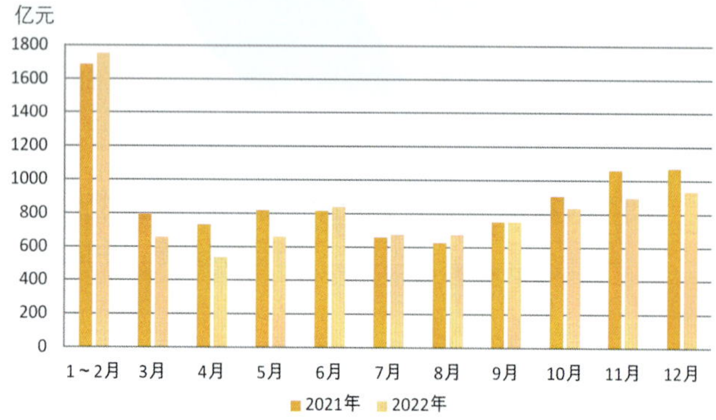

图4 2021～2022年服装类商品月度零售情况

资料来源：国家统计局

（三）纺织品服装出口逐渐减速

2022年初，由于国内新冠肺炎疫情防控得当，经济生产稳定，海外订单回流，服装出口额较2021年略高，处于增长趋势，9月开始纺织品出口增速逐渐下降，9～12月纺织品出口明显低于2021年同期水平，全年走势见图5。2022年，我国纺织服装产品累计出口额为3233.4亿美元，同比增长2.6%。其中，纺织品出口额为1479.5亿美元，同比增长2%；服装出口额为1754亿美元，同比增长3.2%。

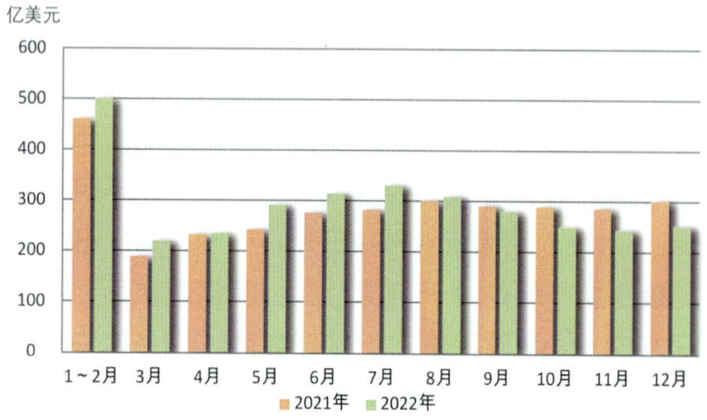

图5 2021～2022年纺织品服装出口月度金额统计图

资料来源：中国海关

三、2022年国内外棉花价格情况

2022年国内外棉花价格波动巨大，年初延续2021年走势，国内外棉花价格一路走高，在冲高至近十年最高点后再度回落，国内棉价跌幅大于国外，国内外棉价持续倒挂。

（一）国内外棉价大幅波动

2022年初国内棉价延续2021年底走势持续上涨，中国棉花价格指数（CCIndex3128B）从2月15日升至近十年最高点22963元/吨后逐步回落，3月国内棉价止跌企稳，国际棉价开始上涨，创十年新高，内外棉价差开始倒挂，此后国内新冠肺炎疫情多点散发，加上6月底美国所谓“涉疆法案”正式生效，国内棉价断崖式下跌至14000～16000元/吨，12月7日跌至年内最低，达14887元/吨，12月30日收于15046元/吨，同比下跌32%。中国棉花价格指数全年平均价格为18810元/吨，较2021年上涨918元，同比上涨5.1%。2022年国内外棉花价格走势见图6。

图6 2022年国内外棉花价格走势图

资料来源：中国棉花协会、Cotlook网站

国际棉价受原油价格上涨、美股及大宗商品的影响波动上涨，3月由于美联储加息预期增强以及俄乌冲突导致石油、粮食价格大涨，带动国际棉价大涨，内外棉价差于3月22日开始倒挂，之后持续扩大，中国棉花价格指数（CCIndex3128B）与Cotlook A指数折1%关税之间的价差于2022年6月21日达到最大，价差为6574元/吨，之后波动缩小，见图7。下半年

受美联储连续加息等宏观因素影响，国际棉价回落，全年内外棉价差倒挂幅度波动收窄，年末价差缩小到2000～3000元/吨。

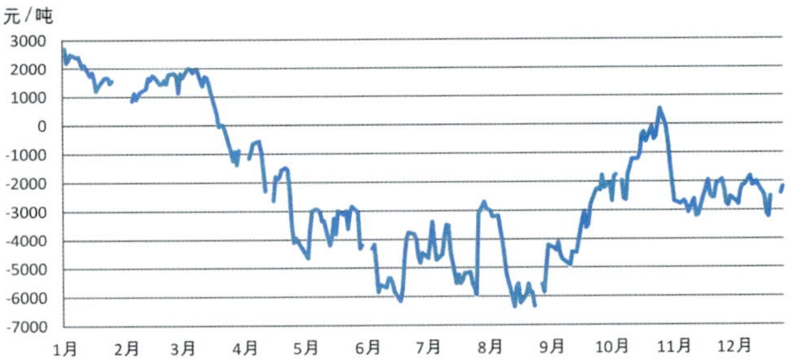

图7 2022年中国棉花价格指数3128B与Cotlook A 1%关税价差走势图

资料来源：中国棉花协会、Cotlook网站

（二）郑棉期货成交量先跌后涨

2022年，国内期货价格也经历了大跌大涨，量价情况见图8。郑州商品期货交易所棉花主力合约全年日均成交量为35.7万手，于2021年持平略降，同比降低0.3%，最高单日成交量为86.4万手。年末主力合约结算价格为14210元/吨，低于年初（6465元），全年均价为17477.1元/吨，同比上涨0.6%。

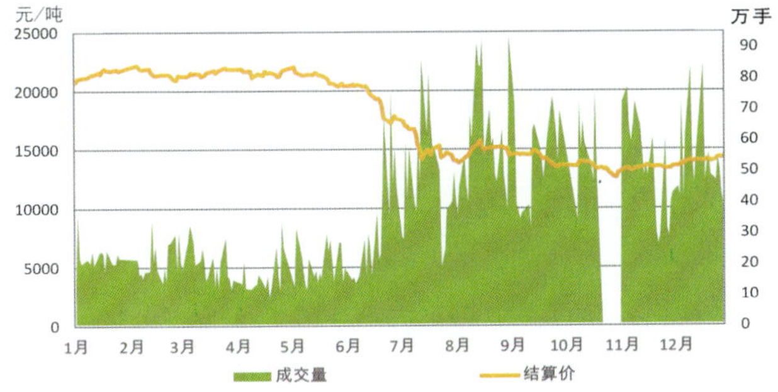

图8 2022年郑棉期货主力合约量价图

资料来源：郑州商品期货交易所

（三）新棉收购价格回落

2022年新棉上市以来，受新冠肺炎疫情、现货价格等因素影响，籽棉收购价同比下跌，至12月31日，全国400型棉花加工企业3128级籽棉平均收购价格为6.5元/千克，同比下跌31.7%。分区域看，新疆平均收购价格为6.4元/千克，同比下跌32.7%；内地平均收购价格为7.8元/千克，同比下跌17.8%，价格走势见图9。

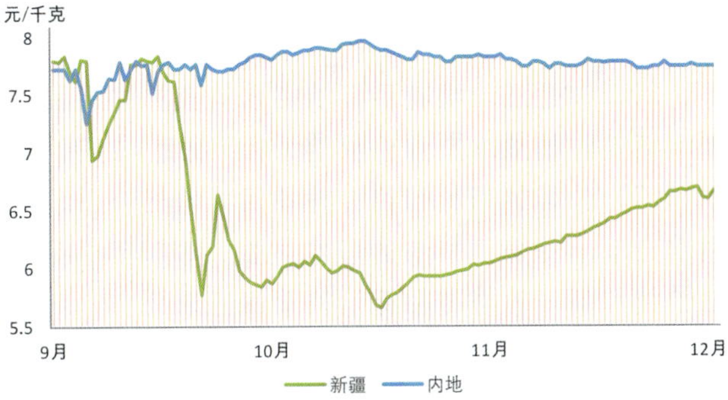

图9 2022年新疆与内地棉花收购价格走势图

资料来源：中国棉花协会

（四）国际棉价波动幅度较大

2022年，国际棉价大幅波动，期现货价格总体呈震荡下跌趋势，年初国际棉价受美股以及俄乌冲突暴发引发的能源、粮食等大宗商品价格上涨影响，国际棉价强势上涨，4月受国际能源谷物市场走高、美国棉区旱情暂无缓解迹象、美棉出口签约超卖等因素影响，国际棉价再创近10年新高，到5月4日CotlookA指数涨至158美分/磅。6月之后美联储加息预期加剧经济衰退的担忧，10月15日CotlookA指数下跌至2022年以来的最低，为72美分/磅。ICE行情类似，近期合约于5月5日达到全年最高点（173.5美分/磅），全年均值为129.7美分/磅。Cotlook A指数与ICE近期合约结算价格走势见图10。

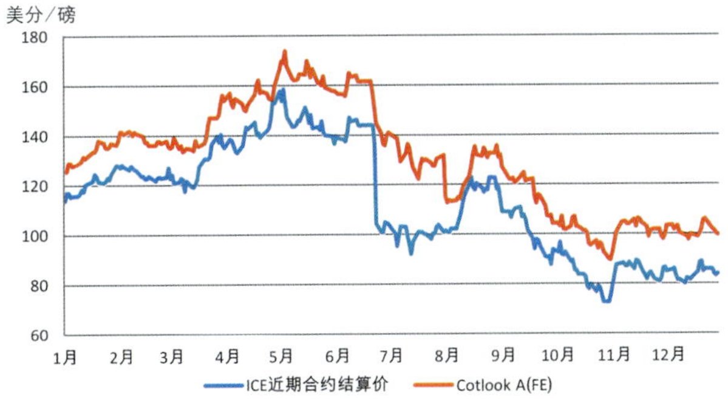

图10 Cotlook A指数与ICE近期合约结算价格走势图

资料来源：Cotlook网站、中国棉花协会

2022年棉花产业面临的宏观环境回顾

一、棉花目标价格政策

2022年是三年棉花目标价格政策实施的最后一年，棉花种植成本上涨，棉价大幅下跌，收购价低于18600元/吨的目标价格，棉花目标价格补贴政策再次启动，保障了棉农的基本收益。2023年棉花补贴价格和新一轮棉花目标价格政策还未公布，新疆棉农植棉意向尚未确定。

二、棉花进口管理政策

2022年3月11日，为保障纺织企业用棉需要，国家发改委发布公告，发放2022年进口滑准税配额数量为40万吨，全部为非国营贸易配额，限定用于加工贸易方式进口。

12月底国务院关税税则委员会发布公告，自2023年1月1日起，根据国内产业发展和供需情况变化，在我国加入世界贸易组织承诺范围内，提高部分商品进出口关税。2023年棉花滑准税继续实施。

三、新疆棉花受到打压

6月21日，美国海关和边境保护局依据美国所谓“涉疆法案”，将中国新疆地区生产的全部产品推定为所谓“强迫劳动”产品，并禁止进口与新疆相关的任何产品。

9月15日，欧盟委员会提议禁止欧盟市场上使用强迫劳动生产的产品。该提案涵盖在欧盟生产的用于国内消费以及进出口的所有产品，不针对特定公司或行业设限。

2023年棉花市场展望

2023年，国内新冠肺炎疫情防控政策优化，市场预期好转，内需逐步恢复，纺织企业复工复产，但是纺织市场长期订单仍然较少，企业对于后市预期趋于谨慎。2023年，国内新棉市场供应充足，内需逐步恢复，但外贸订单明显不足，纺织品服装出口压力加剧。中国棉花协会预计，2022年度（2022年9月1日～2023年8月31日）全国棉花总产量为617.9万吨，同比增长7%；期末库存为856.93万吨，同比增长3%；棉花消费量、进口量、出口量分别为760万吨、170万吨和3万吨，供需较宽松。根据中国棉花协会调查，2023年2月，棉农种植意向同比下降3.7%。

（撰稿人：胡高帆）

2022年涤纶市场回顾及2023年展望

浙江华瑞信息资讯股份有限公司

聚酯原料类

一、PX（对二甲苯）市场

（一）2022年PX市场运行回顾

2022年布伦特原油期货均价为99.0美元/桶、现货均价为101.3美元/桶，同比分别上涨39.6%和42.9%；WTI原油期货价为94.3美元/桶、现货均价为94.5美元/桶，同比分别上涨38.5%、38.8%。俄乌冲突的黑天鹅事件以及由此引发的全球原油供应格局发生变动，以美联储为主的部分发达国家央行退出宽松货币政策引发全球经济衰退风险加大，上述因素均抑制原油需求增长。后新冠肺炎疫情阶段，中国和全球其他国家的应对措施也同样给原油需求带来阶段性的影响，是2022年原油价格走势的主要影响因素。

2022年，除了成本支撑和阶段性的供应扰乱外，需求低迷成为石脑油价格最核心的矛盾。石脑油年均价在784美元/吨CFR附近，较2021年上涨21.2%。石脑油效益（与brent期货价差）较2021年同期大幅度降低66.1%至38.4美元/吨。2022年原油和石脑油价差走势见图1。

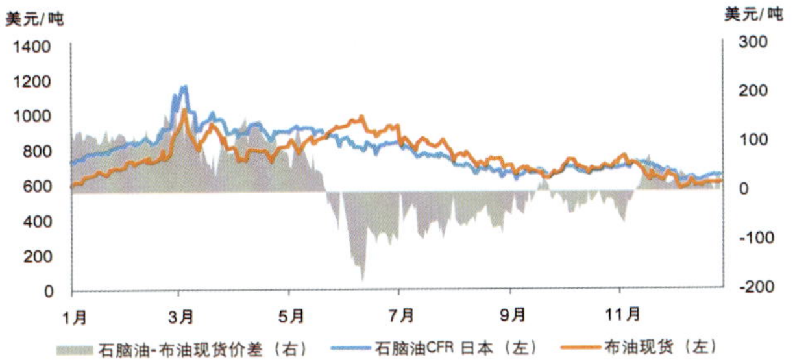

图1 2022年原油和石脑油的价格及价差走势

资料来源：华瑞信息（CCF）

2022年，从PX绝对价格来看，最低为1月3日的895美元/吨CFR，最高为6月8日的1513美元/吨CFR，涨幅达69.1%。PX年均价为1103美元/吨CFR，同比上涨28.9%。

从全年的价格走势来看，PX先涨后跌，1月至6月上旬，PX经历了两轮大涨行情，且在6月上旬达到高点。之后价格重心下跌，6月上至7月上跌幅明显。而7月上至10月上旬，总体以震荡行情为主。10月中下旬价格再度震荡下跌，直至11月底。而从12月开始，价格再度有缓步回升。2022年PX价格走势见图2。

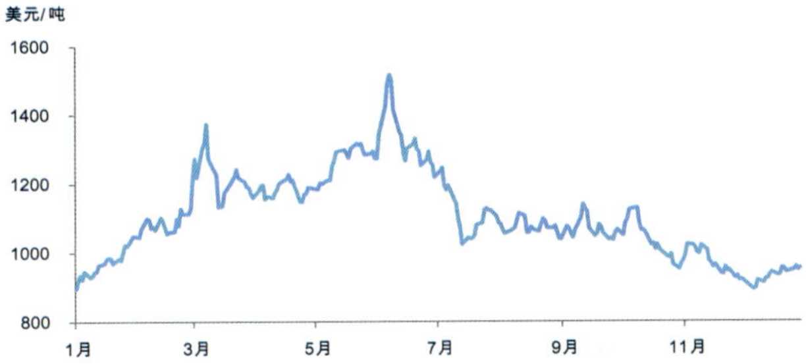

图2 2022年PX价格走势

资料来源：华瑞信息（CCF）

2022年PX效益有了明显恢复（主要指PX和石脑油价差），甚至达到2020年以来的最高水平。1～12月，PXN（价差）年均值为318.9美元/吨，同比增长49.9%。绝对值方面，最好的时间点在6月初的685美元/吨附近，而最低在3月初，仅有150.4美元/吨，价格及价差走势见图3。

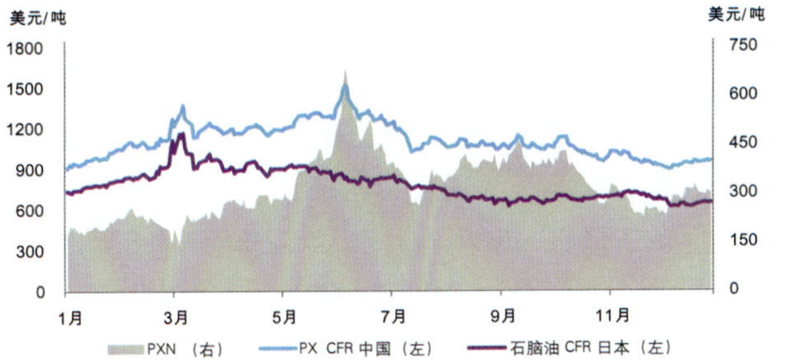

图3 2022年PX—石脑油价格走势和两者价差对比

资料来源：华瑞信息（CCF）

（二）2022年我国PX供需情况

截至2022年底，中国大陆PX产能为3597万吨，同比12.1%。2022年国内PX产量为2474万吨，同比增长13.8%。2022年国内PX进口量为1058万吨，同比大降22.5%。在国内产能增加、产量提升以及国外需求增加、分流中国大陆PX进口量的背景下，2022年中国大陆PX进口依存度大幅度下降至30%，是20年以来的最低。

（三）2023年我国PX市场展望

2023年，中国大陆有770万吨PX新产能规划，且项目基本能够在上半年落地。在新产能投放、产能供需格局呈现阶段性过剩的背景下，PX的加工费预计会受到一定的限制，即使2023年仍然很有可能受到如成品油或者其他因素的干扰，进而出现阶段性的高效益，但持续性仍然依赖于非常规因素的情况，预计相对偏低的效益仍然是行业常态，特别是PX和MX，也包括PXN。

值得关注的是，如果2023年PX期货上市，市场参与者将有所增加，在和其他产品联动性更加紧密的情况下，PX价格的波动性将会增强。

二、PTA（精对苯二甲酸）市场

（一）2022年PTA市场运行回顾

2022年，PTA价格冲高回落。在俄乌冲突影响原油冲高、海外调油需求好转背景下，PX价格刷新2014年以来新高，PTA价格在成本支撑下也创下2019年以来新高。下半年，内需和外需均有所回落，聚酯负荷下行，随着原油以及调油需求回落原油价格走跌，PTA价格跟跌。由于年初PTA新装置投产，供需逐渐承压，加工费压缩。

据华瑞信息（CCF）数据，2022年PTA内盘均价为6060.12元/吨，较2021年同期4711.64元/吨上涨28.6%。2022年PTA美金均价为843.76美元/吨，较2021年667.78美元/吨上涨26.4%。2022年PTA内外盘价格走势见图4。

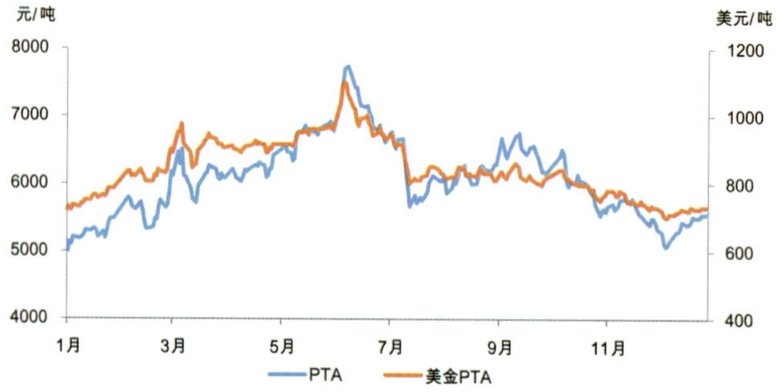

图4 2022年PTA内外盘现货价格

资料来源：华瑞信息（CCF）

2022年，国内PTA加工差平均值约为439.29元/吨，相较于2021年502.52元/吨下降63.23元/吨，降幅达12.6%，PTA的盈利水平延续下降态势，加工差走势见图5。

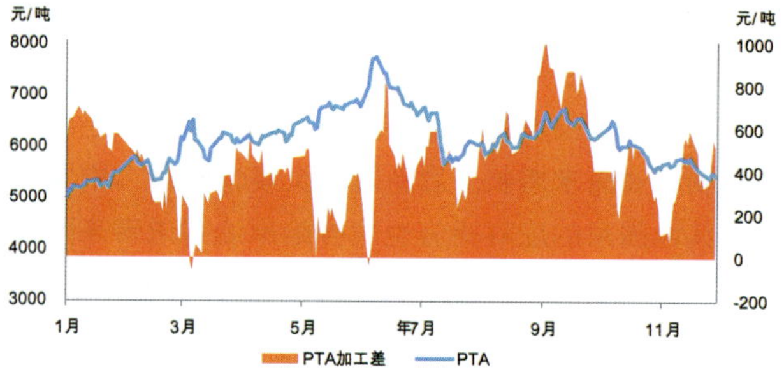

注 内盘生产价差按照0.656×PX×1.02×1.13×汇率卖出价核算加工费。

图5 2022年PTA内盘生产价差

资料来源：华瑞信息（CCF）

（二）2022年我国PTA供需情况

截至2022年底，国内PTA的有效产能为7144万吨，同比增长8.9%。2022年国内PTA产量为5410万吨，同比增加1.6%；进口总量（PTA+QTA）为7万吨，同比下降8%；出口总量为345万吨，同比增加34%；表观需求量约5072万吨。2022年PTA全年去库在83万吨附近。

（三）2023年我国PTA市场展望

2023年，PTA有1450万吨的产能新投计划，PTA的供需矛盾仍然存在。从上下游的投产情况来看，PTA产能投放量远大于聚酯新增产能，并且PTA有效产能再次超过聚酯产能，PTA过剩压力延续。2023年PTA的效益仍然以低位维持为主。

三、MEG（乙二醇）市场

（一）2022年MEG市场运行回顾

受新冠肺炎疫情管控严格、供需矛盾凸显影响，MEG市场承压明显，价格持续走低，市场多将其作为空配产品。资金与产业共振，MEG绝对价格持续下行，整体重心明显偏离成本估值。

2022年CCF MEG内、外盘平均价分别为4539.84元/吨、570.64美元/吨，较2021年同期分别下跌702.55元/吨、104.92美元/吨，2022年价格走势见图6。

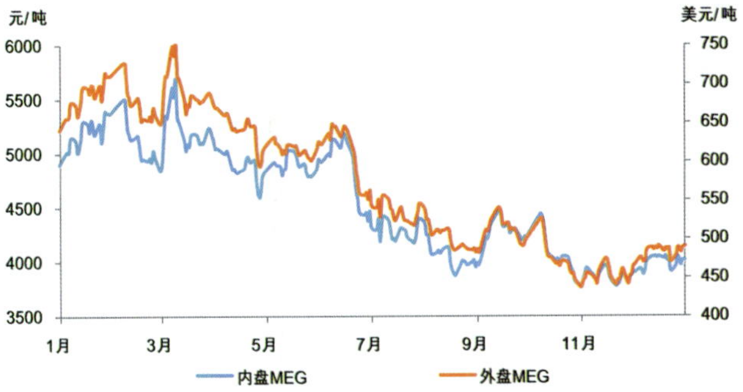

图6 2022年MEG内外盘价格

资料来源：华瑞信息（CCF）

2022年石脑油制乙二醇外盘现金流持续亏损，平均现金流为−215.61美元/吨，相比2021年下降215.94美元/吨；2022年乙烯制乙二醇外盘平均现金流约为−146.59美元/吨，2021年平均现金流约为−58.52美元/吨，亏损额扩大明显；2022年外采甲醇制乙二醇平均现金流为−1717.21元/吨，较2021年下降786.70元/吨。

（二）2022年我国MEG供需情况

截至2022年底，中国大陆MEG企业总产能达2477.5万吨，同比增长21%。2022年国内MEG产量为1369万吨，同比增加11%；进口总量为751万吨，同比减少11%；出口量为4万吨，同比减少68%；表观需求量约2116万吨。2022年MEG供需格局大幅累库，整体幅度在65万吨，其中华东主要港口MEG库存长时间高位运行。

（三）2023年MEG市场展望

2023年，国内外计划投产的MEG产能共有345吨，其中国内计划新增产能约260万吨，国外计划新增产能约85万吨。2023年MEG价格重心将表现为低位修复为主，上半年MEG在高位库存、供需过剩等多重因素影响下仍将经历一个艰难的时段；下半年，随着供应端配置优化，市场重心将向上修复。

聚酯产品类

2022年底，国内聚酯产能达7064万吨，同比增长7.7%。2022年聚酯平均负荷为84.74%左右，较2021年下滑6个百分点。2022年全国聚酯产量约为5771万吨，较2021年下降25万吨，同比下降0.4%。从2022年投放的聚酯新装置来看，大多为配套涤纶长丝，其余分别为短纤、瓶片、薄膜和切片，其中配套涤纶长丝装置达299万吨，占总新投产聚酯产能的56%。

一、聚酯切片市场

（一）2022年聚酯切片市场运行回顾

2022年，聚酯切片走势呈现倒“V”型，但整体价格重心较2021年继续上移。原因主要是受成本端大幅抬升，尤其上半年受俄乌冲突影响，原油石化成本端持续上涨，带动聚酯切片价格一度上冲至8000元/吨上方，但进入下半年，由于海外通胀高企，在美元加息进程下大宗商品高位回落，加之国内新冠肺炎疫情管控措施严格，终端需求持续疲软，聚酯切片价格高位逐步回落，价格走势见图7。

CCF价格指数显示，2022年，半光切片年均价为7119元/吨，同比涨幅为15.2%；有光切片年均价为7263元/吨，同比涨幅为14.6%。

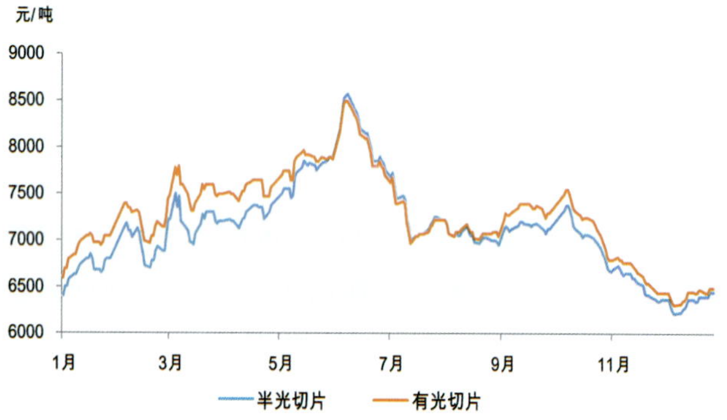

图7 2022年聚酯切片现货价格走势

资料来源：华瑞信息（CCF）

2022年聚酯切片现金流效益总体维持良好，加工费较2021年小幅扩大。其中，上半年受原料成本大幅上涨影响，加工费整体处于低位区间，尤其二季度长时间处于亏损区间；但进入下半年，随着成本高位回落，聚酯切片效益明显改善，半光切片大部分时段处于盈利区间，另外有光切片总体依然表现亮眼，全年无论价格还是效益较比半光切片均有一定提升。

2022年，半光切片平均加工费约为417元/吨，较2021年扩大24元/吨；有光切片平均加工费约为561元/吨，较2021年扩大8元/吨。

（二）2022年我国聚酯切片供需情况

2022年国内聚酯切片总产能在850万～880万吨（因侧切片产量可调剂，聚酯切片无明确产能数据），产能较比2021年小幅下滑，主要因部分老旧装置产能退出市场。从市场分布来看，基本维持原有格局，江浙地区仍是聚酯切片主要生产地，同时也是切片的主要消耗地。目前江浙切片产能在600万吨偏上，占国内聚酯切片总产能的75%以上；其余广东、福建、山东、湖北、辽宁、安徽等地也有少量聚酯切片产能分布。

（三）2023年我国聚酯切片市场展望

2023年，聚酯行业景气度依然处于低谷周期，一方面，海外加息与通胀问题依旧存在，全球经济增速放缓甚至面临衰退风险；另一方面，国内需求端或存在复苏可能，但市场整体不确定性因素依然较多。对于聚酯切片来说，一方面，终端需求改善动力有限；另一方面，供应端又面临额外增量可能，市场供需格局总体或依然偏弱，尤其是有光切片，随着薄膜行业景气度高位回落，产品效益或将跟随走弱。

二、聚酯瓶片市场

（一）2022年聚酯瓶片市场运行回顾

2022年聚酯瓶片市场价格整体冲高回落，市场重心较2021年继续抬升。据CCF测算，2022年华东水瓶片均价为8167.76元/吨，出口均价为1101.55美元/吨FOB上海港，分别较2021年上涨19.6%和11.7%。2022年内盘最高价为9700元/吨，最低为6796元/吨；外盘最高价为1315美元/吨FOB上海港，最低为880美元/吨FOB上海港，价格走势见图8。

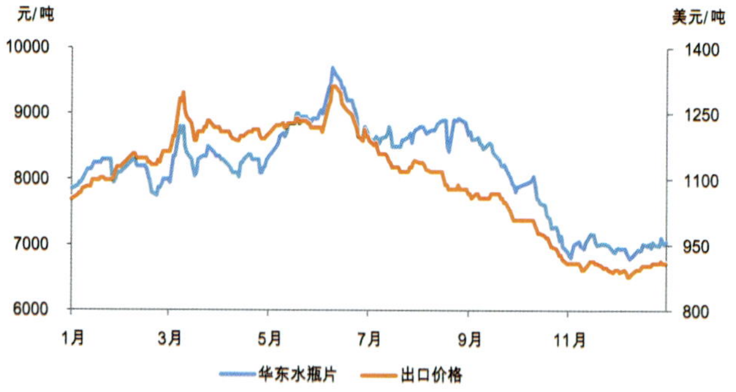

图8 2022年华东聚酯水瓶片和FOB中国出口价格

资料来源：华瑞信息（CCF）

据CCF统计，2022年聚酯瓶内、外盘平均加工区间分别达到1466元/吨和189美元/吨，均较2021年明显上升。

（二）2022年我国聚酯瓶片供需情况

截至2022年底，全国聚酯瓶片产能为1231万吨。2022年聚酯瓶片产量为1152万吨，内需为719万吨，同比下滑3.4%；全年出口为452万吨，年末社会库存约为101万吨，较2021年年末社会库存下降19万吨。

（三）2023年我国聚酯瓶片市场展望

2023年，国内瓶片新产能投放较多，供应增长速度将大幅提升。不过部分企业可能会因行业供需面变化、工程进度等原因出现计划延迟、搁置或取消。但总的来说，2023～2024年期间聚酯瓶片行业供需格局将大概率面临较大考验。从工厂效益来看，考虑到上游原料成本继续维持低位震荡，且后期供应压力抬升，预计2023年聚酯瓶片的整体利润压缩幅度并不会如市场预期那么明显，但想要达到2022年的高度将面临较大困难。

三、涤纶长丝市场

（一）2022年涤纶长丝市场运行回顾

2022年，涤纶长丝市场面临成本高位、供应骤增而需求不足的主要压力，涤丝长丝价格全年来看，呈现出中间高、两边低的倒“V”型走势。

CCF价格指数显示，2022年，半光POY150旦/48F、FDY150旦/96F、DTY150旦/48F低弹年均价分别为7826元/吨、8272元/吨、9206元/吨，同比分别上涨421元/吨、808元/吨、196元/吨。其中1～6月涤丝价格表现为震荡上涨，而7～11月整体价格震荡偏弱，12月小幅反弹，价格走势见图9。

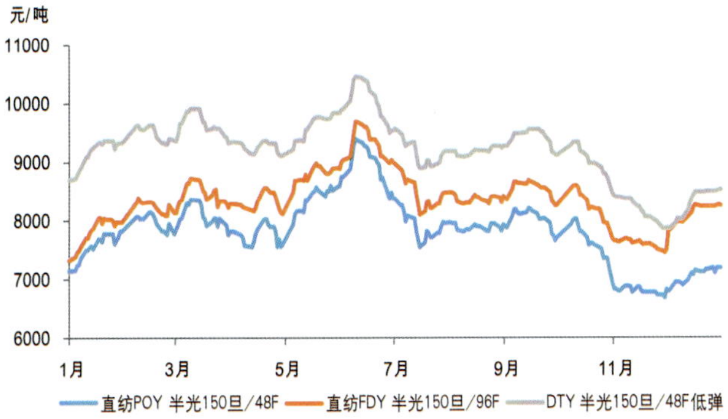

图9 2022年涤纶长丝价格

资料来源：华瑞信息（CCF）

从聚酯熔体投料成本来看，2022年熔体投料成本平均为6702元/吨，较2021年上涨918元/吨，同比增长14%。2022年涤丝前纺POY150旦/48F、FDY150旦/96F均价涨幅远低于熔体成本涨幅，因此名义现金流大幅下降，而后纺DTY因涨幅不及POY，现金流也有所恶化。

（二）2022年我国涤纶长丝供需情况

截至2022年底，我国涤纶长丝产能为4783万吨，同比增长2.7%。2022年，国内涤纶长丝产量为3309万吨，较2021年下降212万吨，同比下降6%。2022年，国内涤纶长丝进口量为8.4万吨，同比下降28.2%；全年出口量约为330.5万吨，同比增长10.3%。2022年内净出口量为322万吨，较2021年增加34万吨，同比增长11.9%。2022年，国内涤丝表观消费量预计约为2987万吨，同比下降7.6%，处于历史低位。

（三）2023年涤纶长丝市场展望

从供应端来看，2023年聚酯长丝投产量依旧相对可观，保守估计产能新增300万吨偏上。

从需求端看，2023年美欧经济存在衰退的风险，外需回落并且美国进入去库周期，涤丝出口增速预计会明显回落。国内新冠肺炎疫情管控放开后预计将有一定回补需求，但在宏观经济尚处于恢复期的大背景下，回升幅度或许有限。

总体来说，2023年涤纶长丝供需格局矛盾依旧，涤纶长丝负荷和效益都将继续低位维持，而产量增速则有望随着需求边际改善，由负转正，至4%左右。

四、直纺涤纶短纤市场

（一）2022年直纺涤纶短纤市场运行回顾

2022年直纺涤纶短纤价格在“高成本、弱需求”下整体呈现冲高回落走势。年初价格为7050元/吨，高位是6月的9295元/吨，随后震荡下跌，12月底为7175元/吨。全年上涨125元/吨，涨幅为1.8%，年度最大波动幅度为2520元/吨，价格走势见图10。

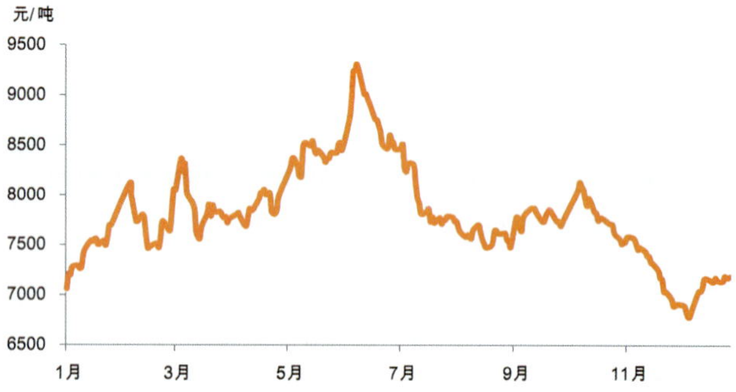

图10 2022年半光1.4旦直纺涤纶短纤价格

资料来源：华瑞信息（CCF）

2022年直纺涤纶短纤平均加工差为1006元/吨，较2021年下降149元/吨。上半年主要受俄乌冲突、成本端大涨以及国内新冠肺炎疫情散发影响；下半年主要受需求疲软，供需过剩影响。

（二）2022年我国直纺涤纶短纤供需情况

截至2022年底，我国直纺涤纶短纤产能为900万吨，同比增长5.3%。2022年，直纺涤纶短纤产量为685万吨，较2021年减少2.8%。国内未梳涤纶短纤出口总量为99.6万吨，较2021年同期增加6.6万吨。涤纶短纤总进口量为9万吨，同比减少7.2万吨。结合库存方面来看，2022年年底较年初增加10.4天。因此综合评估，2022年国内直纺涤纶短纤表观供应量为601.2万吨，较2021年下滑35.4万吨。

（三）2023年直纺涤纶短纤市场展望

2023年直纺涤纶短纤依旧面临过剩压力，但需求预期较2022年适度好转。在产能过剩压力下，直纺涤纶短纤仍将维持低加工差运行，控制负荷、利用期货工具减轻现货销售压力。

（撰稿人：王伟飞　沈银娇　袁　媛　倪国苗）

2022年全球主要羊毛市场产销及贸易情况

澳大利亚羊毛市场

澳大利亚羊毛产量曾于1988～1989年度创下历史最高位102万吨，之后随着羊肉的需求持续强劲，丰厚的利润让牧民转为养殖肉用型羊或毛肉兼用型羊；同时年轻一代拥有更多的职业选择，脱离羊毛行业，羊毛供给量逐步减少；且随着羊毛替代纤维增多，羊毛纤维逐步成为奢侈品，失去价格竞争力。再加上近几年干旱、火灾、洪水多发，澳洲自然环境严峻，澳毛产量不断缩减。根据最新预测，2022～2023年度澳毛产量为34万吨，与历史高位相比下跌67%。澳大利亚羊毛产量走势见图1。

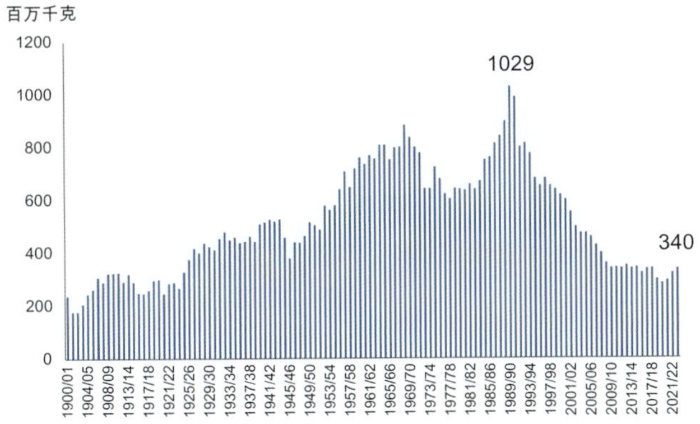

图1 澳大利亚羊毛产量走势变化情况

资料来源：澳大利亚羊毛交易所

从澳大利亚羊毛检测局（AWTA）最新检测数据来看，2022～2023年度羊毛产量的细度分布主要集中在17.5～20.5微米，其中占比最大的是18.5～19.5微米，截至2022年12月羊毛产量为31921吨，受洪灾影响剪毛工作延期，产量同比下跌4.7%。各种细度羊毛产量及占比见图2。

南京羊毛市场

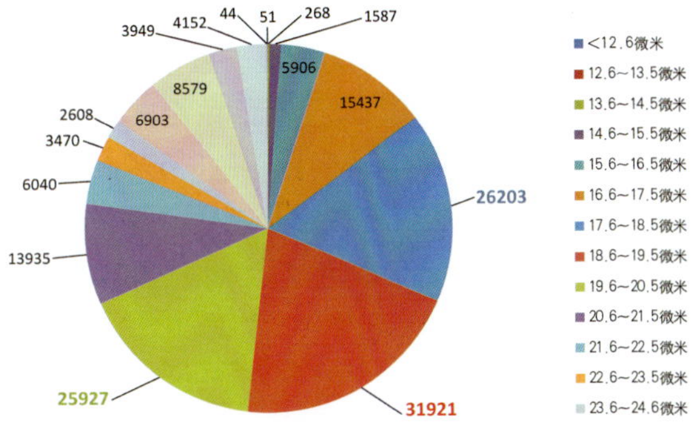

图2 2022/2023年度羊毛检测量细度分布（单位：吨）

资料来源：澳大利亚羊毛检测局

截至2022年12月，澳大利亚东部市场指数（EMI）澳元价格收于1327澳分/千克，同比下跌2.3%，美元价收于909美分/千克，同比下跌5.8%，与2022～2023年度首拍相比分别下跌5.7%、4.9%，市场指数走势见图3。

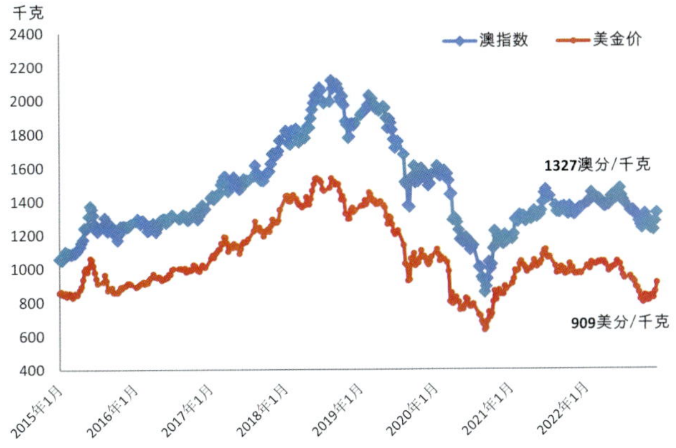

图3 澳大利亚东部市场指数（EMI）澳元及美金价走势

资料来源：澳大利亚羊毛交易所

新西兰羊毛市场

2022年新西兰粗支羊毛市场整体平稳向好，需求主要来自地毯、花式纱和部分室内家纺用品，特别是全球对天然可持续的室内软装制品的需求较强，支撑了高品质低草杂的新西兰羊毛价格维持坚挺，欧洲、印度、尼泊尔市场更为明显。近年来新西兰粗支毛价格走势见图4。2022年，新西兰粗支杂交毛价格指数收于251新分/千克，同比下跌3.5%。目前国内T128、T121、T107人民币成交价基本一样，细度差别对价格影响较弱，而不同色差之间的羊毛价格变化较大。

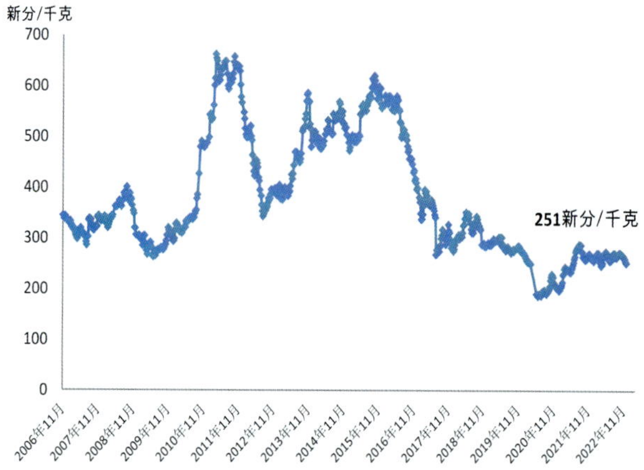

图4 新西兰粗支毛价格指数走势变化情况

资料来源：新西兰国际羊毛有限公司

新西兰羊毛产量不断缩减，主要是由于当前低迷的价格导致牧民入不敷出，不得不更替羊种或是转为肉羊以获得更好的利润。根据最新的预测，2022～2023年度新西兰羊毛产量为13万吨，同比下跌3.7%，与26年前相比下跌近55%。新西兰羊毛产量及上市数量走势见图5。

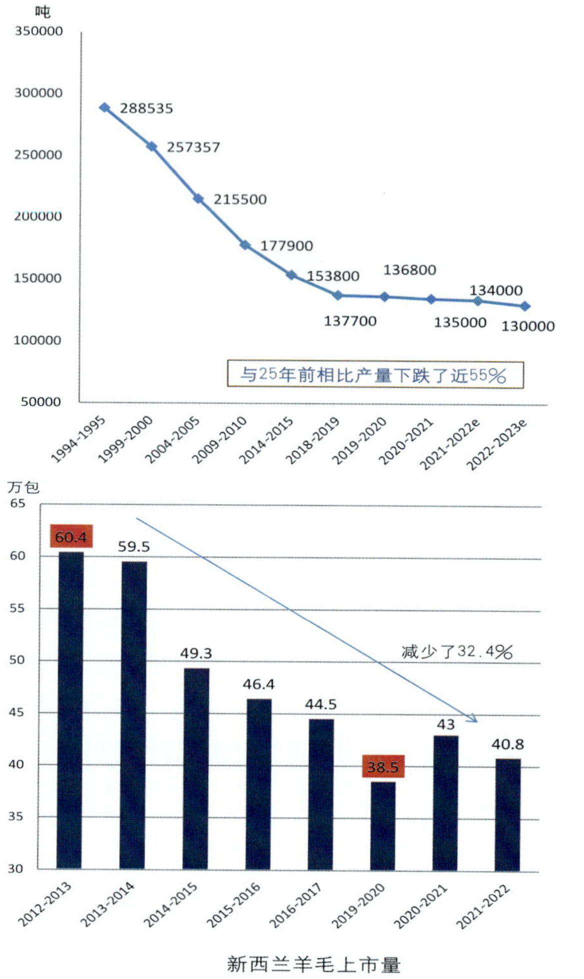

图5 新西兰羊毛产量及上市量情况

资料来源：新西兰Woolworks

南非羊毛市场

2022年南非羊毛市场较为动荡，先是口蹄疫导致南非羊毛禁止出口至中国长达四个多月，随后又遇到集装箱积压港口、船舱不足物流运输受阻，甚至还遭遇拍卖取消困境。从2022年2月开始，南非将责任羊毛RWS型号与非RWS普通型号拍卖价格分开统计，以便更好更真实地反映市场走势。截至年内最后一次拍卖，RWS型号价格指数收于157.85兰特/千克，与年初相比下跌20.3%；普通型号价格指数收于151.64兰特/千克，与年初相比下跌8.9%，二者价格走势见图6。

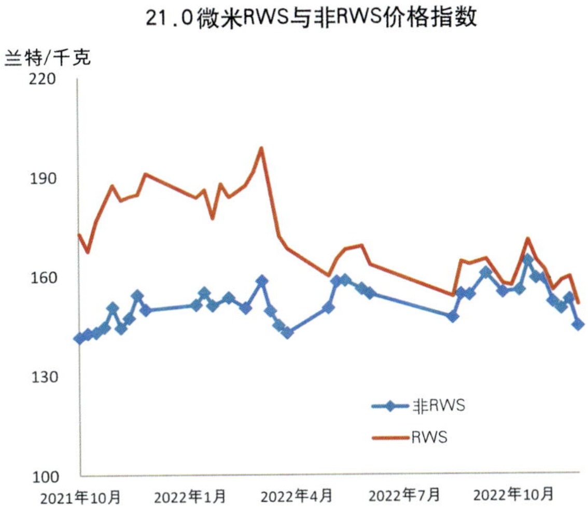

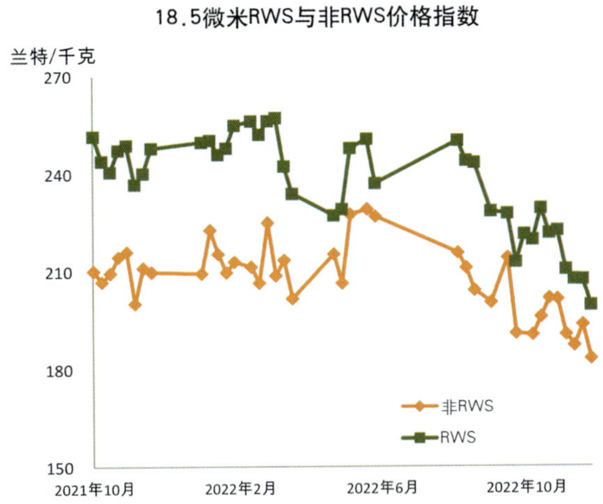

图6 18.5微米、21.0微米RWS与非RWS价格指数变化

资料来源：南非羊毛局

从二者价差看，RWS型号的溢价在不断缩小。虽然国际品牌对RWS认证的需求不减，但是认证热度回归理性，2021年同期同一细度羊毛RWS型号人民币价比普通型号高出2万～3万元，但目前的价差在8000～9000元。

南非马海毛市场

我国花式纱对南非马海毛的使用需求较为稳定，但是南非当地洗毛梳条产量增长有限，且海运受阻，我国南非马海毛供不应求。受新冠肺炎疫情及国际大环境影响，总体订单量减少，南非马海毛拍卖价格同比呈下跌趋势，市场平均价格指数收于330.21兰特/千克，同比下跌18.1%，不同类型马海毛价格指数见表1，同比跌幅见图7。但受人民币汇率贬值等因素影响，人民币成交价基本平稳。

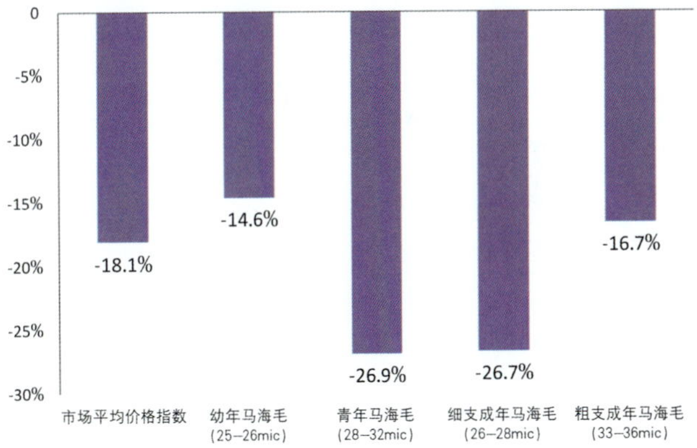

图7 2022年南非马海毛价格指数同比变化情况

资料来源：南非马海毛协会

表1 2021～2022年南非马海毛价格指数

单位：兰特/千克

年份	市场平均价格指数	幼年马海毛(25～26mic)	青年马海毛(28～32mic)	细支成年马海毛(26～28mic)	粗支成年马海毛(33～36mic)
2022年	330.21	542.49	350.14	284.35	273.36
2021年	403.17	635.46	479.23	388.18	328.04

资料来源：南非马海毛协会

我国羊毛市场

2022年，我国羊毛市场需求量较为平稳。首先，得益于羊毛内衣、羊毛运动系列产品出口增加，我国羊毛精纺市场相对平稳；其次，我国工装制服订单增长较好，企业普遍注重形象提升，对精纺西装的消费需求有所增长，且品质有所提升，原料以80英支为主，甚至向90～100英支靠拢。

从南京羊毛市场综合价格指数走势来看，2022年整体低于2021年水平，尤其是进入7月之后市场需求快速回落，年底羊毛市场综合价格指数收于6272分/千克，同比下跌2.8%，与年内高位相比回落5.8%，全年价格走势见图8。

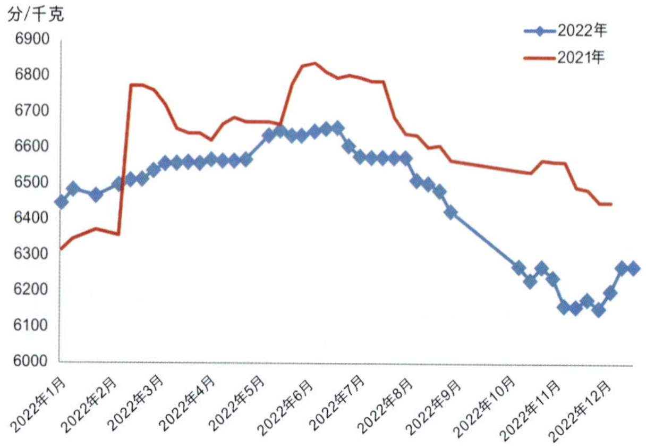

图8 南京羊毛市场综合价格指数变化情况

资料来源：南京羊毛市场

（撰稿人：蒋雅丽）

中国紡織
CHINA TEXTILE
中国纺织工业联合会会刊
我们关注，中国纺织产业的每一步进程；
我们汇聚，纺织界的顶级资源；
我们贯通，纺织产业链的对话平台；
我们分享，纺织人的情怀故事；
我们拓新，为纺织企业提供决策指南。
Infocus
Collection
Connection
Sharing
Exploration
Innovation
纺织天下•强国版图
www.tex1951.com
010-85229015
zgfz530@126.com
新媒体矩阵号
微信 | 公众平台
视频号
中国紡織 官网
www.tex1951.com
头条号
抖音
中国纺织 CHINA TEXTILE
中国童装
CHINA TEXTILE 官网
www.cntex2006.com
新浪微博
weibo.com
西瓜视频
小红书
标记我的生活
网易号
搜狐号
现场云
微视
《中国纺织》微信二维码

CNTAC

2022/2023 中国纺织工业发展报告

2022/2023 CHINA TEXTILE INDUSTRY DEVELOPMENT REPORT

统计资料

国内统计

国内统计数据资料详见表1～表9。

表1 2022年国民经济主要指标

Table 1 Main Indicators of National Economy in 2022

指标名称 Indicators	单位 Unit	数值 Value	比上年增长(%) Percentage Change over Previous Year
国内生产总值 GDP	亿元 100 million yuan	1210207	3.0
规模以上工业企业实现利润 Gained Profit of Enterprises above Designated Size	亿元 100 million yuan	84039	−4.0
其中：国有控股企业 State−controlling Enterprises	亿元 100 million yuan	23792	3.0
全部工业增加值 All Industrial Added Value	亿元 100 million yuan	401644	3.4
其中：规模以上企业增加值 Added Value of Enterprises above Designated Size	亿元 100 million yuan		3.6
其中：国有控股企业 State−controlled Enterprises	亿元 100 million yuan		3.3
股份制企业 Stock Enterprises	亿元 100 million yuan		4.8
外商及中国港澳台投资企业 Foreign, Hong Kong, Macao and Taiwan, China Invested Enterprises	亿元 100 million yuan		−1.0
私营企业 Private Enterprises	亿元 100 million yuan		2.9
其中：采矿业 Mining and Quarrying	亿元 100 million yuan		7.3
制造业 Manufacturing	亿元 100 million yuan		3.0
电力、热力、燃气和水的生产和供应业 Production and Distribution of Electricity,Heat,Gas and Water	亿元 100 million yuan		5.0
全社会完成固定资产投资 Total Fixed Assets Investment in the Whole Country	亿元 100 million yuan	579556	4.9
固定资产投资（不含农户） Fixed Assets Investment excluding Rural Household	亿元 100 million yuan	572138	5.1
全年社会消费品零售总额 Social Consumable Retail Total Amount	亿元 100 million yuan	439733	−0.2
全国居民消费价格指数 National Residents' Consumption Price Index	上年=100	102.0	2.0

续表

指标名称 Indicators	单位 Unit	数值 Value	比上年增长(%) Percentage Change over Previous Year
全国居民人均可支配收入 National Residents' Disposable Income Per Capita	元 RMB YUAN	36883.0	5.0
其中：全国城镇居民人均可支配收入 National Urban Residents' Disposable Income Per Capita	元 RMB YUAN	49283	3.9
其中：全国农村居民人均可支配收入 National Rural Residents' Disposable Income Per Capita	元 RMB YUAN	20133	6.3
全年货物进出口差额 Favorable Balance of Imports and Exports	亿元 100 million yuan	420678	7.7
其中：出口总额 Export Total	亿元 100 million yuan	239654	10.5
进口总额 Import Total	亿元 100 million yuan	181024	4.3
全年货物进出口差额 Favorable Balance of Imports and Exports	亿元 100 million yuan	58630	35.4
国家外汇储备 National Foreign Exchange Reserve	亿美元 USD 100 million	31277	−3.8
广义货币供应量（M2）余额 Money Supply (M2) Balance in Broad Sense	万亿元 1,000 billion yuan	266.4	11.8
狭义货币供应量（M1）余额 Money Supply (M1) Balance in Narrow Sense	万亿元 1,000 billion yuan	62.7	3.7
流通中现金（M0）余额 Balance of Cash (M0) in Circulation	万亿元 1,000 billion yuan	10.5	15.3
金融机构本外币存款余额 Home and Foreign Currency Balance of Deposits of Financial Organization	万亿元 1,000 billion yuan	264.4	10.9
全国总人口 National Total Population	万人 10,000 persons	141175	−0.10
全年城镇新增就业人员 Urban Newly-increased Employees	万人 10,000 persons	1206	−5.0
城镇登记失业率 Urban Registered Unemployment Rate	%	5.5	0.4（百分点）

表2 2022年纺织行业规模以上企业经济指标完成情况汇总表（不含纺织机械制造业）
Table 2 Main Indicators of Textile Enterprises above Designated Size in 2022 (Excluding Textile Machinery Manufacturing)

序号 Number	指标名称 Indicators	单位 Unit	本年累计 Current Year	去年累计 Previous Year	同比（%） Percentage Change over Previous Year
1	企业单位数 Number of Enterprises	户 household	35494	33371	
2	亏损企业数 Number of Loss-making Enterprises	户 household	7630	5741	
3	亏损面 Proportion of Loss-making Enterprises	%	21.50	17.20	4.3（百分点）
4	营业收入 Operating Revenue	万元 10,000 yuan	515972506	520318144	-0.84
5	营业成本 Operating Costs	万元 10,000 yuan	456978754	453329775	0.80
6	销售费用 Sales Expenses	万元 10,000 yuan	10797823	11377539	-5.10
7	管理费用 Management Expenses	万元 10,000 yuan	18027149	18010296	0.09
8	财务费用 Financial Expenses	万元 10,000 yuan	3893496	4850938	-19.74
9	利润总额 Total Profit	万元 10,000 yuan	20058998	26715625	-24.92
10	亏损企业亏损额 Total Loss of Loss-making Enterprises	万元 10,000 yuan	5144426	2902192	77.26
11	资产合计 Total Assets	万元 10,000 yuan	451579774	437196713	3.29
12	其中：流动资产合计 Total Working Capitals	万元 10,000 yuan	247948509	241767854	2.56
13	其中：应收票据及应收账款 Trade and Bills Receivables	万元 10,000 yuan	55950573	54771576	2.15
14	存货 Inventory	万元 10,000 yuan	66079939	65038045	1.60
15	其中：产成品 Finished Goods	万元 10,000 yuan	35171454	33064679	6.37
16	负债合计 Total Liabilities	万元 10,000 yuan	254145960	242392972	4.85
17	出口交货值 Export Delivered Value	万元 10,000 yuan	66632822	64918131	2.64

注 2022年，纺织行业规模以上企业主要经济指标根据国家统计局发布的纺织业、服装服饰业和化纤业数据加总。

Note In 2022, the main indicators of enterprises above designated size in the textile industry have been aggregated according to the data of the textile industry, apparel industry and chemical fiber industry released by the National Bureau of Statistics.

隆重推出：

2022/2023《中国纺织工业发展报告》

——纺织行业白皮书

由中国纺织工业联合会编著的《中国纺织工业发展报告》，是集权威性、前瞻性、研究性、指导性于一身的中国纺织行业白皮书。该书是集中反映中国纺织工业及棉、毛、麻、丝绸、化纤、长丝、印染、针织、服装、家纺、产业用、纺织机械制造各子行业年度发展与趋势预判的研究报告。自2001年出版发行以来，以其观点鲜明、内容丰富、数据翔实、指导性强等特点，深受行业内外人士的欢迎，已成为行业的品牌图书。

2022/2023《中国纺织工业发展报告》涵盖行业运行、新时代·新征程、优供给·促升级、行业研究、原料供求、统计资料等栏目。该书围绕贯彻落实党的二十大精神，加强了新时代、新发展格局下我国纺织行业发展形势变化研判及加快建设现代化纺织产业体系，推动高质量发展重点方向的研究。栏目多样可读，内容丰富翔实，视角开阔新颖，研究深入实际，具有较高的使用和参考价值。

该书主要面向国内外纺织行业及相关企业，各级政府与行业社团组织，以及金融与投资、贸易与咨询、科研与教育机构，极具参考、使用、研究和收藏价值。

2022/2023《中国纺织工业发展报告》将于2023年6月由中国纺织出版社有限公司正式出版，每本定价380元（含邮资），发行数量有限，欢迎订阅。

品牌图书 行业发布 每年推新

欢迎订阅 每本定价 380元 含快递费

订阅专线 010-85229411 85229284

本广告引用的相关数据和调查结果由中国纺织工业发展报告提供

表3-1　2022年纺织行业规模以上企业经济指标分行业完成情况（不含纺织机械制造业）
Table 3-1　Industry Main Indicators of Textile Enterprises above Designated Size by Industrial Sectors in 2022 (Excluding Textile Machinery Manufacturing)

单位：万元
Unit：10,000 yuan

行业 Industrial Sectors		纺织行业（不含纺织机械制造业） The Overall Textile Industry (Excluding Textile Machinery Manufacturing)	纺织业 Textile	纺织服装、服饰业 Garment and Accessory Manufacturing	化学纤维制造业 Chemical Fiber Manufacturing
企业户数 Number of Enterprises		35494	20108	13219	2167
亏损企业数 Number of Loss-making Enterprises		7630	4377	2561	692
亏损面（%） Proportion of Loss-making Enterprises		21.50	21.77	19.37	31.93
营业收入 Operating Revenue	本年累计 Current Year	515972506	261576185	145388930	109007391
	去年累计 Previous Year	520318144	264481776	152332402	103503966
	同比(%) Compared Ratio	-0.84	-1.10	-4.56	5.32
营业成本 Operating Costs	本年累计 Current Year	456978754	231771573	124041662	101165519
	去年累计 Previous Year	453329775	232672006	129241474	91416295
	同比(%) Compared Ratio	0.80	-0.39	-4.02	10.66
销售费用 Sales Expenses	本年累计 Current Year	10797823	4677258	5215752	904813
	去年累计 Previous Year	11377539	4828135	5636858	912547
	同比(%) Compared Ratio	-5.10	-3.12	-7.47	-0.85
管理费用 Management Expenses	本年累计 Current Year	18027149	8576521	7123180	2327448
	去年累计 Previous Year	18010296	8416884	7367225	2226187
	同比(%) Compared Ratio	0.09	1.90	-3.31	4.55

续表

行业 Industrial Sectors		纺织行业（不含纺织机械制造业）The Overall Textile Industry (Excluding Textile Machinery Manufacturing)	纺织业 Textile	纺织服装、服饰业 Garment and Accessory Manufacturing	化学纤维制造业 Chemical Fiber Manufacturing
财务费用 Financial Expenses	本年累计 Current Year	3893496	2257032	488208	1148257
	去年累计 Previous Year	4850938	2640993	983371	1226574
	同比(%) Compared Ratio	−19.74	−14.54	−50.35	−6.39
利润总额 Total Profit	本年累计 Current Year	20058998	10007876	7638225	2412897
	去年累计 Previous Year	26715625	12173416	8154844	6387364
	同比(%) Compared Ratio	−24.92	−17.79	−6.34	−62.22
亏损企业亏损额 Total Loss of Loss-making Enterprises	本年累计 Current Year	5144426	2484238	966372	1693816
	去年累计 Previous Year	2902192	1207124	859335	835733
	同比(%) Compared Ratio	77.26	105.80	12.46	102.67
资产总计 Total Assets	本年累计 Current Year	451579774	225084108	114185819	112309847
	去年累计 Previous Year	437196713	217639780	115312128	104244805
	同比(%) Compared Ratio	3.29	3.42	−0.98	7.74
其中：流动资产合计 Total Working Capitals	本年累计 Current Year	247948509	128889081	70850295	48209133
	去年累计 Previous Year	241767854	125253986	71169815	45344053
	同比(%) Compared Ratio	2.56	2.90	−0.45	6.32

表3-2　2022年纺织行业规模以上企业经济指标分行业完成情况（不含纺织机械制造业）

Table 3-2　Industry Main Indicators of Textile Enterprises above Designated Size by Industrial Sectors in 2022 (Excluding Textile Machinery Manufacturing)

单位：万元
Unit：10,000 yuan

行业 Industrial Sectors		纺织行业（不含纺织机械制造业）The Overall Textile Industry (Excluding Textile Machinery Manufacturing)	纺织业 Textile	纺织服装、服饰业 Garment and Accessory Manufacturing	化学纤维制造业 Chemical Fiber Manufacturing
其中：应收票据及应收账款 Trade and Bills Receivables	本年累计 Current Year	55950573	30315955	18396350	7238268
	去年累计 Previous Year	54771576	29783070	18407137	6581370
	同比(%) Compared Ratio	2.15	1.79	-0.06	9.98
存货 Inventory	本年累计 Current Year	66079939	36001161	18759174	11319604
	去年累计 Previous Year	65038045	35625572	18788792	10623681
	同比(%) Compared Ratio	1.60	1.05	-0.16	6.55
其中：产成品 (Include) Manufactured Products	本年累计 Current Year	35171454	18687951	9907206	6576298
	去年累计 Previous Year	33064679	17454961	9819321	5790398
	同比(%) Compared Ratio	6.37	7.06	0.90	13.57
负债合计 Total Liabilities	本年累计 Current Year	254145960	127851801	58174667	68119492
	去年累计 Previous Year	242392972	123420121	58896606	60076244
	同比(%) Compared Ratio	4.85	3.59	-1.23	13.39
出口交货值 Export Delivered Value	本年累计 Current Year	66632822	27748013	32268064	6616746
	去年累计 Previous Year	64918131	28179643	31376287	5362201
	同比(%) Compared Ratio	2.64	-1.53	2.84	23.40

注 2022年，纺织行业规模以上企业主要经济指标根据国家统计局发布的纺织业、服装服饰业和化纤业数据加总。

Note In 2022, the main indicators of enterprises above designated size in the textile industry have been aggregated according to the data of the textile industry, apparel industry and chemical fiber industry released by the National Bureau of Statistics.

纺织导报®
CHINA TEXTILE LEADER
关注《纺织导报》官方微信
传递纺织科技信息
推动企业价值增长
以全新视野、宏观视角、深刻思想、前瞻观点，发现纺织科技进步所带来的巨大价值和无限潜力，解析技术市场变局，促进价值生产和传递，实现传媒自身价值，构建纺织业交流平台。
欢迎订阅《纺织导报》杂志
纺织导报®
CHINA TEXTILE LEADER
全国中文核心期刊
全国百强科技期刊
Mar. 2017 No.3
HUNTSMAN
天空一望
订阅热线：010-84463638-8850
更多精彩内容请登录本刊网站：www.texleader.com.cn

表4 2022年纺织工业产量增速汇总表（全行业规模以上企业）

Table 4 Main Products Output Rate of Textile Industry in 2022 (Enterprises above Designated Size)

序号 Number	名称 Products	累计同比(%) Percentage Change over Previous Year
1	纱 Yarn	−6.55
2	棉纱 Cotton Yarn	−10.49
3	棉混纺纱 Blended Yarn	−6.52
4	化学纤维纱 Chemical Fiber Yarn	2.90
5	布 Cloth	−6.63
6	其中：色织布（含牛仔布） Yarn-dyed Fabric (Including Denim)	−8.29
7	其中：棉布 Cotton Cloth	−5.94
8	棉混纺布 Blended Cloth	−4.03
9	化学纤维布 Pure Chemical Fiber Cloth	−9.62
10	印染布 Dyed and Printed Fabric	−7.52
11	绒线（毛线）Wool Yarn	−0.60
12	毛机织物（呢绒）Woolen Fabrics	4.70
13	亚麻布（含亚麻≥55%） Linen Fabrics	16.57
14	苎麻布（含苎麻≥55%） Ramie Fabrics	−6.34
15	蚕丝 Silk	2.23
16	其中：绢纺丝 Schappe Silk	17.74
17	蚕丝及交织机织物（含蚕丝≥50%） Silk Textile	−16.65
18	蚕丝被 Silk Quilt	−6.90
19	非织造布（无纺布） Fabric	0.56
20	帘子布 Cord Fabric	−6.16

续表

序号 Number	名称 Products	累计同比(%) Percentage Change over Previous Year
21	服装 Garments	−3.36
22	机织服装 Non-knit Clothes	−5.15
23	其中：羽绒服装 Down & Feather Clothes	−10.00
24	西服套装 Suits	5.94
25	衬衫 Shirts	−0.83
26	针织服装 Knit Clothes	−2.24
27	化学纤维用浆粕 Pulp for Chemical Fiber	−3.13
28	化学纤维 Chemical Fiber	−0.96
29	其中：纤维素纤维（人造纤维） Cellulose Fiber	−3.35
30	其中：黏胶短纤维 Viscose Fiber	−4.66
31	黏胶纤维长丝 Viscose Filament	−1.85
32	醋酯纤维长丝 Cellulose Acetate Filament	3.71
33	其中：合成纤维 Synthetic Fiber	−0.86
34	其中：锦纶 Nylon (Polyamide Fiber)	−7.84
35	涤纶 Polyester Fiber	−0.48
36	腈纶 Acrylic Fiber	21.35
37	维纶 Polyvinyl Fiber	10.54
38	丙纶 Polypropylene Fiber	−4.94
39	氨纶 Spendex Fiber	2.71

表5-1 2022年纺织工业产量增速分地区汇总表（规模以上全行业）

Table 5-1 Main Products Output Rate of Textile Industry by Provinces in 2022 (Enterprises above Designated Size)

地区	Region	纱 Yarn	棉纱 Cotton Yarn	棉混纺纱 Blended Yarn	化学纤维纱 Chemical Fiber Yarn
		累计同比(%) Percentage Change over Previous Year	累计同比(%) Percentage Change over Previous Year	累计同比(%) Percentage Change over Previous Year	累计同比(%) Percentage Change over Previous Year
全国	National Total	-6.55	-10.49	-6.52	2.90
北京	Beijing				
天津	Tianjin	10.50	-62.99		52.57
河北	Hebei	-23.41	-29.27	-0.34	-2.85
山西	Shanxi	-27.32	-28.14	-27.70	-23.52
内蒙	Inner Mongolia	-62.31	-62.31		
辽宁	Liaoning	-15.74	-16.49	-5.45	-48.48
吉林	Jilin	-10.15	-4.38		-14.93
黑龙江	Heilongjiang	4.58			4.58
上海	Shanghai	-15.22	-20.41		-13.32
江苏	Jiangsu	-15.26	-17.36	-11.09	-15.80
浙江	Zhejiang	-8.88	-8.97	-6.95	-9.97
安徽	Anhui	-5.14	-18.71	65.79	13.05
福建	Fujian	1.56	-2.77	-3.96	5.73
江西	Jiangxi	-7.22	-3.12	-45.95	20.23
山东	Shandong	-9.99	-11.68	-2.80	6.23
河南	Henan	-11.07	-11.12	-34.08	0.62
湖北	Hubei	3.21	-6.56	-2.42	28.70
湖南	Hunan	13.83	19.36	-22.78	6.66
广东	Guangdong	-3.74	-4.12	-15.78	2.79
广西	Guangxi	-17.85	-36.75	-43.44	60.11
海南	Hainan				
重庆	Chongqing	-4.88	-5.09	4.03	-15.70
四川	Sichuan	-2.82	-0.15	0.39	-12.61
贵州	Guizhou	-27.17	-55.53	-22.19	4.32
云南	Yunnan	-3.22		-5.64	-1.09
西藏	Tibet				
陕西	Shaanxi	-5.79	-18.89	19.11	60.93
甘肃	Gansu	-6.38	-6.38		
青海	Qinghai				
宁夏	Ningxia	-26.30	-34.34	15.47	-17.54
新疆	Xinjiang	-16.13	-17.45	-41.99	-9.43

续表

布 Cloth	色织布 Yarn-dyed Fabric	棉布 Cotton Cloth	棉混纺布 Blended Cloth	化学纤维布 Pure Chemical Fiber Cloth
累计同比(%) Percentage Change over Previous Year	累计同比(%) Percentage Change over Previous Year	累计同比(%) Percentage Change over Previous Year	累计同比(%) Percentage Change over Previous Year	累计同比(%) Percentage Change over Previous Year
-6.63	-8.29	-5.94	-4.03	-9.62
-46.04		-78.47	16.16	
-13.48	-29.53	-14.02	-10.48	-15.55
-31.36		-18.14	-35.99	
-6.05	-33.82	-5.52	20.65	-15.57
-9.18		-9.18		
-23.73	-20.83	18.59	-33.67	-35.98
-11.26	-3.34	-13.28	-11.53	-7.40
-2.95	-4.47	-3.13	2.02	-4.71
-11.99	-43.02	-28.62	-17.68	8.02
-11.16		18.02	-11.66	-15.79
-26.69	-38.01	-45.72	-10.55	38.46
-6.18	-0.13	-6.95	2.63	-7.98
14.19	-33.18	13.73	17.89	29.01
3.50		1.10	4.93	16.13
-9.47	-40.19	-21.97	22.78	0.00
-18.65	-20.71	-14.13	-13.44	-27.02
5.96	16.48	5.96		
10.07		-58.18	45.66	-10.75
-14.85		-35.07	-6.12	45.34
1.86				1.86
-7.15		-26.35	16.45	0.83
-17.38		-18.56	287.14	-50.87
37.30		38.78	16.58	2699.54

表5-2 2022年纺织工业产量增速分地区汇总表（规模以上全行业）
Table 5-2 Main Products Output Rate of Textile Industry by Provinces in 2022 (Enterprises above Designated Size)

地 区	Region	印染布 Dyed and Printed Fabric	绒线(毛线) Wool Yarn	毛机织物(呢绒) Woolen Fabrics	亚麻布 Linen Fabrics
		累计同比(%) Percentage Change over Previous Year	累计同比(%) Percentage Change over Previous Year	累计同比(%) Percentage Change over Previous Year	累计同比(%) Percentage Change over Previous Year
全 国	National Total	-7.52	-0.60	4.70	16.57
北 京	Beijing		-8.20		
天 津	Tianjin	6.73			
河 北	Hebei	17.86	-24.53	-6.31	
山 西	Shanxi	-1.68			
内 蒙	Inner Mongolia		-87.19	101.91	
辽 宁	Liaoning	-18.76	173.35	-36.42	32.30
吉 林	Jilin			3.50	
黑龙江	Heilongjiang				20.34
上 海	Shanghai	-35.37			
江 苏	Jiangsu	-17.89	3.89	1.23	12.90
浙 江	Zhejiang	-6.56	9.96	0.93	-8.15
安 徽	Anhui	-7.19		34.77	45.61
福 建	Fujian	-4.43	4.60	-20.18	
江 西	Jiangxi	4.18	-14.86	84.77	
山 东	Shandong	-6.01	-24.42	-4.41	-1.15
河 南	Henan	10.86	-3.44	-20.74	8.04
湖 北	Hubei	5.07		-17.51	14.70
湖 南	Hunan	39.00			
广 东	Guangdong	-8.57	2.36	-9.07	4.20
广 西	Guangxi	2.88			60.07
海 南	Hainan				
重 庆	Chongqing	-37.97	13.77		
四 川	Sichuan	-8.68			
贵 州	Guizhou	-70.87			
云 南	Yunnan				
西 藏	Tibet		-53.24	-17.73	
陕 西	Shaanxi	-16.02			
甘 肃	Gansu			18.82	
青 海	Qinghai				
宁 夏	Ningxia				450.48
新 疆	Xinjiang	170.74			

续表

苎麻布 Ramie Fabrics	蚕丝 Silk	绢纺丝 Schappe Silk	蚕丝及交织物(含蚕丝≥50%) Silk Textile	蚕丝被 Silk Quilt
累计同比(%) Percentage Change over Previous Year	累计同比(%) Percentage Change over Previous Year	累计同比(%) Percentage Change over Previous Year	累计同比(%) Percentage Change over Previous Year	累计同比(%) Percentage Change over Previous Year
−6.34	2.23	17.74	−16.65	−6.90
	−15.76			−48.33
	22.30			
				11.91
	9.32	−30.68	−8.73	−19.16
	32.03	28.40	−2.65	0.96
	8.93		−5.46	−2.16
				30.33
−23.55	−43.27		−98.50	−17.54
	6.97		−8.59	−43.88
	17.49	19.15		16.16
59.49	14.05			−16.76
−10.65				33.99
	−22.76	116.16		−8.24
27.72	7.51	17.89	1.00	3.22
−5.58	−43.57	−4.86	5.46	26.91
8.39	−5.58	−8.89	−16.45	6.58
	−61.42			−65.49
	−4.38		−66.68	−11.25
	0			
	−7.80		0.09	−17.95
			−23.64	
				−71.33

表5—3 2022年纺织工业产量增速分地区汇总表（规模以上全行业）
Table 5—3 Main Products Output Rate of Textile Industry by Provinces in 2022 (Enterprises above Designated Size)

地 区	Region	非织造布（无纺布） Nonwoven Fabric	帘子布 Cord Fabric	服装 Garments	机织服装 Non-knit Clothes
		累计同比(%) Percentage Change over Previous Year	累计同比(%) Percentage Change over Previous Year	累计同比(%) Percentage Change over Previous Year	累计同比(%) Percentage Change over Previous Year
全 国	National Total	0.56	−6.16	−3.36	−5.15
北 京	Beijing	−8.54		−18.81	−15.57
天 津	Tianjin	−16.60		−14.00	−1.72
河 北	Hebei	4.90		12.78	11.47
山 西	Shanxi			54.89	42.00
内 蒙	Inner Mongolia	−70.34		−74.39	−86.25
辽 宁	Liaoning	−15.37		−11.54	−13.39
吉 林	Jilin	−35.60		4.39	18.93
黑龙江	Heilongjiang	−43.13		−72.29	−81.93
上 海	Shanghai	−13.18	−47.19	−8.27	−0.06
江 苏	Jiangsu	−5.88	−6.78	−3.96	−1.72
浙 江	Zhejiang	−9.90	−0.71	−8.41	−8.75
安 徽	Anhui	−10.34		−1.25	−4.57
福 建	Fujian	12.50	10.10	4.75	−3.06
江 西	Jiangxi	18.82		−9.63	−12.75
山 东	Shandong	1.30	−2.52	−10.17	−7.75
河 南	Henan	9.71	−5.08	2.77	2.64
湖 北	Hubei	5.38		3.45	0.63
湖 南	Hunan	78.65		26.61	15.90
广 东	Guangdong	−5.75	−14.98	−13.78	−11.78
广 西	Guangxi	−12.38		72.98	135.32
海 南	Hainan	−31.24			
重 庆	Chongqing	−3.38		−5.31	10.15
四 川	Sichuan	−6.28		−24.34	−30.03
贵 州	Guizhou	0		−0.60	−34.91
云 南	Yunnan	−25.62		−6.57	−20.01
西 藏	Tibet	0		0.00	
陕 西	Shaanxi	−8.71		−21.63	−22.71
甘 肃	Gansu	22.23		−7.76	−6.14
青 海	Qinghai	0		−92.57	−93.15
宁 夏	Ningxia	−91.32		1.72	−2.90
新 疆	Xinjiang	−0.16		−10.01	−16.02

续表

羽绒服 Down & Feather Clothes	西服套装 Suits	衬衫 Shirts	针织服装 Knit Clothes	化学纤维用浆粕 Pulp for Chemical Fiber
累计同比(%) Percentage Change over Previous Year	累计同比(%) Percentage Change over Previous Year	累计同比(%) Percentage Change over Previous Year	累计同比(%) Percentage Change over Previous Year	累计同比(%) Percentage Change over Previous Year
-10.00	5.94	-0.83	-2.24	-3.13
-24.12	32.11	-14.62	-22.48	
-30.59	-57.54	-3.36	-34.03	
-29.35	-20.63	32.50	39.76	-1.49
	34.20		60.52	
			-9.11	
-66.99	50.88	-22.30	-5.75	
120.67	-18.59	13.02	-14.40	
	-7.46		-54.87	
12.36	-21.82	-5.93	-16.02	
-1.36	-0.19	6.33	-6.30	-19.76
10.50	15.96	11.67	-8.24	
47.09	-5.51	14.93	3.29	1.94
-30.13	0.26	0.20	7.14	-25.62
-22.85	-17.72	-12.70	-7.36	
-32.68	8.60	-14.91	-11.25	-2.01
9.28	6.14	-1.58	3.17	
-35.13	-6.52	-44.81	11.49	-18.63
-37.30	27.09	-13.34	32.51	-2.30
6.43	-9.70	-17.90	-14.86	
9.59	-17.17	-7.25	40.78	
-2.39	-17.28	-33.07	-40.20	
-34.11	-30.89	-6.70	-7.80	-2.59
-75.62			11.74	
	13.39	6.03	262.33	
75.13	0.32	-5.23	-14.54	
	-44.93			
	-95.99	-67.12	-78.72	
	-11.81	9.38	27.73	-44.37
-34.48	9.89	-68.48	-2.19	-1.53

表5–4 2022年纺织工业产量增速分地区汇总表（规模以上全行业）
Table 5–4 Main Products Output Rate of Textile Industry by Provinces in 2022 (Enterprises above Designated Size)

地 区	Region	化学纤维 Chemical Fiber	纤维素纤维(人造纤维) Cellulose Fiber	黏胶短纤维 Viscose Staple	黏胶纤维长丝 Viscose Filament
		累计同比(%) Percentage Change over Previous Year	累计同比(%) Percentage Change over Previous Year	累计同比(%) Percentage Change over Previous Year	累计同比(%) Percentage Change over Previous Year
全 国	National Total	–0.96	–3.35	–4.66	–1.85
北 京	Beijing	8.04			
天 津	Tianjin	–93.66			
河 北	Hebei	2.66	–2.70	–2.70	
山 西	Shanxi	72.49	72.49		
内 蒙	Inner Mongolia	5.29			
辽 宁	Liaoning	–56.90			
吉 林	Jilin	16.41	–16.32	–20.50	–9.74
黑龙江	Heilongjiang	48.29			
上 海	Shanghai	–41.93			
江 苏	Jiangsu	0.60	–5.12	8.90	3.85
浙 江	Zhejiang	–0.83	61.43	–27.00	
安 徽	Anhui	–15.67	–39.86		
福 建	Fujian	0.94	–0.06	–0.31	
江 西	Jiangxi	–1.56	1.98	1.98	
山 东	Shandong	2.62	63.51	75.67	
河 南	Henan	0.65	2.22		4.46
湖 北	Hubei	0.43	–7.00	–6.37	–13.36
湖 南	Hunan	40.44	40.84		
广 东	Guangdong	–11.33	–19.92		
广 西	Guangxi				
海 南	Hainan				
重 庆	Chongqing	12.27			
四 川	Sichuan	–11.11	–14.99	–16.79	–2.83
贵 州	Guizhou	14.24			
云 南	Yunnan	–4.59	–1.09		
西 藏	Tibet				
陕 西	Shaanxi	–3.11	5.89		
甘 肃	Gansu	–51.95			
青 海	Qinghai	147.17			
宁 夏	Ningxia	108.86			
新 疆	Xinjiang	–18.58	–19.45	–23.87	

续表

醋酯纤维长丝 Cellulose Filament	合成纤维 Synthetic Fiber	锦纶 Nylon Fiber	涤纶 Polyester Fiber	腈纶 Acrylic Fiber
累计同比(%) Percentage Change over Previous Year	累计同比(%) Percentage Change over Previous Year	累计同比(%) Percentage Change over Previous Year	累计同比(%) Percentage Change over Previous Year	累计同比(%) Percentage Change over Previous Year
3.71	−0.86	−7.84	−0.48	21.35
	−94.90	−61.16	−94.99	
	22.30	22.62	16.22	53.55
	5.29			
	−56.90	−97.10	−57.08	
	31.58			31.97
	48.29			48.31
	−42.18	−8.02	−37.66	−72.41
−0.12	0.94	−8.47	1.28	−45.69
	−1.13	−2.69	−1.18	89.53
	−14.25		−14.80	17.47
	0.89	−12.20	5.35	
	−11.14		−21.73	
23.15	−11.93	14.38	−14.86	−6.75
	−2.84	5.66	−7.62	
	1.28	−7.66	41.94	
	40.43	−16.91		
6.72	−6.80	3.76	−5.51	
	11.61		12.55	
	−7.54	−10.61	−7.09	
	14.24		27.09	
−1.09	−23.54		−23.54	
5.89	−23.56	−38.25		
	−73.26		−73.26	
	115.84			
	13.97	34.12	23.81	

表5—5 2022年纺织工业产量增速分地区汇总表（规模以上全行业）
Table 5—5 Main Products Output Rate of Textile Industry by Provinces in 2022 (Enterprises above Designated Size)

地 区	Region	维纶 Polyvinyl Fiber	丙纶 Polypropylene Fiber	氨纶 Spendex Fiber
		累计同比(%) Percentage Change over Previous Year	累计同比(%) Percentage Change over Previous Year	累计同比(%) Percentage Change over Previous Year
全 国	National Total	10.54	−4.94	2.71
北 京	Beijing			
天 津	Tianjin			
河 北	Hebei		−24.00	−28.95
山 西	Shanxi			
内 蒙	Inner Mongolia	5.29		
辽 宁	Liaoning			
吉 林	Jilin			
黑龙江	Heilongjiang	−85.51		
上 海	Shanghai		−24.78	
江 苏	Jiangsu		−7.13	−12.77
浙 江	Zhejiang		11.71	−0.90
安 徽	Anhui	−29.77	−65.79	
福 建	Fujian	−10.85	−3.99	1.67
江 西	Jiangxi	49.87	46.73	
山 东	Shandong	−60.72	−5.19	−61.05
河 南	Henan			9.44
湖 北	Hubei		−2.20	
湖 南	Hunan			
广 东	Guangdong		−14.80	−9.97
广 西	Guangxi			
海 南	Hainan			
重 庆	Chongqing	−29.81		14.78
四 川	Sichuan			
贵 州	Guizhou		−98.78	
云 南	Yunnan			
西 藏	Tibet			
陕 西	Shaanxi			26.61
甘 肃	Gansu			
青 海	Qinghai			
宁 夏	Ningxia			115.84
新 疆	Xinjiang		−21.72	

注 规模以上企业划分标准为年主营业务收入2000万元及以上工业法人企业。

Note Enterprises above designated size refer to enterprises whose revenue from principle business is over 20 million yuan per year.

资料来源（表1～表5）：国家统计局
Source(Table 1～Table 5): National Bureau of Statistics of China

《服装设计师》杂志简介

《服装设计师》杂志2001年创刊，由中国纺织工业联合会主管，中国服装设计师协会主办，国内外公开发行的专业期刊。主要内容刊载服装设计相关专业文章，促进服装行业发展。刊物自创办以来始终坚持“权威、专业、时尚”的办刊宗旨，与正确舆论导向保持一致，紧紧围绕时尚产业发展方向发挥窗口作用。

随着时代的变迁，传播方式的转变，期刊的使命向精深化发展。从2020年起，《服装设计师》杂志增加了可供精深阅读的内容占比，增加学术文章的刊载比重，在推动杂志高质量发展的同时，以打造时尚产业产学研交流平台为目标，为中国时尚社群发声提供一个专业的平台，成为引领中国时尚产业发展的理论阵地。

《服装设计师》杂志每月25日出版，全年12期，每期零售价格25元，全年定价300元。

订阅方式：

扫码微店购买

邮发代号：82-463
国内统一刊号：CN11-4548/TS

邮局汇款

地　址：北京市朝阳区酒仙桥路4号
锅炉房正东集团院内B5（100015）
收款人：服装设计师杂志社

银行转账

户　名：服装设计师杂志社
开户行：北京银行酒仙桥支行
账　号：01090332000120109059233

电　话：010-84562288-401
联系人：牛老师
邮　箱：fcmag@fashion.org.cn

2023年度《服装设计师》杂志广告报价

位置	规格（宽×高）/mm	价格/（元/次）
封二	216×291	80000
扉页	216×291	60000
封三	216×291	70000
封底	216×291	80000
内页	216×291	60000
内页跨页	426×291	100000
内页1/2横版	170×120	30000
内页1/2竖版	80×210	30000
内页1/3版	170×60	20000
专题整版	/	20000

2023年度服装设计师杂志微信公众平台广告报价

位置	形式	价格/（元/次）
原创头条	图文	20000
非原创头条	图文（视频）	12000
原创次条	图文	8000
非原创次条	图文（视频）	6000
非原创3条至多条位置	图文	3000
广告植入（三个月为一期共12次）	文底	8000

2023年度服装设计师杂志微博平台广告报价

形式	价格/（元/次）
图\文\视频（不限）	10000

表6 全国纺织品服装出口贸易总值表

Table 6 China's Import and Export Total Value of Textile and Apparel

年度 Year	项目 Item	进出口 Import and Export (亿美元) (USD 100 Million)	出口 Export (亿美元) (USD 100 Million)	进口 Import (亿美元) (USD 100 Million)	贸易差额 Balance of Trade (亿美元) (USD 100 Million)	累计同比(%) Percentage Change over Previous Year		
						进出口 Import and Export	出口 Export	进口 Import
2012年	全国 The Whole Nation	38667.6	20489.40	18178.30	2311.10	6.20	7.90	4.30
2012年	纺织 Textile Industry	2873.64	2625.63	248.01	2377.62	3.64	3.32	7.10
2012年	纺织占全国比重 Textile vs. Nation	7.43%	12.81%	1.36%				
2013年	全国 The Whole Nation	41603.1	22100.20	19502.90	2597.30	7.60	7.90	7.30
2013年	纺织 Textile Industry	3196.20	2920.75	275.45	2645.30	11.22	11.24	11.06
2013年	纺织占全国比重 Textile vs. Nation	7.68%	13.22%	1.41%				
2014年	全国 The Whole Nation	43030.4	23427.50	19602.90	3824.60	3.40	6.10	0.40
2014年	纺织 Textile Industry	3343.33	3069.58	273.75	2795.83	4.60	5.10	−0.62
2014年	纺织占全国比重 Textile vs. Nation	7.77%	13.10%	1.40%				
2015年	全国 The Whole Nation	39586.40	22765.70	16820.70	5945.00	−8.00	−2.80	−14.10
2015年	纺织 Textile Industry	3176.92	2911.48	265.44	2646.04	−4.48	−4.78	−1.01
2015年	纺织占全国比重 Textile vs. Nation	8.03%	12.79%	1.58%				
2016年	全国 The Whole Nation	36849.30	20974.40	15874.80	5099.60	−6.80	−7.70	−5.50
2016年	纺织 Textile Industry	2942.99	2701.2	241.79	2459.41	−7.36	−7.22	−8.91
2016年	纺织占全国比重 Textile vs. Nation	7.99%	12.88%	1.52%				
2017年	全国 The Whole Nation	41044.70	22634.90	18409.80	4225.10	11.40	7.90	15.90
2017年	纺织 Textile Industry	3001.24	2745.05	256.19	2488.86	1.98	1.62	5.96
2017年	纺织占全国比重 Textile vs. Nation	7.31%	12.13%	1.39%				

续表

年度 Year	项目 Item	进出口 Import and Export (亿美元) (USD 100 Million)	出口 Export (亿美元) (USD 100 Million)	进口 Import (亿美元) (USD 100 Million)	贸易差额 Balance of Trade (亿美元) (USD 100 Million)	累计同比(%) Percentage Change over Previous Year		
						进出口 Import and Export	出口 Export	进口 Import
2018年	全国 The Whole Nation	46230.40	24874.00	21356.40	3517.60	12.60	9.90	15.80
2018年	纺织 Textile Industry	3120.50	2849.71	270.79	2578.92	3.97	3.81	5.70
2018年	纺织占全国比重 Textile vs. Nation	6.75%	11.46%	1.27%				
2019年	全国 The Whole Nation	45753.00	24984.10	20768.90	4215.10	5.70	7.30	3.80
2019年	纺织 Textile Industry	3061.79	2807.05	254.74	2552.31	−1.88	−1.50	−5.93
2019年	纺织占全国比重 Textile vs. Nation	6.69%	11.24%	1.23%				
2020年	全国 The Whole Nation	46559.13	25899.52	20659.62	5239.90	1.70	3.60	−0.60
2020年	纺织 Textile Industry	3300.12	3066.61	233.51	2833.10	7.78	9.25	−8.33
2020年	纺织占全国比重 Textile vs. Nation	7.09%	11.84%	1.13%				
2021年	全国 The Whole Nation	60438.74	33571.43	26867.31	6704.12	29.80	29.60	30.00
2021年	纺织 Textile Industry	3627.52	3346.33	281.19	3065.14	9.92	9.12	20.42
2021年	纺织占全国比重 Textile vs. Nation	6.00%	9.97%	1.05%				
2022年	全国 The Whole Nation	63096.00	35936.01	27159.99	8776.03	4.40	7.00	1.10
2022年	纺织 Textile Industry	3640.48	3409.49	231.00	3178.49	0.36	2.50	−17.85
2022年	纺织占全国比重 Textile vs. Nation	5.77%	9.49%	0.85%				

表7　全国纺织品服装分月度进出口贸易总值表
Table 7　China's Import and Export Total Value of Textile and Apparel by Month

单位：亿美元
Unit：USD 100 million

年月 Month/Year	进出口 Import and Export	出口 Export	进口 Import	贸易差额 Balance of Trade	1月至当月累计 From January to This Month			
					进出口 Import and Export	出口 Export	进口 Import	贸易差额 Balance of Trade
2021年1月 01/2021	289.29	266.03	23.26	242.76	289.29	266.03	23.26	242.76
2021年2月 02/2021	212.43	195.65	16.78	178.87	501.72	461.67	40.04	421.63
2021年3月 03/2021	215.86	189.26	26.60	162.66	717.58	650.94	66.64	584.30
2021年4月 04/2021	256.12	232.77	23.35	209.43	973.70	883.71	89.99	793.72
2021年5月 05/2021	264.36	243.20	21.15	222.05	1238.06	1126.92	111.14	1015.77
2021年6月 06/2021	298.83	276.64	22.20	254.44	1536.89	1403.55	133.34	1270.21
2021年7月 07/2021	306.06	282.73	23.32	259.41	1842.95	1686.28	156.66	1529.62
2021年8月 08/2021	326.06	301.23	24.83	276.40	2169.01	1987.52	181.50	1806.02
2021年9月 09/2021	315.93	291.32	24.61	266.71	2484.94	2278.83	206.11	2072.73
2021年10月 10/2021	311.69	289.38	22.31	267.07	2796.62	2568.21	228.41	2339.80
2021年11月 11/2021	311.15	286.59	24.57	262.02	3107.78	2854.80	252.98	2601.82
2021年12月 12/2021	326.42	302.10	24.32	277.79	3434.20	3156.90	277.30	2879.61

续表

年月 Month/Year	进出口 Import and Export	出口 Export	进口 Import	贸易差额 Balance of Trade	1月至当月累计 From January to This Month			
					进出口 Import and Export	出口 Export	进口 Import	贸易差额 Balance of Trade
2022年1月 01/2022	347.19	324.14	23.05	301.08	347.19	324.14	23.05	301.08
2022年2月 02/2022	194.41	177.89	16.52	161.37	541.60	502.02	39.58	462.45
2022年3月 03/2022	241.58	220.49	21.08	199.41	783.16	722.51	60.65	661.86
2022年4月 04/2022	253.14	235.92	17.22	218.70	1036.28	958.41	77.87	880.54
2022年5月 05/2022	310.45	292.27	18.18	274.10	1346.65	1250.66	95.98	1154.68
2022年6月 06/2022	335.53	315.46	20.07	295.40	1680.94	1564.89	116.04	1448.85
2022年7月 07/2022	350.73	332.22	18.51	313.70	2028.09	1893.54	134.55	1758.99
2022年8月 08/2022	330.14	309.76	20.38	289.38	2357.95	2203.03	154.92	2048.11
2022年9月 09/2022	299.96	280.51	19.45	261.05	2657.86	2483.49	174.37	2309.12
2022年10月 10/2022	266.52	250.23	16.29	233.95	2923.12	2732.47	190.65	2541.81
2022年11月 11/2022	261.67	243.86	17.81	226.05	3182.44	2973.98	208.46	2765.52
2022年12月 12/2022	268.72	252.97	15.75	237.21	3457.66	3233.45	224.21	3009.24

注 2021年、2022年纺织行业进出口统计不含第94章褥垫、睡袋及其他寝具。

Note The import and export data in 2021 and 2022 do not include Chapter 94.

表8—1 2022年纺织品服装进出口额

Table 8—1 China's Import and Export of Textile and Apparel in 2022

金额单位：亿美元
Value Unit：USD 100 million

项目 Item	出口 Export						进口 Import					
	小计 Subtotal		纺织品 Textiles		服装 Garments		小计 Subtotal		纺织品 Textiles		服装 Garments	
	当年 Current Year	同比(%) Percentage Change over Previous Year	当年 Current Year	同比(%) Percentage Change over Previous Year	当年 Current Year	同比(%) Percentage Change over Previous Year	当年 Current Year	同比(%) Percentage Change over Previous Year	当年 Current Year	同比(%) Percentage Change over Previous Year	当年 Current Year	同比(%) Percentage Change over Previous Year
一、贸易方式 Mode of Trade	3409.49	2.50	1568.37	1.43	1841.12	3.43	231.00	−19.67	119.95	−24.22	111.05	−14.10
1.一般贸易 Normal Trade	2794.49	2.24	1372.51	2.15	1421.98	2.33	167.14	−19.27	72.75	−27.55	94.39	−11.47
2.进料加工 Import Material Processing	145.39	−16.20	65.12	−13.80	80.27	−18.04	27.79	−24.81	26.97	−24.88	0.82	−22.47
3.来料加工 Raw Materials on Client's Demand	25.23	1.71	2.26	−23.59	22.97	5.13	10.13	−6.68	9.87	−5.72	0.26	−32.34
4.其他贸易 Others	444.38	12.55	128.49	3.47	315.89	16.72	25.94	−20.69	10.37	−9.83	15.57	−26.58
二、主要国家和地区 Major Countries and Regions												
1.亚洲地区 Asia	1547.00	9.29	863.46	7.74	683.54	11.33	155.78	−23.72	95.57	−27.38	60.21	−17.09
(1)中国香港 Hongkong,China	48.22	−21.04	23.27	−32.02	24.94	−7.01	0.54	−40.97	0.25	−46.69	0.29	−34.79
(2)中国澳门 Macao,China	1.26	−10.34	0.31	3.72	0.94	−14.19	0.24	−13.83	0.00	−38.01	0.24	−13.59
(3)中国台湾 Taiwan,China	27.18	−3.60	8.48	−4.86	18.70	−3.02	13.84	−16.16	13.52	−16.04	0.32	−21.02
(4)日本 Japan	213.97	−0.17	64.00	−0.86	149.97	0.13	23.24	−14.48	18.07	−8.97	5.17	−29.42
(5)韩国 Korea	109.49	2.56	35.32	−3.01	74.17	5.45	13.12	−7.35	9.66	−8.55	3.47	−3.86
(6)土耳其 Turkey	23.59	22.44	19.34	17.71	4.24	49.89	3.80	−18.82	0.70	−19.40	3.09	−18.69

续表

项目 Item	出口 Export						进口 Import					
	小计 Subtotal		纺织品 Textiles		服装 Garments		小计 Subtotal		纺织品 Textiles		服装 Garments	
	当年 Current Year	同比(%) Percentage Change over Previous Year	当年 Current Year	同比(%) Percentage Change over Previous Year	当年 Current Year	同比(%) Percentage Change over Previous Year	当年 Current Year	同比(%) Percentage Change over Previous Year	当年 Current Year	同比(%) Percentage Change over Previous Year	当年 Current Year	同比(%) Percentage Change over Previous Year
(7)东盟 Eastern Union	581.96	14.82	399.93	11.03	182.04	24.14	67.17	−18.73	35.38	−22.56	31.79	−13.99
2.欧洲 European	656.43	−4.52	195.73	−11.06	460.70	−1.44	64.19	−9.48	18.34	−10.09	45.85	−9.23
(1)欧盟 EU	489.69	−1.10	142.31	−9.85	347.38	3.00	59.20	−9.13	16.30	−9.82	42.89	−8.87
3.非洲 Africa	242.95	−3.62	156.75	−0.34	86.20	−9.08	2.29	−14.88	0.35	42.98	1.94	−20.61
4.大洋州 Oceania	98.04	12.37	29.79	11.34	68.25	12.83	0.30	−6.44	0.25	−7.88	0.05	2.47
(1)澳大利亚 Australia	84.87	14.33	25.09	13.09	59.78	14.86	0.27	−0.32	0.23	−3.19	0.04	19.97
5.北美自由贸易区 North America Free−trade Area	694.12	−4.07	229.09	−8.46	465.04	−1.75	7.53	−11.64	5.28	−5.31	2.25	−23.63
(1)美国 USA	585.42	−5.44	180.39	−11.67	405.04	−2.37	5.63	−4.71	4.81	−4.35	0.82	−6.79
(2)加拿大 Canada	50.36	−14.36	16.09	−13.87	34.28	−14.58	1.51	−28.35	0.20	13.29	1.31	−32.12
(3)墨西哥 Mexico	58.34	27.79	32.61	19.23	25.72	40.58	0.39	−22.85	0.27	−27.09	0.12	−11.29
6.欧盟、美国 EU and USA	1073.34	−3.54	321.89	−10.92	751.45	0.01	64.78	−8.75	21.11	−8.63	43.68	−8.80
7.非欧盟、美国 Non−EU and USA	2336.15	5.53	1246.48	5.19	1089.67	5.93	166.21	−23.25	98.84	−26.88	67.37	−17.22
8."一带一路"沿线国家 The Belt and Road	1303.75	11.33	813.09	10.04	490.66	13.52	101.24	−24.24	50.92	−33.55	50.32	−11.74

表8-2 2022年纺织品服装进出口额

Table 8-2 China's Import and Export of Textile and Apparel in 2022

金额单位：亿美元
Value Unit: USD 100 million

项目 Item	出口 Export						进口 Import					
	小计 Subtotal		纺织品 Textiles		服装 Garments		小计 Subtotal		纺织品 Textiles		服装 Garments	
	当年 Current Year	同比(%) Percentage Change over Previous Year	当年 Current Year	同比(%) Percentage Change over Previous Year	当年 Current Year	同比(%) Percentage Change over Previous Year	当年 Current Year	同比(%) Percentage Change over Previous Year	当年 Current Year	同比(%) Percentage Change over Previous Year	当年 Current Year	同比(%) Percentage Change over Previous Year
三、分原料加工 Divided on Raw Material Processing												
1.棉制产品 Cotton Products	804.93	-2.71	245.75	-3.82	559.18	-2.22	78.43	-28.82	42.79	-37.82	35.65	-13.85
2.毛制产品 Wool Products	56.73	11.80	17.99	4.46	38.74	15.57	19.63	-11.83	5.08	-8.25	14.55	-13.01
3.麻制产品 Bast Products	18.79	13.11	18.79	13.11	0	0	1.99	4.97	1.99	4.97	0	0
4.丝制产品 Silk Products	12.86	19.12	7.32	13.99	5.54	26.66	2.98	-12.69	0.21	-22.53	2.77	-11.85
5.化纤制产品 Chemical Fiber Products	1884.94	8.84	999.20	6.16	885.73	12.02	85.44	-12.86	50.42	-16.17	35.01	-7.60
6.未列名其他材料 Others	631.24	-8.37	279.32	-9.69	351.92	-7.29	42.53	-17.83	19.46	-9.98	23.07	-23.45

毛纺科技

月刊 CN 11-2386/TS，ISSN 1003-1456

《毛纺科技》1973年创刊，是毛纺工业系统唯一的全国性科技综合期刊。《毛纺科技》立足于为读者服务、为企业服务、为行业服务的宗旨，致力于促进我国毛纺工业及相关产业的科技进步、推动国内外新技术的交流与推广，已成为连接高校、科研院所、企业间进行学术交流和开展科研活动的桥梁，是科技工作者的良师益友。刊登毛纺织、毛针织、麻纺织、染整技术、服装、纺机器材等各专业领域的原创性论文。

主要栏目

纺织工程　染整与化学品　服装设计与工程
机械与器材　标准与测试　书评/设计作品
综合述评

收录情况

中国知网
万方数据
荷兰Scopus
美国EBSCO
俄罗斯AJ
中国学术期刊（网络版）
中文科技期刊数据库
……

广告征集

《毛纺科技》广泛征集国内外纺织机械设备、染化料助剂、毛纺原材料、纺织器材、纺织实验仪器、纺织产品、企业介绍及相关内容的广告。

全国中文核心期刊

邮发代号2-195，每册定价15元，全年定价180元（含平邮邮费）

电　话：010-65913844，65008693
官　网：http://www.wooltex.org（投稿网址）
E-mail：mfkj333@sina.com
地　址：北京市朝阳区延静里中街3号主楼6层（100025）

主管：中国纺织工业联合会
主办：中国纺织信息中心、中国纺织工程学会
出版：《毛纺科技》杂志社

表9-1 2022年纺织原料及制品章类进出口额

Table 9-1 Import and Export of Textile Raw Material and Manufactures by Chapters in 2022

金额单位：亿美元
Value Unit：USD 100 million

类章 Category and Chapter	全贸易方式 Multi-trade Mode		一般贸易 Normal Trade		进料加工 Import Material Processing		来料加工 Raw Materials on Client's Demand	
	当年 Current Year	同比(%) Percentage Change over Previous Year	当年 Current Year	同比(%) Percentage Change over Previous Year	当年 Current Year	同比(%) Percentage Change over Previous Year	当年 Current Year	同比(%) Percentage Change over Previous Year
一、出口 Export								
十一大类(50～63章) Eleven Categories (Chapter 50～63)	3196.62	8.60	2621.02	4.48	132.45	−4.81	26.62	3.73
50章 丝及丝绸 Chapter 50：Silk and Silk Cloth	9.33	28.00	9.07	41.11	0.04	−3.80	0	0
51章 毛及毛织品 Chapter 51：Wool and Woolen Fabric	22.60	25.20	16.29	12.43	2.43	21.20	2.79	21.77
52章 棉及棉织品 Chapter 52：Cotton and Cotton Fabric	132.64	24.40	116.89	−3.92	10.05	5.82	0.00	−97.75
53章 麻及麻织品 Chapter 53：Bast and Bast Fabric	16.17	50.70	15.22	15.49	0.37	−3.31	0.18	−7.59
54章 化纤长丝及织品 Chapter 54：Chemical Fiber Filament and Fabric	295.84	40.60	268.99	15.90	8.97	−16.77	0.15	−33.19
55章 化纤短纤织品 Chapter 55：Chemical Fiber Spun Fabric	145.02	28.60	133.11	16.58	4.00	−10.67	0.39	−13.08
56章 絮、毡、非织造布(无纺布) Chapter 56：Wadding, Felt, Non-woven Fabric	79.49	2.30	67.94	−2.44	2.93	−21.65	0.01	−5.26
57章 铺地织品 Chapter 57：Floor Cloth	38.54	26.60	32.88	6.17	0.84	−23.92	0.03	−42.67
58章 特种织物花边 Chapter 58：Special Fabric Lace	60.78	38.00	52.52	9.17	1.56	−30.57	0.10	−28.08
59章 涂层布及工业用布 Chapter 59：Coating and Industrial Fabric	102.39	38.50	91.95	13.50	4.49	−25.21	0.09	−30.97

续表

类章 Category and Chapter	全贸易方式 Multi-trade Mode		一般贸易 Normal Trade		进料加工 Import Material Processing		来料加工 Raw Materials on Client's Demand	
	当年 Current Year	同比(%) Percentage Change over Previous Year	当年 Current Year	同比(%) Percentage Change over Previous Year	当年 Current Year	同比(%) Percentage Change over Previous Year	当年 Current Year	同比(%) Percentage Change over Previous Year
60章 针织布 Chapter 60:Knitting Fabric	238.98	3.45	200.00	2.82	16.31	-12.35	4.62	-6.12
61章 针织服装及附件 Chapter 61:Knitting Garments and Accessories	909.42	5.34	730.77	4.90	28.81	1.33	17.24	9.26
62章 机织服装及附件 Chapter 62:Tatting Garments and Accessories	768.74	9.90	566.59	6.77	36.30	7.46	1.02	-30.62
63章 其他纺织织物 Chapter 63:Other Fabric	376.67	-9.89	318.79	-10.22	15.34	-14.93	0	0
二、进口 Import								
十一大类(50~63章) Eleven Categories (Chapter 50~63)	314.46	-11.34	220.26	-8.40	33.52	-24.04	10.91	-9.16
50章 丝及丝绸 Chapter 50:Silk and Silk Cloth	0.81	-11.78	0.67	-7.28	0.08	-25.17	0.04	-14.52
51章 毛及毛织品 Chapter 51:Wool and Woolen Fabric	31.02	-3.05	21.35	-10.86	2.07	-31.65	2.23	-1.87
52章 棉及棉织品 Chapter 52:Cotton and Cotton Fabric	92.96	-12.21	64.10	-4.05	8.06	-31.11	0.77	-5.06
53章 麻及麻织品 Chapter 53:Bast and Bast Fabric	10.79	5.50	8.49	6.95	0.56	1.14	0.12	12.93
54章 化纤长丝及织品 Chapter 54:Chemical Fiber Filament and Fabric	22.93	-17.10	13.05	-21.37	6.43	-14.54	2.02	-8.23
55章 化纤短纤织品 Chapter 55:Chemical Fiber Spun Fabric	15.59	-13.52	7.86	-22.35	2.59	-30.42	1.43	-7.05

表9-2 2022年纺织原料及制品章类进出口额

Table 9-2 Import and Export of Textile Raw Material and Manufactures by Chapters in 2022

金额单位：亿美元

Value Unit：USD 100 million

类章 Category and Chapter	全贸易方式 Multi-trade Mode		一般贸易 Normal Trade		进料加工 Import Material Processing		来料加工 Raw Materials on Client's Demand	
	当年 Current Year	同比(%) Percentage Change over Previous Year	当年 Current Year	同比(%) Percentage Change over Previous Year	当年 Current Year	同比(%) Percentage Change over Previous Year	当年 Current Year	同比(%) Percentage Change over Previous Year
56章 絮、毡、非织造布(无纺布) Chapter 56：Wadding, Felt, Non-woven Fabric	12.33	-15.60	8.43	-11.54	2.20	-26.98	0.76	-11.84
57章 铺地织品 Chapter 57：Floor Cover	0.92	-15.37	0.48	-16.20	0.04	1.29	0	-69.50
58章 特种织物花边 Chapter 58：Special Fabric Lace	3.41	-15.04	1.41	-13.66	1.15	-20.49	0.69	-11.74
59章 涂层布及工业用布 Chapter 59：Coating and Industrial Fabric	15.09	-9.36	8.03	-14.16	4.95	-4.34	1.16	-5.21
60章 针织布 Chapter 60：Knitting Fabric	9.08	-20.80	3.06	-11.05	4.28	-29.70	1.45	-18.82
61章 针织服装及附件 Chapter 61：Knitting Garments and Accessories	41.81	-10.34	35.52	-7.36	0.14	-49.78	0.07	8.66
62章 机织服装及附件 Chapter 62：Non-knit Garments and Accessories	53.86	-11.29	45.80	-7.01	0.35	-10.20	0.09	-55.79
63章 其他纺织织物 Chapter 63：Other Fabric	3.84	-19.64	2.01	-8.93	0.63	-41.43	0.09	-21.76

资料来源（表6～表9）：中国海关

Source (Table 6～Table 9)：China Customs

纤维及纺织品可持续发展与创新丛书

该系列丛书版权引进自世界最具影响力的科技出版社之一——施普林格出版集团，内容全面系统，具有指导性、启发性，作者和译者权威，为纺织领域的可持续发展与创新开拓新视角。

纺织类非遗系列图书

该系列丛书选取具有代表性的纺织类非遗项目，详细描述其起源与发展、工艺与技法、风俗与趣事等，带领读者走进纺织非遗，品味灿若星辰的纺织类非遗，推进纺织类非遗的传承与创新。

中国纺织出版社有限公司 | 国家一级出版社
全国百佳图书出版单位

国际统计

国际统计数据资料详见表1～表15。

表1 世界纺织纤维产量及增速
Table 1 Worldwide Textile Fiber Production and Growth Rate

产量单位：万吨
Output Unit：10,000 ton

年份 Year	合计 Total		天然纤维 Natural Fibers		化学纤维 Chemical Fibers			
	产量 Output	同比增速(%) y-o-y in(%)	产量 Output	同比增速(%) y-o-y in(%)	小计产量 Output	同比增速(%) y-o-y in(%)	其中合成纤维产量 The Output of Synthetic Fibers	同比增速(%) y-o-y in(%)
2000	5656.2	5.6	2542.9	5.2	3113.3	5.9	2836.2	5.7
2005	7002.4	7.7	2957.3	7.4	4045.1	7.9	3707.9	8.6
2010	8334.2	11.3	3158.1	7.6	5176.1	13.7	4739.4	13.7
2015	10027.3	4.4	3018.2	1.1	7009.1	5.8	6381.3	6.4
2016	10217.9	1.9	3057.8	1.3	7160.1	2.2	6510.5	2.0
2017	10501.5	2.8	3122.9	2.1	7378.6	3.1	6714.8	3.1
2018	10949.7	4.3	3260.8	4.4	7688.8	4.2	7037.6	4.8
2019	11355.9	3.7	3217.7	−1.3	8138.1	5.8	7326.8	4.1
2020	11008.9	−3.1	2903.4	−9.8	8105.5	−0.4	6294.5	−14.1
2021	11979.3	8.8	3158.4	8.8	8820.9	8.8	7485.0	18.9

表2 世界天然纤维及化学纤维比重（%）
Table 2 The Proportion of Worldwide Natural Fibers and Chemical Fibers

年份 Year	总计 Total	天然纤维 Natural Fibers	化学纤维 Chemical Fibers	
			小计 Subtotal	合成纤维 Synthetic Fibers
2000	100.0	45.0	55.0	50.1
2005	100.0	42.2	57.8	53.0
2010	100.0	37.9	62.1	56.9
2015	100.0	30.1	69.9	63.6
2016	100.0	29.9	70.1	63.7
2017	100.0	29.7	70.3	63.9
2018	100.0	29.8	70.2	64.3
2019	100.0	28.3	71.7	64.5
2020	100.0	26.4	73.6	57.2
2021	100.0	26.4	73.6	62.5

表3 世界纺织纤维产量增量及年均增速
Table 3 Worldwide Textile Fiber Production Increment and Average Annual Growth Rate

产量增量单位：万吨
Increment Unit：10,000 ton

年份 Year	合计 Total		天然纤维 Natural Fibers		化学纤维 Chemical Fibers		纺丝成网 Spunlaid	
	增量 Increment	年均增速(%) Average Annual Growth Rate(%)	增量 Increment	年均增速(%) Average Annual Growth Rate(%)	增量 Increment	年均增速(%) Average Annual Growth Rate(%)	增量 Increment	年均增速(%) Average Annual Growth Rate(%)
2000～2005	1806.7	3.7	799.5	5.7	931.8	5.4	75.4	8.5
2005～2010	843.7	2.6	−437.8	−2.8	1131.0	5.1	150.5	10.8
2010～2015	2341.3	5.0	326.3	2.2	1833.0	6.3	182.0	8.2
2015～2020	1500.8	2.1	43.0	0.3	1096.4	2.9	361.4	10.5
2020～2021	457.9	5.6	−194.9	−6.0	715.4	8.8	−62.6	−6.8

表4 世界天然纤维消费量
Table 4 Worldwide Natural Fibers Consumption

单位：万吨
Unit：10,000 ton

年份 Year	合计 Total	棉 Cotton	毛* Wool*	麻** Bast**	其他*** Other***
2000	2542.9	1966.7	134.3	326.8	115.1
2005	2957.3	2361.2	121.9	363.0	111.2
2010	3158.1	2530.5	110.4	396.4	120.8
2015	3018.2	2457.9	113.2	329.1	118.0
2016	3057.7	2441.3	113.9	383.9	118.6
2017	3122.8	2489.8	115.4	409.0	108.6
2018	3260.8	2634.6	112.3	404.6	109.3
2019	3217.8	2601.2	106.1	400.7	109.8
2020	2903.4	2305.0	103.1	384.5	110.8
2021	3158.4	2566.4	103.4	377.6	111.0

*羊毛为洗净毛；**麻包括亚麻、大麻、黄麻、苎麻及其他麻纤维；***其他包括蕉麻、剑麻、椰壳纤维、木棉、丝、西沙尔麻。
*clean weight; **flax, hemp, jute, ramie and allied fibers; ***abaca, agave, coir, kapok, silk and sisal.

资料来源(表1～表4)：纤维年报
Source (Table 1～Table 4): The Fiber Year 2022

表5　世界棉花产量、消费量及期末库存量
Table 5　Worldwide Cotton Production、Use and Ending Stocks

单位：万吨
Unit：10,000 ton

年份 Year	产量 Production	消费量 Use	期末库存 Ending Stocks
2000	1952.6	2021.3	1062.2
2005	2567.8	2501.3	1264.9
2010	2586.9	2480.5	1050.3
2015	2164.7	2441.3	2052.6
2020	2399.0	2568.8	2019.0
2021	2517.6	2581.3	1942.4
2022	2455.2	2378.9	2018.8

资料来源：ICAC
Source：ICAC

表6　世界及主要地区化学纤维产量
Table 6　Production of Chemical Fibers by Major Regions in the World

单位：百万吨
Unit：million ton

地区 Regions		年份 Year						
		2000	2005	2010	2015	2019	2020	2021
世界合计	Total	31.1	40.5	51.8	70.1	81.4	81.1	88.2
中国大陆	Mainland of China	6.7	17.6	30.0	47.3	57.3	59.3	64.1
印　度	India	1.9	2.3	4.2	5.3	6.3	5.5	5.9
美　国	USA	4.2	3.9	2.8	2.9	3.0	2.7	3.0
土耳其	Turkey	0.8	1.0	1.0	1.3	1.4	1.7	2.1
印度尼西亚	Indonesia	1.4	1.2	1.7	1.8	2.0	1.7	2.0
中国台湾	Taiwan of China	3.2	2.9	2.4	2.0	1.6	1.3	1.5
韩　国	Korea	2.8	1.8	1.6	1.5	1.4	1.2	1.4
越　南	Vietnam	0	0.1	0.2	0.4	0.9	0.9	1.1
泰　国	Thailand	0.9	1.1	0.9	0.8	0.9	0.9	0.9
巴基斯坦	Pakistan	0.5	0.6	0.4	0.5	0.6	0.4	0.6
日　本	Japan	1.5	1.2	0.9	0.8	0.7	0.6	0.6
马来西亚	Malaysia	0.4	0.5	0.5	0.5	0.4	0.4	0.4

表7 世界主要品种化学纤维产量
Table 7 Worldwide Production of Chemical Fibers by Major Material

单位：百万吨
Unit：million ton

化学纤维 Chemical Fiber		年份 Year						
		2000	2005	2010	2015	2019	2020	2021
合计	Total	31.1	40.5	51.8	70.1	81.4	81.1	88.2
涤纶长丝	PES FY	10.7	15.7	24.5	37.4	45.6	45.9	51.0
涤纶短纤	PES SF	8.1	11.1	13.4	15.5	16.8	16.9	17.7
锦纶长丝	PA FY	3.6	3.6	3.8	4.8	5.2	5.2	5.7
锦纶短纤	PA SF	0.5	0.4	0.2	0.2	0.3	0.3	0.4
丙纶	PP	2.8	3.3	3.0	3.2	3.5	3.4	3.4
腈纶	PAN	2.6	2.6	2.0	1.8	1.5	1.3	1.3
纤维素纤维短纤*	Cellulosic SF*	2.2	2.9	4.0	5.9	7.0	6.5	7.0
纤维素纤维长丝	Cellulosic FY	0.5	0.5	0.4	0.3	0.4	0.3	0.3
其他	Others	0.2	0.4	0.6	0.9	1.2	1.2	1.3

* 2005年后包括莫代尔和莱赛尔。
* since 2005 with modal and lyocell fibers included.

资料来源(表6、表7)：纤维年报
Source (Table 6、Table 7)：The Fiber Year 2022

表8 全球纺织品、成衣进出口额
Table 8 Global Import and Export of Textiles and Clothing

单位：亿美元
Unit：USD 100 million

年份 Year	出口额 Export			进口额 Import		
	合计 Total	纺织品 Textiles	成衣 Clothing	合计 Total	纺织品 Textiles	成衣 Clothing
2000	3539.8	1562.6	1977.2	3683.9	1653.3	2030.5
2005	4815.8	2031.1	2784.7	4943.7	2149.1	2794.6
2010	6076.6	2528.4	3548.2	6384.1	2675.2	3708.9
2015	7420.7	2885.3	4535.4	7901.8	3106.7	4795.1
2016	7263.8	2812.0	4451.8	7766.1	3034.7	4731.4
2017	7609.5	2953.3	4656.2	8226.4	3219.2	5007.2
2018	8066.4	3123.3	4943.1	8816.8	3437.0	5379.8
2019	8010.4	3056.4	4954.0	8738.6	3356.0	5382.6
2020	7786.4	3285.5	4500.9	8512.2	3614.0	4898.2
2021	9031.0	3542.7	5488.3	9665.1	3897.0	5768.1

表9 中国纺织品、成衣进出口贸易状况
Table 9 China's Import and Export of Textiles and Clothing

单位：亿美元
Unit：USD 100 million

年 份 Year	出口额 Export			进口额 Import			贸易顺差 Trade Surplus
	合 计 Total	纺织品 Textiles	成 衣 Clothing	合 计 Total	纺织品 Textiles	成 衣 Clothing	
2000	522.1	161.4	360.7	140.2	128.3	11.9	381.8
2005	1152.1	410.5	741.6	171.3	155.0	16.3	980.8
2010	2066.9	768.7	1298.2	202.0	176.8	25.2	1864.9
2015	2835.1	1089.3	1745.7	255.4	189.7	65.7	2579.7
2016	2627.9	1046.1	1581.8	231.2	166.8	64.4	2396.7
2017	2670.6	1096.0	1574.6	245.5	172.8	72.6	2425.1
2018	2764.9	1185.3	1579.6	261.5	178.8	82.7	2503.4
2019	2711.2	1195.8	1515.4	246.5	157.1	89.4	2464.7
2020	2955.9	1540.9	1415.0	236.0	141.1	94.9	2719.9
2021	3216.2	1455.7	1760.5	284.8	161.7	123.1	2931.4

表10 中国纺织品、成衣出口额占全球出口份额
Table 10 The Proportion of China's Export Value of Textiles and Clothing to the World

金额单位：亿美元
Value Unit：USD 100 million

年 份 Year	合计出口 Export Value of Total			纺织品出口 Export Value of Textiles			成衣出口 Export Value of Clothing		
	全 球 World	中 国 China	中国占比(%) Ratio(%)	全 球 World	中 国 China	中国占比(%) Ratio(%)	全 球 World	中 国 China	中国占比(%) Ratio(%)
2000	3539.8	522.1	14.7	1562.6	161.4	10.3	1977.2	360.7	18.2
2005	4815.8	1152.1	23.9	2031.1	410.5	20.2	2784.7	741.6	26.6
2010	6076.6	2066.9	34.0	2528.4	768.7	30.4	3548.2	1298.2	36.6
2015	7420.7	2835.1	38.2	2885.3	1089.3	37.8	4535.4	1745.7	38.5
2016	7263.8	2627.9	36.2	2812.0	1046.1	37.2	4451.8	1581.8	35.5
2017	7609.5	2670.6	35.1	2953.3	1096.0	37.1	4656.2	1574.6	33.8
2018	8066.4	2764.9	34.3	3123.3	1185.3	38.0	4943.1	1579.6	32.0
2019	8010.4	2711.2	33.8	3056.4	1195.8	39.1	4954.0	1515.4	30.6
2020	7786.4	2955.9	38.0	3285.5	1540.9	46.9	4500.9	1415.0	31.4
2021	9031.0	3216.2	35.6	3542.7	1455.7	41.1	5488.3	1760.5	32.1

表11 2021年全球纺织品进出口国/地区10强
Table 11 Top 10 Exporters and Importers of Textiles in 2021

金额单位：亿美元
Value Unit：USD 100 million

出口 Export					进口 Import				
排序 Rank	国家和地区 Countries & Regions		金额 Value	占全球(%) Proportion to the World(%)	排序 Rank	国家和地区 Countries & Regions		金额 Value	占全球(%) Proportion to the World(%)
	全　球	World	3542.7	100.0		全　球	World	3897.0	100.0
1	中国大陆	Mainland of China	1455.7	41.1		欧　盟	EU	794.5	20.4
	欧　盟	EU	735.7	20.8	1	美　国	USA	395.6	10.2
2	印　度	India	222.3	6.3	2	越　南	Vietnam	187.8	4.8
3	土耳其	Turkey	151.7	4.3	3	中国大陆	Mainland of China	161.7	4.1
4	德　国	Germany	150.4	4.2	4	德　国	Germany	155.4	4.0
5	美　国	USA	131.2	3.7	5	孟加拉国*	Bangladesh*	146.1	3.7
6	意大利	Italy	119.1	3.4	6	日　本	Japan	92.9	2.4
7	越　南	Vietnam	114.7	3.2	7	意大利	Italy	88.7	2.3
8	巴基斯坦	Pakistan	91.9	2.6	8	法　国	France	86.3	2.2
9	韩　国	Korea,Republic of	86.8	2.5	9	英　国	United Kingdom	79.8	2.0
10	中国台湾	Taiwan of China	85.6	2.4	10	印度尼西亚	Indonesia	70.9	1.8

*为预计数。
*the estimated data.

表12 2021年全球成衣进出口国/地区10强
Table 12 Top 10 Exporters and Importers of Clothing in 2021

金额单位：亿美元
Value Unit：USD 100 million

出口 Export					进口 Import				
排序 Rank	国家和地区 Countries & Regions		金额 Value	占全球(%) Proportion to the World(%)	排序 Rank	国家和地区 Countries & Regions		金额 Value	占全球(%) Proportion to the World(%)
	全　球	World	5488.3	100.0		全　球	World	5768.1	100.0
1	中国大陆	Mainland of China	1760.5	32.1		欧　盟	EU	1957.9	33.9
	欧　盟	EU	1510.1	27.5	1	美　国	USA	1062.9	18.4
2	孟加拉国	Bangladesh	358.1	6.5	2	德　国	Germany	441.7	7.7
3	越　南	Vietnam	311.8	5.7	3	法　国	France	266.0	4.6
4	意大利	Italy	273.4	5.0	4	日　本	Japan	265.3	4.6
5	德　国	Germany	266.2	4.9	5	英　国	United Kingdom	232.3	4.0
6	土耳其	Turkey	187.3	3.4	6	西班牙	Spain	198.7	3.4
7	荷　兰	Netherlands	165.4	3.0	7	荷　兰	Netherlands	184.2	3.2
8	西班牙	Spain	164.0	3.0	8	意大利	Italy	179.5	3.1
9	印　度	India	161.5	2.9	9	波　兰	Poland	135.9	2.4
10	马来西亚	Malaysia	145.4	2.6	10	中国大陆	Mainland of China	123.1	2.1

表13　2021年全球纺织品、成衣出口国/地区10强
Table 13　Top 10 Exporters of Textiles and Clothing in 2021

金额单位：亿美元
Value Unit：USD 100 million

排序 Rank	国家和地区 Countries & Regions		合计 Total	纺织品 Textiles	成衣 Clothing	占全球(%) Proportion to the World(%)
	全　球	World	9031.0	3542.7	5488.3	100.0
1	中国大陆	Mainland of China	3216.2	1455.7	1760.5	35.6
	欧　盟	EU	2245.9	735.7	1510.1	24.9
2	越　南	Vietnam	426.5	114.7	311.8	4.7
3	德　国	Germany	416.6	150.4	266.2	4.6
4	意大利	Italy	392.5	119.1	273.4	4.3
5	印　度	India	383.8	222.3	161.5	4.2
6	孟加拉国	Bangladesh	379.5	21.4	358.1	4.2
7	土耳其	Turkey	339.0	151.7	187.3	3.8
8	荷　兰	Netherlands	239.0	73.6	165.4	2.6
9	西班牙	Spain	213.9	49.9	164.0	2.4
10	美　国	USA	192.6	131.2	61.4	2.1

表14　2021年全球纺织品、成衣进口国/地区前10名
Table 14　Top 10 Importers of Textiles and Clothing in 2021

金额单位：亿美元
Value Unit：USD 100 million

排序 Rank	国家/地区 Countries/Regions		合计 Total	纺织品 Textiles	成衣 Clothing	占全球(%) Proportion to the World(%)
	全　球	World	9665.1	3897.0	5768.1	100.0
	欧　盟	EU	2752.5	794.5	1957.9	28.5
1	美　国	USA	1458.4	395.6	1062.9	15.1
2	德　国	Germany	597.1	155.4	441.7	6.2
3	日　本	Japan	358.2	92.9	265.3	3.7
4	法　国	France	352.3	86.3	266.0	3.6
5	英　国	United Kingdom	312.1	79.8	232.3	3.2
6	中国大陆	Mainland of China	284.7	161.7	123.1	2.9
7	意大利	Italy	268.2	88.7	179.5	2.8
8	西班牙	Spain	254.3	55.5	198.7	2.6
9	荷　兰	Netherlands	254.0	69.8	184.2	2.6
10	越　南	Vietnam	196.2	187.8	8.4	2.0

表15 2020～2021年亚洲主要国家/地区纺织品、成衣出口贸易变化
Table 15 The Export of Textiles and Clothing in Asia from 2020 to 2021

单位：亿美元
Unit：USD 100 million

排序 Rank	国家和地区 Countries & Regions		纺织品出口 Textiles Export		成衣出口 Clothing Export		合计 Total	
			2021	2020	2021	2020	2021	2020
1	中国大陆	Mainland of China	3216.2	2955.9	1455.7	1540.9	1760.5	1415.0
2	越　南	Vietnam	426.5	378.6	114.7	98.0	311.8	280.7
3	印　度	India	383.8	280.2	222.3	150.4	161.5	129.7
4	孟加拉国	Bangladesh	379.5	291.8	21.4	17.1	358.1	274.7
5	巴基斯坦	Pakistan	176.4	132.9	91.9	71.1	84.6	61.8
6	马来西亚	Malaysia	165.4	115.3	20.0	16.3	145.4	99.0
7	中国香港	Hong Kong of China	140.0	136.7	54.1	54.4	85.9	82.3
8	印度尼西亚	Indonesia	128.3	104.2	34.7	28.7	93.5	75.5
9	韩　国	Korea, Republic of	108.9	96.7	86.8	77.5	22.1	19.2
10	中国台湾	Taiwan of China	93.1	76.8	85.6	70.5	7.5	6.3
11	泰　国	Thailand	87.5	76.2	33.1	29.9	54.4	46.3
12	柬埔寨	Cambodia	84.6	78.3	3.3	2.8	81.3	75.5
13	日　本	Japan	71.1	63.4	62.4	56.5	8.7	7.0
14	斯里兰卡	Sri Lanka	58.5	47.7	4.6	4.3	53.9	43.5
15	阿联酋	United Arab Emirates	52.0	35.8	18.3	13.7	33.7	22.2
16	缅　甸	Myanmar	39.7	46.9	0.6	0.6	39.1	46.3
以上合计		Total Value of the Above	5611.4	4917.3	2309.5	2232.5	3301.9	2684.8

资料来源（表8～表15）：世界贸易组织
Source (Table 8～Table 15): World Trade Organization

中国纺织工业联合会
非物质文化遗产办公室

更多请关注
【中国纺织非遗】微信公众号

传承

简介

中国纺织工业联合会多年来高度重视纺织非物质文化遗产（简称“非遗”）的保护与传承，不断加强纺织非遗创新工作。中国纺织工业联合会非物质文化遗产办公室从行业体制上保障纺织非遗保护、传承与创新工作的科学性、深入性和系统性，致力弘扬中华优秀传统文化、振兴纺织传统工艺，积极探索并实践纺织非遗可持续发展新思路与新模式，始终践行“让纺织非遗走进当代生活”的使命，在开展田野调研、非遗大会、推广大使、展览展演、行业发布、技能赛事、研习培训、标准制定等具体工作中，积极打造传播交流平台、整合纺织非遗资源、培养传承人群队伍、融合传统与时尚设计、推进品牌建设与渠道开发、助力乡村振兴等工作，有效促进了纺织非遗产业化、市场化与生活化的发展进程。

办公地点：北京市朝阳区朝阳门北大街18号
邮政编码：100020
联系电话：010-85229350